*Eşler Arası İletişimin Temelleri*

# Eşimi
# Anlamak
# İstiyorum

ISBN: 978-605-151-172-6

Sertifika No: 75092

| | |
|---|---|
| *Hayat Yayınları* | : 574 |
| *Aile Dizisi* | : 14 |
| *Kitabın Adı* | : Eşimi Anlamak İstiyorum |
| *Yazarı* | : Saliha Erdim |
| *Yayın Editörü* | : Erol Şahnacı |
| *Çizimler* | : Şerif Nalbant |
| *Kapak ve İç Tasarım* | : Hayat Yayınları |
| *Baskı Yeri ve Tarihi* | : İstanbul, 2024 |
| *Baskı ve Cilt* | : Alioğlu Matbaacılık |

Orta Mahalle Fatin Rüştü Sokak No: 1/3-A
Bayrampaşa / İstanbul
Tel: (0 212) 612 95 59
Sertifika No: 45121

## Hayat Yayın Grubu

Molla Gürani Mahallesi, Oğuzhan Caddesi No: 15 Kat: 3
Fındıkzade - Fatih / İstanbul
Tel: 0212 613 11 00 Gsm: 0530 259 80 96
www.hayatyayinlari.com - e-posta: hayat@hayatyayinlari.com
X /hayatyayinlari  /hayatyayinlari

**Eşler Arası İletişimin Temelleri**

# Eşimi Anlamak İstiyorum

## saliha erdim

**Hayat**

## SALİHA ERDİM

1956 Samsun Havza doğumlu. İlkokulu Vezirköprü'de, ortaokulu Çorum Sağlık Okulu'nda, liseyi Zeynep Kâmil Sağlık Koleji'nde okudu. Hacettepe Yüksek Hemşirelik Okulu'ndan terör sebebiyle ayrıldı. İki yıl Ankara'da resmi görev yaptı ve başörtüsü sebebiyle istifa etti. Üç yıl bir Kur'an kursunda okul hemşireliği yaptı ve evlenerek görevi bıraktı. Bundan sonra çocuklarını nasıl eğiteceği hakkında araştırmalara başladı. Pek çok kurslara katıldı, belgeler aldı.

Newport Üniversitesi Davranış Bilimlerinde lisans ve yüksek lisans eğitimleri aldı. Lisans tezini *"0-7 Yaş Çocuk Kıskançlığı"*, yüksek lisans tezini de *"Yetişkin Kıskançlığı"* üzerine yaptı. Pek çok dergide yazdı, bir derginin başyazarlığını ve editörlüğünü yaptı. Marmara FM'de uzun yıllar eşi ile *"Aile Okulu"* programını, yalnız olarak da *"Hanımefendi"* programını hazırladı ve sundu. Bu programları Hilâl TV'de de devam ettirdi. TRT Diyanet TV'de yayınlanan *"Aile Bağları"* isimli programı hazırlayıp sundu. Bu arada Anadolu Üniversitesi Açık Öğretim Fakültesi'nde Sosyal Bilimler ve Sosyoloji okudu. Sonrasında Medeniyet Üniversitesi'nde Aile Danışmanlığı bölümünde yüksek lisans yaptı.

Prof. Dr. Mehmet Sungur'dan dört yıl psikoterapi eğitimleri alarak, Avrupa Kognitif ve Davranışçı Terapiler Derneği'nin onayladığı bir sertifikası oldu. Ayrıca iki yıl da *"Aile, Çift Terapisi ve Cinsel İşlev Bozuklukları"* terapi eğitimleri aldı.

Bir dernek tarafından *"Yılın Annesi"* seçildi.

Radyo programı dalında *"Aile İçi İletişim Medya Etik Ödülü"* aldı.

Moral FM'de *"Aile Okulu"* programı hazırlayıp sundu. Diriliş Postası gazetesinde haftada bir gün *"Bir Cümle Bir Hakikat"* başlığı altında çocuk ve aileye dair konularda köşe yazarlığı yapıyor. Vav TV'de haftada bir program yapıyor.

Yurt içi ve yurt dışında seminerler ve konferanslar veriyor. Halen aile şirketinde danışmanlık yapmakta ve eğitimler vermektedir.

***Kendime Yardım Etmek İstiyorum, Eşimi Anlamak İstiyorum, Ailemde Huzur İstiyorum*** adlarında yayınlanmış üç kitabı vardır.

**İletişim bilgileri:**

*Kısıklı Mah. Alemdağ Cad. No:60, Masaldan İş Merkezi, B Blok, Kat: 4, Daire: 9*

*Üsküdar/İstanbul Tel: (0216) 474 00 50 e-mail: salihaerdim@gmail.com*

# İÇİNDEKİLER

## İKİNCİ BÖLÜM
## EŞLER ARASI İLETİŞİM SORUNLARINDA TERAPİ

# ÖNSÖZ

*Şükürle bismillah*

Bu kitap, sorunlara cevap niteliğindeki terapi yaklaşımından ziyade, olaylara yeni bir bakış açısı geliştirmek ve hangi durumdaysanız, ondan daha iyi durumda olunabileceğini örneklemek için yazıldı. Yani, **"Daha iyi olmamanın mazereti yoktur"** anlayışının bir açılımı mahiyetinde. İlâveten, şimdiki durumdan daha iyi olabilmek mümkündür ve bunu denemek herkesin boynunun borcudur. Piyasada örneği olmayan bir bütünlük ihtiva etsin istedik. Her birimizin aklına geliveren, bizi uygulamaya sevk eden düşünce ve inançların dışında da farklı yaklaşımlar olabileceğini göstermeye çalıştık.

Sorunları, en çok yaşananlar arasından seçtik. Mahremiyeti korumak için kişi ve özellikleri değiştirerek ele aldık. Maksat, konuya nasıl yaklaşacağımızı ifade etmekti. Çünkü her farklı yaklaşım biçimi, bir alternatif olarak yeni yollar açar ve kişiyi zenginleştirir. Sorunları diyaloglar halinde aktardık ki, nasıl bir anlayışın bu noktaya getirdiği anlaşılsın diye. Kimi sorunda, danışanımızın anlayışı ve ne düşündüğü ortaya çıksın diye diyaloğu uzun tuttuk. Okuduğunuz metinlerin bir kısmı ilk seansta bu noktaya gelmedi. Bazen bunun için birkaç seans görüşmek gerekti. Burada daha kısa ve öz ifade edebilmek için bir seansta verdik. Diyaloglara baktığınızda, kimi zaman terapi üslubunu, kimi zaman da danışman üslubunu göreceksiniz. Bu kitap teknik bir terapi kitabı olmadığı için konunun anlaşılmasına yardımcı olacak şekilde bir usul tercih ettik. Eğer bu kitabı meslektaşlarım için hazırlasaydık, mutlaka daha en baştan, mesleki literatüre uygun kavramlarla ve terapi anlayışına uygun diyaloglarla konuları açardık. Meslek mensubu olmayan kardeşlerimiz tarafından kolay anlaşılabilsin diye bu tarz bir üslupla hazırladık.

**Durumu belirleyen şey, sorunun ne olduğundan ziyade, bu sorunun bizim hangi düşüncemizi tetiklediği ve bize ne hissettirdiğidir.** Biz de buna göre davranır ve tavır alırız. İşte tam da bu noktada, o böyle davrandıysa, benim şöyle davranmamı hak ediyor dediğimizde, muhatabımızın düştüğü aynı çukura doğru koşar adım ilerliyoruz demektir. Bunun gibi tuzakları ve zemini kayganlaştıran anlayışları ifade etmeye çalıştık. Maksat, birlikte daha iyi olabilmek.

Birinci bölüm, asıl dikkatle okunması ve anlaşılması gereken kısım diyebiliriz. Çünkü **bir soruna çözüm bulmaktan daha önemlisi, sıkıntıları soruna dönüştürmeyecek bir anlayışa sahip olmaktır.** Ne düşünüyoruz, nasıl anlıyoruz, nasıl davranıyoruz ve bunların arka plânında neler var? Soru sormayı ne kadar biliyoruz ve hangi ihtiyacımız bize soru sorduruyor? İşte bu ve buna benzer pek çok başlığın titizlikle ele alındığı birinci bölüm, sizin bundan sonra yol arkadaşınız olmaya adaydır.

Her sorunun başına bir çizim hazırlayarak, konunun görsel olarak da kuşatması ve hatırda kalmayı kolaylaştırmasını hedefledik. İlâveten, konuya uygun özlü sözlerle zenginleştirdik, okuyanı düşündürsün ve zihni öyle hazırlasın ki konu çok daha kolay ve güzel anlaşılsın diye.

Her sorun, muhatabımızı düşündürmeye yönelik sorularla ele alındı. İlk başta, diyaloğu kısa tutmak için görüşmede edindiğimiz bilgiler verdik. Daha sonra diyaloğa geçtik. Bazı konular birbirine yakın olduğu için muhataplara söylediğimiz sözler benzerlik arz edebilir. Özellikle, bu durumda bulunanların soracakları sorular, bu durumda olanların yapacakları dualar ve bu durumda bulunan gençlerin anne babalarına mesajlar başlıkları altındaki yazdıklarımızda, kimi zaman engellenemeyen mesaj benzerlikleri göreceksiniz. Bu durumun hoş görülmesini istirham ediyoruz. Diyaloğun sonundaki bu üç bölüm, özellikle yeni bir anlayış kazandırmaya yönelik çok önemsediğimiz bir tarzdır. Sorusunu ve duasını değiştirenlerin hayatı da değişmeye başlar, çünkü arayış netleşmiştir.

Bu çalışmanın ve serinin yayınlanacak diğer kitaplarının; değerli kardeşlerimin hayatında, Rabbim'in razı olacağı bir etki alanı oluşturması, kalıcı anlayış ve yaklaşım kazandırması niyazlarımı Rabbim'e sunuyorum. Kazanılan yeni yaklaşımlar ve yapılan dualar, en büyük kazancımız olacaktır ve talibiz efendim.

Allah kabiliyetli olanları sınava sokar ve zirveyi nasip ettiklerine yokuş tırmandırır.

Bu kitap, zirveye tırmanırken yol arkadaşınız olmaya adaydır.

*Sevmeyene karınca yük, sevene filler karınca.*
*Dağı bile taşır insan, âşık olup inanınca.*
**Şems-i Tebrizi**

*"Eskiler, erdemin ışığıyla ortalığın aydınlanması
için, önce devlet işlerini yoluna koyarlardı. Devlet işlerini
yoluna koyabilmek için, önce ev işlerini yoluna koyarlardı.
Ev işlerini yoluna koyabilmek için, önce kendi kendilerine
çeki düzen verirlerdi. Kendi kendilerine çeki düzen verebil-
mek için, önce kendi içlerindeki düzeni yoluna koyarlar-
dı. Kendi içlerindeki düzeni yoluna koyabilmek için, önce
düşüncelerini yoluna koyarlardı. Düşüncelerini yoluna
koyabilmek içinse, önce bilgi eksikliklerini giderirlerdi."*

*Konfüçyüs (Yüce Bilgi kitabından)*

*Görmek için ilgi,*

*Anlamak için bilgi,*

*Başarmak için sevgi,*

*Sonuç için sabır,*

*Bunların hepsi içinse,*

*Kesintisiz emek gerek.*

# BÜYÜKBABA VE KURŞUN KALEM

Çocuk, büyükbabasının mektup yazışını izliyordu. Birden sordu:

– Bizim başımızdan geçen bir olayı mı yazıyorsun? Benimle ilgili bir hikâye olma ihtimali var mı?

Büyükbaba yazmayı kesti, gülümsedi ve torununa şöyle dedi:

– Doğru, senin hakkında yazıyorum. Ama kullandığım kurşun kalem yazdığım kelimelerden çok daha önemli. Umarım büyüdüğünde bu kalemi sen de seversin.

Çocuk kaleme merakla baktı ama özel bir şey göremedi.

– İyi ama bu kalem benim hayatımda gördüğüm diğer kalemlerden hiç farklı değil ki!

– Bu tamamen nesnelere nasıl baktığınla ilgili… Bu kalemin beş önemli özelliği var ve sen de bu özellikleri kendinde benimseyebilirsen, hep dünya ile barışık bir insan olursun.

*Birinci özellik*: Harika şeyler yapabilirsin ama attığın adımları yönlendiren bir el olduğunu asla unutma. Bizim için bu el Allah'tır ve her zaman kendi kudretiyle bizi o yönlendirir.

*İkinci özellik*: Zaman zaman her ne yazıyorsam durmam ve kalemimin ucunu açmam gerekir. Bu kaleme biraz acı çektirse de sonuçta daha sivri olmasını sağlar. Bu yüzden bazı acılara göğüs germeyi öğrenmelisin, bu acılar seni daha iyi bir insan yapar.

*Üçüncü özellik*: Kurşun kalem, yanlış bir şey yazdığında bunu bir silgiyle silmene her zaman olanak tanır. Yaptığımız bir hatayı sonradan düzeltmenin kötü bir şey olmadığını anlamalısın, aksine bu bizi adalet yolunda tutmaya yarayan en önemli şeylerden biridir.

*Dördüncü özellik*: Kurşun kalemin en önemli kısmı, kalemin yapıldığı ahşabı ya da dışarı yansıyan şekli değil, içerisinde yer alan grafittir. O yüzden her zaman kendi içine bakmalı, en çok onu korumalısın.

*Beşinci ve son özellik*: Her zaman bir iz bırakmasıdır. Aynı şekilde sen de hayatta yaptığın her şeyin bir iz bırakacağını bilmeli ve her hareketinin farkında olmalısın.

# Birinci Bölüm

# AİLE İÇİ İLETİŞİMİN TEMELLERİ

# BİLGİNİN AMACI DOĞRULTMAK DEĞİL DOĞRULMAKTIR

**"BİR SORUNUM VAR"** demeden önce hayata bakış açısı olarak aile, ihtiyaç, sorun, soru ve cevap anlayışı

Her insan, kendine has bir genetik donanım ve kişisel özelliklerle dünyaya teşrif eder. İçinde bulunduğu ortam, her bünyeyi farklı bir şekilde etkiler. Çünkü her çocuk, doğduğu yıl, ay, gün ve diğer her şeyiyle sadece kendisine has olduğu, yani farklı ve özgün olduğu için her etkinin, her bünyeye tesiri de farklı olur. Örneğin bakır madeninin $100°C$ derece sıcaklığa maruz kaldığındaki etkilenme oranı ile aynı sıcaklığa maruz kalan demirin etkilenme oranı farklıdır. Hangi madenin kaç derecede şekil alacağı, hangi etkiye ne kadar dayanıklı olduğu, hangi alanda ve nasıl kullanılırsa en yüksek düzeyde istifade edileceği, madenin cinsine ve göreceği etkiye göre değişir ve bu da ancak o madenin özellikleri bilinerek anlaşılır.

İnsanlar bir ailede doğarlar ve doğdukları ortamda gelişirler, büyürler. Özellikleri ailede keşfedilir ve orada hayata hazırlanırlar. **"İnsanlar, aynen altın ve gümüş madenlerine benzerler. Cahiliyede hayırlı olanları, İslâm'a girip onda derinleşip, (onu hazmettiklerinde) yine en hayırlıdırlar."** (Buhârî, Menakıb, 1; Müslim, Birr, 160; Müsned, 2/539)

*Aile; dünyaya gelmenin eşiği, insan olmanın beşiğidir.*

buyuruyor Peygamber Efendimiz (s.a.v). Madenin kalitesi, ne kadar özenle işlendiğiyle orantılıdır. İnsanın kalitesi ise genetik getirisinin üzerine ne kadar doğru ve güzel şeylerin ilâve edildiği ile ilgilidir. **Her çocuk bir cevher, anne baba ise o cevhere şekil veren sanatçı gibidir. Esere değer katan, sanatçının bilgi ve becerisidir.**

## Aile; dünyaya gelmenin eşiği, insan olmanın beşiğidir.

Her insan, aileden aldıklarıyla düşünmeye ve adım atmaya başlar. Aile ne kadar sağlam ve ideal kişilerle kurulursa, o kadar sağlıklı bir yapılanmadan söz edilebilir. Aile kurumunun öneminin bilinmesi, bu kurumun korunması için özel çaba harcanmasına vesile olur. Hem evlilik öncesinde kurulma hem de evlendikten sonraki ilerleme aşamalarında, eşlerin her davranışı aradaki ilişkiyi etkiler. Ya daha iyiye ve ileriye ya da daha kötüye ve geriye götürür.

## Aile; önce iki kişilik bir bütünlüktür.

Ailede yaşananlar önce eşleri etkiler sonra bu durum çocuklara yansır. Yani en az iki kişilik bir etkilenme olur. İki kişi yürürken birisinin dengesi bozulup diğerine tutunsa, ikisi birden sarsılabilir hatta düşebilir. El ele gidilen yolda, tökezleme dâhil her hareket, yanımızdaki yol arkadaşımızı da etkiler. Çünkü yol arkadaşı demek, yan yana durmak, birlikte hareket etmek ve uygun adım yürümek demektir. Uygun adım olmayan yürüyüşler gitgeller yaptırır, biri ileri gider diğeri geride kalır sonra da tam tersi bir durum olur. Denizde yüzerken panik yapan birisi, kendisini kurtarmaya gelene öyle bir sarılır ve yanına çeker ki, ikisi birden boğulabilir. Dengesi bozulan başkasının da dengesini bozabilir. Aileyi oluşturan bireyler ne kadar birbirlerinin dengede kalması ve iyi durumda bulunması için çaba sarf ederlerse, ortaya o kadar sağlam bir yapı çıkar. (Tabii düzelmeyecek anomaliler dışında. Orada bile sağlıklı bir tutumla denge kurulabilir.)

### El ele tutuşalım ki birbirimizi güçlendirelim.

Birisiyle el ele yürümek, elinden tutmak; insanın hayatına destek olup yücelttiği gibi hayatını karartabilir de. Öyleyse önce kiminle el ele tutuştuğumuza dikkat etmeliyiz. Buna rağmen düşülemez mi, elbette düşülebilir. Burada cüz-i irade sınırları içerisinde elimizden geleni yapmak ve takdiri Rabbimize bırakmak gerekir.

El ele tutuşarak aynı yolda bir ömür boyu yürümeye karar vermiş kişilerin aralarındaki aşk, onların gerçekleri görmelerine engel olursa, çok hazin bir sonun onları beklediğini söylemek zorundayım. Çünkü insan evlendiğinde eşine bağlanma ve onu güçlü bir şekilde sevme ihtiyacı duyar. Bu olmazsa sıkıntılar ve hastalıklar baş gösterir. Gençlerin birbirlerini etkilemeleri gözlerini kamaştırdığında, her şeyin her zaman güzel gideceğini zannederler. Hayatı yaşama biçimi, inançları, alışkanlıkları ve kendisinin aile ve eş algıları bilinmeden yapılan evlilikler mutluluk ile sürerse, bu Allah'ın bir lütfu olur. Fakat çoğu kere "Ben böyle olacağını düşünmemiştim... Kendisini çok farklı tanıtmıştı... Ben hiç görememişim, hep iyiye yormuşum... Namaz kılan insandan kötülük gelmez diye düşünmüştüm, bunları yapacak bir insan gibi görünmüyordu..." tarzındaki şaşkınlık ve üzüntü sözlerini söylemeye başlarlar. Bunun artık hiç bir yararı olmayacaktır.

Boşanmak, evlenmek kadar kolay olmadığı gibi, hemen oluveren çocuklar insanın elini kolunu bağlar ve istemeden de olsa evliliğin devamına sebep olabilir. Bu

*El ele tutuşalım ki birbirimizi güçlendirelim*

> *İlişkiyi değil de kendisini koruyanlar, aslında kendisini korumamış olurlar*

kimi zaman iyi olur. Gençler çocukla birlikte sorumluluklarını fark eder ve kendilerine çeki düzen verirler. Kimi zaman da ne yazık ki eziyet dolu günler başlamış demektir. Zaten anlaşamayan çift, aileye yeni katılan bebeğin sorumluluğu ile birlikte, ayrışan noktaların üzerinde daha çok durarak huzursuzluğu tırmandırırlar. Böyle olunca mutsuz bir şekilde hayatlarını devam ettirmek zorunda kalabilirler.

## İlişkiyi değil de kendisini koruyanlar, aslında kendisini korumamış olurlar

İlişki; iki kişinin arasındaki iletişim ve birlikte yaşananların adıdır. İnsanı ve aralarındaki bağı ciddiye alanlar, onu özenle korumaya çalışırlar. Bu da dikkat, duyarlılık ve bilgi ile davranmak demektir. Her durumda kendini haklı çıkarmaya çalışmak, özür dilemeyi ve teşekkür etmeyi hayatın içine katmamak, aklına geleni söze dökmek ortalığı kırıp geçirmek anlamına gelir. Karşındakini kırıp üzdükten sonra zaten aradaki bağ da zarar görür. Güya konuşarak kendi haklılığını korumaya çalışanlar ve bunu usul üslup tanımadan yapanlar, aslında kendisini korumuş olmazlar aksine yalnız kalırlar. Kural tanımayanlar, kuralsızlıklarıyla baş başa kalırlar. Haklı da olsa sabrederek, yerinde, zamanında, dozunda konuşanlar, hem kendilerini hem aradaki bağı yani ilişkiyi hem de karşısındakini korumuş olurlar. Bu yapıcı bir tutumdur ve kişilik kalitesi yüksek olanlar bu davranışı sergilerler.

## Kişinin yol arkadaşını iyilerden seçmesi yetmez, kendisinin de iyi bir yol arkadaşı olması gerekir.

Evlenecek olanlara, "Allah alnına ak yazı yazsın. Rabbim iyilerle karşılaştırsın ve kıymet bilene düşürsün" diye dua edilir.

Genelde insan kendisinin değil de evleneceği kişinin ne durumda olduğu üzerinde çok durur. "İyi olsun." der. "Şöyle şöyle olsun ki beni toparlasın." der. Evet bunlar doğrudur fakat bir yazarın dediği gibi, **"Evlenmek için iyi bir aday aramak önemli, fakat aranılan bir aday olmak daha önemli"** der. Çünkü adayın iyi vasıfları kendini zengin kılar, muhatabını değil. Onun yanında bulunmak insana değer katar ama asıl değer ondan uzaklaşınca sende ne kadar değer kaldığıdır. İnsanı hareket ettiren, ilerleten ya da gerileten, taşıdıklarıdır. Bu sebeple, *birinci* olarak insan kendisinin iyi vasıflar taşımasına odaklanmalı, kendisini onarmalı, hem yükselip hem derinleşmeli ki aradığı insanın seviyesine yükselebilsin. Öncelikle insanın kendisi kendi gündeminde olmalı. *İkincisi* ise muhatabının iyi olması. **Kişi arkadaşının renginde çiçek açarmış.** Bu sebeple, muhatabımızın bize uygun yol arkadaşı olup olmamasını anlamak çok önemlidir. Hem kıymet bilmesi hem kıymet taşıması, bizi ahirete hazırlayan dünya yolculuğunu daha nitelikli ve anlamlı hâle getirir. Eğer farkında olarak ya da olmayarak, sağlıklı düşünüp sağlıklı davranamayan birisi ile yola çıkmışsak, akla hayale gelmeyen şeyler başımıza gelebilir. Bir beyefendinin, "Sen çok akıllıymışsın. Ben senin bu kadar akıllı olduğunu bilseydim seninle evlenmezdim. Ben kendimden daha akıllı birisine tahammül edemem." deyip eşinden boşanması, ne kadar akıl mantık yoksunu ve özgüvensiz olunabildiğini gözler önüne sermektedir.

Kendisi sağlıklı düşünemeyen bir beyefendi, kendisinin normal olduğunu ve karşısındakinin hasta olduğunu öyle bir savunur ve öyle gerekçeler üretir ki, siz kendinizden ve doğru bildiklerinizden şüpheye düşersiniz.

Dört aylık evliyken bana gelen bir uzman psikolog hanımefendi, kendisin-

> *Kişinin yol arkadaşını iyilerden seçmesi yetmez, kendisinin de iyi bir yol arkadaşı olması gerekir.*

de **histriyonik** kişilik bozukluğu olduğunu söyleyerek terapi almak istediğini söyledi. Terapi seansının bitiminde, hasta olduğu inancıyla gelen meslektaşım, sağlıklı olduğuna inanarak sevinçle gitti. Mesele şuydu: Yeni evlendiği eşi, bekârlıktaki gibi sorumluluk almadan, küçük bir çocuk gibi pışpışlanarak, hiç sevgi ve ilgi göstermeden yaşamak istemiş. Hanımefendi de kendisinden ilgi, sevgi, şefkat ve paylaşım beklediğini söyleyince, "Sen önce kendini tedavi et, sen bana bağımlısın, sende kişilik bozukluğu var" diye diye, kendi anormalliğini sürdürmek için dünya güzeli, çok başarılı ve akıllı bir hanımefendiyi bile, doğru bildiği şeylerde şüpheye düşürmüş. O da giderek psikolojik sağlığını kaybettiğine inanmaya başlamış, "Ya doğru söylüyorsa... Bir an önce tedavi olayım." diye gelmiş. Gerçeği anlayınca durumu daha net gördü ve şaşkınlığını gizleyemedi. Kendine olan inancı ve güveni tazelenmiş olarak ayrıldı. Bundan sonra neler oldu diye düşündüğümde, aklıma çok parlak günler gelmiyor ne yazık ki.

## DÜNYAYI DÜZELTMEK İÇİN...

Adam, bir haftanın yorgunluğundan sonra, pazar sabahı kalktığında keyifle eline gazetesini aldı ve bütün gün miskinlik yapıp evde oturacağını hayal ediyordu. Tam bunları düşünürken oğlu koşarak geldi ve parka ne zaman gideceklerini sordu. Baba, oğluna söz vermişti; bu hafta sonu parka götürecekti onu ama hiç dışarıya çıkmak istemediğinden bir bahane uydurması gerekiyordu. Sonra gazetenin promosyon olarak dağıttığı dünya haritası gözüne ilişti. Önce dünya haritasını küçük parçalara ayırdı ve oğluna uzattı:

– Eğer bu haritayı düzeltebilirsen seni parka götüreceğim! dedi.

Sonra düşündü:

– Oh be, kurtuldum! En iyi coğrafya profesörünü bile getirsen bu haritayı akşama kadar düzeltemez!

Aradan on dakika geçtikten sonra oğlu babasının yanına koşarak geldi:

– Babacığım, haritayı düzelttim. Artık parka gidebiliriz! dedi.

Adam önce inanamadı ve görmek istedi. Gördüğünde de hayretler içindeydi ve oğluna bunu nasıl yaptığını sordu.

Çocuk şu ibretlik açıklamayı yaptı:

– Bana verdiğin haritanın arkasında bir insan resmi vardı. İnsanı düzelttiğim zaman dünya kendiliğinden düzelmişti!

## Sen dengedeysen eşine yardımcı olabilirsin

Eşlerden birisinin sorunu olduğunda, diğerinin destek olup onu güçlendirmesi, elinden tutarak ona moral vermesi, böylelikle eşinin yaşadığı sorunun üstesinden gelmesine yardımcı olması, hayatın en temel gerekliliklerindendir. Buna karşın hayatını sorun çıkarmak ve kişinin dengesini bozmak üzerine planlamışçasına normal dışı bir tarzda yaşayanlar için artık bu bir yaşam biçimine dönüşür ve yanındakiler de bu anormal duruma uyum sağlamak zorunda kalırlar.

Evliliğin daha başında, eşler sağlıklı bir ilişki ve birlikte yol almak için karşılıklı çaba harcayarak, birbirlerinin ellerinden sevgiyle tutmalılar ki, sıkıntı yaşamasınlar ve birbirlerine destek olarak hayatı daha mutlu ve huzurlu yaşasınlar. Bu anlayıştaki kişiler zorda kalsalar bile tahribat derinleşmeden zorlukların üstesinden gelmek için çabalarlar ve çoğunlukla kısa zamanda toparlanırlar. Birbirlerine destek olmazlarsa yıkılırlar. Bir kişinin bile yıkılması, dünyanın dengesinin bozulmasına sebep olur. Yaşayan her canlının bilhassa da insanın, dünyanın dengesi ve düzeni açısından katkısı çok önemlidir, etkilidir ve gereklidir.

## İnsanı asıl savuran şey yanlış yapması değil, doğruyu aramamasıdır.

İnsan yapısı gereği, dört dörtlük olmadığı için hata yapma riski yüksektir. Bu yüzden, **"Hafıza-i beşer nisyan ile malüldür"** denir. Her insan yanılabilir, yanlış yapabilir. Bir iş yaparken bütün boyutlarıyla o işin detay bilgilerine sahip olamadığımızda, yapılacak şeyler her zaman isabetli olmayabilir. Biz insanlara düşen, bir iş yapıyorsak, o işi iyi öğrenerek ehli olmak için çaba sarf etmek, iş yaparken titiz ve dikkatli olmaktır. İş bittiğinde ise sonucunu gözden geçirmek, eksik kalan ve yanlış olan şeyler varsa düzeltmeye çalışmaktır. Sorumluluklarımızın ve sınırlarımızın farkında olarak hareket etmek, bizi daha iyi sonuçlar almaya götürür. Fakat buna rağmen, insan yanılabilir, hata yapabilir. Önemli olan hiç hata yapmamak değil, samimi bir çaba ile hata yapma-

> *İnsanı asıl savuran şey yanlış yapması değil, doğruyu aramamasıdır.*

maya çalışmaktır. Yanlış yaptığını fark ettiği anda, onu tamir etmek için çabalaması, samimiyetle özür dilemesi çok önemlidir. Özür dilerkenki ifadesi ve tavrı, adeta kişinin samimiyet testidir. Çünkü elindeki işi baştan savma mı yaptığı isteyerek mi yaptığı, o yanlıştan ne kadar rahatsızlık duyduğu otomatik olarak ifadelerine yansır. O zaman siz samimi bir özür duyunca, yanlışla hiç ilgilenmezsiniz ve unutur gidersiniz. Gerçekten istemeden olduğu buradan anlaşılır. Bir de pişkin pişkin yanlışını savunup, hafifletici gerekçeler bulmaya çalışan, başkalarının yanlışlarından örnekler vererek zihninizde meseleyi hafifletmeye çalışan birisi olunca karşınızda, o zaman sizin tavrınız da algınız da ona göre değişir.

İnsandan mükemmeli beklemek çok yanlıştır. "Ben ondan bunu ummazdım" diyerek depresyona girenler, insanın yapısını unutmuş demektir. Kendisini yoktan var eden Rabbine yanlış yapan insanoğlu, sana karşı yanılamaz mı? Üstelik kendi konumunu o kadar üst bir yere koyuyor ki, bana bunu nasıl yaptı diyor âdeta. Sen de her an yanlış yapma riski taşıyan bir varlıksın. O halde senin biraz sonra daha beter bir şekilde yanılmayacağını kim garanti edebilir? Bu durum, aşırı gurur ve kibirden olabileceği gibi, ben ona iyilik yaptım, o bana bunu nasıl yaptı diye, yaptığımız iyiliği Allah için değil de kullar için yaptığımızı ifade ediyor. Bu ise bizim davranışlarımızı ve neyi kimin için yaptığımızı sorgulamamızı gerektiriyor. Yaptıklarımızı unutup, sadece Allah'ın bilip makbul saymasını yeterli görme seviyesine ulaşmamız lâzım. Üstelik o yaptığımız şeyin Allah katındaki durumunu da henüz bilmiyoruz. Kabul edildi mi, yoksa içine gösteriş katıldı da boşa mı gitti Allah korusun, bilmiyoruz. Bu sebeple, tekrar edelim ki, her insan yanlış yapabilir, hata yapabilir. Önemli olan eksiksiz ve yanlışsız olmak değil, her zaman doğrusunu yapmak için bir arayışımızın olmasıdır.

## Özür dilemenin gereği ve anlamı

Özür dilemek, istemeden oluşan bir söz, durum ya da davranış için kişinin muhataba üzüntüsünü ifade etmesidir. Sözle veya farklı davranışlarla özür dilenebilir. Yapılan hata varsa telâfisi için çaba sarf edilebilir. Bazen, durumu bir an önce kapatmak için söylenen ve tam da anlaşılmış hissi uyandırmayan bir tutum vardır: "Tamam tamam, bütün kabahat benim, özür dilerim." derler. İşte özür dilemek derken bunu kastetmiyorum. Kendisini özür dileyecek bir duruma düşürmemek için hiç bir çaba sarf etmeyen ve yaptığı her yanlıştan sonra, "Gerçekten çok çok özür dilerim, istemeden oldu." denmesinden de söz etmiyorum. Özür dilemenin bizatihi kendisine hakaret anlamına gelecek bu özür dileyiş, bir bakıma alay etmek gibidir. Çünkü, "Özür diledim ya, daha ne istiyorsun?" demek için dilenmiş bir özürdür âdeta ve bu sürekli tekrarlanır. Artık özür dilemek sadece rahatsızlık verir hale gelir. Yanlış yaptığı şahsın hassasiyetlerini dikkate aldığına ve bir daha üzmemek için elinden geleni yaptığına dair bir gayret göremezsiniz. Böyle insanlar, kendi kendilerini kandırdıkları gibi karşılarındakileri de kandıracağını zannederek iki taraflı yanılgıya düşerler. Bu tarz devam ettikçe her özür dilemek, kişiler arasındaki ilişkiye kan kaybettirir ve yaralar. Samimiyeti ve güveni zedeler.

Bir de, **"Benim seni üzmek gibi bir kastım yoktu."** cümlesine hemen, **"Peki üzmemek gibi bir kastın var mıydı?"** diye sorulmalı. Burada susmak, **"Yoktu."** anlamına gelir. O halde bu, "Sen üzülsen de umurumda değil." demektir. Akıllı insan, ağzından çıktığının ne anlama geldiğini ve kişiyi nasıl etkileyeceğini düşünerek konuşur, karşısındakileri saf ve bir şeyden anlamaz yerine koymaz. Çünkü bu niyet hemen sezilir ve ilişkinin gidişatı değişir. Ondan sonra da sebep başka yerde aranır. Kalkacağımız yer düştüğümüz yerdir. Öyleyse niyeti düzeltip ifadelere de ona göre çeki düzen vermek, her insanın Allah'a ve O'ndan dolayı da muhatabına duyduğu sorumluluğun ve saygının bir gereğidir. Hem ilişkiyi bozup hem de suçlu avına çıkmak işe yaramayacak ve bir düzelme sağlamayacaktır. Bir soruna engel olmak istiyorsak, önce kendimizden başlayarak, sorunu ortaya çıkarıcı etkenleri bulup onları ortadan kaldırmaya çalışmakla işe başlamalıyız.

## "Seni anlamama yardım et."

Bana göre çok anlamlı dualardan birisi de, **"Allah'ım, beni anlayışlı ve anlaşılır kıl."** duasıdır. Bir insan yanlış yaptığında, muhatabı da karşı çıkınca, "Sen beni yanlış anladın, aslında ben onu şunun için yapmıştım." derken, doğru anlaşılmış bir davranış için konuşulduğunu kendisinin fark etmesi gerektiğini bilmez. Ben bir gün oğluma bir şey söylemiştim. O da "Anneciğim niye böyle söyledin?" dediğinde, "Yavrucuğum ben aslında öyle söylerken şunu kastetmiştim." dedim. Bana cevap olarak, "O halde kastettiğin şeyi söyle anneciğim, ben ne söylersen onu duyarım. Senin kastını ben anlayamam." demişti. Bu söz bana ciddi bir öğrenme sağladı, söyleyeceklerimi daha dikkatle söylemeye çalıştım.

## Çoğunlukla duygular, olayın gerektirdiğinden daha yoğun hissedilebilir

Bazen eşler, yaşadıkları olayın onlardaki tesiri sebebiyle, duyguları kadar tepki verirler ve söyleyeceklerini öyle bir söylerler ki, aslında o anda söyleememe-

*Çoğunlukla duygular, olayın gerektirdiğinden daha yoğun hissedilebilir*

leri gereken şeyleri söylemiş olurlar. Üstelik yanlış ifade ederler. Söylemek istedikleri şeyi değil de başka duyguları da içine katarak karmakarışık bir halde söylemiş olurlar. O zaman da anlaşılma çabası boşa gider. Ortaya karışık bir anlatım, tatsız tuzsuz bir yemek gibi servis edilmiş olur. Çünkü etkilenme, bazen sadece o olayı kapsamaz. İnsan farkında olmadan önceki yaşadıklarını da ilave edip öyle tepki verir. Çünkü biriktirmiştir. Yeni bir olay yaşanınca, "Bak yine aynı şeyi yaptı." der ve iki birimlik tepki vermesi gereken bir olayda belki de beş birimlik tepki verir. Olayın muhatabı ise, "Ben bu kadar tepki verecek ne yaptım" diye şaşırır. İlaveten, duygular biriktirilmeden de abartılı algılamalarla -ki, bu da o anki hazır bulunan sağlık, açlık ve başka ilişkilerin o şahıstaki etkilerinin tesiri ile- daha ağırmış gibi hissedilir. Hemen herkes, o anda direkt tepki vermese ve biraz bekleyip sakinleşse, görecektir ki ortada bu kadar gerilecek ve üzülecek bir şey yoktur. Sakinleşince konuşacak olsa, kesinlikle öfkeliykenki konuşacağı gibi konuşmaz. Çünkü öfke gitmiş, durumu daha etraflıca görme fırsatı oluşmuştur. O zaman ilişkiyi koruma becerisi daha kolay ortaya çıkar. Onun için bir atasözümüzde, **"Öfkeyle kalkan zararla oturur."** denmektedir. Konfüçyüs ise, **"Öfkeli insan zehir ile doludur."** der. Bu da bize, ne yaşarsak yaşayalım, sakinleşince tepkimizi verelim ve o anda zor da olsa, sakin ve alttan alarak davranalım hatta biz haklı olsak bile, karşımızdakini özür dileyip yatıştıralım. Bu, son derece önemli, stratejik ve üst düzey bir davranıştır. Kimi zaman da görülür ki, kendimizi haklı görüyorken, bir de bakmışız ki biz hatalıyız. Eğer böyle bir durumda haklı gibi, üstelik abartılı tepki verdiğimizde, hem ilişkiyi çıkmaza sokmuş hem de kendi pozisyonumuzu zora sokmuş oluruz.

## MUTLULUĞUN SIRRI

Bir grup kariyer yolunda ilerleyen yeni mezun, eski üniversitelerindeki profesörlerini ziyaret için bir araya gelirler. Sohbet, sonunda işin ve hayatın stresinden şikâyete döner. Misafirlerine kahve ikram eden profesör mutfağa gider ve yanında büyük bir termos içinde kahve ve porselen, plastik, cam, kristal olmak üzere değişik tarzda ve ucuz görünenden, pahalı ve hatta çok özel olanlarına kadar değişik kahve bardakları ile gelir. Ve misafirlerine kendilerine kahve almalarını söyler. Herkes bir bardak seçince, profesör şöyle söyler: "Fark ettiyseniz, tüm pahalı görünen bardaklar alındı ve geriye ucuz görünümlü sade bardaklar kaldı. Kendiniz için en iyi olanı istemeniz normal olsa da bu sizin stresinizin ve problemlerinizin kaynağı aslında. Emin olun ki, bardağın kendisi kahvenin kalitesine hiç bir şey katmaz. Çoğu zaman, sadece daha pahalıdır ve hatta bazı durumlarda da içtiğimizi saklar. Hepinizin aslında istediği kahveydi, bardak değil ama bilinçli olarak en iyi bardaklara yöneldiniz... Ve sonra da birbirinizin bardağına bakmaya başladınız. Şunu bir düşünün: Hayat kahvedir. İş, para ve toplumdaki konumunuz da bardaklar. Onlar hayatı tutmak için sadece araçlardır ve seçtiğimiz bardak yaşadığımız hayatın kalitesini belirlemediği gibi değiştirmez de. Bazen, sadece bardağa odaklanarak Allah'ın sunduğu kahvenin tadını çıkarmayı unuturuz. Allah kahveyi pişirir, bardakları değil. Kahvenizin tadına varın! En mutlu insanlar her şeyin en iyisine sahip değildirler. Sadece her şeyin en iyi şekilde tadını çıkartırlar. Basit yaşayın. Cömertçe sevin. Birbirinize derinden itina gösterin. Nazik olun. Gerisini Allah'a bırakın."

## Her söz, beyinde bir düşünce kapısı açar

Özellikle gergin ortamlarda kelimeler hassasiyetle seçilmeli ki, maksadı aşan sözler ağzımızdan çıkmasın. Söylemek istediğimizin yerine tam tersi bir anlaşılma olacaksa, düzeltici ve anlaşılır bir karşılık beklerken, tam tersi, arayı daha da bozucu bir karşılık gelince de kimseyi suçlamamak lâzım. Ağzımızdan çıkanları mümkünse yazıp sakin kafa ile bir gözden geçirsek, o zaman nasıl bir tahribat yaptığımızı daha kolay anlarız. İletişimde anlamak kadar anlaşılır olmak da çok önemlidir. Bunun için gereken yapılmalı ve lüzumsuz gerginliklerle daha fazla sevgi erozyonuna fırsat verilmemeli, sabır ve anlayışlarımız tüketilmemeli.

## İhtiyaç nedir?

Dengede kalabilmek ve hayat için gerekli aktivasyonu sağlamak için olması gerekli olan her şeydir. İhtiyaçlar, içinde bulunulan ortama, mevcut şartlara ve kişiye göre değişir. Kimi ihtiyaçlar acildir, kimileri ise daha sonra da olsa olabilir. Bir insanın ihtiyacını yerine getirmek için illa onu anlamamız ve onaylamamız gerekmez. Kişinin neye ihtiyacı olduğunu en iyi kendisi bilir. Olsa olsa daha doğru tespitler yapmasına yardımcı olabiliriz, o kadar. Onun dışında, karşımızdaki şahıs ihtiyacı olan şeyi elde etmekte zorlanıyorsa, ona yardımcı olmak, her insanın boynuna borçtur. İnsanın anne karnındaki hayatı da dâhil olmak üzere; barınma, güvenlik ve gıda ihtiyacından sonraki en acil ihtiyacı, sevgidir.

Sevgi yaşatan, hayata tutunduran su ve güneş gibidir. Onsuz olmaz. Onsuz insanlık ayakta kalamaz. Çiçeklerin rengi solar, hayvanların düzeni bozulur, insan hayattan kopar. Ekmeği aşı olmazsa bile insan belli bir süre dayanır. Aç kalır, açık kalır, direnir, zorlanır fakat ayakta kalmayı başarır. Fakat asli kaynaktan sevgi ihtiyacı giderilmezse, onun tutunmasına yardım edecek, elini yardım için uzatacak enerjisi kaynağından kesilmiş olur. Bu kaynak öncelikle anne babadır, aile yuvasındaki sıcaklıktır. Prusya kralının öksüzler yurdundaki kimsesiz çocuklar üzerinde yaptığı bir deneyde, sadece bakımları verilen, kendileriyle hiç konuşulmamış ve sevgi gösterilmemiş bebeklerin tamamen öldüğü söylenir. Elbette bu çok vahşice bir deney fakat ne yazık ki yapılmış ve ortaya o bebeklerin ölümü kadar çıplak bir gerçek de ortaya çıkmış. Buradan da anlaşılacağı gibi; sevgisizlik öldürüyor.

Ailede eşlerin birbirine verdikleri sevgi, çocukları olunca dal budak salan çınarlar gibi yayılacak ve bütün aile bireylerini kuşattıktan sonra, çevreyi de o muhteşem etkisiyle sarmalayacak hale gelir. Sevgi, devamında şefkat ve aklını geliştirecek bilinçli yaklaşımlar, bir insanın en acil ihtiyaçlarındandır. Bir de bu dünyanın hepimize yeteceğini anlayarak, birbirimize kardeşçe el uzatmak, birbirimizin derdiyle dertlenmek, sen varsın ve bizim gözümüzde değerlisin mesajı vermek, insanın hem kullara hem de Allah'a karşı sorumluluğunu yerine getirmesine yardımcı olan baş aktörlerden sayılabilir. İhtiyaçlar hangi aşamada giderilememişse, kişi o aşamada takılıp kalabilir ve ilerlemesi ne yazık ki durabilir. Bu da ilişki içinde olduğu herkese karşı sıkıntılı bir yaklaşım anlamına gelir. Öyleyse şunu söyleyebiliriz; dünyadaki sorunlu insanların ve sıkıntı kaynaklarının büyük çoğunluğu, o şahsa verilmesi gereken sevgi, saygı ve değerin verilmemesinden kaynaklanır. İhtiyaçlar

*Daha iyi olabilmenin yolları, ihtiyacımız olanı bilmek ve onu aramakla açılır*

giderildikçe, şahsın bozulan dengeleri, eskisi kadar olmazsa da mutlaka yerine gelmeye başlar.

## Daha iyi olabilmenin yolları, ihtiyacımız olanı bilmek ve onu aramakla açılır

Bütün insanların ortak ihtiyaçlarının yanında, bir de her ferdin özel ihtiyacı vardır. O ihtiyaçlar giderildikçe şahıs mutlu ve dengeli olmaya başlar. Bunun sağlanabilmesi için **önce bilgi, niyet, sonra metot ve gayret, daha sonra ise sebat ve sabır gereklidir.** Neyin ihtiyaç olduğunun tespit edilebilmesi, kişiyle bizzat konuşarak, eğer bu mümkün değilse kişinin işleyişindeki durumuna bakılarak anlaşılır. Bunların hepsinde mizaç etkilidir fakat (patolojik bir durum olmadıkça) doğru davranıldığında, bütün mizaçların normali vardır ve hepsi ile uyum mümkündür.

**İhtiyaçların tespiti için en acil olan şey, şahıs ve durum hakkında yeterli ve doğru bilgiye sahip olmaktır.** İster eşler ile ilgili olsun isterse de çocuklar ya da gençlerden bahsetmiş olalım, o durumun bilgisinin olması gerektiğine işaret eder. En başta, insanın kadın-erkek olarak iki cins olması, iki cinsin de evlenirken kendisi ve eşinin ortak ve kişisel özelliklerini ve ihtiyaçlarını öğrenerek yeni bir hayata başlamalarını gerekli kılar. Bunu en başta yapmak gerekir ki, birbirlerine destek olmak, yüceltmek, eksiklerini tamamlamak, yanlışlarını beraberce düzeltmek ve daha iyi olmak için sevgiyle, el ele ve dayanışma içinde olmaları mümkün olsun.

Bunun yapılması, kesintisiz bilgilenme sürecini hayata katmakla mümkün olur. **Nerede bir acı vardır, çoğunlukla orada cahilliğin kör mantığı devrededir.** Nerede dengeler bozulur, orada yanlış bilgi ile işleyiş hâkimdir. Nerede dinlediği zaman insanın yüreğini yakan hadiseler yaşanmıştır, orada Allah'a hesap vereceği ve Allah'ı üzeceği endişesi yok olmuştur. Bütün işleyişler, ısrarla doğru durmak ve doğru yaşamak isteyenlerin çabasıyla düzgün bir hâl alır. Değerlerin hayatta olması, onları canı gibi koruyan ve hayatında var etmek için mücadele edenlerin elleriyle mümkündür. Çünkü bırakılan her şey yok olmaya mahkûmdur, insanlık dâhil.

## Her insanın bir genel bir de özel ihtiyaçları vardır

Her insan, sevgi taşıyan saygıyla ve değer görerek ayakta durur. Her çocuğun, büyürken tecrübe etmesine fırsat tanıyan anlayışa ve ortama ihtiyacı vardır. Her insanın, dünyada biricik olduğunu, Rabbinin onu çok sevdiğini ve ondan vazgeçmeyeceğini bilmeye ihtiyacı vardır. Bunun gibi daha pek çok ortak ihtiyacımız vardır. Bir de hususi ihtiyaçlar vardır ki, bunun mantığı aranmaz, niye böyle denmez. Sadece o şartlar yerine getirilerek, insanın dengede kalmasına yardımcı olmaya çalışılır. Karşımızdaki insanın ihtiyacını gidermek adına doğru olan şeyin ne olduğu ise (helâl dairesi içinde), kişinin o anki ihtiyacının ne olduğuna göre değişir.

Kimi sevgisini sözlü ifade eder, kimisi bakışlarıyla anlatmaya çalışır. Kimisi bunu hediye olarak anlar ve uygular. Kimisi de kendisine değer verici şekilde davranmayı sevgi ifadesi olarak anlar. Bazıları yeşili çok severken, bir diğeri ille de mavi der. Kimi maydanoza bayılırken, kimisi kokusuna bile tahammül edemez. Bunun gibi daha nice kişisel farklılıklar vardır ve biz bunları olduğu gibi kabul etmek ve kişiye ona göre davranmak zorundayız. Mutlu ve huzurlu olmak için her bireyin farklılıklarını zenginlik olarak görmek, ortak noktada buluşmak için gayret sarf etmek gerekir. Bunlar konuşularak ve hayatın içindeki görüntüleriyle anlaşılır. Samimi ve içten bir çaba ile herkes kendisi-

*Her insanın bir genel bir de özel ihtiyaçları vardır*

| |
|---|
| *Dinleyip anlamadan çözüm üretemezsin* |

ne düşeni yapar. Ancak bu şekilde insanca bir hayat için ortak bir noktada ve değerlerde buluşabiliriz. **Allah'ın kuluna verdiği değer kimsenin tekelinde değildir.** Öncelikle **kişinin kendisi bu değerin farkında olmalıdır. Bunu fark ettirecek olan da anne babadır.**

İnsanı değerli görmek ve hayatın merkezine yerleştirmek, Allah'ın emaneti olması ve her yapılanın önce Allah'a uğraması açısından, kalpleri diri olarak yaşayan insanların boynuna borçtur. İnsana karşı kendisini sorumlu hissetmek, kişiyi dikkatli davranmaya ve sorumluluk duymaya yöneltir. Her yapılan Allah için olunca, artık gaye net, hedef net ve yollar net hale gelir.

Diğer bir deyişle, **insanı fabrika ayarlarından uzaklaştıran her şey, manen ve fizyolojik yönden kişiyi sıkıntıya sokar.** Tahribatın gücüne ve süresine göre de insanı hasta yapar. Fabrika ayarlarına geri dönmek ise sisteme yeniden sağlıklı işleme şansı verir.

## Dinleyip anlamadan çözüm üretemezsin

Dinlemek; dinler gibi yapmak ve sessiz kalmak değildir. Dinlemek, bize konuşan kimsenin ne söylediğini anlamaya ve kendine düşeni bulmaya yönelik bir eylemdir, çok anlamlıdır ve çok önemlidir. Çünkü **dinlemezsek anlayamayız.**

**Dinlemek,** karşısındakinden önce dinleyenin kalitesini ortaya koymasıdır.

**Dinlemek,** her insanın kendisine duyduğu saygının bir gereğidir ve olmazsa olmazıdır.

**Dinlemek,** hakka uygun doğru bir anlayış ve iletişim olabilmesi için ilk adımdır, saygın bir çabadır.

**Dinlemek,** karşısındakinin de söz söyleme hakkının olduğunu kabul etmektir.

**Dinlemek,** karşısındakini var saymaktır.

**Dinlemek,** karşısındakinin de haklı olabileceğine inanmaktır.

**Dinlemek,** insanlığını ortaya koymaktır.

> *İçten bir dinleme, dinleyen şahsın fikri ile her şeyi yaptırabilir.*

## Sadece içtenlikle dinlemenin onarıcı etkisi

Bazen de, sizin içten bir şekilde dinlediğinizde şahıs meselelerini anlatırken, sorunun çözümünü kendisi bulabilir ve rahatlatıcı cümleyi de kendisi kurarak, "Galiba ben biraz abartmışım." diyebilir. **"İçten bir dinleme, dinleyen şahsın fikri ile her şeyi yaptırabilir."** özlü sözü çok dikkate şayandır. Yani düşünüyorum da, eşler birbirlerini kulağıyla değil yüreğiyle dinlese, galiba pek çok sorun, sıkıntı halindeyken çözülür ve erir gider. Biz çoğunlukla dinler gibi yapıyoruz. Çünkü etkin dinleme; karşı cevap üretmeden, suçlamadan, kendi algı ve inançlarımızı işin içine katmadan, sadece anlamak için susarak ve dinlediğimizi, anlamaya çalıştığımızı hissettirecek ufak tefek vurgularla dinlemektir. Bakışlar, yüzdeki mimikler, anlatılan konuyla ne kadar ilgilendiğimizi ifade ederler. Üstelik bu samimiyet karşımızdaki tarafından derhal fark edilir. Bu gerekçelerle, dinlemek, konuyu anlamanın en önemli yanı olmakla birlikte, işbirliği çağrısıdır. "Seni ve anlatacaklarını ciddiye alıyorum. Anlamaya hazırım" demektir.

## BİR KARINCADAN DERS...

BRENDA, yamaç tırmanışı yapmak isteyen genç bir kadındı. Bir gün cesaretini toplayarak bir grup tırmanışına katıldı. Tırmanacakları yere vardıklarında neredeyse duvar gibi dik, büyük ve kayalık bir yamaç çıktı karşılarına. Tüm korkularına rağmen, Brenda azimliydi. Emniyet kemerini taktı, ipi yakaladı ve kayanın dik yüzüne tırmanmaya başladı.

Bir süre tırmandıktan sonra nefeslenebileceği bir oyuk buldu. Orada asılı dururken, gruptan yukarıda ipi tutan kişi dalgınlığa düşerek ipi gevşetiverdi. Aniden boşalan ip hızla Brenda'nın gözüne çarparak lensinin düşmesine neden oldu.

Lens çok küçüktü ve bulunması neredeyse imkânsızdı. Yamacın ortasında bir yerlerde kalmıştı ve artık bulanık görüyordu. Lensi onun için çok önemliydi ve yukarı tırmanabilse dahi yakınlarda lens alabileceği hiç bir yer yoktu. Hiç hesapta olmayan bu iş Brenda'yı büsbütün üzmüştü. Ümitsizlik içerisindeki Brenda, yeni bir ümitle lensini bulmasına yardım etmesi için Allah'a dua etti.

Yukarıda arkadaşlarından birinin lensi gözünün kenarında bulacağını ümit ederek tırmanmaya devam etti. Yukarı vardığında bir arkadaşı gözünün her yerini incelediyse de lensi bulamadı. Brenda çaresizce yere oturup geri kalanların da tepeye varmasını bekledi.

Boy boy uzanan dağlara bakarken İncil' deki şu ayeti hatırladı "Allah yeryüzündeki her şeyi gören ve bilendir." Ve düşünmeye başladı "Allah'ım sen şu anda buradaki tüm dağları görüyorsun. Bu dağlar üzerindeki her bir taşı ve yaprağı bildiğin gibi benim lensimin yerini de biliyorsun. Onu bulmama yardım et." Ve sonunda aşağı inme zamanı gelmişti. Patikalardan yürüyerek aşağı indiler. Aşağı indiklerinde yeni bir grup tırmanmak üzere oraya doğru geliyordu. Bir tanesi tırmanmak üzere kayaya doğru yaklaştığında "Aranızda lens kaybeden var mı?" diye bağırdı. Bu yeterince şaşırtıcıydı. Bir kız Brenda'nın lensini bulmuştu. Ama bu nasıl olmuştu?

Brenda'nın sonradan öğrendiğine göre lensi bir karınca taşıyordu ve yavaşça kayanın üzerinde hareket eden lens oradan geçen bir kızın dikkatini çekmişti.

Bu olay size Allah hakkında ne anlatıyor?

Yoksa O, en ufak şeyle bile ilgileniyor mu?

Karıncalar onun için önemli mi?

Tabi ki önemli... Onları yaratan, yoktan var eden, ve yaşatan O. Brenda babasının karikatürler çizdiğini anlatmıştı bana. Ve bu hikâyeyi babasına anlattığında babası şöyle bir resim çizmişti. Bir karınca ağzıyla lens taşıyordu ve karıncanın üzerindeki baloncukta şöyle yazıyordu:

"Rabbim, bu nesneyi neden taşıdığımı bilemiyorum, bunu yiyemem ve bu neredeyse taşıyamayacağım kadar ağır. Ama istediğin sadece bunu taşımamsa, senin için taşıyacağım."

Eğer Allah bir karıncayla dahi ilgileniyorsa, tabi ki bizlerle de ilgilenecekti. Sanırım Solomon haklıydı. Bir insan bir karıncadan ders alabilir: "Allah'a güvenin."

Hepimiz genellikle başımız sıkıştığında ya da bir musibete uğradığımızda ya da bize zor gelen bir işi yapmak zorunda kaldığımızda:

"Allah'ım, benden bu yükü taşımamı neden istiyorsun. Ben bunda bir fayda göremiyorum ve bu benim için çok ağır." diye serzenişte bulunuruz. Bu olayların bizim başımıza gelmesine bir anlam veremeyiz. Ama bizi yaratan Allah sonsuz hikmet ve ilim sahibidir ve bunları yapmasında elbette bir maksadı vardır. İtiraz yerine karıncanın yaptığını yapmak bu gibi durumlarda en doğru seçim olacaktır.

"Evet, nedenini bilmiyor ve anlayamıyorum ama sen bu yükü taşımamı istiyorsan senin için taşıyacağım."

Bizim de insanlar olarak ben ne yaptım da böyle bir şeyi hak ettim demeden önce, "Acaba Rabbim bunu bana yaşatmakla benim ne yapmamı istiyor? Bu durum benim hangi halimin düzelmesi, hangi anlayışımın iyileşmesi için bir ilâç acaba?" diye düşünmeli ve sızlanmadan yapılacak doğru davranışı seçip, kalanında sabretmeliyiz. Biz bilmesek ve anlamasak da her durum bir hikmet barındırır ve mutlaka bize iyi gelecek yanları bulunur, en sıkıntılı durumlarda bile.

## Sıkıntının farkında olmayanlar, çözümün peşine düşmezler

Meseleye bir bütün olarak baktığımızda, **soruna çözüm üretmekten daha anlamlı olanı, sorun oluşturmamak için gösterilen gayrettir.** Bu da Allah'ın izniyle, mutlaka aktif bir akılla hayatı doğru yaşama niyeti ve onu sağlayacak olan bilgi sirkülasyonuyla mümkündür. Bunun için de, önce huzuru ve sağlıklı işleyişi oluşturma ve sürdürme çabası olmalı. Devamında, az gibi görünen sıkıntılar hemen dikkatimizi çekmeli ve bizi sebebini bulmaya sevk etmeli. Sebebini bulunca da, "Bu senin suçun." demeden, "Birlikte bunun üstesinden nasıl gelebiliriz?" sorusuna cevap aranmalı. Suçlama, sadece kişiyi savunmaya kilitler ve o da muhatabında suçlayacak materyal aramaya başlar. Çok geçmeden de bulur. Çünkü her birimizde olumlu ve olumsuz yönler bir hayli var. Hangisini ararsak o karşımıza çıkar. Sürekli mevcut hataya suçlu arayanlar, sürekli olumsuzu gördükleri için zihin iyi yönleri yok gibi algılatır, o da yok zanneder. Böylece karşısındaki kişiye karşı haksız, yersiz ve yıpratıcı saldırılar için ne yazık ki zemin hazır hale gelir.

**Asıl sorun, eşlerin neyin sorun olduğu konusunda hemfikir olamamalarıdır.**

Böyle olunca, çözüm herkesin kafasında ayrı ayrı oluşur. Her birey, sorunu da, o sorun için önerdiği çözümü de kendisine göre belirlediği zaman, iki "kendine göre"nin çatışması yaşanır çoğu kere. Bu durumda ise, kimin sözü etkili ise onun dediği uygulanır. Fakat iş bununla bitmez, bir tartışmalar ve huzursuzluklar zinciri de bununla beraber başlar. Oysa, ortak idealler için ortak tutum çok önemlidir. Bu sebeple, eşlerin biri diğerinden arkada kalmayacak şekilde, süreç ile ilgili bilgi edinilmeli ve ortak paydada buluşacak bir yaklaşımda mutabık olunmalıdır. Bilgi edinildiğinde bunların paylaşması, anlaşılmayan hususlarda ikisinin de onayladığı bir uzmana danışılması ve ona göre yol haritasının belirlenmesi gerekir. Kimi zaman da ikisi de doğru ama farklı şeyler istenebilir. O zamanda akıllıca yaklaşıp eşinin fikrine öncelik verme nezaketini birisi göstermeli. Bazen neyin konuşulduğu ve uygulandığından bağımsız olarak, nasıl bir tavır takınıldığı duruma damgasını vurur ve

> *Sıkıntının farkında olmayanlar, çözümün peşine düşmezler*

asıl sorun geride kalır. Bunun için, kimi zaman konudan ziyade, söz ve fiillerin ilişkiyi nasıl etkileyeceği düşünülmeli ve ona göre tavır değişikliğine gidilmelidir. Bu ise, meseleye globalden bakabilmeyi, yani resmin bütününü görebilmeyi gerektirir.

Bir sıkıntı olduğu fark edildiğinde, hemen ne olduğu ve neden olduğu soruları aklımıza gelmeli. "Normal işleyişin dışına çıktı." diye tanımladığımız her şey bize bu soruları sordurur. Bu arada, kişiye özel durumları da göz önünde bulundurarak, durumu teşhis etmeye ve gerekli adımları atmaya çalışmalıyız. Bazen, normal saymadığımız bir durumun ucu bize dokunuyorsa, sorunu reddetmek, bizimle ilişkisini örtmek, başkasına maletmek, şahsın kendisini suçlamak gibi daha ilâve edilebilecek şekilde tepki verenler olur. Bunlar kaçıştır. Gerçeği öğrenmek ona ağır geldiği, kendisini suçlanmış hissettiği, kendisine düşeni kabul ederse ona ağır geleceği ve kabul etmiş olsa yapması gerekeni yapamayacağı gibi gerekçelerle, baştaki sebebini bulma arayışı, şimdi de suçlu bulma çabasına dönüşür. Burada önemli olan soruna çözüm üretmek ve sebepleri ortadan kaldırmaksa, bu yaklaşım biçimi tam tersi etki yapar ve bazen ilişkiyi kilitleyebilir, çözüm yerine çözümsüzlüğe götürebilir.

## Kimse bir başkasının kalıbına girmek istemez, herkesin gerçekliği ve ölçüsü farklıdır

İnsanı zora sokan en önemli unsurlardan birisi de insanı kendi istediğimiz kalıba sokma çabasıdır. Bana göre yanlış olan ve kişisel olan bir şey, sanki herkese yanlış gelmek zorundaymış gibi davranmak, muhataplarımızı zora sokar ve sıkıntı çıkarır. Bilgisini yeterli zannetmek en önemli yanılgı olarak çok sık karşımıza çıkar. Onun için büyüklerimiz, **"Bin bildiğin varsa bile bir bi-**

**lene danış"** demişler. Fakat burada altı çizilmesi gereken iki husus var, birisi danışmak, diğeri ise işin ehline yani bilen birisine danışmaktır.

## Her söylenen doğru olmayabilir, başkasının reçetesi senin hastalığına iyi gelmeyebilir

Kimi zamanda birilerinin başından geçen hadiseler bize öğretmenmiş gibi davranmalarına sebep olur. "Ben çocuğumu dövdüm, şimdi sözümü dinliyor, sende döv bak o zaman sana karşı çıkıyor mu." der ve kafamızı karıştırır. "Elinden telefonunu al, internetini kapa, arkadaşlarıyla görüşmesini engelle odaya kapat, gözünü korkut biraz. Kızını dövmeyen dizini, oğlunu dövmeyen kesesini döver." derler ve kendi yaptıklarının faydalı olduğunu anlatmaya çalışırlar. Oysa bu yapılanların hiç birisi çocuk psikolojine uygun değildir ve çözüme götürmez. Bilâkis, kısa vadede çocuk korkup istenileni yapar fakat bu korku geçinceye kadardır. Korku ile yapılan şeyler, korkulan kişiden nefret ettirir ve istenilen şeyi de zoraki yaptırır. Bunun neresi iyidir ve çocuğa nasıl bir fayda sağlar?

"Eşim, 'Anneme gidelim.' deyince ona öyle bir karşı çıktım ki, artık rahat rahat haydi gidelim diyemiyor. Sen de sesini yükselt biraz ki her istediğini yaptıramasın." diye bize tavsiyede bulunan arkadaşımız, her ortamın atmosferinin ve her ilişkinin kimyasının farklı olduğunu bilmiyordur. Kiminde işe yarayan formül kiminde ters tepebilir. Üstelik "Bende işe yaradı." denilen şey, ya muhataba zulüm anlamına gelecek bir dayatma ise ve ciddi kul hakkı alınıyorsa? İleride patlamaya yol açacak duygular birikiyorsa? Bunlar hiç düşünülüp hesap edilmeden yapılan yanlışlar, geometrik şekilde artan zararlar olarak karşımıza çıkacaktır. Dolayısı

*Asıl sorun, eşlerin neyin sorun olduğu konusunda hemfikir olamamalarıdır.*

*Kimse bir başkasının kalıbına girmek istemez, herkesin gerçekliği ve ölçüsü farklıdır*

ile bir uzmanın ve daha da önemlisi yüreğimizin onaylamadığı şeyleri kim söylerse söylesin uygulamayalım. Eşimizin, çocuğumuzun ya da diğer muhataplarımızın tepkisi, mutlu ya da mutsuz oluşu bize ciddi mesajlar verir. Bunların mutlaka doğru okunması gerekir. Her tepkiyi ciddiye alarak bize verdiği mesajı doğru anlamak, bizi olası ciddi yanlışlardan korur.

## Normal olanı bozmak, zorla normal dışına çıkarmak demektir ki, bu zulümdür

Bizi rahatsız eden şeyler varsa arayışa geçeriz. Eğer rahatsız olduğumuz şey, gerçekten işleyişi aksatan şeyler ise, bu doğru bir noktadan hareket etmek demektir. Eğer bizim tahammülsüzlüğümüzden ve normal olan ile olmayanın ayrımını yapamadığımızdan dolayı ise, önce buradan başlamalıyız. Kendi sıkıntımız sebebiyle tahammül edemediğimiz yani psikolojimizin karışıklığından dolayı ters gördüğümüz şeyleri mutlaka bir uzman bize anlatmalı ve bu rahatsızlıkların sebebi olan kendi anlayış ya da rahatsızlığımızın tedavisi için bir şeyler yapmalıyız. Sosyal fobik olan bir anne, aile bireylerini toplum için salmıyor. Annelerini üzmemek için bütün aile onun kurallarına göre yaşayarak her biri kendi içinde sorun yaşıyor. Oysa burada normal olanları hasta etmeye değil, hasta olanı tedavi etmeye ihtiyaç vardır. Annenin hatırı için, gönlü kırılıp incinmesin diye ev halkına böyle bir zulüm dayatılamaz. Akıl mantık buna engel olmalı. Gerekirse ikna edilerek tedavi olması için formüller üretilmeli.

## İcatlar ihtiyaçlardan doğar

Bir konudaki sıkıntı, o sıkıntıyı gidermek için arayışa sevk ettiğinde, bazen hiç umulmadık güzellikler ortaya çıkabilir. Bu arayış nice farklı keşiflere yol açabilir. Hem kişisel hem de aile kurumu açısından, çözüm aramak için samimi bir çaba ve bilinçli bir arayış, yeni kazanımların adresi olabilir. Bir hastalık için araştırma yaparken, pek çok güzel insanla tanışma, yeni işbirlikleri, yeni edinilen bilgilerin insanın fikir yapısına kattıkları, bireyleri oldukça zenginleştirir. Engelli çocuğu ya da eşi olanlar, onun hastalığı için çözüm ararken ve kendilerini rahatlatmak ve motivasyon için arayışa geçtiklerinde, yeni hobiler, yeni ilgi ve yeteneklerin keşfedilmesi, hayatlarını değiştirecek nice bağlantılar keşfedebiliyorlar. Ve o sorun gibi duran sıkıntı, bütün ailenin ufkunu açan, geliştiren ve herkese nice güzellikler kazandıran bir nimete dönüşebiliyor. Yeter ki el ele ve yürekten bir çaba ile aile bireyleri kenetlensin ve sıkıntıdaki rahmeti ve bereketi açığa çıkaracak bir arayış içinde olsunlar.

## Doğru işleyişin önündeki engeller

Doğru bir işleyişin önünde pek çok engel vardır. Bunlardan **birincisi;** aklını geliştirememiş olmak ve düşünmemek. Yıllar önce neyse, şimdi de o olarak kalmak. Bu bir insanın yaşayabileceği en tehlikeli ve zor durumdur. Gelişen ve değişen şartlara sabit bilgi ile yaklaşmak, hiç kendini ve bakışını yenilememek, kendine de birlikte olduğu insanlara da çok büyük haksızlıktır. Çünkü bu tip insanlar, sabit bakış açısıyla hep aynı şeyi söyler dururlar. Çocuğu olmadan da çocuğu olduktan ve büyüdükten sonra da aynı bilgiyi kullanan insanlardır. Bunlar birilerini dinlemekten, kendi bildiklerinin dışında bir şey istenmesinden ve bunu yapmak zorunda kalmaktan şiddetle kaçarlar. Çünkü at gözlükleri, istenen şeyin ne olduğunu bile anlamaktan uzak tutar. Bu arayış içinde olmamak, bilgiye ihtiyaç

*Her söylenen doğru olmayabilir, başkasının reçetesi senin hastalığına iyi gelmeyebilir*

> *Normal olanı bozmak, zorla normal dışına çıkarmak demektir ki, bu zulümdür*

hissetmemek, düşünmemek ve akletmemek demektir. Allah hepimizi bu tip bir duruma düşmekten korusun inşallah!

**İkincisi,** bilmediği halde çeyrek kapasiteye dönüştürdüğü aklı ve yetersiz bilgisi ile bildiğini zannetmek. Bu tipler hep çok bilir ve çok konuşurlar. Az bilginin verdiği sahte güvenle ahkâm kesip uzmanları ya da bildiğini düşündüğü kişileri eleştirip aşağılamaktan kendini görmeye fırsat bulamazlar. "Az bilen doktor candan, az bilen imam dinden eder" atasözünde belirtildiği gibi, az bilginin yetmediği durumlarda, kendine bakıp eksiğini görmek yerine, karşısındakileri kendisini anlamamakla suçlar ve haklı olduğuna da samimiyetle inandığı için orada burada söylenip durur ve negatif, üstelik yanlış algılarını etrafa yayarak algı kirliliği oluşturur.

"El ne der" mantığıyla hareket edenler var **üçüncü** sırada. Bu insanlar, kendilerini hep başkalarından daha düşük seviyede gördüğü için, birilerinin onu eleştirmesi beğenmemesi, onu üzüntüden yatağa düşürebilir. Sırtında taş taşımaya razıdır yeter ki çevresindekiler onu onaylasın ve beğensinler. Kendilik algıları yanlış oluşmuş olup yetersizlik ve değersizlik duygularıyla hayatlarını zindana çevirirler. Kimi zaman hepimiz el ne der demeliyiz. Ortalık yerde yanlış bir hareket yapıyorsak, bir günah işleniyorsa, insana ve çevreye zarar veriyorsak, elbette ki sosyal murakabeyi önemsemeli ve kendi içimizden gelemeyen oto kontrol yerine sosyal değerlendirmeyi dikkate alarak daha doğru davranmaya çalışmalıyız. Fakat çocuklarına sabrettiği zaman, çevresindekiler onu caydırıyorsa, eşine güzel davrandığında 'şımartma tepene çıkar' diye telkin ettiklerinde, bir hayır yapılacakken engel olunmaya çalışıldığında ve bunun gibi sayıları artırılacak pek çok durumda, insanlar neyin doğru olduğunu değil, bunu yaparsa elin ne diyeceğini düşünerek hareket ederler. Sonucunda iş anlaşıldığında ise, ne kadar yanlış davrandığı ortaya çıkar ve çok pişman olurlar ama artık iş işten geçmiş olur.

**Dördüncü** olarak, bildiği halde kendisinden emin olmayan ve başkalarından onay alma ihtiyacı bulunanları sayabiliriz. Bunlar, hep eleştirilerek büyütülmüş, hiç bir zaman kendilerini sevme fırsatı bulamamış, okuyarak çok iyi yerlere gelse bile, bundan hiç bir zaman mutlu olmayan ve hep kendisini eleştirip aşağılayan tipler vardır. Bunlar ne kadar bilirse bilsin, kendisini beğenmediği için, kesin olan bilgisinden de emin olmaz ve hep dışsal kontrol yapar, sorar, danışır. Kendi doğru bildiğinin dışında bir şeyler söylenirse, onlar daha iyi bilir diye kendi bildiğini değil, onların dediğini yapar.

**Beşincisi,** zihninde oluşturduğu eş, çocuk algısı ile hareket eder. Bunun ne zaman ve hangi şartlarda oluştuğu hesaba katılmaksızın, illâki kendi dediği olsun ve zihnindeki fotoğraf tamamlansın isterler. Kendi algısını hesaba çekmeksizin, algılarına uymayanları hesaba çekerler. Sabit fikirlidirler, değişime yanaşmazlar ve geçimi zordurlar.

**Altıncısı,** harika bir zekâya ve akla sahip olduğu halde, bunun aksini söyleye söyleye kendisinin aklı çalışmaz, zekâsı düşük birisi olduğuna inandırılmış kimselerdir. Bunlar, okuyamayacaklarını, okusalar da anlayamayacaklarını, hiç bir şey beceremeyeceklerini zannederler çünkü bunlara inanması için adeta çok çaba sarf edilmiştir.

Bunları çoğaltmak mümkün. Fakat bu konuda şunu bilelim, doğru bir kaynaktan bilgilerimiz test edilmiş ise, hiç kimse bunların hayata geçmesine engel olamamalı. Zihnimizde bizi doğrularda tutacak ve geliştirecek en önemli soru, "Ben ne yaparsam doğru olur ve Rabbim razı olur?" sorusudur. Doğrunun önünde engel çok olur derler. Biz, sorumluluklarımızı elimizden geldiğince doğru sorularla hayata geçirmeye çalışarak, nasıl davranılacağı konusunda örnek olabilmeliyiz.

> *İcatlar ihtiyaçlardan doğar*

## ÇATLAK TESTİ...

Çin'de bir adam, her gün boynuna dayadığı kalın sopanın iki ucuna astığı testilerle dereden su taşırmış evine. Bu testilerden birinin yan kısmında çatlak varmış... Diğeri ise hiç kusursuz ve çatlaksızmış, her seferinde bu kusursuz testi adamın doldurduğu suyun tümünü taşır, ulaştırırmış eve. Ama her zaman boynunda taşıdığı testilerden çatlak olanı eve yarım dolu olarak varırmış.

İki sene her gün bu şekilde geçmiş. Kusursuz, çatlaksız testi vazifesini mükemmel yaptığı için çok gururlanıyormuş. Fakat zavallı çatlak olan kusurlu testi, çok utanıyormuş. Doldurulan suyun sadece yarısını eve ulaştırabildiği için de çok üzülüyormuş.

İki yılın sonunda bir gün, görevini yapamadığını düşünen çatlak testi, ırmak kenarında adama şöyle demiş:

"Kendimden utanıyorum. Şu yanımdaki çatlak nedeniyle, sular eve gidene kadar akıp gidiyor."

Adam gülümseyerek dönmüş testiye; "Göremedin mi? Yolun senin tarafında olan kısmı çiçeklerle dolu. Fakat kusursuz testinin tarafında hiç yok. Çünkü ben başından beri senin kusurunu, çatlaklığını biliyordum. Senin tarafına çiçek tohumları ektim. Her gün o yolda ben su taşırken, sen onları suladın. İki senedir o güzel çiçekleri toplayıp, masamı süslüyorum. Sen kusursuz olsaydın, o çatlağın olmasaydı evime böyle güzellik ve zarafet veremeyecektim" diye cevap vermiş.

> Aslında hepimiz birer çatlak testiyiz Her birimizin kendine has kusurları vardır. Fakat sahip olduğumuz bu kusurlar ve çatlaklardır hayatlarımızı ilginç yapan, mükâfatlandıran, renklendiren. İnsanları oldukları gibi kabullenelim. Onlardaki kusurları değil, içlerindeki güzellikleri görelim...

## Bilmemek değil öğrenmemek ayıptır

Her birimizin hayatımızın pek çok yönü ile ilgili bilgi açığımız vardır. Aslolan her şeyi bilmek değil, kendi sorumluluk alanımıza giren işleyiş ile ilgili konularda yeterli bilgi ve tecrübe donanımına sahip olmaya çalışmaktır. Bunun için kurslar alabiliriz, eğitimlere katılabiliriz. Araştırıp okuyabiliriz. Önemli olan, **"Her insanın mesul olduğu iş ile ilgili bilgilenmesi farzdır."** hadis-i şerifine göre, yapacağımız işi iyi yapmamıza yarayacak bilgiyi elde etmektir. **Soru ile öğrenmeye başlarız.** Bir konu ile ilgili olarak ne kadar teorik bilgi edinirsek edinelim, o işe başlarken sanki bir şey bilmiyormuş gibi başlarız. Çünkü teori ile pratik çok farklıdır. Her insan, eline bir işi alırken bütün bilgileri pratiğin testinden sonra yerli yerine oturur ve gerçek bilgiye dayanır. Pedagoji okumuş bir anne, bebeğini kucağına aldığında, hiç bir kitapta yazmayan bir emanetle baş başa kalır. Kitaptaki bütün örnekler ve bilgiler, o anın ihtiyacına göre ve sizin durumunuza uygun bir yol haritası çizmek için ön bilgilerdir. Hiç bir bilgi tıpa tıp sizin durumunuza uymayabilir. Önemli olan prensipleri bilmek ve o prensiplerden yola çıkarak, o durumu doğru yönetecek stratejiler üretebilmektir.

## İnsanın zihin mekanizması nasıl çalışır?

Bize verilen en büyük nimetlerden biri olan beyin nötrdür, yönlendirme ile çalışır. Sorular beyne yön verir ve

*Bilmemek değil öğrenmemek ayıptır*

istikametini belirler. Soru ve arayışlarla aktif olan beyin, aktif olduğu müddetçe gelişir ve her tecrübe ile nörosinaptik bağlantılar oluşturarak hacmini artırır, büyür. Arayışı, sorusu ve kendini geliştirme ihtiyacı biten insanlarda büyüme ve gelişim duraklar. Bu beynin pasif kalması demektir ki, pasif bırakılmaktan dolayı küçülür ve aktivasyonu en aza iner. Sınırlı düşünmeye ve sınırlı akletmeye başlar. Oysa Allah, kullanalım diye verdiği nimetlerin en doğru biçimde (helâl dairesi içinde) kullanılmasından hoşlanır ve bu o nimetin şükrüdür. Her olumlu düşünce ve arayış, beyni giderek daha iyisini yapacak hale getirir. Beyin kas gibidir, çalıştıkça gelişir, zorlandıkça kapasitesi artar. Beyne intikal eden bilgiler paylaşıldıkça ve hayata geçirildikçe, mutluluk hormonu salgılanır ve bilgiler artık kişinin kalıcı değeri haline gelir.

Dikkatimiz, sorularımız ile aradığımız istikamete yönlenir yani neyi arasak dikkatimiz o tarafa odaklanır ve dikkatin odaklandığı yerde enerji birikir. O enerji de kişinin yönünü ve adımlarını o tarafa çeker. İnsan bir anda bir tek şeye odaklanabilir ve nereye odaklanırsa o tarafa doğru yol alır. Dolayısı ile aradığımız şeye doğru beyin bizi ilerletir. Bir insanın iyi yönlerine odaklanırsak, artık tamamen o tarafı görürüz ve olumsuz kısımları bizim dünyamıza teğet geçer. Bu olumlu yanları, o kişi ile paylaşıldıkça, inanabilirsiniz ki, o giderek daha iyi olacaktır. Bunun tam tersi olarak bir kişiye hep kötü yanları varmış gibi davranırsak ve biz de olumsuz yanlarına odaklanırsak, giderek hiç olumlu yanı yokmuş gibi algılamaya başlayacak ve hem o kişiye hem de çevremizdekilere bunu böyle aktarmaya başlayacağız. Çünkü ne tarafa odaklanırsak, giderek beyin diğer tarafı yok sayar ve biz var olduğu halde göremeyiz. Eğer bu, beynin bir çalışma biçimi ise bize düşen, bundan istifade etmek ve muhataplarımızın daha iyi olması için bu nimetten istifade etmektir.

Başta kendi olumlu yanlarımızı gö-
rerek kendimizi motive etmek ve ek-
sikliklerimizin en aza inmesi için tedbir
üretmek gelmeli. Devamında eşimiz,

> *Kişi ihtiyaç hissettiği
> şeyi arar.*

çocuklarımız ve yakın çevremizdeki insanların olumlu hal, ha-
reket ve sözlerinin iyi yanlarını görmeye çalışmalı, ifade etmeli
ve daha iyi olması için zemin hazırlamalıyız. Buna her insanın
acil ihtiyacı vardır. Böyle olduğunda kişilerin kendilik algıları
düzgün oluşacak, kendisine inanacak, sevecek ve daha iyi olmak
konusunda çalışmak için yoğun bir enerji bulacaktır. Her insa-
nın daha iyi olması için her birimizin teker teker yapabileceğimiz
şeyler vardır. Ve bunları yapmak, inancıma göre, Allah'ın kulları
üzerindeki hakkıdır.

Peki olumsuz yanları hiç mi görmeyeceğiz? Elbette ki göre-
ceğiz fakat kişi hep öyleymiş ve asla düzelmeyecekmiş gibi de-
ğil de, "Hepimiz hata yapabiliriz, şöyle yapmayı deneseniz belki
daha iyi sonuç alabilirsiniz" diyerek, karşısında değil yanında
olduğumuzu hissettirecek şekilde konuşabiliriz. Bu yapıcı bir
uyarıdır ve hepimizin buna ihtiyacı vardır.

## TESTERE HIRSIZI

Yaşlı adam bir süredir bahçesinin çitini onarıyordu. Kullandığı malzemeler de yanıbaşındaydı. Bir gün yine çalışacakken testeresi lâzım olur. Arar tarar bulamaz. Çevreye bakar, alet kutusunu tekrar tekrar döker bulamaz. O esnada yan bahçede oynayan komşunun çocuğuna gözü ilişir. Burada çalışırken ondan başka kimse kendisini görmemiştir. Bir tek o vardır yakınlarında. Acaba testereyi bu çocuk almış olabilir mi diye düşünür ve çocuğu izlemeye başlar. O esnada fark eder ki çocuk bir şüpheli gibi davranıyordur. İçinden, "Bak bak ne kadar da sinsi sinsi yürüyor, nasıl da hırsıza benziyor" diye düşünür. Hiç bir şey demeden işine devam eder. Başka eski bir testere bulup iyi kötü işini görmeye çalışır. Neyse akşam olmuş, yine alet çantasını toplayarak çitin yanından ayrılmıştır. Ertesi gün gelip tekrar çalışacağı zaman, küçük barakadaki alet kutusunu almak için gider. Tam kutuyu alıp çıkacakken, yanındaki büyük kutuyu kaldırıp kenara koyma ihtiyacı hisseder. Kutuyu kaldırınca bir de ne görsün, testere orada durmuyor mu? O esnada çocuk ile ilgili düşünceleri aklına gelir ve kendi kendine utanır, mahcup olur. Neyse, tekrar çalışmaya koyulur. Her zamanki gibi komşunun küçük oğlu yine bahçeye gelip oynamaya başlar. Adam tekrar çocuğun hareketlerine baktığında, hiç de hırsız gibi hareket etmediğini, gayet normal olduğunu hayretle görür. Anlar ki, insanın zihnine bir şüphe düşünce, bütün algıları o şüpheyi destekleyecek şekilde oluşuyor. Başını hayretle iki yana sallar, gülümser ve "Allah'ım, bana bilmediğim şeylerde akıl yürüttürme, kimseyi hırsız gördürme. Asıl hırsız benim zannımmış" der. O günden sonra, o çocuğun vesilesi ile aldığı bu dersi hiç unutmamış ve hep dikkatli olmaya çalışmış.

Bir insana "Bana göre şöylesin" demek, "Benim zihnim seni böyle görüyor" demektir. İnsan her an duygularının ve zanlarının etkisinde kalabileceği ve yanılabileceği gerçeğini hep hatırda tutmalı ve insanların iyi yanlarına odaklanmalıyız. Çünkü zanlarımız bizi esir alır ve istediği şeyi düşündürtür.

### Kişi ihtiyaç hissettiği şeyi arar.

Zihin aranılan şey neyse onu göstermeye programlıdır. Aradığımız şeyi sorarız. Sorulan sorulara cevap aramak için seçici algılar devreye girer ve aranılan şey fark edilir. Yani, insanın sorduğu, öğrenmek istediği; aradığı şeydir. İnsanın kalitesi ve nereye doğru gittiği arayışlarından belli olur. İnsan aradığı şeye dikkat eder. Dikkat neredeyse enerji oradadır. Enerjinin olduğu yerde ise çoğalma ve gelişme vardır. Bu, doğru amaçla ve pozitif bir yaklaşım biçimi ile yapıldığında, enerjinin ürettiği ve buldurdukları da çoğunlukla olumlu ve pozitif olur. Eğer, gerçeği aramak yerine kendi haklılığının ispatı için veya eleştirmek için malzeme arayanlar, zihinlerini bunun için yönlendirdiklerinden dolayı, muhatabının haklı yönlerini göremezler. Çünkü zihin, aranılan şeye odaklanır ve diğer var olanları atlar, adeta yok sayar. Böyle olunca da yanlış bir şeyi arama, bizi ihtiyacımız olan şeyi bulmaya sevk etmez. Bu durumda, "Soru nedir?" bunu anlamamız gerekir.

## Soru nedir?

**Soru;** arayışın adıdır. Neyi arayacağımız, sorudan önceki basamaktır. Bizim hayatımızın sıkıntısız, daha rahat geçebilmesi ve işleyişimizin normal bir seyirde devam etmesi için elimizin altında olmasına ihtiyaç hissettiğimiz şeylerin temin edilme gayretidir. Sorularla düşüncelerimize yollar açarız. Sorularla derinlemesine düşünebilir, sorularla detayları araştırırız. Sorularla en iyi öğrenme biçimine ulaşırız. Hz. Ali (r.a), **"Soru ilmin kapısıdır"** buyurmuştur. Alınacak cevabın doğru olması için sorunun sorulma biçimi çok önemlidir. İlâveten, **ne aradığımız kadar, hangi soruyla aradığınız da önemlidir.** Soru sorma biçimi, bulacağımız şeyin yanlış bir şey olmasına da sebep olabilir. **Bir sorunun anlamı; doğruyu arar halde tutması, doğru cevaba yöneltmesi, kişinin yaptığının doğru olup olmadığını anlaması ve kendisine düşeni buldurması ile anlam kazanır.**

## Sorusu olmayanın cevabı yoktur.

Soru sormak çok önemlidir. Soru; soranın yapısını, anlayışını ve içinde bulunduğu duruma ne anlam yüklediğini ortaya çıkarır. Soru sorma biçiminden, duruma hangi pencereden baktığı, kısa vadeli çözüm mü yoksa uzun vadeli çözüm mü istediği belli olur. Dolayısı ile aramak ve sorusu olmak, hayattaki en önemli hususlarda birisidir ve inanmalıyız ki, "Yanlış soru yanlış tarafa yönlendirir ve soruya cevap olarak bulduklarımız yani cevabı ise çözüm olmaktan ziyade, çözümden uzaklaştırır."

## Soru, zihnimizi aydınlatan ışıktır

**Soru;** bulmak istediğimiz, bize lâzım olan ve peşine düştüğümüz şeyin bulunması için söze ve fiile dökülmüş çabadır.

> Sorusu olmayanın cevabı yoktur.

Çaba, aradığımız şeye duyduğumuz heyecan kadar güçlüdür. Arayış ise kişinin ihtiyaç hissettiği şeyleri bulmak niyetiyle yola düşmesidir. **"Her arayan bulamaz ama bulanlar mutlaka arayanlardır"** özlü sözü, çabanın da bazen istediğimiz şeyi bulmamıza yetmeyeceğini ifade ediyor. Fakat belki de daha anlamlı şeyler bulacağız.

## Soru sormayı öğrenememiş olanlar

Soru, kime ve neye hizmet ettiğini bilmiyor demektir. Şahıs bir şey arıyor, fakat ne aradığını bilmeden geziniyordur ki, bulduğunun farkına vardıracak bir odak yönelim yoktur. Şahıs sadece kendi rahatsızlığının gitmesi ve ihtiyacının karşılanması için başkalarının ne yapması gerektiğine odaklanarak, kendisine düşeni yapabilme şansını ortadan kaldırıyor demektir. Böyle insanlar, ihtiyacı olanı bulmaya hazır değildir çünkü aradığı şey, o soru ile bulunacak şey değildir.

**İnsan beklentisine göre arayışa girer, soruları da istediği şeyi elde etme amacına uygun oluşturur.**

Kendisini onaylatmak için sorulan sorular; "Her şeyi denedim sonuç alamadım, bu benim imtihanım."

Karşısındakini suçlamak için oluşturulmuş sorular, "Ne yapsam anlamıyor, kendi bildiğinden şaşmıyor."

Ezik bir psikoloji ile büyütülmüş ve durumu gerçek anlamda değerlendiremediği için hep kendisini haksız ve yanlış davranan birisi olarak görüp ona göre sorulmuş sorular; "Eşim çok haklı, ben onu hak etmiyorum. Annelik de yapamıyorum. Hiç cesaretim yok, özgüvenim yok, ben ne yapacağım bilmiyorum."

Kendisine bu zamana kadar inanılmamış, güvenilmemiş ve artık kendisine de inanmayan, güvenmeyen birisi olarak

> *Soru, zihnimizi aydınlatan ışıktır*

soru oluşturmak; "Çok unutkanım, beceriksizim, kimsenin içinde konuşamıyorum. Çocuklarım bile beni saymıyor. Ben bağırıp çağırılmayı hak ediyorum. Eşim ne yapsa haklı."

Sorularımızı varoluşun, hayatın ve yaşananların anlamını ve gerçeğini öğrenmek üzere kurgulamazsak, sorularımızı almak istediğimiz cevaba göre oluştururursak, başkalarına öğrenmek istiyor görüntüsü vermek için sorarsak; bilelim ki alacağımız cevabın hiç bir ehemmiyeti yoktur. Çıkmaz sokağa girme sonucumuzu kimse engelleyemez. Zihnimizi kendi ürettiklerimizle, kendi kendimize oluşturduğumuz doğru yanlış ayrımına göre, "Biliyorum" sanıp da bilmediğimizi kendi yüreğimizden bile sakladığımızda; "Kendi karanlığımıza ve çıkmazımıza hoş geldik." demek zorunda kalırız. Her adımda aydınlığımızı çalan hırsızla kol kolayız demektir. Bizi bitiren fakat can dostunuzmuş izlenimini veren sübjektif algı ve yargılarımızla baş başayız demektir. Kendi güzelliklerimizi her sıkıntıda ortaya çıkarmak, sabırla, merhametle, kuşatıcı sevgiyle ve insan olabilmenin erdeminin heyecanıyla, sıkıntılarımızın bize sunduğu fırsatları kaçırdığımız için ne kadar üzülsek yeridir. Tabii bu basiretimizin gözü açılmışsa, her varoluşun her yaşananın ardındaki sırrı bulmak, hikmeti keşfetmek için suçlamanın önüne geçip onu geride bıraktığımızda, görmek için baktığımızda, yüreğimizi sonsuzluğa taşıyacak olan ışığı yakalarız. Değilse, bizi rahatlattığını sandığımız yanılgılarımızın doğruluğuna kanmakla geçer ömrümüz. Sonuç ise derin bir kayıp, ışıksız ve dengesizlik içinde çırpınan bir hayatın girdabında ömrümüzü tüketmektir.

## Arayış içinde olmak

Allah'ın takdirine kapı açmanın, yol yapmanın adıdır aramak. Bunun yanında, sadece aradığımız şeyi değil, hayatımız için lâzım olan pek çok şey ile karşılaşmanın da adıdır. Bir yaşama doğru yol yürüme biçimidir. Biz aradığımızı bulamadığımızı zannederken, belki bize takdir edilen, belli bir zaman sadece yolda olmak olabilir. Bir öyküde, taş ustasının, belki yüzlerce çekiç darbesinden sonraki bir hamlenin taşı kırdığını anlatılır. Ararken geçen zaman, bize gelecek olanın hak ediş sürecidir belki de. **"Ve insan için kendi *çabasından* başka bir şey yoktur."** Necm 39. Kendimizi, şartlarımızı ve aradığımız şey için olgunlaşmayı sağlar arayış. Bezen de ararken yaşadığımız ve karşılaştığımız şeyler, bize aradığımızın değil de daha başka şeyin gerekli olduğunu öğretebilir. Çünkü arayışın bizatihi kendisi, insanı yön ve hedef sahibi yapar. Aktif, coşkulu, dikkatli, duyarlı bir kalıba sokar insanı. Bu vasıflar, aradığımız şeye ve onun bizde oluşturacağı yapıya inanmanın gücünü ortaya koyar.

> *"Kişinin değeri aradığı şeydir"* Mevlana

Şunları bilmeye ihtiyaç vardır. Arayışınızı doğru soru ile mi yapıyorsunuz? Eğer böyle değilse, bulduğunuz şeyler size faydalı olmayacağı gibi belki de zararlı olacaktır.

## Siz niçin arıyorsunuz?

Kendinizin ne kadar haklı olduğunuz onaylansın diye mi?

Eşiniz, çocuklarınız ve çevrenizdekiler nezdinde daha etkin ve yetkin olma stratejileri için mi?

Karşınızdakinin haksızlığını ortaya çıkaracak bilgi için mi?

Kendinizi rahatlatmak adına, "Okudum, o da bir işe yaramadı" demek için şöyle bir göz gezdirme amaçlı ele alış mı?

"Ne okursam okuyayım benim derdime çare olmuyor" diyen kesin bir inançla ve umutsuzlukla bir el atma mı?

Yoksa, "Bu durumun sebebi ne, düzeltmek için ben ne yapabilirim?" diye gerçekten çözüm için elini taşın altına sokmaya karar vermiş olarak mı bu kitabı ele alıyorsunuz?

## PAMUK KURDUNUN İYİLİĞİ

Ben beş yaşlarımdayken ailemle birkaç aylığına Nabama'daki Enterprise şehrinde yaşadık. Babam, Fort Rocker'ın yakınlarında uçuş kursuna katılıyordu. Enterprise'ı özellikle unutulmaz kılan şehrin merkezindeki o tuhaf anıttı. Onu görmemenize imkân yoktu. Yolun tam ortasında bulunduğundan arabayla onun etrafından dolaşmak zorunda kalıyordunuz. Anıt bir pamuk kurdunun heykeliydi. Bu, büyük bir ihtimalle bir böceğin şerefine dikilmiş tek anıttı. Şurası kesin ki, taşıdığı estetik değer için yapılmış bir anıt değildi, çünkü pamuk kurdu o kadar güzel görünüşlü bir yaratık değildi! Anıtın dikilmesinin nedeni, pamuk kurdunun bu bölgedeki pamuk mahsullerine verdiği zarardı. Evet, bu şehirde yaşayan insanlar, ürünlerine zarar verdiği için pamuk kurdunun heykelini dikmişlerdi. Niye mi? Eğer pamuk kurdu olmasaydı, bölge ekonomisinin sağlıksız bir şekilde tek ürün ekonomisine bağımlılığı devam edecekti: O zamana kadar, herkesin geçimi tamamen pamuğa bağlıydı. Ama pamuk kurdu ortaya çıktı ve pamuk üretimini adeta felç etti! Kimse ne yapacağını bilmiyordu. Sonraları, işçiler ve pamuk üretimine bağlı tüm ticarethaneler, başka geçim yolları bulmak gerektiğinin farkına vardılar. Şehir halkı, pamuk kurdunun ürünlerine zarar vererek onlara aslında iyilik yaptığım anladılar. Onun sayesinde hayvan beslemeye, oldukça iyi gelir getirecek başka ürünler ekmeye başladılar ve bu sayede bütün bölgenin refahı arttı. Bu zarardaki iyiliği görebilmelerinin güney çiftçileri için büyük bir avantaj olduğunu düşünüyorum. Çoğunlukla, zor zamanları katlanmamız ve hatta kaçmamız gereken şeyler olarak görürüz. İş işten geçtikten sonradır ki, onun faydasını görmeye başlarız. Hayatımızda en sıkıcı, en acı veren ve hayal kırıklığına uğratan şeylere baktığımızda, itiraf etmemiz gerekir ki, hepsinin bizim için bir değeri vardır. Eğer bunu göremiyorsanız, yeterli uzaklıkta bir perspektiften bakamıyorsunuz demektir. Başımıza gelen şeyleri başlı başına öneme ve değere sahip olaylar olarak görebilsek, hayatımız hem daha zevkli hem de daha öğretici olacak. Ben şahsen başımıza gelen her şeyin bir ders olduğuna inanırım. Bundan sonra, işlerin istediğiniz gibi gitmediğini düşündüğünüz bir zamanda, bunun olumlu tarafı nedir diye kendinize bir sorun. Bu sıkıntıdan kazanacağım fayda nedir? Bundan büyük bir haz duyacaksınız ve bu süreçten daha fazla şey öğreneceksiniz.

## Neyi arıyorsunuz?

Herkes bulmak istediği şeyi arar. İhtiyaç hissedilen şeyler ve bunların bir soruya dönüştürülerek talep edilmesi, her yaş ve seviyeye göre değiştiği gibi, ortama, yetişme biçimine ve kendisine tanındığına inandığı fırsatlara ve inançlarına göre değişir. Yanlış taleplerinde ısrar edenlerle talep edip biraz bekleyerek "Olmadı" deyip yol hatta yön değiştirenler, kolay kolay istediklerini elde edemezler ve sadece isteyip bırakmakla yetinirler. Çünkü elde etmenin yolunu yordamını bilmedikleri için ve sadece kendi gayretlerine güvenerek makul şeyler isteyip, duayı ve kesintisiz gayreti hiç ele almadıkları için, çoğunlukla sahip olamamayı kendi elleriyle garantilemiş olurlar.

*"Kişinin değeri aradığı şeydir"*

**Mevlana**

Bilelim ki, **derdi olanın tedbiri de olur.** Sizin yüreğinizi dolduran ve size ufukları işaret eden daha iyi bir insan olma derdiniz varsa, bu dert, her gördüğünden bir ders, bir ibret alacak ve ışığa dönüştürecek, her güzelliği dağarcığına katacak bir hazır oluşla hayatını sürdürecektir. Öğrenmeye ve hayata geçirmeye hazır bir zihin yapısı, derdinin tedbiri olarak hep aktif bulunacaktır. Bu süreç, insanın içindeki değer potansiyelinin de kuşkusuz bir şekilde tetikleyicisi olacak, onları açığa çıkardıkça zenginleşecek, zenginleştikçe de olma yolunda mesafe katedecektir. Karşılaştığımız her durumun, bizim karşımıza çıkmasında bir hikmet vardır inancı her daim bizimle olmalı ki, hikmeti aramak için baktığımızda seçici algımız onu fark etmek için derhal arayışa geçecektir. Bazen hikmet yıllar sonra açığa çıkabilir. Bazen de biz fark etmeyebiliriz. Bizim yaklaşım biçimimiz, her olay öğretmendir ve bize çok şeyler öğretir, en olumsuzları bile. Bu sebeple de **"Olanda hayır vardır"** demeli, başımıza gelenlerde suçluyu değil hikmeti aramalıyız.

### Soru, mevcudun değişmesine duyulan ihtiyaçtan sonra oluşur.

Eğer insan, kendisi değişince hayattaki her şeye karşı bakışının değişeceğini bilse; külfet gibi gördüklerinin aslında tam da kendisini yüceltmek için verilmiş bir hikmetli olaylar zinciri olduğunu, birer nimet olduğunu fark edecektir. Bu da olaylara düz bir mantıkla değil, hikmet penceresinden bakmayı gerektirir. "Olur ki sizin hoşunuza gitmeyen bir şey sizin için hayırlıdır ve olur ki sevdiğiniz şey de sizin için bir şerdir. Allah bilir de siz bilmezsiniz." (Bakara, 216) Buna ilâveten, duamıza ve çabamıza rağmen hoşumuza gitmeyen durum devam edebilir. "Belki bir şey hoşunuza gitmez ama Allah onda çok hayır kılar." (Nisa 19) ayeti kerimeleri ile aramamıza ve bulduklarımıza yeni bir yaklaşım biçimi inşa etmeliyiz. Nice yaşanmışlıkların sonunda, önceden başına gelenler için yanıp yakılarak şikâyet edenler, sonradan o şeyin kendisi için ne kadar hayırlı olduğunu görmüş ve o zamanki pişmanlıklarına sonradan üzülmüşler ve Allah'tan özür üstüne özür dilemişler ve şükür üstüne şükür etmişlerdir.

*"Güzel cevap, her zaman daha güzel soruyu sorana verilir."*

**E.E. CUMMINGS**

## Soru ile ararız

İnsanlar ihtiyaçlarını ve o ihtiyaçlarını giderme yollarını, arayışlarını soru ile ifade ederler. Ulaşmak istedikleri bir şey vardır, o istedikleri şeye ulaşmanın yollarını bilmiyorlardır ya da tereddütleri vardır. O tereddütleri gidermek için sorup öğrenme ihtiyacı hissederler. Soruyu doğru sormak kadar, kime sorduğunuz ve zamanlama da önemlidir. Çünkü yönlendirmeye açık bir zihinle soruyor ve uygulamaya hazır bekliyorsunuz. Meselâ bir adres soracaksınız, sorduğunuz insan bilse bile tereddütlü ve güven vermeyen bir üslupla konuşmuşsa, bu da sizde bir güvensizlik oluşturur ve sorunuzun muhatabını bulmadığını düşünürsünüz. Yersiz ve zamansız bir soru sormuşsanız, aldığınız cevap, o cevabı uygulayacak zaman gelene kadar zihnimizdeki aktivitesini ve uygulama coşkusunu kaybedebilir ya da unutabiliriz. Dolayısı ile kime ne sorduğumuz, nasıl sorduğumuz ve zamanında sorup sormadığımız önemlidir.

*Soru, mevcudun değişmesine duyulan ihtiyaçtan sonra oluşur.*

Buluşmak istediğimiz şeye ulaşmak için, hangi kapının çalınması gerektiğinin belirleyicisidir soru. Görmek ve bulmak istediğimiz şeye talip olduğumuzu ve elde etmek için yola çıktığımızı ifade eder. Soru sormak; lisan-ı hal ile "arayış içindeyim" demektir. Sorulan soru; soranın ne aradığını, ne istediğini, elde etmek istediği şey hakkındaki fikri ve kişisel olarak hangi seviye ve kalitede olduğunu ortaya koyar. Soru, aynı zamanda hangi coşku ve güçte isek, içimizde olanı karşımızdakine yansıtır. Çünkü ne istediğini bilerek çok isteyen, soran, arayan birisinin, gözlerinden, sözlerinden, beden dili ve enerjisinden muhatabı derhal etkilenir. Buna ciddiyet ve iyi niyette eklenince, aradığını bulma hızı ve oranı çok çok artar. "Ne istediğini bilene bütün dünya yol verir." özlü sözü bunu ifade ediyor. Yani, **sorunuza, arayışınıza yüreğiniz ne kadar iştirak ederse, arayışın hedefine ulaşması o kadar mümkün olur.** Bunun için de neyi niçin istediğinin bilincinde olmak çok önemlidir.

Soru, saklı fikirlerin ortaya çıkmasının, üretimlerin, gerekeni görmenin, azim ve kararlılığın, kendini güçlü ve donanımlı hissetmenin en birinci adımıdır. Âlimler, bir insanın kapasitesini ve ilim derecesini sorularından anlarlarmış. Potansiyele yol verir ve yön gösterir sorular.

Diyelim ki çocuğumuz huysuz ve durmadan ağlıyor. Yemek kabul etmiyor, oyuncağın yüzüne bakmıyor, ninni fayda etmiyor, sallıyorsunuz yetmiyor, çaresiz kaldınız. Bu durumda ya kızıp bağırmak ve çocuğu daha da huysuz ve sinirli hale getirmek var ya da "Acaba çocuğumun benim bilmediğim bir sıkıntısı mı var? Onun için ne yapabilirim?" diyerek okşamak, öpmek, sakince konuşmak, ortam ve meşguliyet değiştirmek, ilgisini çekecek şeyleri yapmak denenir. Yine çözüm olmazsa, "Bir doktora götürsem iyi olabilir." diye düşünmek var. Biri çaresizce sinirlenip söylenmeye, diğeri başka çözümlere kapı açar. "Bu durumda daha faydalı olabilmek için ne yapabilirim?" sorusu zihni hemen arayışa sevk eder ve aldığı bu yönlendirme üzerine diğer alternatifleri gözden geçirmeye başlar. Çok geçmeden zihnin önüne "Şunlar şunlar olabilir ve şöyle yapılabilir." diye diğer ihtimalleri sıralar. Yani zihin, **soru ile o anda akla gelmeyenleri bulup ortaya çıkarır.** Bunun oluşabilmesi için, çocuğun ağlamasının ve huzursuzluğunun bize karşı yapılan kasıtlı bir sıkıntı verme çabası olmadığını anlamamız gerekiyor. Çocuk istemeden bu durumdadır, yardıma ve anlayışa ihtiyacı vardır. Yani sakin olalım. Kendi penceremizden değil, çocuğumuzun penceresinden bakmayı mutlaka başarmaya çalışalım.

### Soru sorma çeşitleri

İki türlü soru sorma biçimi vardır; **birincisi** kendi haklılığını onaylatmayı amaçlayan sorular. Her şeyi yaptığını ve çözüm alamadığını bu yüzden suçun karşı tarafta olduğunu anlatmaya çalışır, öğretmeye ve kabul ettirmeye ayarlıdır.

**İkincisi,** içinde bulunulan durumun gerçeğini öğrenmeye ve neye ihtiyacı olduğunu anlamaya yarayan sorular. Öğrenmeye ve kabul etmeye ayarlıdır ve kendine düşeni öğrenmek ister.

### Zihin soru ile yönünü bulur

Soruyu, aradığı şeyi bulacağı şekilde kurgulayanlar, aradıklarına daha yakın bir duruş içinde olurlar. Soru, doğuda olan bir ihtiyacı batıda aratabilir. A'yı istemek gerekiyorken B'yi istetebilir. Soru sorulunca, zihin araçlarını o istikamete yönlendirir ve algımız hedefini tayin etmiş olur. Aradığımız şeye odaklanır zihin ve tabiri caizse, diğerlerini gözümüzün görme alanında olsa bile siler, görmeye engel olur.

Bütün dikkatini tenis topunu sektirmeye vermesi söylenen bir denek, dikkatle tenis topunu sekti-rirken, goril kostümlü birisi yanından geçer. Bu arada videoya kaydederler.

*Zihin soru ile yönünü bulur*

Sektirmeyi bıraktırınca, "Yanından goril kostümlü birisi geçti, gördün mü?" diye sorduklarında, "Hayır görmedim. Öyle birisi geçseydi görürdüm." diye cevap verir. Videoyu izleyince ise şaşırmaktan kendini alamaz. Demek ki, odaklanmak çok mühim ve odaklanılanın dışındaki her şey dikkat ve algımızın dışına çıkıyor. Bu, insan ilişkilerinde de çokça karşımıza çıkıyor. "Benim eşim bana değer vermez" diyor ve değer vermediği durumlara odaklanınca, değer verdiği durumları zihin görmesini engelliyor. "Benim çocuğum hep haylazdır, sözümü dinlemez, hiç ders çalışmaz" derken de, çoğu kere olmayana odaklanmış oluyoruz ve olanları fark etmiyoruz. Bu durum, hepimizin çok dikkat etmesini gerekli kılıyor. Zor da olsa olanı görmeye ve olumluya odaklanmaya ciddi bir çaba sarf etmeliyiz ki hem kul hakkı almayalım hem de yapılanları görelim. O açıdan, **soru; bulmak istediğimiz şeyin kendisinden ve sarf edilecek çabadan daha öncelikli ve daha önemlidir.** Soru sormayı bilmeyenlerin, yıllarca boşa kürek çektiğine pek çok kişi şahit olmuştur. Bu arada sorunun doğru olması kadar, bize soruyu sorduran ihtiyacın ne olduğu da çok önemli bir belirleyicidir. Rabbimize dua ederken, bizi daha iyi ve daha doğru insan ve mü'min yapmaya yarayacak şeylere ihtiyaç duymamız için de içtenlikle yalvarmalıyız.

## Bazen iştiyakla ararız ama Allah vermeyebilir.

Çünkü zamanı gelmemiştir. İstediğimizi verirse, o bize hayır getirmeyecektir. Belki de olması gereken mertebe ya da aradığı şey, aramanın biraz daha devam etmesini gerektiriyordur. Çiftçiye düşen, tarlayı sürmek, taş ve otlardan ayıklamak, tohumu saçmak ve yağmur için ellerini Allah'a açmaktır. Biz ciddi ve samimi bir çaba sarf eder, sonucuna razı oluruz. Bu rıza makamıdır ve her şeyin Allah'ın elinde olduğuna ve verenin de vermeyenin de ve verip te alanın da Allah olduğuna imanın adıdır. "Muhakkak ki, ölüm tehlikesiyle ve açlıkla, dünya malının, canın ve (alın teri) ürünlerinin kaybı ile sizi sınayacağız. Ama zorluklara karşı sabredenleri müjdele." Bakara 155

Çok yakın bir arkadaşımın 10 yıl çocuğu olmamış. Dağdan taştan, ottan böcekten dua istemiş. "Ey mübarek

> *Soru; bulmak istediğimiz şeyin kendisinden ve sarf edilecek çabadan daha öncelikli ve daha önemlidir.*

ağaç, ne olur Rabbime sen de dua et de Rabbim bana çocuk versin" diyerek yana yakıla çocuk istemiş. Bir gün rüyasına pîri fani bir dede girmiş ve "Kızım, Allah sana çocuk vermediğinde de sen O'ndan razı olduğun zaman çocuğun olacak." demiş. Arkadaşım, bunu içimde kabul etmek iki buçuk senemi aldı, diyor. İki buçuk senenin sonunda, "Evet Allah'ım, ben artık çocuk vermesen de Sen'den razıyım, dedim ve iki hafta sonra hamile olduğumu öğrendim." diyor. Peşi sıra dört çocuğu oldu arkadaşımın. Şimdi ailece başka bir imtihanla daha doğrusu nimetle karşı karşıyalar. Dördüncü oğlu kas erimesi hastalığına yakalandı. Şu anda çok yakışıklı ve akıllı bir delikanlı, tekerlekli sandalyede ve artık bütün vücudu felç olmaya doğru ilerliyor. Şu anda artık Bilgehan'ımız ellerini de kullanamaz hale geldi. Arkadaşım, "Rabbim, şimdi oğlumu alsan da Sen'den memnunum, aşamasına gelmeye çalışıyorum." dedi. Süreç içerisinde görüştüğümüzde, "Bu hastalık ailece bize çok şey öğretti. Daha duyarlı, yardımsever, paylaşımcı, hazlarını erteleyebilen insanca yaşamayı öne alan, Rabbimize daha yakın olmak için dua ve ibadete önem veren, teslim olabilen bireyler olmayı öğrendik" dedi. Çocuğunun heves ettiği her şeyi yaptırdılar ailece. Dışarıda kitap sattırmak dâhil, bir filmde rol almaya, bir TV programında sunucu olmaya kadar her istediğini yaptırdılar. Arkadaşım "İlk iki sene depresyona girdim ve kimse ile görüşmedim, daha sonra ailece intibak etmeye çalıştık." diyor. İlâveten, arkadaşım kendisiyle tanışmamıza vesile olan Davranış Bilimleri'ni okudu ve psikolojik olarak kendini yetiştirdi. Resim yapmaya başladı, sergiler açtı. Radyo ve TV programlarına çıktı ve TV'de kendisi program sundu. "Bunaldıkça yeni arayışlar içine girdik ve çok yeni çevreler dostluklar kazandık." diyor. "Ben inanıyorum ki, Rabbim bu çocuğa anne olabilmem için bu fırsatı ve şerefi bana verdi, bizi ailece yüceltti. Hayata daha farklı bir perspektiften bakmamızı sağladı. Merhametin ve yardımın karşımızdakinden ziyade bizi insan yaptığı ve yücelttiğini gördük. Oğlum hayatımıza çok şey kattı, Rabbimize ne kadar hamd etsek azdır." diyor. Benim hayatıma da çok anlam katan arkadaşımın bu yaklaşımı, hepimize birer örnek olmalı diye düşünüyorum.

*"Önemli olan, soru sormaktan vazgeçmemektir. Merakın bir varoluş nedeni vardır, insan sonsuzluğun, yaşamın, gerçeğin harikulade yapısındaki esrarı düşününce dehşete düşmekten kendini alamıyor. Eğer bir insan bu esrarın sadece küçük bir kısmını anlamaya çalışırsa bu yeterlidir. Kutsal bir merakı asla kaybetmeyin."*

**ALBERT EINSTEIN**

## Soru, aklın nereye doğru çalıştığının göstergesidir.

Aklın çalışması önemli fakat ne için ve neye doğru çalıştığı daha önemlidir. Bugün insanlar, istedikleri şeyi elde etmek için her türlü yolu mübah gördüklerinde, o hedef meşru olsa da o hedefe ulaştıracak araçlarında meşru olması gibi bir zaruret de ortadan kalkar. Bu gerekçe ile, istediğimiz şeyin, helâl, meşru ve münasip olup olmaması, bizi İslâm dairesinde tutar ya da başka vadilere savurur. Ne istediğimiz kadar, iste-

*Soru, aklın nereye doğru çalıştığının göstergesidir.*

diğimiz şeye bizi götüren yollar ve vasıtaları da doğru olanlardan seçmemiz önemli. Bunun başka yolu yok diyenler, denemedikleri ve hak yolda azim ve sebatla yürümedikleri için, Rablerinin karşılarına çıkaracağı yolları görme fırsatını yakalayamayanlardır. Rabbimiz hayırda ısrar edenlere, doğrulukta sebat edenlere, kimsenin aklına hayaline gelmeyecek nice fırsatları ve nimetleri sunacağını vaat ediyor. Önemli olan, aradığımız şeyin kime ve neye hizmet ettiğinin bilincinde olmamızdır. Bunun içindir ki, bir Müslüman "Ben böyle istiyorum" diye her hangi bir şeyi dayatamaz. İstediği şeyin Rabbinin rızasına uygun olup olmadığını ince ince araştırır ve ona göre eylem plânını hazırlar. Durumu yanlış anlamak yanlış değerlendirmeye, bu ise yanlış bir şeyin peşine düşmeye sebep olabilir. Bunun için, neye ihtiyacımız olduğunun tespiti, hayata bakış açımız ve ideallerimiz ve ne yapmak istediğimiz ile çok yakından ilişkilidir.

### Yanlış soru, aradığımız şeyin yönünü ve kimyasını değiştirir.

Yanlış soru sorduran durumlardan bazıları; niyetin kötü olması, ihtiyaç hissederek aramaya karar verdiğimiz durum hakkında kuşatıcı ve yeterli bilgi sahibi olmadan kendi zannımıza göre arayışa geçmek, sürekli negatif düşünerek yapılacak şeyleri de bu pencereden bakarak tespit etmektir. Sorunun doğruluğuna dikkat etmeden sorduğumuzda, aldığımız cevabı otomatik olarak doğru kabul ederiz. Bu da bizi ciddi bir yanılgıya sürükler.

### Nezaketin, sorunun anlaşılmasına ve cevaba etkisi nedir?

Nezaket, bir insanın asaletinin yansımasıdır. Bir tarzdır ve bunu taşıyanlar nezdinde vazgeçilmez bir tutumdur. Bunu edinmenin ve taşımanın ihtiyacı, insanı üst düzey bir ilişki seviyesine taşır. Bu tutum, içten gelen bir refleks olarak kişide bulundukça, ten rengi gibi onun kalıcı vasfı olur. Bu hayranlık verici tarz, insanı pek çok kaba muameleden ve karşılaşacağı seviyesi düşük diyaloglardan koruyan bir zırh gibidir. İletişimin başarılı ya da başarısızlığında da çok etkin bir rol oynar.

Soru sorarken ses tonumuz ve cümlede nereye vurgu yaptığımız muhatabımızı etkiler ve bu da bize yansır. Nezaketle ve saygı ile sorulan sorular, neredeyse her zaman benzer bir tarzla karşılık bulur. "Çok afedersiniz beyefendi, rahatsız etmiyorsam bir şey sorabilir miyim? Benim şöyle şöyle bir ihtiyacım var. Acaba bu sizin alanınızla mı ilgili? Değilse nereye müracaat etmem uygun olur?" tarzındaki bir soru, "Estağfurullah hanımefendi, rahatsızlık ne demek. Bu bizimle ilgili bir mesele. Biraz bekleyebilirseniz elimdeki işi yapıp hemen sizinle ilgileneyim" tarzındaki bir cevabı getirir. "Beyefendi" derseniz "hanımefendi" hitabıyla muhatap olursunuz. Bazen, herkese kaba davranan birileri bazılarına çok nazik davranınca, "Sen ona bakma o çok kaba birisi, mutlaka kısa bir süre sonra sana da öyle davranmaya başlar" derler. Oysa o kişiye kendilerinin nasıl baktığını ve nasıl hitap ettiklerini hiç düşünmezler. **İnsan insanın aynası olunca, bir tebessüm büyür ve iki kişilik bir güzelliğe dönüşür.**

Sorunun doğru anlaşılmasında, muhatabın cevabı vermeye istekli olmasında ve içtenlikle yardımcı olmak istemesinde, nezaketin büyük bir payı vardır. Hiç kimse emir almaktan hoşlanmaz, bu çocuğumuz olsa bile. Bu sebeple, aile içinde anne babanın başta birbirlerine nezaketle muamele etmesi, çocuklarında bu tarzı benimseyip uygulamalarına vesile olur. Böylece, çok değerli bir iletişim tarzı çocuklarda da yerleşmeye başlar. Çok güzel bir özlü sözde, **"Her şey incelikten kırılır, insan kabalıktan kırılır."** deniyor. Kırıp dökülerek başlanan bir iletişimde, sonunun güzel gelmeyeceği aşikârdır. Bu gerekçe ile önce insanın kendisi için bu seçkin ve seviyeli tarzı benimsemesi gerekir. Daha sonra da, nezaketin rengine bürünmüş her şey, normalin üzerinde iyi ve olumlu geri bildirim alma şansını artırır. Bu gerekçe ile ne sorduğumuzun yanında, nasıl sorduğumuz ve nasıl konuştuğumuz çok önemlidir. Konuşurken saygı uyandırırsak, geri dönüşüm de çoğunlukla saygı dolu olacaktır.

### Arayışı olan sorar

Kendinizi daha iyiye götürecek arayışınız yoksa sorunuz da yok demektir. Daha iyinin ne olduğu hakkında fikriniz yoksa mevcut durumun iyi olduğuna inanmışsınız demektir. Kendini yeterli gören bitmiştir. O halde aramamak, zihnindeki ilerleme isteğinin bitmiş olduğu anlamına gelir. O zaman şunu kendimize soralım; **İnsan olmaya var mıyız?**

Aklın kapılarını sorularla aralayarak düşünce sarayına yol, bulmak, insan olabilme derdi olanların seçimidir. Genellikle sorularımızı, asıl olması gereken olan kendimizi geliştirmek, eksiklerimizi ve yanlışlarımızı bularak düzeltmek ve daha iyi olabilmek için sormaktan ziyade, bir sıkıntımıza çözüm aramak veya bir ihtiyacı gidermek için sorarız. Bu da doğrudur tabi ki fakat biz çözüm aramaya sorundan önce değil, hemen sıkıntıyı fark edince de değil, bıçak kemiğe dayanınca başlarız ve sorularımızı sorarız. Oysa "Ben nasıl davranırsam doğru davranmış olurum? Daha iyi olabilmem için ne düşünmeli, nasıl konuşmalı ve nasıl davranmalıyım? Yaşadığım bu olay bana hangi tecrübeyi kazandırdı? Bu olaydan bundan sonraki hayatımda yollarımı aydınlatması için hangi ışığını kazandım?" soruları, sorun oluşmadan önce sorulsaydı ve bizi düşündürerek hareket ettirseydi, Allah'ın izniyle söyleyebilirim ki, sıkıntı yaşanan durum şimdikinden çok daha iyi bir noktada olurdu. Çünkü bu sorular, kendimize düşeni yapmak ve daha iyi olmak için sorduğumuz sorulardır.

Bazen de kendi yaptıklarımızın yeterli olduğuna inanıyorsak, bütün sorunun karşımızda olduğunu ve bunu ona fark ettirerek bundan vazgeçmesini öncelikle hesaplarız. Ardından da buna nasıl katlanacağımızı öğrenmek isteriz. Bunun yanında, bizim haklılığımızın onaylanması da bizim önemli bir ihtiyacımızmış gibi durur. Elbette bu da çok önemli ve gereklidir fakat ortada yıpratıcı bir durum var ve biz hala soruna nasıl ineceğimizi bilemiyoruz demektir aynı zamanda. İlâveten, kendi kişisel çıkarımlarımızla oluşturduğumuz ve gerçekle ilgisi olmayan bazı inançlar da, arayışımızın yönünü de, sonucu da etkiler. "Benim eşim beni anlamaz ve değer vermez. Bize hiç zaman ayırmaz. Ben ne dersem tersini savunur. Benim kızım hep dediğini yaptırmak ister. Çok para harcar. Beni saymaz." gibi oluşturduğumuz inançlar, yaşananların otomatik olarak bu süzgeçten geçerek bize ulaşması anlamına gelir. Yaşananlar ne olursa olsun, hep bu inanç çerçevesinin içine düşer. Biz bunların dışında bir anlam çıkaramaz oluruz. Sürekli olmayan bir şey için suçlananlar da artık kemikleşmiş bir tartışma ve anlaşamama tarzına sahip olurlar ne yazık ki. Çünkü ortada ne yaparsan yap, kendi inandığını tekrar eden bir muhatap vardır. Bu durum insanı da ilişkiyi de kilitler.

Bu hal ve gidiş, yıpratan bir süreci beraberinde getirir. Yapılan yanlış davranışlar devam ettikçe, hatta sayısı arttıkça, zararın etkisi de derinleşir. Yanlış sorularla zaman kaybedilirse, kaybolan zaman kadar kişilerin arası açılır. Geri dönüş ise, oluşan tahribata paralel olarak zorlaşır ve zaman alır.

**Doğru ve yerinde soru sorabilmek, aklın gücünün, ihtiyacın farkındalığının ve arayışın niteliğinin ölçüsüdür.**

Doğru oluşturulmuş sorular, hayrın yaklaştığının müjdesidir. Soru sormasını bilmeyen ise gerekeni değil gerekmeyeni karşısında bulabilir. Onun için;

*Soru;* arayanın zihnindeki ışıktır.

*Soru;* gözünü ve gönlünü diğer seçeneklere açmaktır.

*Soru;* bilmek istemektir.

*Soru;* görmek ve anlamak istemektir.

*Soru;* kendine düşeni yapmanın somuta götüren ilk adımıdır.

> *"Doğru ağacın gölgesi de doğru olur."* İ. Gazali
>
> Doğru sorunun, cevap kaynağı da doğru olmalı

*Soru;* insan olma çabasının ifadesidir.

*Soru;* adaleti, ölçüyü, hakkı-hukuku, sorumluluğu, diğergamlığı, değeri, sevgiyi, anlamayı, ayakta ve dengede olmayı sağlayacak cevap arayışıdır.

*Soru;* ne aradığını bilenlerin can simididir.

*Soru;* arayanın yolunu aydınlatan ışıktır.

Soru sormak bir sanattır.

## Doğru soru doğru cevaba, yanlış soru ise yanlış cevaba götürür.

Arayışınız ne ise ve neye ise onu bulmak için çalışırsınız. Eğer yanlış şey arıyorsanız, sorularınız sizi aradığınız şeye doğru ilerlettiği için aradığınızı bulursunuz fakat bulduğunuzun yanlış olduğunu, bulmak bir yana ondan uzaklaşmanız gerektiğini anladığınızda bazen çok geç olabilir ve köprünün altından çok sular akmış olabilir.

Bunu anlamak için zihninizin nasıl çalıştığını bilmeye ihtiyaç var. Hayatı hep olumsuz yönüyle algılayan, herkesi kendisine karşıymış gibi gören, mutlu olmayı değil de seçimleriyle mutsuzluğa adeta kement atmış insanların arayışları da düşünce ve algılarına paralel yanlış olacaktır. O zaman beyin nasıl çalışırsa, ona uygun soru üretir ve sorunun cevabını almakta gecikmez.

Hiç araştırıp soruşturmadan, neyi aradığını bile bilmeden sorulan sorular, ya istenilen cevabın alınamamasına ya da alınan cevabın öneminin farkına varılamamasına sebep olur. İlâveten, daha önce aynı soruyu sormuş, gerekeni yapmamış olan kişilerin sorduğu sorular, cevaplarını tam alsalar bile girdiği çıkmazdan onu kurtarmayacaktır. Çünkü gene kendine düşeni yapmayacak ve elini taşın altına sokmayacak olduktan sonra, bu arayış beyhudedir. Bu arada Peygamber efendimizin, "Bildiklerinizle amel ederseniz, Allah size bilmediklerinizi de öğretir." hadis-i şerifi bize çok önemli bir yol göstericidir. Biz, gerçekten bir şeyler yapma çabası içindeysek, ne kadarını biliyorsak o kadarını hayata geçirmemiz gerekecektir. Bu da o kişiye yeni yollar yeni kapılar açılması anlamına gelir. Kısaca, niyeti halis olana Allah her zaman yardımcıdır.

## Soru sormaya çekinmek

Soru sormaktan kaçınmak ya da çekinmek; cesaretsizlik, kendine güvenememe, soru sorunca dikkat çekecek, dikkat çekince de utanıp mahcup olacağı düşüncesi veya önceden soru sorduğunda edindiği olumsuz bir izlenim gibi, caydırıcı durumlardan dolayı olabilir. Bazen de bilgisizmiş gibi görünme kaygısından kaynaklanabilir. Eğer böyle değilse, soru soracağı kişiyi gözünde büyütüp onun karşısında soru soramayacağını düşünmüş olabilir. "Ya şaşırırsam, sesim titrerse, sorum anlaşılmaz ya da yanlış anlaşılırsa?" gibi kaygılar, kişiyi sormaktan, dolayısı ile de öğrenmekten alıkoyar. Bazen bu yıllarca sürebilir. Bir diğeri ise, soru soramayan sosyal fobik ise bırakın soru sorabilmeyi, birileriyle birlikte olmak bile katlanılamaz bir şey olacaktır ve kendi içindeki mücadeleden başını kaldırıp ta yeni şeylerin arayışına geçemeyecektir.

Bizim durumumuz bunlar ya da başka sebeplerden dolayı ise ve soru sormamızı engelliyor ise, öncelikle bu durumun kendisi ciddi sıkıntı oluşturacağı için, insanın doğal ve geliştirici arayışlarına engel olur. Önce bu engeller ortadan kaldırılmalı, gerekirse tedavi olunmalı ve doğal bir işleyişe sahip olunmalıdır.

## Doğru soru, doğru karşılığın bir adım öncesidir.

> *Doğru soru, doğru karşılığın bir adım öncesidir.*

Eğer daha iyi bir insan olma ve doğru bir hayat sürme arayışında isek, mutlaka doğru soru sormayı bilmeliyiz. Çünkü çoğunlukla **"Ne bulacağımız, ne sorduğumuzun içinde saklıdır."** Doğru soru zihni açar, yanlış soru zihni kilitler. Eğer insan çözümün kendisinin de içinde bulunduğu bir döngüde saklı olduğuna inanırsa, doğru soru sorduğunda kendisine düşeni bulacaktır.

Soru sorarken de cevap ararken de içinde bulunduğumuz durumdan bağımsız olarak taşıdığımız bir tarz ve bunun hayata yansıdığı bir yaşama biçimimiz vardır. İşte bu yaşama biçimi bizi istikamet üzere tutacak doğrular üzerine kurulmuşsa, bizi çoğu kere haklılığın engin deryasında güvenle seyreder bir halde bulundurur. Çünkü hesabın sadece Allah'a verileceğine duyulan güçlü iman, kişiyi izzetli ve onurlu bir duruşa sevk eder. Bunu da herkes bir heybet olarak algılar. Nereye elini atsa, imanın görüntüsü yansır. Bu gibi ender bulunan nitelikli insanların yaptıkları da duruşları gibi dosdoğru olur.

## "Doğru ağacın gölgesi de doğru olur." İ. Gazali
## Doğru sorunun, cevap kaynağı da doğru olmalı

Kime sormalı, nereden öğrenmeliyiz? Doğru bir soruyu, o konu ile ilgisi olmayan birisine sorarsak, ya da dini inancı farklı birisine sorarsak, ihtiyacımız olan cevabı alamayacağımız gibi, belki de kafamız karışmış olarak oradan ayrılmış oluruz. Her grubun içinde objektif ve bizi doğru yönlendirecek düzgün insanlar çıkabilir. Meselâ inanç farklılığı olsa bile meseleye insani açıdan yaklaşmak çok faydalı olabilir. Fakat bunun rast gelmesi, bize isabet etmesi o kadar da kolay olmayabilir. Bu gerekçelerle, mutlaka danışılan kişinin, o işin ehli olmasını ciddiye almalı ve çok dikkat etmeliyiz.

## HAYATIN ANLAMI

Eski zamanların birinde bir adam hayatın anlamının ne olduğuna takmış kafayı. Bulduğu hiçbir cevap ona yeterli gelmemiş ve başkalarına sormaya karar vermiş. Ama aldığı cevaplar da ona yetmemiş. Fakat mutlaka bir cevabı olmalı diyormuş.. Ve dolaşıp herkese bunu sormaya karar vermiş.

Köy, kasaba, ülke dolaşmış bu arada zaman da durmuyor tabii ki... Tam umudunu yitirmişken bir köyde konuştuğu insanlar ona; "Şu karşıki dağları görüyor musun? Orada yaşlı bir bilge yaşar. İstersen ona git, belki o sana aradığın cevabı verebilir." demişler.

Çok zorlu bir yolculuk sonunda bilgenin yaşadığı eve ulaşmış adam. Kapıdan içeri girmiş ve bilgeye, hayatın anlamının ne olduğunu sormuş. Bilge, "Sana bunun cevabını söylerim ama önce bir sınavdan geçmen gerekiyor." demiş.

Adam kabul etmiş.

Bilge bir çay kaşığı vermiş adamın eline ve içine de silme bir şekilde zeytinyağı doldurmuş.

"Şimdi çık ve bahçede bir tur at tekrar buraya gel. Yalnız dikkat et kaşıktaki zeytinyağı eksilmesin eğer bir damla eksilirse kaybedersin."

Adam gözü çay kaşığında bahçeyi turlayıp gelmiş.

Bilge bakmış, "Evet, kaşıkta yağ eksilmemiş, peki bahçe nasıldı?"

Adam şaşkın, "Ama demiş ben kaşıktan başka bir yere bakmadım ki..."

"Şimdi tekrar bahçeyi dolaş. Kaşık yine elinde olacak ama bahçeyi inceleyip gel!" demiş bilge.

Adam tekrar bahçeye çıkmış ve gördüğü güzellikler büyülemiş. Muhteşem bir bahçedeymiş.

Geri geldiğinde bilge, "Bahçe nasıldı? diye sormuş.

Adam gördüğü güzellikler karşısında büyülendiğini anlatmış.

Bilge gülümsemiş, "Ama kaşıkta hiç yağ kalmamış." demiş ve eklemiş:

"Hayat senin bakışınla anlam kazanır. Ya sadece bir noktayı görürsün hayatın akıp gider, sen farkına varmazsın ya da görebileceğin tüm güzelliklerin tam ortasında hayatı yaşarsın, akıp giden zamanın anlam kazanır."

*Okumasını bilirsen, her insanın bir kitap olduğunu göreceksin.*

**W. E. Channing**

## Doğru soru örnekleri

Eşim çok gergin. Acaba ne oldu da böyle? Ona nasıl yardımcı olabilirim?

Çocuğum ağlıyor ve huysuz. Acaba neye ihtiyacı var? Onu nasıl anlayabilirim ve rahatlatabilirim?

Çocuğum kıskanıyor. Acaba kıskanmasına sebep olacak şekilde mi davranıyoruz? Bu duygudan kurtulması için ne yapmalıyım, nasıl davranmalıyım?

Çocuğumun arkadaşları ile iyi geçinmesi için ona nasıl yardımcı olabilirim ve neleri öğretmeliyim?

Eşime kendimi doğru ifade etmek için nasıl konuşmalıyım?

Bu durumda nasıl davranırsam doğru olur?

Nasıl konuşursam eşim rahatlar?

### Yanlış soru örnekleri

- Niçin böyle davranıyorsun anlamıyorum?
- Ben sana 100 kere yerinden kalkma demedim mi?
- Beni niye bu kadar üzüyorsun?
- Bıktım senden, bir gün de sözümü dinlesen ne olur?
- Kardeşini niye bu kadar kıskanıyorsun, fırsat bulsan öldüreceksin? (Bu ifade çok tehlikeli.)
- Bu çocuklarla ben nasıl başa çıkacağım?
- Ben tükendim artık... Allah'ım, ben bunlarla ne yapacağım?
- Niye bu kadar geç kaldın? Azıcık da beni düşünerek erken gelseydin ya...
- Yine ne oldu, niye öfkelendin, ne dedim ben şimdi?
- Ben sana ne dedim ki şimdi, niye böyle konuşuyorsun?

## ÜÇ ARKADAŞIN ÖYKÜSÜ

Üç arkadaş konuşuyorlarmış. Birisi sormuş, "Eğer dünya bir anda kapkaranlık zindan gibi olsa ne yapardın?"

Diğeri, "Hemen cennetin kapılarını açması için Allah'a dua ederdim."demiş.

Bir diğeri ise "Allah'a dua ile yalvarır, benim için hangi cezayı uygun görmüş ise onu çekmeye hazır olduğumu söylerdim." demiş.

En sonuncu arkadaşın cevabı ise muhteşemmiş: "Ben de dua etmekle birlikte, karanlıkta nasıl yaşayacağımı öğrenmeye çalışırdım."

### Şikâyet ve soru farkı

Şikâyette düşünme, akletme ve muhasebe etmekten ziyade, sadece olumsuzu gündeme getirmek vardır. Evet gerçekten bu olumsuzluk bulunabilir fakat olaylara ya da kişilere yaklaşım biçimi yanlış olunca, inanabilirsiniz ki geri bildirimi de çoğunlukla yanlış olur. Şikâyet etmek eleştiri, yargılama, sorgulama, aşağılama ve tenkit içerir çoğunlukla. Bu da sorunun kaynağını öğrenmek ve kendisine ne düşüyorsa yapmak yerine, sorunun muhatabı zihninde bellidir, ona yüklenir ve niye böyle diye veryansın eder. Bir safha önceye giderek söyleyecek olursak, "Bunu sen mi yaptın?" ya da "Ben böyle bir şey duydum, doğrumu?" veya "Bana anlatır mısın nasıl oldu?" diye sormak yoktur şikâyette. Nasıl olduğu ve hangi gerekçelerin onu mecbur ettiği önemli değildir. Değil mi ki bu yapıldı, öyleyse, sormanın bir anlamı yok. Şikâyette haklıyım der gibidir ve habire söylenir. İnsanda sabır, anlayış ve saygı bırakmayan bu tutum, dinlemeye ve anlamaya ve öğrenmeye değil, suçlu gördüğü kimseye yüklenerek haddini bildirmeye ve hesap sormaya ayarlıdır ve çoğunlukla kızgınlık ya da öfkeyle birlikte bulunur. Öfkeli insanın içinde olduğu durumu anlatan çok güzel bir atasözü vardır, **"Öfke gelir göz kararır, öfke gider yüz kızarır."**

Bir de durumdan şikâyet edenler vardır. "Akşama kadar çocuklardan bunaldım, tabii senin haberin yok" der. "Bu işlerden sıkıldım" der. "Beni kimse anlamıyor" der. Ve daha neler neler... Burada, bunların bana verdiği yükü nasıl azaltabilirim, kimlerden yardım isteyebilirim, acaba işlerim sıkıcı değil de ben mi sıkıntılıyım diye hiç sormaz. **"Belki de kuyu derin değil senin ipin kısadır."** diye çok güzel bir Japon atasözü vardır. Gerçekten de böyle olabilir. Şikâyet, insanın çözüm için düşünmesine engel olur. Çünkü sözün amacı çözüm değildir ve zihni çalışmaya sevk etmez. Sadece kendisini ve dinleyeni bunaltmaktan başka bir işe yaramaz. Şikâyet etmeye alışmış ve bunu bir iletişim tarzına dönüştürmüş olanlar, kısa sürede bu şikâyet alışkanlığından dolayı çevrelerindeki herkesi bunaltıp uzaklaştırırlar. Ondan sonra da, "Kimse beni anlamıyor, yalnız kalıyorum, bunaldım" demeye başlarlar. Bu sebeple, şikâyet, çözüm isteyenlerin tarzı değildir. Sorunun ne olduğunu ve çözümün nasıl olacağını konuşmanın ötesinde bir şeydir şikâyet. Şikâyeti bırakıp, meselenin insanca ve sakince ele almalı, şikâyeti ilettiklerimizin de bir sabır ve anlayış sınırı olduğunu peşinen kabul ederek bundan vazgeçmeliyiz.

Yaşadıklarından bunalmış, çözüm aramaktan vazgeçmiş, sadece şikâyet etmek için soru üreten ve beynini cevap veremez duruma getiren sorulara örnekler:

- Bu çocukla ben ne yapacağım şimdi?
- Gel de buna sabret?
- Ben şimdi ne yapayım?

- Niye bunlar hep benim başıma geliyor?
- Ben niye böyleyim?
- Allah'ım ben bu adamla nasıl başa çıkacağım?
- Bıktım senden, ne biçim çocuksun?
- Beni bunaltarak çıldırtmak mı istiyorsun?
- Bıktım böyle yaşamaktan, nasıl içinden çıkacağım bu sıkıntıların, ağzımın tadı kaçtı?
- Git başımdan Allah seni bildiği gibi yapsın, bu halimle ben seninle nasıl uğraşayım?
- Ne yaptıysam fayda etmiyor, ne yapacağım şimdi?
- Bu benim çilem, imtihanım. Ne yaparım bilmiyorum?
- Şansım olaydı anam oğlan dünyaya getirirdi, şanssızım vesselâm.
- Niye böyle dağınıksın?
- Hep geç geliyorsun, bıktım artık.
- Ev işlerinde azıcık ta olsa bana yardımcı olmuyorsun.
- Sen de anne olunca çocuklarından çekeceksin.
- Hiç ders çalışmıyorsun?
- Şu üstüne başına bak, pasaklı.
- Senden adam olmaz, biliyorum ben.
- Hiç aklını kullanmıyorsun, ne zaman dediklerimi yapacaksın?
- Bu renk gömlek sana hiç yakışmamış, koskoca mağazada bula bula bunu mu bundun?
- Çocuklarla gezdiğini bir daha görmeyeyim. Ben onları hiç sevmedim.

tarzındaki cümleler bu cinstendir. Bu kadar olumsuz düşünüp, üstelik yanlış sorularla beyni şaşırtarak kilitleyince, ne yazık ki durum daha iyiye gitmez, bilâkis daha kötüye gider. Bu sorular, çözüm üretmek yerine şikâyet ağırlıklı ve çözümün başkaları bir şeyleri değiştirdiğinde olacağı inancını da beraberinde getirir.

*Geçmiş, her zaman geleceği etkiler*

## Geçmiş, her zaman geleceği etkiler

Soruyu sorduran anlayışın bir tık öncesine değil de daha geriye gittiğimizde, anlamaya, dinlemeye, bilmeye ve öğrenmeye meylettirmiş bir arka plânın varlığı ortaya çıkar. Yani, akıllı insanların aklının çalışma biçimini modeller çocuk. **Büyükleri, nereye ve neye doğru yönelmişlerse, çocuk da o tarafa doğru akar.** Annesinin, babasının her sözünü uygulayan ve hiç hayır demeyen ve tek taraflı düşüncelerle idare edilen bir evde yaşamış ve böyle bir anne tarafından büyütülmüş bir erkek evlât, annesine benzer bir kız arayacak, bulamadığında ise, "Sen anneme benzemiyorsun" diyecektir.

Her arayış, tam da araması ve bulması gerekene götürmeyebilir insanı. Bulduğumuz cevaplar, bazen yönümüzü, bazen aradığımızı bazen de düşüncelerimizi değiştirmemize sebep olabilir. Burada önemli olan, hayatın tümünü kuşatacak doğru bir yaklaşım içinde, aradığımız şeyin bize ve birlikte yaşadıklarımıza hakkı ve hakikati anlamada, yaşamada yardımcı olması, kimseye zarar vermemesi ve bilâkis faydalı olmasıdır. Niyetin hayır olması **"Niyet hayr akıbet hayr."** gerçeğini yaşamamıza vesile olur. İlâveten aslolan, bulduğumuzda bizim dengelerimizin yerli yerinde olmasına katkıda bulunacak bir şey için çabalamamızdır.

**Cevap ise;** aranılan şeye alınan karşılıktır. İstenileni elde etmektir, bulmaktır. Aradığına kavuşmaktır. İnsanın mutluluğu ise, aradığı ve bulduğu şeyin gerçekten araması gereken şey olduğundan sonraki yaşadığı rahatlık ve huzurdur. Cevabının ne olacağını bilmediği bir soruyu insan sormamalı. Yani, hangi cevaba ihtiyacı olduğunu bilmeden sorulan soru ve yapılan arayış geçersizdir, anlamsızdır. **"Ne aradığını bilmeyen, bulduğunun da farkında olmaz"** özlü sözünde vurgulandığı gibi, cevabın anlamlı olması, sorunun anlamlı olmasıyla, onun da anlamlı olması, ne aradığını ve neye ihtiyacı olduğunu bilmekle başlar. Dolayısı ile alacağınız cevap, sorunuzun istediği olacaktır çoğunlukla.

## KAYBOLAN ANAHTAR

Nasrettin Hoca bir akşamüzeri elektrik direğinin altında dolanıp duruyormuş. Onu gören birisi belki yardımım dokunur diye yanına yaklaşmış.

"Hoca bir şeyini mi kaybettin, yardımcı olayım?" demiş.

Hoca da, "Evet, anahtarımı düşürdüm onu arıyorum." demiş.

"Ne tarafa düşürmüştün, o tarafa bakalım." demiş adam.

Hoca, "Burada düşürmedim, diğer direğin dibinde düşürdüm."

"Niye orada aramıyoruz o zaman?" demiş adam.

Hoca, "Orası karanlık, onun için bu direğin altında arıyorum" demiş.

### Cevabı yanlış yerde aramak

**"Kapkara bir gecede, zifiri karanlık bir odada, simsiyah bir kediyi bulmak imkânsızdır. Hele de odada kedi yoksa."**

Bir filozofun bu sözleri, bulmanın imkânsız olduğu yerlerde ve olmayan bir şeyleri aramanın ne anlama geldiğini çok güzel ifade etmiş. Kendi içimizdeki sıkıntıyla baş edemeyip çocuğumuzun normal hareketliliği bize aşırı geliyorsa, hemen çocuğu durdurmaya ve susturmaya çalışırız. Oysa burada normal olan çocuktur. Anne çocuğu sakinleştirse bile, bir başka sebep üre-

*"Her engel, yaşam koşullarınızı daha da iyileştirecek bir fırsattır."*

tip yine şikâyetlerine devam edecektir. Kayınvalidesinden sürekli şikâyet eden bir hanımefendinin, annesinin kayınvalidesine duyduğu tepkiyi, melek gibi bir kayınvalide de devam ettirmesi de buna bir örnektir. Babasından annesinden sevgi görmeden büyümüş ve eşinin normal davranışlarını çok yetersizmiş gibi görerek hiç memnun olmayan, sürekli yetersiz ilgiden şikâyet eden bir hanımefendi de yeterli olanı algılayamayacak kadar ihtiyaç içinde olduğunu fark edip tavrını değiştirmezse, yuvaları giderek bu gergin havadan olumsuz etkilenecek ve beklemedikleri sorunlar baş gösterecektir.

## Cevabın yanlış anlaşılması ve yanlış yorumlanması

Bu, çoğunlukla seçici algının aldığı komut sebebiyle böyledir. Kendi haklılığına inanmış olanlar, "Ben ne yapabilirim?" demek yerine, "Karşımdaki şunu şunu yapmalı" inancıyla karşısındakini dinleyince, en küçük bir ifadeye bile güçlü bir kanıt gibi sarılırlar. Oradan kendi lehine, muhatabı aleyhine senaryolar üretir. Oysa muhatabı ile ilgili bir cümle söylenmiş, kalan bütün cümleler kendisinin ne yapması ile ilgili kurulmuştur. Hatayı kendisinde görmeye yanaşmayan bu tavır, kimi dinlerse dinlesin, inancını değiştirmedikçe, bu durum devam edecektir. Burada, kendi isteği merkezdedir. Dinlemek usulen yapılır. Giderek buna o kadar inanır ki, gözyaşları bile bu inanca hizmet etmek için göz pınarlarının ucunda hazır beklemektedir. Bu durumun normal sonucu olarak, ne söylendiği değil, şahsın ne anlamak istediği görüşmeye damgasını vurur. Giderken de anlaşılmadığını, kimsenin kendisini anlamaya yanaşmadığını, kendisinin bunu hak etmediğini söyleyerek, şikâyetleri içine gömülür gider. Hayatta onu anlayan kimse yoktur o da bu yüzden bu sıkıntıları çekmektedir senaryosuna inanarak, hayatını yanlış kurgular içinde tüketir durur.

## Soruyu doğru anlayıp cevabı yanlış vermek

Danıştığımız insanların bazen çözüm yöntemleri bize uygun olmayabilir. Çocuğunuz için danışmışsanız, çocuğa insanın yüreğine ağır gelen disiplin yöntemlerini tavsiye edebilir. Çünkü kendisi böyle yetişmiş olabilir. Eşiniz ile olan sıkıntıda, kendisi bekârsa, erkeklere ya da kadınlara bakışını değiştirecek şeyler yaşamışsa, kendisi sabırsız ve tepkisel ise size de kendi anlayışına uygun çözümler üretebilir. Gördünüz ki, "Ekonomik özgürlüğün elindeyse, boşan gitsin ne çekiyorsun" diyor. Teşekkür edip ayrılın ve size yuvanız için daha doğru rehberlik edecek başka bir uzman arayışına girin. Bu sağlık konusunda doktorlar için de gereklidir. Hiç bir zaman tek doktorun görüşü ile hareket etmeyin. Doktor değiştirerek ameliyattan kurtulan pek çok insan tanıyorum. Çünkü her insanın baktığı pencere farklı olabiliyor böyle olunca gördükleri de değişiyor.

## YOLUMUZDAKİ ENGELLER...

Eski zamanlarda bir kral, saraya gelen yolun üzerine kocaman bir kaya koydurmuş, kendisi de pencereye oturmuş, bakalım neler olacak diye yolu gözlüyormuş.

Ülkenin en zengin tüccarları, en güçlü kervancıları, saray görevlileri birer birer gelmişler, sabahtan öğlene kadar. Hepsi kayanın etrafından dolaşıp saraya girmişler. Pek çoğu kralı yüksek sesle eleştirmiş.

"Halkından bu kadar vergi alıyor, ama yolları temiz tutamıyor."

Sonunda bir köylü çıkagelmiş. Saraya meyve ve sebze getiriyormuş. Sırtındaki küfeyi yere indirip, iki eli ile kayaya sarılmış ve ıkına sıkına itmeye başlamış. Kan ter içinde kalmış ama sonunda, kayayı da yolun kenarına çekmiş. Tam küfesini yeniden sırtına almak üzereymiş ki, kayanın eski yerinde bir kesenin durduğunu görmüş. Açtığında kesenin altın dolu olduğunu görmüş. Bir de kralın notu varmış içinde.

'Bu altınlar kayayı yoldan çeken kişiye aittir.' diyormuş kral.

Köylü, bugün dahi pek çoğumuzun farkında olmadığı bir ders almış.

"Her engel, yaşam koşullarınızı daha da iyileştirecek bir fırsattır."

**Sorun tanımlanırken kendisini dışarıda tutmak**

Halk arasında derler ki, **"Suç bir samur kürk imiş kimse giymek istemezmiş."** Hele de, özgüveni düşük, kendisini değersiz gören ve kendisinin dışında herkes mükemmel, bir kendisi hatalı gibi gören birisi için, "Sen hatalısın." demek, bazen hayattan kopma ve depresyona girme sebebi olabilir. Kimi zamanda, "Evet, bu benim hatam." demek, kabullendiği yanlış davranışları terk etmek anlamına geleceği için, o davranışları terk etmemeyi göze alamaz ve kendisini temize çıkarmaya çalışır. Suçu başkasına ya da karşısındakine atmaya çalışır.

## KREMA KABINDAKİ KURBAĞALAR...

İki kurbağa dolaşırken kendilerini krema dolu bir kabın içerisinde bulurlar. Kremanın içine batan kurbağalar can havli ile çırpınmaya başlarlar. Fakat nafile çırpındıkça batarlar kremaya. İçlerinden biri artık kurtulamayacağı düşüncesi ile kendini bırakır ve krema içinde boğulur. Diğeri ise pes etmez ve son nefesine kadar çırpınmaya devam eder. Kararlıdır. Çırpınır, çırpınır, çırpınır... Ve sonunda bir şey fark eder, kabın içindeki krema gittikçe sertleşmektedir. Çırpınmaya devam eder ve sonunda sertleşen kremanın üzerine çıkıp dışarı sıçrayarak kurtulur.

Hayatta kazananlar asla vazgeçmeyenlerdir. Başarmamız gereken işi pes etmeden sonuna kadar mücadele ederek sonuçlandırmalıyız. Umutlar tükenmedikçe denemekten asla vazgeçmemeliyiz. Ancak sabırlı ve ısrarlı olanlar hedeflerine ulaşabilir.

### *"Ben zaten hep hata yaparım"* inancı

Bazen de bu durum şekil değiştirir. Kimileri de hep suçlanarak büyütüldüğü için başkaları mükemmel bir kendisi hatalı ve suçluymuş gibi inanır. Her olayda mutlaka yanlışı kendisi yapmış gibi özür diler ve ezilir. Burada, kendisinin şimdiye kadar hiç haklı olduğu söylenmemiş ve yaptığı iyilikler görülmemiştir. İlâveten sürekli "Sen iyi bir şey yapamazsın. Her zaman hatalı olan sensin." mesajı verilmiştir. **"Yakıştırma yapışır."** atasözünde söylendiği gibi, yakıştırılanlar yapışmış ve şahıs bu ağır yük altında gözlerini açamayacak halde bunalmıştır. Burada dengeler kaymış, şahıs kendini anlayacak ve savunacak durumdan çoktan çıkmıştır. Bu da diğer durumun tam tersi iç acıtıcı bir durumdur ne yazık ki. **Sonradan "Bilmiyordum" diye üzüleceğimiz durumlar için şimdiden tedbir alalım çünkü bilmemek mazeret değildir.** Öncelikle bunun için herkesin, **"Her insanın mesul olduğu şeyle ilgili bilgilenmesi farzdır."** hadisi şerifinin manasını ve hikmetini iliklerine kadar hissetmesi gerekir. Bunun gereğini yapmak için ciddi ve kesintisiz çabanın varlığı şarttır. Eğer bu bilgilenme gerçekleşmezse, insan kendi sınırlı ve yetersiz bilgisini esas alır. O zamanda ciddi yanlışlar birbiri ardına gelerek hayatı herkese dar eder.

## Öfkesini kılavuz edinenler

**Öfkesinin kendisine sordurduğu soru, şahsın hiç almak istemeyeceği bir cevaba yolcudur.** Öfkesi kadar tepki verme alışkanlığı çoğu zaman öğrenilir. Babanın ya da annenin böyle olması, otomatik olarak çocukta da yerleşen bir duruma dönüşebilir. Buna ilâveten, sakin bir insanı çileden çıkaracak davranışlar yaparak sürekli öfkeli bir modda bulunmasına sebep olmak, daha farklı bir öfke edinme sebebidir. Öfkeli davranmanın altında yeten en önemli sebeplerden birisi mizaç ve diğeri ise karşısındaki herkesin onu üzmek ve sinir etmek için el birliği ettiğine, kendisine değer verilmediğine inanarak, her söz ve davranıştan değersizlik mesajı çıkarmak olabilir. Bunlar çocukluğundan itibaren karşısında el pençe divan durulmuş, sergilediği tutumun hesabı sorulmamış ve haklısın mesajıyla onaylanmış insanlar, eşine ve çocuklarına da böyle davranma hakkını kendilerinde görürler. Çünkü, böyle öğrenmişlerdir. Bu tip insanlar, sürekli biriktirdikleri öfkenin kendisini nasıl bir kılığa soktuğunun farkında olmadan bütün dikkatlerini öfkenin muhatabına yöneltir ve onun ne hissettiği değil, kendisine ne hissettirdiği üzerinde durur. Hatta, "Sen beni böyle nasıl öfkelendirirsin?" diye, kendi öfke yatkınlığının faturasını karşısındaki çoğu masum insanlara yükler.

> *İnsan neye ihtiyacı olduğunu, nereye varmak istediğinden yola çıkarak bulur.*

Sizin neyi ne için yaptığınız değil, öfkeli kişinin buna ne anlam yüklediği önemli olur ve buna göre davranır. Bu da istikrarsız, tutarsız, ölçüsüz ve hatta zalimce davranmak anlamına gelebilir. Bu gerekçe ile önce Allah'a karşı sorumluluğumuzu hatırlayarak, öfkelenme sebeplerini anlamsızlaştırmak için ciddi çaba harcanmalı ve bu durumdan kurulmak için her yol denenmeli. Öfkenin kılavuzluğu, insanı mutsuzluk bataklığına sürükler. Bu durumda sorulacak soru da, alınacak cevap da ve arayışın yönü de tamamen değişir. İnsan kendisini öfkeli olarak tanımladığında, eğer bunun bitmesi, durulması için samimi bir çaba gösterip kendisini düzeltmezse, herhalde kul hakkından belinin doğrulmaması ve kimsenin yüzüne bakacak halinin kalmaması gibi bir sonuç mukadderdir.

## Yol yaparsan yolcu gelir

Şartları hazırlamadan beklemek anlamsızdır. Bir hastalığın teşhisi konulduktan sonra iyileşmek için gerekli adımların atılması halinde iyileşme görülür. İyi bir durumun korunması için yapılan doğru şeyler sürdürülürse iyi hal devam eder. Yani, soru tamam, arayış tamam. Fakat arayış bize atılması gereken adımları attırmaz sadece bekletirse, kaba tabiriyle daha çok bekleriz. Atılması gereken adımlar atılmazsa, soru da, arayış ta, ihtiyacın ne kadar önemli olduğu da, anlamını bir noktada yitirir. Arayışlar boşa gider ve yıpranma süreci hızlanır, zarar katlanır. O halde adım atıp bedel ödeyerek yol yapacağız ki, yolcu olunsun. Çaba sarf edeceğiz ki, arayış anlamlı olsun. Arayış, gerekli şartları hazırlamakla anlamlı hale gelir. Değilse niyeti sorgulamak zorunda kalırız.

**Yapacağı işin ve atacağı adımın doğru olması konusunda hassas olanlar, çoğunlukla sonuçtan memnun kalırlar**

Herkes belirlediği amaç uğruna bir şeyler yapar. Fakat yapandan yapana fark eder. Yaptığı işin doğru olması için, güzel sonuç alınması için çaba sarf etmek var, rasgele, iş bitsin mantığıyla yapmak var. Bu ikisi arasında karlıca dağlar kadar fark vardır. Bu hem kişisel, hem sosyal hem de aile hayatımızda çok belirgin bir fark oluşturur. Diyelim ki, bebeğimizin yalnız kaldığı için sıkıntıdan ağladığını öğrendik. Uzman, bebekle konuşulmasını ve ilgili sevecen davranılmasını tavsiye etti. Duyarlı bir anne, bunu her an yapmaya çalışır. Bunun için emzirme saatlerini bir fırsat sayar ve elinden geldiği kadar bebeğiyle çok güzel zamanlar geçirir, oynar, şakalaşır, sever, okşar. Bu duyarlılığı bulunmayan bir başka anne ise, çocuğu emzirmeye başlar başlamaz, "Bir an önce doysa da şu işleri bitirsem." diye sabırsızlıkla bekledikçe, bu çocuğa da yansır ve birlikte olduğu zamanı dolu dolu hissedemez, o da gerginleşir. Hayat boyu bizi istikamet üzere tutacak en önemli hususlardan birisi, yaptığımız işin doğru olması, diğeri ise, elimizden çıkan işin düzgün olması. Bu anlayış, sorunların oluşmamasında ve oluşmuşsa bile çözüm üretme aşamasında çok etkili olur.

### İnsan neye ihtiyacı olduğunu, nereye varmak istediğinden yola çıkarak bulur.

İhtiyacı olan şeyin aranması kişiyi aktif, zihnini faal, dikkatini ve aklını uyanık, duygularını bulacağı şeyi kabule hazır tutar. Bu yeniliklere açık ve esnek olmak anlamına gelir. İnsana intibak gücü kazandırır. Çünkü yeni edindiği bir bilgi, pek çok alışkanlığını değiştirmesini gerektirebilir. Eğer bir insan bir şeyi çok isterse, yani beyin bulacağına hazırsa, intibak gücü çok yüksek olur ve duygu ve düşünceler çok çabuk kıvama girer. Yani, beyin kabul ederse beden ona uyar. Aramadan bulunan herhangi bir şeyde, insanın çabası ve o aradığını değerli kılacak emeği yoksa, insanın zihin ve duygu olarak kazanacakları farklıdır, arayarak bulunanda farklıdır. İkisinin arasındaki insana kazandırdıkları açısından bakarsak, arayarak bulduklarımızın faydası kıyas kabul etmez biçimde farklıdır. Aramak, hayatı anlama ve yaşama biçimidir aynı zamanda.

## ASLA "NEDEN BEN" DEMEYİN...

Meşhur Wimbledon'un ilk zenci Şampiyonu Arthur Ashe kan naklinden kaptığı AIDS nedeniyle ölüm döşeğindeydi. Hayranlarından biri sordu.

"Tanrı böylesine kötü bir hastalık için neden seni seçti?"

Arthur Ashe cevap verdi:

"Tüm dünyada 50 milyon çocuk tenis oynamaya başlar, 5 milyonu tenis oynamayı öğrenir, 500 bini profesyonel tenisçi olur, 50 bini yarışmalara girer, 5 bini büyük turnuvalara erişir, 50'si Wimbledon'a kadar gelir, 4'ü yarı finale, 2'si finale kalır. Elimde şampiyonluk kupasını tuttuğum zaman Tanrı'ya 'Neden ben?' diye hiç sormadım. Şimdi sancı çekerken, Tanrı'ya nasıl 'Neden ben?' derim?"

**"Ne aradığını bilmeyen, bulduğunun da farkında olamaz."**

**Mevlâna**

Bu, ihtiyacının ne olduğunu bilememekten tutun da nasıl ve nerede arayacağına dair de bir fikri olmamak anlamına gelir. Bunun için kendimizi tanıyıp ihtiyaçlarımızı tespit edebilmek, bulacağımız şey için ciddi bir mesafe almak demektir. Bu arada aradığımız şeyin tam da bizim ihtiyacımızı gidermesi, aynı zamanda doğru bir kaynaktan istifade edilmesini de zaruri kılar. Bazen güzel bir davranış, doğru bir söz, merhametli ve doğru davranmak adına hiç tanımadığımız insanlar bile bize çok güzel örnek olabilirler. İnsan aradığı şeyi çabuk fark eder. Eğer nitelikli insan olmak gibi, insanca ve doğru davranmak gibi insanı erdemli olma kulvarına taşıyan vasıflar bizim için önemliyse, bunları gördüğümüzde heyecanlanırız, gözlerimiz parlar ve hemen modellemek isteriz. Çünkü gördüklerimiz, bizim ihtiyacımız olan şeylerdendir. Bulmak istediği şeyi arayanlar, onu nerede ve kimde bulduğundan ziyade, kendisine nereyi işaret ettiğine bakar. Çünkü, Peygamberlerin sözü hariç, **"Bir sözün kimin ağzından çıktığı değil, nereyi işaret ettiği önemlidir."**

## Zanlarımız bizi her zaman emin bir vadiye taşımaz

Haklılığımızı ispata çalışıyorken, sonradan anlaşılsa ki gerçekte sorun yok ve sadece benim hatalı algımın sonucunda, öyle sandığım için bütün bunlar, öyleyse ne olacak? Bu kadar kalp kırma, haksız yere ithamda bulunma, tavır alma ve karşımızdakini başkalarının gözünde de hatalı davrandı algısını oluşturmanın vebali nasıl ödenir? Bu yine de bence kötünün iyi hali. Bir de bunun hiç anlamama ve ömür boyu böyle bir tavırla yakınlarına hayatı yaşanmaz hale getiren tarzı da var. O zaman sorun, sorun sanılan şey değil, sorun var diyenin algısı ve bakış açısı farklılığıdır. Demek ki, her sorunum var diyenin sorunu gerçekten sorun olmayabilir. Bir sorun varsa, bunun mahiyetini öğrenmek için ilgili tarafları mutlaka birlikte dinlemek gerekir. Böylece, sıkıntının ne olduğu ve nereden kaynaklandığı anlaşılır ve çözüm için neye ihtiyaç olduğu ortaya çıkar.

Doğru soru ile aklımızı çalıştırıp, doğru niyet ile yönümüzü bulup, doğru cevap için duamızı belirleyip yürüyüşümüze devam ederiz.

## Yapmak istediğimiz şeye gerekçe bulmak kolaydır

Yaşanmış bir öykü buna çok güzel bir örnek teşkil ediyor:

Alkolün tanımlanamayacak kadar kötü bir şey olduğunu kanıtlamak isteyen bir hatip, bir grup alkoliğe konferans veri-

> *Sorun; şimdiki durumun geçmiş zaman halidir.*

yormuş. Önündeki kürsüde, saydam sıvılarla dolu iki bardak varmış. Hatip bardaklardan birinde saf su, diğerinde ise saf alkol olduğunu açıkladıktan sonra, su dolu bardağın içine bir kurt atmış. Kurt suda biraz yüzdükten sonra, bardağın kenarına yapışmış ve suyun içinden kolayca çıkmış. Hatip daha sonra aynı kurdu alkol dolu bardağın içine atmış ve herkesin gözü önünde kurt parçalanıvermiş.

*"Gördünüz" demiş hatip, "Ne anladınız?"*

*Odanın arkasından tok bir ses duyulmuş: "İçki içersek asla kurtlanmayız."*

*(Hatalı Alanlarınız kitabından)*

Şahsın arayışı, kendisini rahatlatacak ve yaptığı şeye devam etmesini kolaylaştıracak malzeme olunca, ne söylenirse söylensin, hangi güçlü kanıtı gösterilirse gösterilsin, kendi haklılığı için malzeme yapar. Böyle bir durumda, şahsın algılamasına paralel kilitlenme yaşanacak ve mevcut hal devam edecektir. Çünkü mevcut durum korunuyordur ve çözüme kapı aralanmamıştır.

## Çözüm ararken garantici yaklaşım

"Ben geleceğim ama faydası olacak mı?" diye sorarken, "Bu durumu sen düzelteceksen geleyim. Çözüm benim dışımda bir şey, onu da sen yapacaksın, bana bir şey düşmemesi lazım, bunu yapabilecek misin?" der gibidir adeta. Böyle düşünenler, kendi dediklerini yapmaya devam ettiklerinde haliyle sonuç alamazlar. Bu sefer de "Uzman bana yardımcı olamadı, beni anlamadı" derler. Oysa kendisine ne düşüyorsa onu bulmak için bir uzmana başvuranlar, danışıp sonuç alamadıklarında, "Acaba neyi eksik bıraktım, acaba yanlış anlamış olabilir miyim? Tekrar danışmam faydalı olabilir, herhalde tekrar danışmalıyım" derler. Bazen de, işimize geldiği şekilde anlar ve uygularız. Bize söylenenleri yanlış anlamışsak, yanlış uygulamışsak, yetersiz uygulamışsak ve inanmadan uygulamışsak, bilelim ki istediğimiz sonucu alamayız.

### "Denediğim halde olmadı." diyenlere...

– Denediğiniz yöntem gerçekten doğru mu?

– Yöntem doğru ise acaba uygulamada uygun zaman, uygun usul ve üslup kullandınız mı?

– Bu talep ettiğiniz şeyin muhatabınız için uygun olup olmadığını araştırdınız mı?

– Sürekli sızlanmaktan ve şikâyet etmekten beslenip ilgi çekmeye çalışanlar vardır. Ortada evet bir şeyler vardır fakat felâket senaryosu üretecek şeyler yoktur. Ya siz, olaylara ve kişilere bakış açınızın yanlışlığı veya farklılığından dolayı böyle algılıyorsanız?

– Ya çevrenizdekilerin telkini ile ufak tefek şeyleri sorun gibi algılamaya başlamış olabilir misiniz?

– "Bu benim çilem, imtihanım." diyenlerden misiniz? Eğer öyleyse durumu çözümsüz olarak görüp sabretmek zorunda olduğunuzu düşünüp "Allah'ım sabır ver." diyenlerden misiniz?

– Ya karşınızdakine ulaşamadığınızı düşünüyorsanız fakat aslında ulaşılamayan siz iseniz?

– Veya, kendini şanssız olarak görüp, yağmur yağsa kendisi ile ilişkilendirenlerden olabilir misiniz?

O zaman da, normal diye bir şey kalmaz ve hayat yaşanılamayacak kadar sorunlarla dolu gibi gelir.

Bu da sizi hızla depresif bir duygu durumuna çeker. Bu durumda gerisi de zaten yıldırım hızıyla hem de olumsuz olarak gelir.

## KAYA...

Yaşlı bir çiftçinin yıllardır ekip biçtiği tarlanın orta yerinde büyük bir kaya vardı. Eski zamanlarda sabanının, yenilerde ise pulluğun ağzının defalarca kırılmasına neden olmuştu bu kaya. Her keresinde kayaya dikkat etmesi, etrafındaki toprağı dikkatle ekmesi gerekiyor, bu yüzden vakit de kayboluyordu.

Bir gün bir pulluğun daha bıçağını kırdıktan sonra, çiftçi, bu kayanın kendisine yıllardır aynı "oyun"u oynadığını hatırladı. Ona artık kesin bir çözüm bulmak gerekiyordu. Oldukça büyük yüzeyli bir kayaydı karşısındaki. Alt kısmı da toprağın oldukça derinlerine iniyor olmalıydı. Ama kazmasını kayanın altına doğru ittiğinde yıllardır ne büyük bir yanılgı içinde yaşadığını anlayıverdi. Daha ilk hamlede, kaya yerinden kıpırdayıvermişti. Kaya hiç de zannettiği kadar derin değildi; sadece 15 santim kalınlığındaydı! Yaşlı çiftçi, kayanın yanına oturdu ve kendi kendisine gülmeye başladı. Birkaç kazma darbesiyle kolayca parçalanabilecek olan bu kaya yüzünden ne kadar sıkıntı çektiğini ve pulluk kırdığını düşündü.

Kendimizce "bu şöyle" dediğimiz ve ona göre hareket ettiğimiz yığınla şey vardır. Bunlar önceki tecrübelere dayansa da yeni bir durum olsa da denemediğimiz dolayısı ile de bilmediğimiz bir hususutur ve o tahmin ya da zannımız, bize inandığımız şekilde davrandırır. Oysa gerçeğin çok farklı olduğu zaman geçince ortaya çıkar. İyiyi kötü, kolayı zor, ulaşılabilecek olanı ulaşamaz gibi gördüğümüzde bilelim ki, denemeden hiç bir şeyin gerçek mahiyeti hakkında bilgi sahibi olamayız. Gerçeğin ne olduğunu anlamak, bir adım atmak kadar yakındır. Adım atalım ve ne olduğunu görelim. Böylece, adım atmadan sadece zanlarımızla hareket ederek pek çok fırsatı kaçırmaktan da kurtulmuş oluruz.

## Duanın bizim adım atmamıza ve karşılaşacaklarımıza etkisi

"Eğer kullarım sana Benim hakkımda sorular sorarsa -(bilsinler ki) Ben çok yakınım; dua edenin yakarışlarına her zaman karşılık veririm; öyleyse onlar da Bana karşılık versinler ve Bana inansınlar ki doğru yolu bulabilsinler." *Bakara 186*

(İnananlara) de ki: "Dua ve yönelişiniz O'na olan inancınız için değilse, Rabbim size niçin değer versin?" (Ve inkârcılara da de ki:) "Gerçek şu ki, siz (Allah'ın mesajını) yalanladınız: artık bu (günah) yakanızı bırakmayacaktır!" *Furkan 77*

Rabbimiz, istenecek makamın yalnızca kendisi olduğunu, dua edenin -isteyenin, yani ihtiyacını soru ile tespit etmiş ve dua ile sadece yönelenebilecek tek makama yönelenin- duasına karşılık vereceğini vaat ediyor. Allah'tan daha doğru sözlü kim vardır? Eğer Rabbimizi merkeze alarak hareket edersek, duamızda, talep ettiğimiz şeyde bizi istikamet üzere bulundurmaya yönelik olur.

**Doğru dua;** doğru şeyi talep edip doğru adım atmaya sevk ettirendir. Hangi kulvarda nasıl bir yol yürüyeceğimiz buna bağlı çünkü. **Duamızda çözümü mü, yani bize düşenin ne olduğunu bulmayı mı, yoksa "Bu sorun çözülmez, devam eder ben sabretmek zorundayım" diyerek sabrı mı talep ediyoruz?**

## Adım atmak duadır

Günümüzde çoğunlukla Allah'tan sabır dilemek, "Allah'ım bu durum böyle devam edecek, benim yapacak bir şeyim yok Sen bana dayanma gücü ver" şeklinde algılanır. Oysa her durumun daha iyi olması, Allah'ın izni ile ve mutlaka bizim durumu doğru teşhis edip doğru adım atmamıza bağlıdır. Bunun farkında olmak çok şeyi değiştirir. "Yapılan bir yanlışlık yüzünden akciğer kanseri teşhisi konan akrabamızdan bir profesör, çalıştığı hastanede tahlil yaptırmış. Yapılan tahlil başka birisinin sonucu ile karışmış. Sonuç kanser olarak çıkmış ve ameliyat oldu. Yok yere akciğerlerinin üçte ikisi alınarak ömür boyu çeyrek kapasite ile yaşamak zorunda kaldı." Yanlış teşhis, yanlış tedavi anlamına gelir ki, organizmada, hem zaman hem enerji hem ekonomi hem de moral açısından, çoğu zaman geri kazanılamayacak kayıplar yaşatır. Hatta bu yüzden dağılan yuvalar bile vardır, Allah korusun.

## Sorun; şimdiki durumun geçmiş zaman halidir.

Sorun, geçmişte bilerek ya da farkında olmadan yapılan yanlışların, kişilere veya kurumlara verdiği zararın anlaşılmasıdır. Bilmeden yaptığımız ya da sıkıntının soruna dönüşeceğini öngörmediğimiz durumların, işleyişi aksatmaya başlamasından sonra sıkıntıyı fark etme aşamasıdır. Yani, geçmişin faturasıdır.

**Bir sorunda öncelikle sebepler bulunmalı ve çözüm olarak da önce sebepler ortadan kaldırılmalı ya da sorun ortadan kaldırılamıyorsa bakış açısı değiştirilmelidir.**

Sebepler bulunmadan iyileştirme çabaları sonuç vermez. Sebepler üzerinden değil de sonuçlar üzerinden iyileştirilme sağlanmaya çalışılıyorsa, netice alınamaz. Alınsa bile kısa sürelidir. Üstelik, sorunun üzerinden zaman geçtikçe, sorun derinleşir ve tahribatı artar. Eğitimin en önemli prensiplerinden birisi de, **"Sebepler değişmeden sonuçlar değişmez"** ilkesidir. Zarar kaynağının engellenmesi, faydanın yol bulmasıdır, zarar dur denmesidir. **"Def-i mazarrat, celb-i menafiden evlâdur"** Mecelledeki bu ifade, iyileşmenin, zarar görmenin ve yanlış gidişin önüne geçmenin ilk adımı olarak, zararlı olanı engellemektir der. Faydayı umanların, daha iyi olmanın ve sıkıntının bitmesini isteyenlerin ilk işi, bu durum hangi sebeple ortaya çıktı, bunu bulmaktır. Bulunduktan sonra da, görülen zararın telâfisi için, eksik kalan şeyleri tamamlamak ve dengenin yerleşmesine yardımcı olmak çok önemlidir. Ondan sonra, bir daha sıkıntı yaşamamak için tedbirler üretmek ve el birliği ile daha iyi olmaya doğru ilerlemek aslolandır.

Bu arada, sıkıntının kaynağını saptırmak, fayda yerine zarar verir. Bu konuda açık ve net olunmalı ve gerekirse özür dilenip, yanlış davranış ya da tutum geri çekilmelidir.

Bazen sorunun kaynağı, bizim müdahalemizle düzelmeyecek bir yapı arz edebilir. O zaman, kişinin kendisinin de elinde olmayan bu durumunu sorun yapmak yerine, onu içinizde taşıyıp büyütmeden, iki kişi yan yana gelip önünüze alın ve birlikte bu sorunu nasıl küçülteceğinizi konuşun. Her sıkıntının, soruna dönüşmemesi için yapılabilecek mutlaka çok şeyler vardır. Soruna dönüşmüşse bile, daha kötü olmaması ve mümkünse iyileşmenin sağlanması yapılabilecek her çaba çok anlamlıdır ve sonuç verir. Bilelim ki, hiç kimse bir şey yapmasa bile, sizin bir şey yapmanız belki de iyileşmenin ilk adımı olacak. O sebeple, kim daha iyi olmak için ne yapabiliyorsa onu mutlaka yapmalı. Muhatabım anlamıyor demeden, görenin ve değerlendirenin Allah olduğu gerçeğinden yola çıkarak, samimi bir çabayı ne kadar küçük olursa olsun, Allah rahmetiyle büyütür ve ondan nice hayırlar çıkarabilir. Yeter ki biz, daha iyiye götüreceğini düşündüğümüz en ufak bir çabayı bile ertelemeyelim.

## Sorunu imtihan olarak görmenin psikolojisi

"Bu benim imtihanım" diyerek sadece sabredip beklemek demek, "Bu benim dışımda bir durumdur. Bunun için yapabileceğim bir şey yoktur. Ben sadece bununla nasıl yaşayabileceğimi öğrenmeliyim? Allah'tan yardım dilemeliyim. Bu imtihan bitene kadar ya da ömür boyu buna katlanmalıyım. Buna iyileştirici bir müdahalede bulunamam. Allah bana bunu yazdı, benim elim mahkûm, bunu çekeceğim, bu benim çilem, imtihanım. Ben bu durum için hiç bir şey yapamam." demektir ve çok tehlikelidir. Çünkü zaten yaşadığımız karşılaştığımız her şey, bizim o durum karşısında nasıl davrandığımızı ve ne yaptığımızı test eder, bu şekliyle zaten her şey ve her durum bir imtihandır. Aç yatan komşumuz, yoldan geçen bir cenaze, eşimizin veya bizim öfkeli halimiz, engelli doğan çocuğumuz, miyavlayan bir kedi, susuzluktan sararmış bir çiçek, tozlanmış bir raf, hepsi bize yapmamız gerekenleri söyler. Bizde ne yapıp yapmadığımızla sınanırız, sonuçlarıyla karşılaşırız ve bu yönüyle imtihan oluruz.

## Az'a "Nereye gidiyorsun?" demişler, "Çoğa gidiyorum" demiş

Başlangıçta az bir dikkat ve çaba ile önünü alabileceğimiz pek çok şey, biz onu seyredip bir şey yapmadıkça ilerler, büyür, muhatabın da bizim de artık kanıksadığımız sabit bir durum haline gelir. Böyle olunca da zaten bir şey yapmayarak bu zaman geçirildiği için, iki tarafa da zarar vere vere bu durum devam eder. Adına "çile" denir ve insanlar buna katlanır.

Oysa her durum için mutlaka yapılabilecek şeyler vardır. Yapılacak şeyler o durumu tamamen ortadan kaldırmasa da, bize ve şahsın kendisine verdiği zarar en aza inebilir. Biz kendimize düşeni yapmış olmanın iç huzurunu yaşarız. Bu durumda da Fussilet Suresi 34 ayeti kerime bize cevap niteliğindedir. **"(Madem ki) İyilik ile kötülük bir değil, sen (kötülüğü) daha güzel olan ile sav; bak, o zaman seninle arasında düşmanlık olan kimse, (eski bir) dostun, gerçek bir arkadaşınmış gibi davranır!"**

Allah hiç kimseyi tek seçeneğe mahkûm etmez. Mutlaka hem evet ya da hayır deme noktasında, hem de ne yapılabileceği konusunda mutlaka alternatifler yaratır ve kulunun en doğrusunu seçmesini ister.

## BALTAYI BİLEMEYİ BİLMEK...

İki arkadaş bir ormanda ağaç kesiyorlardı. Çok güçlü ve kuvvetli olan ilk adam erkenden kalkıyor, ağaçları kesmeye başlıyor, bir ağacı devirir devirmez ötekini kesmeye çalışıyordu. Dinlenmek şöyle dursun, öğle yemeği için bile kendine zaman ayırmıyordu. Akşamları ise, arkadaşı eve döndükten sonra da çalışmasını sürdürüyor, ondan bir kaç saat sonra eve dönüyordu.

Daha ufak tefek olan ikinci adam ise, ağaç keserken zaman zaman dinleniyordu. Akşam hava kararmaya başladığında, ailesini ihmal etmemek için evine dönüyor, onlarla vakit geçiriyordu. İkisi de çalışmalarını bir hafta bu biçimde sürdürdükten sonra, ne kadar ağaç kestiklerini saymaya başladılar. Ortaya çıkan sonuç, ilk adam için tam bir şok oldu. Çünkü, hem daha az çalışan ve sık sık dinlenen arkadaşı ondan daha fazla odun kesmişti!

"Nasıl olur bu?" diye feryat etti ilk arkadaş. "Ben senden erken kalktım, neredeyse hiç mola vermedim ve akşamları hep geç döndüm eve. Buna rağmen nasıl olur da sen benden daha fazla ağaç kesmiş olabilirsin?"

İkinci adam, öfkeli arkadaşını gülümseyerek cevapladı:

"Ama sen bir şeyi unuttun: Arada sırada baltanı bilemen gerektiği halde, bunu hırsın yüzünden ihmal ettin. Ben ise, her dinlendiğimde baltamı biledim ve keskin baltamla daha rahat kestim ağaçları. Bu sayede ne kendime ne de aileme haksızlık ettim."

> *Bütün sorunları çözme imkânı yoktur.*

Bizler, hayatın yoğunluğu içerisinde baltalarımızı bilemeyi unutuyor, hem kendimizi hem yakınlarımızı mahrum ve mağdur edebiliyoruz. Önceliklerimizi ve usulümüzü bilmek, pek çok kaybı önleyecektir. Kayba vesile olmanın sıkıntısına ilâveten, ihmal ettiğimiz insanların durumları, yeteri kadar yürek ağırlığı yapar zaten. Bu gerekçe ile önce ilgimizi esirgememek, sonra işimizi düzgün ve hırslardan uzak yapmak, yürek ferahlığı ve vicdan rahatlığı yanında, hayatı daha yaşanılır kılacaktır. Dinlenmek, eğlenmeye ve birbirimize zaman ayırmak, daha dengeli bir hayatı müjdeler. Sonucun güzel olması, neyi, nasıl ve niçin yaptığımızla çok yakından ilişkilidir.

## Bilgi, insanı yükselten basamak demektir. Gelişmiş akıl, bilgi ile hem yükselmeyi hem de derinleşmeyi ön görür

Bir bilge öğrencilerine akıl nedir diye sormuş. Öğrencilerinden birisi, "İyi ile kötüyü birbirinden ayırmamıza yarayan cevherdir" demiş. Diğeri, "Faydalı ile zararlıyı ayırmamıza yarayan nimettir." demiş. Hoca, "Bunu bizim develer de yapıyor. Uçurumun yanında duruyor ve aşağıya adım atmıyorlar. Otların zararlısını anlayıp yemiyorlar demiş. Bu sefer öğrencileri sormuş, "Peki efendim, size göre akıl nedir?"

Hoca; "Faydalının içinden en faydalısını, iyilerin içinden en iyisini seçebilmektir." demiş.

## Neyi önemsersen ona yönelirsin

Yapılabilecek onlarca şey varken, içinde bulunduğumuz durumu en iyiye götürebilecek şey ne ise onu yapmak; bunu önemsemek ve duruma ne etki edeceğini hesaba katarak hareket etmekle mümkündür. İşte asıl imtihan, bize zor gelse bile, ilişkinin ve şahısların korunması adına, elimizden gelenin en iyisini samimi ve içten bir çaba ile yapmaya çalışmaktır. Bu aynı zamanda en önce kendisini korumak anlamına gelir.

**_Yeni ve iyi şeylerin gelme davetiyesi: Elini taşın altına koymak, bedel ödemeye hazır olmaktır._**

Her durumda bize düşen bir şey mutlaka vardır. Kimini fiilen yaparız, kimini madden, kimini dinleyip moral vererek yaparız. Kimi zaman da elimizden bir şey gelmeyebilir. O zaman da görünürde en pasif olanı ve fakat manen en aktif olanı yürekten gelen duadır. Şahsa içten dua ettiğini söylemek bile, inanılmaz bir moral ve motivasyon verir. "Ben seni anlıyorum ve yanındayım, iyiliğin için Allah'tan yardım istiyorum." demektir.

## "Ben şanssızım demenin" hayat satırlarındaki rengi

Kimileri başına her geleni bir musibet bir şanssızlık olarak görür. Kendini şanslı olarak görenlerle şanssız olarak görenler bir araştırmaya tabi tutulmuşlar. İki grupta farklı mekânlarda bir araya getirilmiş. Ellerine bir gazete verilmiş. Gazetenin bir yerinde, "Bu notu okuduğunuzda, hemen üst kata çıkın ve iki yüz dolar alın." yazıyormuş. Kendini "Şanslı" olarak görenlerin tamamı bu notu okumuş ve hemen gidip iki yüz dolarlarını almışlar. "Ben şanssızım" diyenlerin hiç biri bu notu görmemiş. Dolayısı ile o parayı da alamamışlar. Şimdi bu durumda şunu rahatlıkla söyleyebiliriz ki, kendinize ve hayata bakış açınız, sizi hayata kapalı ya da açık duruma getiriyor. Gösteriyor ya da göstermiyor. Yükseltiyor ya da aşağılara düşürüyor. O halde yaşananlara verdiğiniz anlam, sizin neyi görüp neyi göremeyeceğinizi belirliyor ve yaklaşım biçimimiz bizi şanslı ya da şanssız konuma getiriyor.

**_Allah kullarına asla zulmetmez. (Mü'min 31)_**

Yaşadıklarımızdan kimileri, kendi tercihlerimizin sonucu olarak bizi bulurken, kimileri de bizim dahlimiz olmadan Rabbimizin takdiri ile başımıza gelir. Orada da yine yaşanan durumu davet eden bileşenler var olduğu için bu başımıza gelir. Durum hangisi olursa olsun, bu durumdan bir hayır çıkarmak ve oradan Allah rızasına yollar bulmak için bir fırsata dönüştürmeliyiz.

Kimilerimiz, her başına geleni kendisindeki iyi insanı ortaya çıkarmak için bir vesile, Allah'a yakınlaşmak için bir basamak olarak görmek yerine, kendisinin bu sıkıntıları çeksin diye özel olarak seçildiğini düşünür. Bu hem Rabbimize bir haksızlıktır, hem de kendisini çok kötü hissetmesi için tuzak bir inançtır. Böyle düşünmek aynı zamanda, bütün olumsuzlukları çekmek için seçici algımıza komut vermek demektir. Aradığımızı bize gösteren seçici algımız, en ufak bir sıkıntıyı bile, böyle anlayan birisine büyük bir sorunmuş gibi abartılı hissettirebilir. Minicik şeyleri hep kendi şanssızlığının, tabiri caizse kadersizliğinin ifadesi gibi görünce, onlarca sıkıntıyı görüp ah etmesi için hayat boyu, pek çok malzeme karşısına çıkacaktır.

Bir de en zor şartlarda olanların bile, hikmetle düşündüklerinde hallerine şükredip mutlu olacakları mutlaka pek çok sebepleri vardır. Daha beterinden koruduğu için Allah'a hamdetmek, Allah'ın verdiğine razı olmak fakat bu durumun daha fazla yıpratmadan geçmesi için de kendisine ne düşüyorsa yapmak için Rabbine samimiyetle el açıp yalvarmak çok mühimdir. İşte o zaman, "Siz ey imana ermiş olanlar! Sarsılmaz bir sabır ve namaz ile yardım arayın; zira, unutmayın, Allah zorluklara karşı sabredenlerle birliktedir." (Bakara 153) ayeti bizim düsturumuz olur. Sabırla ve tevekkülle Rabbimize boyun büker ve durmadan daha iyi bir durum için çabalamaya devam ederiz.

## Normal ve anormalin sınırı

Evet, sıkıntı tam da bizim dediğimiz gibi vardır diyelim. O zaman da bizim doğru bir safta olup doğru teşhis etmemiz, durumu net anlamamıza ve ona göre tavır üretmemize yardımcı olur. Eğer biz içinde bulunduğumuz durumun ve kendimizin rol tanımı, sınırlarımız, sorumluluklarımız ve yaşadığımız durumun normal sınırları nerede başlar nerede biter bilirsek, normal dışına çıkan her şey dikkatimizi çeker ve mesajı doğru algılayarak gereğini yaparız. Eğer bilmezsek, imdat çığlığı atan çocuğumuzun feryatları bize, asilik yapan, tembel, aklını kullanmayan, anne babaya isyan eden hayırsız ve problemli evlât algısı oluşturur. Biz de bu algıya göre davranıp hem problemin katlanmasına ve çocuğumuzla aramızın açılmasına sebep oluruz hem de, sorumluluklarımızın hakkını verdirecek bilgi eksikliğinden dolayı evladımızın fazlasıyla hakkını almış oluruz. Anne babasıyla sorunlu bir çocukluk ve gençlik yaşayanlar, yetişkinlik hayatlarında kolay kolay dengelerini bulamazlar. Çünkü anne babanın ilgisizliğinin ve yanlış davranmasının ne yazık ki telâfisi yoktur ve derinden yaralar. Bu sebeple de, rollerimizin ve sorumluluklarımızın gerektirdiği bilgi donanımına sahip olmamız, hem bizim, hem evlâtlarımızın hem de toplumumuzun geleceği açısından hayati bir önem arz eder.

## Bütün sorunları çözme imkânı yoktur.

Bazen sıkıntılı bir durumla ömür boyu yaşamak durumunda kalabiliriz. Ben, en zor durumları bile tebessümle karşılayarak, gerekeni yapıp, başına gelenlere hamd edip, daha sonra hayatın tadını keyifle çıkarmaya devam edenleri gördüm. Aynı zamanda, tabiri caizse bir eli yağda bir eli balda olduğu halde, şükürsüzlük ve donanımsızlık sebebiyle, hayatı eşine ve çocuklarına dar edenleri de tanıdım. O halde, herkesin

*Zihnimizdeki bahaneler bizi tökezletir.*

> *Olaylardan öğrenmeyenin, öğreneceği bir okul yoktur.*

hayatında zorlanacağı sıkıntıları mutlaka vardır. Onu sorun gibi etiketleyip kendinizi de kurban rolüne büründürdüğünüz zaman, işte asıl sorun o zaman başlar. Bir de Rabbimizin o sorunu bize vermesindeki hikmeti anlamaya çalışmak, bakış açımızın değişmesine vesile olacaktır. Bütün sıkıntılar, o sıkıntıyı davet eden şartlar oluştuğu için gelir. Genetik olanlar da dâhil. Bazen irsiyete dayalı bir anomaliden dolayı sıkıntılı doğan çocuğumuz, bazen sonradan oluşan bir hastalık ya da engellilik hali, bizim işleyişimizin ve mutad alışkanlıklarımızın değişmesini gerektirdiği için, konforlarımız devam edemez ve bunlar bizi sıkıntıya sokar. Fakat bunları kâra çevirecek, bir sevap ve değer kazanma sebebi olarak hayatın bütününü içine alan geniş bir perspektifle olaya yaklaştığımızda, şükredecek ne büyük nimetlerin içinde olduğumuzu görürüz. **"Başına gelenlerde suçluyu değil hikmeti ara."** özlü sözünde kastedildiği gibi, gelen Allah'tan gelmiştir fakat bu durum benim ne yapmamı gerektirir? En az zararla ve maksimum fayda ile süreci sürdürmek için ne yapmalıyım? soruları, bizim ne yöne bakıp nasıl davranmamız gerektiği konusunda yolumuzu aydınlatacaktır. Bazen de çektikleri kişiyi o kadar Hakka yaklaştırır ki bu yüzden cennete girer. Her sıkıntı, bize Allah'ı buldurmak ve yakınlaştırmak için bulunmaz fırsatlardır. Her sorun, o kişilerin daha iyi olmalarına vesile olsun diye verilir. Her durumdan Rabbimize giden yollar bulmalı ve kendimizdeki eksik ve yanlış olan tarafları bulup düzelterek, hamdımızı kesintisiz sürdürmeliyiz.

*Her gelen sıkıntının bir görevi vardır, görevini tamamlandığında gider.*

Benim ufkumu çokça açan bir söz vardır, **"Her ölen eceliyle ölür fakat öldüren katil hükmündedir."** Yani Allah dilemeden hiç bir şey bize isabet etmez. Oluşan şartları yani sorunun oluşmasını ve bize isabet etmesini sağlayan tavır ve tutumlarımızı değiştirirsek, sorun ortadan kalkmazsa bile ağırlığı kalkar. Biz daha yukarıdan bakma becerisi ediniriz. Çünkü her doğru davranış bizi Rabbimize yaklaştırır. Soruna da böyle bakmak, ayaklarımızın altına konan basamaklar gibi bizi hem yükseltir hem de perspektif genişliği sağlar ve böylece daha yukarıdan bakarız. Özet olarak, her çaba, sorunun mutlaka ortadan kalkması anlamına gelmeyebilir. Bazen bir ömür boyu aynı şartlarda fakat değişmiş ve doğrulmuş bakış açısıyla, kazanca dönüştürerek yaşamamız gerekebilir. "Hoştur bana Sen'den gelen..." deyip, rıza makamına ulaşmak, her mü'minin hedefi olmalıdır.

### Şikâyet kişiyi yoksullaştırır

İhtiyacı olanı aramak başka şeydir, şikâyet etmek başka şeydir. Şikâyet etmek kimi zaman, suçlu ve hatalı olduğunun kesinleşmesinden sonra, haklı olduğunu zannettirmek için karşı tarafa yüklenmektir. Kimi zamanda kendisine düşeni yapamadığını bildiği için, karşısındakini suçlayarak, sen yardım etmedin onun için bu durumdayım demektir. Kimi zaman da beklentinin yüksek olmasından dolayı, beklentiyi karşılayamazlar. Performans anksiyetesi oluşur. Bu sebeple şikâyetler oluşur. Bu performans kaygısıdır. Şikâyet etikçe, sorunun muhatabı ve bir şeyler yapması gereken başkalarıymış gibi anlaşılır. Fazla yalnız kalan, sevgi açlığı çeken, hayatında güzellikleri paylaşacağı bir eşi, arkadaşı, dostu olmayanlar, sıkıntılarını genellikle çok şikâyet ederek dile getirirler.

### Kimi sorular kesin bir itham ve suçlama içerir

– Sen izin verdin bak çocuk bu hale geldi, şimdi de toparla bakalım başarabilecek misin?

– Senden yüz buldu da bunları yapma cesareti buldu, ben sana dememiş miydim?

– Bir türlü ailenle benim aramdaki dengeyi koruyamıyorsun, sen beceriksizin birisin.

Bu tarz konuşmalar, meseleyi konuşmaya ve ortak bir noktada buluşmaya yönelik değildir. Kimi zaman incitici, rencide edici ve "Bu sözün muhatabımda etkisi ne olur ve bu bizim ilişkimizi nasıl etkiler?" diye düşünülmeden yapılmış sataşmalardır. Bu tarz bir diyalogun devamı, karşıdaki kişiyi de bizim eksiklerimizi bulup yüzümüze vurmaya sevk eder. Artık yıpratıcı diyaloglar başlamış ve her söz, karşısındakini yaralayan bir ok gibi olmuştur. Suçlayan, vaktiyle çok suçlandığı için, başka nasıl konuşulur bilmediği ve daha iyi nasıl konuşulur öğrenmediği, yani kısaca nasıl barışık yaşanır bilmediği için, savaşır gibi yaşar. Oysa **savaşın galibi yoktur, iki taraf da kan kaybeder.** İnsanı düşündürmekten çok savunmaya sevk eden bu tarz suçlamalardan mutlaka kaçınmalıyız.

## Zihnimizdeki bahaneler bizi tökezletir.

Eşim beni anlamıyor, beni dinlemiyor, beni sevmiyor, zaten hep kendi bildiğini yapar, nasıl olsa ne yapsam fark etmeyecek, sadece ben çaba sarf ediyorum, hep ben eziliyorum" gibi düşünceler, insanı o an için gerekeni yapmaya değil, inandığı gibi davranmaya iter. Her olayda böyle davranıldığı takdirde bu düşünceler inanca dönüşür ve olumsuz beklentiler giderek daha gerçek hale gelir. Bu düşünceler gerçekten yaşanmış olabilir ve bu konuda haklı da olabilir. Fakat şu hep akılda tutulmalıdır ki, yaşanan her olayın kimyası farklıdır. Biz eski yaşanmışlıklardan yola çıkarak, yeni durumun düzelmeye yapacağı katkıyı görmezden gelmiş, daha iyiye sevk etme şansını kaçırmış oluruz.

## Olaylardan öğrenmeyenin, öğreneceği bir okul yoktur.

O zaman, her yeni durum bir öğretmendir. Olaylardan alınacak dersler, hayattaki en önemli öğrenmelerdir. "Allah karşımızdaki muhatabımız eliyle bizi bir yerlere getirmek ve içimizde bulunan potansiyel değerleri, yetenekleri ve bizi insan yapan özellikleri açığa çıkarmak için bütün bunları yaşatıyor, bunlar birer vesiledir" diye düşünmeliyiz. Bu da canımızı sıkan olaylara sessiz ve tepkisiz kalmak değil, doğru bir duruş ve ifade biçimiyle yerinde, zamanında ve dozunda davranmaktır. Olanlardan ders alıp daha dikkatli davrananlar, kolay kolay aynı rahatsızlığa bir daha yakalanmazlar. Karadenizli Temel bir gün yolda gidiyorken bir muz kabuğu görür. Başını ellerinin arasına alarak, "Uyy anacuğum pen kene düşeceğum." der. Çünkü daha öncede muz kabuğu görmüş, basmış ve düşmüştür. Bu düşme Temel'e, bir daha muz kabuğuna basmamayı ya da alıp çöpe atmayı öğretmemişse, evet tekrar tekrar düşecektir. **Her sıkıntı, bize düşeni bulduracak ve sorumluluktan kurtaracak bir fırsattır.** Bu sebeple, hemen "Ben nasıl davranırsam bu sıkıntı biter ya da en aza iner?" diye düşünmeliyiz. Önceki sıkıntılardan ders alarak, tekrar aynı sıkıntıların yaşanmaması için çaba sarf etmek, aklın gereğidir. Çünkü "Hep aynı şekilde davrananlar, aynı sonuçlarla karşılaşırlar."

## HAYATTA BAŞARI HADDİNİ BİLMEKTİR...

Fakir bir genç adam geceleyin kulübesinde uyurken, uyku ile uyanıklık arasında odasının nurla dolduğunu görür. Gaipten gelen bir ses ona şöyle nida eder:

"Bundan böyle sadece Allah için çalışacak ve kulübenin önündeki büyük kayayı bütün gücünle iteceksin!"

Bunun Allah'tan gelen bir emir olduğuna inanan adam, ertesi sabah kayayı itmeye başlar. Daha ertesi gün ve izleyen haftalar güneşin doğuşundan batışına kadar taşı itip durur. Aylar süren uğraşı sırasında kaya yerinden bile kımıldamaz. Haftalar geçmiştir ve adam gece kulübesine yorgun-argın dönerken gününün boşa geçtiğini düşünüyordur artık. Onun şevkinin kırıldığını hisseden şeytan kalbine vesveseler vermeye başlar:

"Ne kadar zamandır bu kayayı itip duruyorsun, bir milim bile kımıldamadı. Kendine bunun için niye yazık ediyorsun? Onu yerinden oynatman zaten mümkün değil."

Böylece, gence görevi yerine getirmesinin imkânsız olduğunu, dolayısıyla başarısızlığa uğradığı duygusunu aşılamaya çalışır. Bu tür düşünceler onun şevkini daha da kırar ve ümidini gitgide yitirir.

"Doğru ya, kendimi bu iş için niye paralıyorum ki?" diye kendi kendisine söylenir. "Bundan sonra azıcık bir kuvvet harcayacağım. Bu da yeter de artar bile. Koca kaya yerinden kımıldamayacağına göre."

Ve kararını duasında Allah'a bildirir:

"Allahım, uzun zamandır durmadan dinlenmeden Senin dediğin gibi hareket ettim. Bütün gücümle istediğin şeyi yaptım. Her gün yoruluyorum, ama kayayı bir milim bile kımıldatamıyorum. Neden böyle? Neden başaramıyorum?"

Gaipten bir ses şefkatle cevap verir:

"Ey kulum, uzun zaman önce sana emrime uymanı istediğimde kabul etmiştin. Sana görevinin kayayı bütün gücünle itmek olduğunu söylemiştim ve sen de yapmıştın. Ben sana hiçbir zaman onu yerinden oynatmanı beklediğimi söylemedim ki! Senin görevin onu itmekti. Şimdi gücünün tükendiğini, başarısızlığa uğradığını söylüyorsun. Kendine bir bak. Kolların daha da güçlendi, pazuların büyüdü. Sırtın ağırlığa dayanıklı hale geldi. Bacakların kalınlaştı ve kuvvetlendi. Taşı itmeye başladığından çok daha kuvvetlisin şimdi. Evet, kayayı kımıldatamadın ama senden istenen emre itaat etmen ve onu sadece itmendi. Kayayı yerinden oynatacak olan Ben'dim."

Hatasını anlayan genç, ertesi gün kendi görevinin kayayı yerinden oynatmak değil, onu var kuvvetiyle itmek olduğunu düşünerek verilen görevi yerine getirir. İkinci gün, üçüncü gün derken, kaya birden yerinden kımıldar. O zaman kayayı yerinden kımıldatanın kendisi değil Allah olduğunu anlar. Biraz daha uğraştığında, kaya biraz daha oynar ve kenara yuvarlanır. Altından da kendisine ömür boyu yetecek kadar büyük bir hazine çıkar.

Her işimiz, her hedefimiz, hayatta yapmayı amaçladığımız her şey, belki hayatın bizzat kendisi o büyük kayaya benziyor aslında. Kimimiz için bir sınavı geçmek, kimimiz için iş bulmak, kimimiz için bir yuva kurmak, kimimiz içinse bir yuvayı kurtarmak...

Kayamızın rengi, büyüklüğü ne olursa olsun, hepimizin ortak noktası aynı: Hayatımızda hiçbir şey tesadüfen meydana gelmiyor. Kalb kulağımızla duyalım-duymayalım, hayatımızda her yeni durumla bize aynı merhametli ses "Sen kendi işine bak, onu en iyi şekilde yapmaya çalış" diye fısıldıyor. "Kayayı yerinden oynatmak sana değil O'na ait. Vazifeni bil, ilâhî vazifeye karışma. Kaya yerinden oynamadığında ümitsizliğe düşme. Kaya kıpırdayıp da altında birşey bulduğunda övünme, sadece şükret. Çünkü sen bir kulsun. Senin yerin kulluk makamı. Tevfik ve başarı hayatının Sahibinden..."

Gelgelelim, biz insanlar öncelikle kendimize karşı zalimiz. Hayatımızdaki kaya-misal hedeflerimizi itmek yerine ruhumuzda taşımaya çalışıyoruz. Eziliyoruz. Kâh ümitsizliğin koyu karanlığında, kâh gururun kof şatafatında ruhumuza olmayacak yükler yüklüyoruz. Oysa biz insanız. Sadece kaslardan ve beyinden ibaret olmayan, duyguları, yüreği ve daha nice gizli yönleri olan varlıklarız. Tahmin etmediğimiz kadar hassas ve kırılganız. Başka hangi canlı, ummadığı bir dostun ummadığı bir sözüyle perişan olabilir? Hangi varlık türü aşık olup günlerce yemek yemeden, sokağa çıkmadan yaşayabilir? Başka hangi canlı tek bir hayal kırıklığından dolayı dakikalarca ağlayabilir? Kabul edelim, biz insanların omuzları zayıf. Fazla yüklendin mi, çöküveriyor, oradan buradan tuhaflıklar sergilemeye başlıyoruz.

Evet, hayatta insanın en büyük başa-
rısı belki de sınırlarını, yani haddini bile-
bilmesi! Kendi kulluk görev alanını hak-
kıyla tanıyabilmek ve bu alan içerisinde
"başarılı olmak"...

> *Yanlış davranmak
> sorunlara davetiyedir.*

Nedir bu? Elimizden geleni yapmak! Ya da elimizden gelenin
en iyisini yapmak. Biz, elimizden geleni yaptıktan sonra, ötesi
bizim işimiz değil. Olmamalı da. Düşünsenize, kendi sınırımızın
dışına da hükmetmeye kalktığımız zaman, bin bir türlü ihtimal
üşüşüverir kafamıza. Ya şöyle olursa, ya böyle olursa... İnsanın
her şeye hükmetmesi ve kontrol altına alması mümkün mü?
Uzun lafın kısası, biz elimizden geleni yapıyorsak görevimizi
yapmışız ve başarılıyız demektir. Ötesine ne elimiz ulaşabilir,
ne de sözümüz geçer. Öyküdeki gibi, biz kayayı itelim, ama onu
yerinden oynatacak olanın biz olmadığımızı bilelim. Meselâ, bir
çalışan isek, işimizi lâyığıyla yapmak, bir öğrenciysek elimizden
geldiğince çalışmak, ailesinde sorun yaşayan bir eş isek tevazu ve
kanaat ile ilişkinin düzelmesine gayret göstermek, arzuladığımız
sonuç verildiğinde şükretmek, verilmediğinde duamıza "hayır"
cevabının verildiğini hissedip kulluğumuzun huzurunu yaşaya-
bilmek... Bizden istenen bu.

Bunlar, hayalî ve dünyevî başarı öyküleriyle gözü kamaşmış
modern zihinler için hayalî gelebilir. "Herkes sonuca ulaşmak
için çırpınırken, şu dediğine bak" denildiğini duyar gibi olu-
yorum. Ama inanın bana, elimizden gelen ile sonuç arasında o
çizgiyi bilmezsek ruhen çok yaralanabiliyor, çok incinebiliyoruz.
Kulluk gibi yüksek bir makamdan vahşi ve hırslı bir insan boz-
masına dönüşme tehlikesiyle karşılaşıyoruz.

Bilmeliyiz ki, sonuca ulaştığımızda değil, elimizden gelenin
en iyisini yaptığımız zaman başarılıyız! Kayamızı var gücümüz-
le itiyor muyuz? Eğer cevabımız olumluysa, bu noktada vicdan

azabı duymuyorsak, bilelim ki, başarılıyız! Kim ne derse desin, bizi nasıl yargılarlarsa yargılasınlar, başarılıyız! Ama içten içe, "Aslında elimden gelenin daha iyisini yapabilirdim" diyorsak başarısızız Çünkü kendi sınırımız içindeki görevimizi hakkıyla yapmamışızdır. Veya haddimizi bilmeyip aşmışsak, zahiri bir sonucu elde etmiş gibi görünsek bile yine de başarılı sayılamayız! Çünkü asıl görevimiz olan kulluğumuzu unutmuşuzdur.

Hayatta başarıya bir de bu açıdan bakmaya ne dersiniz? Kim bilir, biz var gücümüzle görevimizi yaparken, kayayı iterken, o koca kayayı Birisi yerinden kımıldatır belki.

### Sorunlu davranış bize ne söyler?

Karşımızdakinde görmememiz gereken bir davranış gördüğümüzde, ilk iş olarak, **"Bu davranışla bana hangi mesajı vermek istiyor? Acaba onu böyle davranmaya iten sebepler nelerdir?"** diyerek, dikkatimizi sorunun kaynağına yöneltmeliyiz. Eğer belirtinin kendisini yani semptomu sorunun kendisi gibi görürsek ve onu engellemeye çalışırsak, bu yaklaşımımız sorunun biraz daha derinleşmesinden başka bir işe yaramaz. Her semptom, bizi sorunun kaynağına götüren ayak izleridir adeta. Psikoterapi eğitimlerimiz esnasında hocamızın ısrarla söylediği bir şey vardı; "Bir davranışın niye yapıldığını anlamak istiyorsanız, o davranışı yaptıran duyguyu bulunuz." Çünkü herkes, kendi ihtiyacından ve rahatsızlığından yola çıkarak bir şey söyler ya da yapar. Bir davranışı ya da tutumu değerlendirirken, hiç bir zaman "Bana göre gerek yok." denmez. O sana göredir ona göre değil. Mesele, onun niye öyle davrandığını, neyin buna sebep olduğunu öğrenmekse, kendi zihnimizdeki algı ve düşüncelerimizi bir tarafa bırakıp, gerçekten onu üzen ya da zarar veren şeyin ne ol-

> *Büyük insanlar boyu ve yaşı büyük olanlar değil, büyük davranmayı bilenlerdir*

duğunu öğrenmek amacıyla yaklaşalım. Mutlaka onun yerine kendimizi koyarak empati yapmaya çalışalım. Diyelim ki bize çok anlamsız, mantıksız ve gereksiz geldi. Bu, o sebebin kişiyi rahatsız ettiği gerçeğini değiştirmez. Obsesifleri dinlediğimizde, camı eliyle kapatmış sonra da ya tam kapanmamışsa dediğinde, "Fakat camı sen kapatmıştın, kontrol de etmiş-

> Sıkıntının ne olduğunu ve onun için ne yapabileceğimizi öğrenip ona göre davranırsak, sıkıntı bizi değil, biz sıkıntıyı yönetmiş oluruz.

tin" deriz şaşkınlıkla. O da bunu biliyor ama şüphenin tekrar gelmesini engelleyemiyor. Yani sistem her zaman mantıkla çalışmıyor. Kişinin duyduğu ve kendisini rahatsız eden en ufak bir durumu, önce Allah'a, sonra onun güzel kullarına duyduğumuz saygıdan dolayı ciddiye almalı ve o sıkıntıyı gidermek için ciddi bir çaba sarf etmeliyiz. Bazen sonuca ulaşılmasa bile, samimi bir çaba iyileşmeye götüren ve insanı onore eden bir duygu oluşturur. Bu da ilişkinin kalitesini artıracağı için, güvenli bir bağlanma sağlayabiliyor.

## Büyük insanlar boyu ve yaşı büyük olanlar değil, büyük davranmayı bilenlerdir

Mimar Sinan, "Bu minare eğri" diyen bir çocuk olduğunu duyuyor. Onu buluyor, minareye halat bağlatıyor ve ustalarına halatın ucunu verip çocuğun istediği tarafa doğru çektiriyor. Çocuğa "Doğruldu mu şimdi?" diye soruyor. Çocuk "Biraz daha çeksinler." diyor. Ustalar biraz daha çekiyor. Çocuk "Şimdi oldu." diyor ve çekme işini bırakıyorlar. Bu çocuğun algısını ciddiye alma ve onun inancını düzeltme açısından muhteşem bir örnek. İlâveten, söyleyen bir çocuk olsa bile minare eğriymiş dedirtmek istemiyor Mimar Sinan. İnsanın rahatlaması, zihnimizdeki eğrilikleri düzeltmekle olur. Bu yanlış bir algı bile olsa, samimi

> *Her davranış,
> kişinin iç yapısının
> yansımasıdır*

bir çaba, anlamsız bulup ilgilenmemek ya da bunun saçmalığını anlatmaya çalışmaktan çok daha fazla anlamlı ve rahatlatıcı olur. Ayrıca insanın çevresindekilere güvenmesine vesile olur. Aynı safta durarak gösterilen gayret, durumun daha net anlaşılmasını ve görülmesi gerekenlerin görülmesini sağlar. Bazen atılan minik bir adım bile olsa, bu iyileştirici gücü olan dev bir adım gibi işlev görebilir. Onun için, **"Sebepler değişmeden sonuçlar değişmez."** ilkesini en ufak şeyde bile dikkate aldığımızda, zaman kaybetmemiş ve daha hızlı yol almış oluruz. Böylece, ömrü zaten sınırlı olan insan, enerjisini daha gerekli yerlere harcayarak, yapılması gerekenleri yapmak için zaman ve fırsat bulur.

## Sorunu nasıl tanımlayalım ve nasıl anlayalım?

İster çocuk, ister genç, ister yetişkin olsun, insan zaman zaman sorun yaşayabilir. Bu ya kendinden kaynaklanır ya muhatabından ya da çevre ve ortamdan kaynaklanabilir. Eğer hangi durumun normal hangisinin normal dışı olduğunu bilirsek, vaktinde tedbir üretme, çare arama şansımız olur.

Hiçbir şey, kendisini hazırlayan sebepler olmadan ortaya çıkmaz. Eğer ortada bazı rahatsızlık belirtileri varsa, bu bir şeylerin yolunda gitmediğinin işaretidir. Belirtileri yok etmeye çalışırsak, derinde sorun hâlâ durduğu için, yüzeydeki belirtiyi yok etmiş oluruz. Sorun büyümeye devam ettikçe ve biz onun ortaya çıkışını engelledikçe, o başka bir taraftan patlak verir. Yalan söyleyen bir çocuğu, yalan söylemeye sevk eden sebepleri bulup ortadan kaldırmadan, yalan söylediği için cezalandırırsak, bizim yanımızda söylemez, bizden uzakta yalan söyler. Ya da yalan, başka bir sorunlu davranışa dönüşebilir.

## Yanlış davranmak sorunlara davetiyedir.

Karşımızdakinin susması ve her dediğimizi yapması, bizim her zaman haklı olduğumuzu göstermez. Bilâkis, mücadeleyi bırakmış, yorulmuş ve pes etmiş olmanın ifadesi olabilir. Biz "Ne yaparsam doğru olur?" sorusunu sormadıkça, bize bakan yönüyle sistem doğru bir işleyişe kavuşmayacaktır.

## Her davranış, kişinin iç yapısının yansımasıdır

Her insanın bir olay karşısında tepkisi de hissettikleri de farklıdır. Her durumun birden çok yüzü ve yüzü kadar da oluşturduğu algısı vardır. Herkes normal olarak kendi iç dünyasının yansımasıyla fikir üretecek ve tavır alacaktır. Çünkü herkesin iç dünyası farklıdır. O halde görülenler aynı olsa da, o görüntünün düşündürdüğü şeyler farklı olacaktır. Yani bu da, bir durumun birden çok açıklaması olabileceği ve bir o kadar da farklı seçenekle yaklaşılabileceği anlamına gelir. Asıl mesele, "Ne yaparsak, nasıl davranırsak, nasıl konuşursak doğru olur? sorusunu sorabilmektir. Doğruyu samimiyetle arayan, bulduğunda derhal fikir değiştirir ve tavrını tutumunu düzeltir. Eşlerimizin ve çocuklarımızın ve bu hayatın tümünün bize emanet olduğunu ve her an elimizden alınabileceğini hiç aklımızdan çıkarmamalıyız.

## Sıkıntının ne olduğunu ve onun için ne yapabileceğimizi öğrenip ona göre davranırsak, sıkıntı bizi değil, biz sıkıntıyı yönetmiş oluruz.

Her sıkıntının geçici ve kulların nasıl karşılık vereceklerinin bir denemesi olduğu bilinci ile olaylara ve durumlara yaklaştığımızda, sıkıntı bize Hakkı gösteren ve Hakka yaklaştıran fırsatlar buketine dönüşür. Yanlış yapmışsak tevbe ederek, bize yanlış yapılmışsa hakkımızı arayarak ama kimseye kırılmadan ve gelenin Allah'tan geldiği inancıyla hareket edersek, kul olduğumuzun şuuru bizi kuşatır ve sıkıntıyı kâra dönüştürecek şekilde, süreci doğru yönetmiş oluruz. Bu da, yaşanandan ders almayı kolaylaştırır.

## Tam yarım kalır, anlaşılmadığında

Çocuğun derslerine odaklanıp insani yanını zayıf bırakırsak, çalışmaya kendimizi kaptırıp, ailede herkesi, aynı çatı altında yalnız yaşayan bireylere dönüştürürsek, başkalarının bizim hakkımızda ne düşündüğüne odaklanıp Allah'ın bizim hakkımızda ne düşündüğünü es geçersek, tam olması gereken şeyler yarım kalacaktır. Yüz tane yarımı yan yana getirsek bir tam etmez. Aynı evde paylaşımsız yaşayan, rollerini şeklen yapıp içini doldurmayı akletmeyen bireyler, buz gibi olan yüreklerin mimarı olmaktan kurtulamazlar.

Özür dilemek ise sadece vicdanı susturmak içindir ki, o dahi yeterli olmaz. **"Dökülen kabını doldurmaz"** der atalarımız. Geçen zamanda ihmal edilenler, biz özür dileyince geriye gidip o anı bulup aynı ihtiyacı karşılamışız anlamına gelmiyor. Evet özür dilemek anlamlıdır ama daha anlamlısı, gerekeni zamanında yaparak, özür dilemek zorunda kalmamaktır. Bir özlü sözde, **"Dal rüzgârı affetse bile, kırılmıştır bir kere"** deniyor. Ne kadar doğru? Geçen geçmiş olmadan, "Eyvah" demeden, şartlarımızı, tam olmaya ve tamlığı yakalamaya göre kurgulayalım. Biz bildiğimizle hayatı düzgün yaşamaya çalışalım ki Rabbimiz de bize bilmediklerimizi öğretsin.

## Sorun kaynakları çeşitlidir.

– Irsiyetten kaynaklanan -genetik yatkınlık bulunan- rahatsızlıklar.

– Sonradan oluşan kaza ve hastalıklara ve bazı ilâçların komplikasyonlarına bağlı rahatsızlıklar.

– Doğuştan bulunan her türlü anomali ve rahatsızlıklar.

– Bakış açınızın yanlışlığına bağlı sorunlar.

– Mizaç çatışmalarından doğan sorunlar.

– Beklentilerin yüksek olmasından kaynaklanan sorunlar.

– Birbirleriyle inatlaşarak kasıtlı olarak yanlış davranmaktan oluşan sorunlar.

– Hayatındaki iyi ve olumlu şeyleri değil de hep eksik ve yanlışları görmekten kaynaklanan sorunlar.

– Normal ile anormal çizgisini bilmediği için normali tanıyamamaktan, bilmemekten kaynaklanan sorunlar.

– Sorunu küçük iken görmezden gelerek, büyümesine zemin hazırlanmasından kaynaklanan sorunlar.

– İhtiyaçların ne olduğunu bilmeden kendi bilgisine göre davranıp ihtiyaçların giderilmemesine bağlı oluşan sorunlar.

– Karşısına çıkan sorunu çözemeyeceğini düşündüğü için, aslında anormal olan bir duruma ayak uydurmaya çalışarak kendi normallerini terk edip anormal duruma uyum sağlamaya çalışmaktan oluşan sorunlar.

– Geçmişten getirdiklerinin etkisiyle oluşan sorunlar. Çocukken babasına tepkili büyüyenler, çoğunlukla erkek cinsine karşı genel bir tepki eşiği yüksekliği ve olumsuz ve önyargı ile yaklaşma eğilimi içindedirler. Önceki yaşanmışlıklara minicikte olsa benzeyen bir durumda hemen önceki yaşanmışlıkların kaydı devreye girer. Yaşanan minicik olay kadar değil, önceden biriktirdiği kadar tepki verir. Böylece işler en baştakinin etkisiyle daha çok karışmaya başlar.

– Sorun çözme yöntemini ve metodunu bilmediğinden dolayı oluşan sorunlar. Yanlış yerden yanlış usulle yaklaştığı için, iyi niyetli çabalar ters teper. Birey kendi usulünün sebep olduğu sonucu karşısındakinin anlamadığına ya da direnmesine fatura ederse, daha büyük bir soruna davetiye çıkarmış olur.

– Suçu karşısındakine atmaktan, hatayı karşısındakinde aramaktan kaynaklanan sorunlar.

– Geçmişte yaptığı kişisel bir hatayı şahıs düzelttiği halde, hâlâ geçmişteki aynı insan gözüyle bakarak düzelmeyi ve düzgün geçen süreci görmeyenlerin yanlış davranmasından kaynaklanan sorunlar. Bilmeliyiz ki, hiç kimse dünkü gibi değildir. İnsanlara hatalarını düzeltme fırsatı vermeliyiz. Yoksa dünya yaşanılır olmaktan çıkar.

– Fıtrata ve kişiye uygun, yaratılışa uygun hareket etmemekten kaynaklanan sorunlar. Bir kartaldan tavuk olmasını beklememeliyiz. Zorla tavuklaştırılmış bir kartal artık kartal değildir, kartal gibi davranamaz. Kartala da topluma da yazık olur.

– Karşılaştığımız sorunlarda, "Bu tavrım bu durumu iyiye mi götürür kötüye mi?" diye düşünmeden aklına geldiği gibi davranmaktan oluşan sorunlar. "Davranışlarımla kaç insanı daha ileriye taşıdım? Yarın kaçı yanımda veya gönlümde kalır?" diye soruyor muyuz? Yanımızdakileri kendi anlayışımıza uygun hale getirmeye çalışırız ve olmazsa eleriz? Bu tavrın bize şimdiye kadar ne kazandırdığını objektif olarak düşünmeliyiz.

– Bizi hareket ettiren değer yargılarımızın ya da inançlarımızın yanlışlığından oluşan sorunlar.

Terazimiz bozuksa her şeyi yanlış ölçeriz. Kimi zaman örften, kimi zaman aile geleneğinden ya da yaşadığımız toplumun kültüründen kaynaklanan değer yargılarımız, insan fıtratıyla çelişen ve zulüm anlamına gelen cinsten olabilir. Bu durumda, örfün, kültürün ne dediğine değil, dinin, yani Rabbimizin ne dediğine bakmalıyız ve ona yapacaklarımızı belirlemeliyiz. Yıllarca süren kan davaları, töre cinayetleri, zoraki küçük yaşta evlilikler, kadını kapı dışarı çıkarmamak, söz hakkı tanımamak, istediği gibi muamele etme hakkını kendisinde görmek, kız çocuklarını evlattan saymamak ve sayıya katmamak gibi...

– Ortada sorun olmadığı halde, olanları sorun gibi algılamaktan kaynaklanan sorunlar. Güneş gözlüğü takarsak, her baktığımızı, gözlüğün camının renginde görürüz. Ancak gözlüğü çıkarırsak gerçek rengi ile her şeyi görmeye başlarız. Bazen yetişme biçiminden, bazen çözemediği kendi iç sorunları yüzünden bazen de yaşanılan psikolojik bir bozukluk yüzünden, yapılanları bize karşı yapılıyor ve kim ne yaparsa yapsın yanlış yapıyor gibi algılayabiliriz. Burada aslolan sağlıklı olanların bu durumu fark edip, gereken yardımı yapmalarıdır. Bazen öyle oluyor ki, bütün bir aile, hasta birisinin yönetiminde, herkesi hasta edecek şekilde yönetiliyor. Bu tip durumlarda, normal insanları anormalleştiren bu yapıya müdahale etmek ve gereken tedaviyi acilen uygulamak gerekir. Aksi halde, ailece krize girmekten kurtulamazlar. Hasta olanın yardıma ihtiyacı olması başka bir şey, hasta insanın herkesi kendisi gibi yaşamaya mecbur etmesi daha başka bir şeydir. Burada irade ve tasarrufun, aklı başında olan birisinde olması gerekir. Yoksa herkesin psikolojisi bozulur ve olmadık sıkıntılarla boğuşmak zorunda kalırlar.

**Bir şeyi sorun olmadığı halde sorun olarak algılarsak, giderek o şey bizin sorununuz olmaya başlar çünkü buna inanırız ve ona uygun davranırız.** Bu maddeleri daha çok artırmak mümkün. Burada anlamamız gereken şey, sorun oluşturan şeyler hakkında bilgi sahibi olmak ve kendimizi farkında olmadan bunları yapıyor halde bulmamak için uyanık tutmamız gerektiğidir.

## Sorunu büyüten yaklaşımlar

**"Ya yükün ağır değil, sen zayıfsan?"** O zaman, mesele benim kendimle ilgilidir. Ben, önce bendeki durumu tespit edip ona göre benim dışımdakilere yönelirsem, kendimi atlamış olmam. Bu da normal yapıyı bozmamak açısından çok önemlidir. Gördüklerimiz, okuduklarımız ve tecrübe ettiklerimiz, kişisel filtrelerimizden geçtikten sonra, bizim onları doğru kabul etmemizi sağlar. Özelikle de değer verdiğimiz insanların telkinleri bizim için çok önemlidir ve çoğunlukla onlar otomatik olarak doğru kabul edilir. Bazen de doğru kabul etmediklerimiz olsa bile hukukumuzun bizdeki karşılığı bunu kabul ettirir. Bu arada, aile yapısının insana kazandırdığı inanç ve değerlerin, sürükleyici bir etkisinin olduğunu mutlaka hesaba katmalıyız. Yanlış olanı doğru gibi gösterme açısından da dış telkinler çok önemli ve bu açıdan çok tehlikelidir. Kimi zaman yanlışta ısrar, doğru gibi gösterilebilir. Bu da insanın kendi hatalarını görünmez kılmasına sebep olur, bir türlü kendi yapıp ettikleri dikkat sahasının içine giremez. Bu ciddi yanlışa düşmemek için her insan ciddi çaba sarf etmeli.

*Her şeyin tam ve eksiksiz olmasını istemek, kimse hata yapmamalı demek, mükemmeliyetçiliktir ve o kişinin terapiye ihtiyacı vardır.*

Hayat mükemmeliyetçiliği kaldıramayacak kadar nahiftir. Hayatta dört dörtlük kusursuz iş ve kusursuz insan yoktur. Her yapılanda mutlaka daha iyisinin yapılabileceği boşluklar bulunur. **Dünyamızdaki insanların ellerinden çıkan bütün işler eksik ve kusurludur.** Çünkü insan tam değildir. Biz en iyisini elimizden geldiği kadar yapmaya çalışırız. Olandan memnun olur, daha iyisi için çabalamaya devam ederiz. Biz insanı, olayları ve dünyayı, Allah'ın memnun olacağı şekilde sevk ve idare etmeye çalışır, rol ve sorumluluklarımızı da samimiyetle yapmaya çalışırsak, Allah'ın rahmeti ve bereketi bizimle olacaktır inşallah. Elinden gelenin en iyisini yapma çabası, başlı başına insanı yücelten ve hoşgörü ağırlıklı yaşamaya vesile olan bir durumdur.

## Mevcut sorunu görmeyi engelleyen yaklaşım biçimleri

- Yanlış üslûp ve ifade kullanmak,
- Suçlayıcı ve aşağılayıcı bir dil kullanarak gereksiz bir savunma oluşturulmasına zemin hazırlamak,

- Muhatabının öfkeleneceğini bildiği dili ve tavrı kullanmak,
- Başkalarının yanında mahcup olacağı şekilde konuşmak,
- Daha önce aynı sıkıntılar yaşandığı ve uyarıldığı halde, daha etkili bir engelleyici tavır geliştirilmemesi,
- Başkalarının sözüne bakarak, onların hoş göreceği tarzda davranmak,
- Muhatabının mahcup olacağını bildiği konuları topluluk içinde açmak,
- Cevabını bildiği soruları, rencide etmek amaçlı sormak,
- Değersizleştirici dil, üslup ve beden dili kullanmak,
- İşleyişini aksatacak şekilde kötü niyetli davranmak,
- Yalan söyleyerek suçlamak ve yıpratmaya çalışmak.

Bunları çoğaltmak mümkün. Gaflet ile olanların telâfisi kolay olur. Şahıs fark ettiği anda kendini toparlar ve düzeltmek için gayret eder. Kötü niyetle hareket etmiş ise, hiç bir görüntü ve uyarı şahsın tavrını düzeltmesine sebep olmaz. **İşte asıl sorun, kötü niyetin esiri olmakla başlar.**

### Karşısındakini kastederek "Sen sorunlusun." diyenlere

Şu soruları kendimize soralım:

- En son ne zaman kendini sorguladın ve insanca düşünmek istedin, daha iyi insan olabilme arzusu sardı yüreğini ve kendi kuyunun derinliğinde, nice yıldızların nur saçan hayalini yitirdiğini fark ettin?
- Sen en son ne zaman birilerine haklısın dedin ve o haklılığın gereğinin ne olduğuna ilişkin düşündün?
- Sen en son ne zaman "Ben de yanlış düşünmüş ve yanlış yapmış olabilirim" dedin ve bu ifadeyi hücrelerin onayladı?
- Sen en son ne zaman kendini yanıltma ve gerçeklerden uzaklaştırma ustası olabileceğin ihtimalini düşündün?

- Sen en son ne zaman sadece kendine ve yakınlarına değil, bütün dünyaya karşı duruşundan ve yaşayışından sorumlu olduğunu fark ettin ve iliklerine kadar titredin?
- Her şeyin bir kalbi ve bir dili olduğunu, bizim her şeyimizden her bir şeyin etkilendiği gerçeğini düşünmeyeli ne kadar oldu?
- Sahi sen en son ne zaman, kendinden başkasını içtenlikle sevip, bu sevgi bana ne yaptırıyor ya da ne yaptırmıyor diye aklından geçirdin?
- Kendi hayatımızın her an kaybolan anlarını en güzeliyle parlaklaştırarak, toplanan yaşanmış anların aydınlık bir dünya oluşturması için ne gibi çaba sarf ettin?
- Ya sen sevmeyi hiç öğrenememiş ve karşındakine sevildiğini hissettiremiyorsan?
- Ya sen sürekli muhalefet pozisyonundaysan ve bir türlü yan yanasınız diye düşünemiyorsan?
- Evet gerçekten karşındakinde sorun var diyelim, doğru yaklaşımla düzelebilecekken, ya sen yanlış davrandığın ve yanlış yaklaştığın için sorun ilerliyorsa?
- Ya sen, her şey kendi istediğiniz gibi olsun diye direterek, değişmesi mümkün olmayan şeyleri istiyorsan ve muhatabın değişmedi diye ona yükleniyorsan? Ya bazı şeyleri değiştirmenin mümkün olmadığını ve onunla yaşamak zorunda olduğunu bilmiyorsan?
- Sorun senden kaynaklanıyorsa da, karşı taraftan kaynaklanıyorsa da, yaklaşımını değiştirince her şey değişebilir. Ya bunu bilmiyorsan?
- Ya eşinde gördüğün ve sorun zannettiğin şeyler, senin büyüklük kompleksin ve eşini kendine denk görmediğin için aslında normal olan fakat senin sorun saydığın şeylerse?
- Ya sen yaptığın her yanlış davranışta kendini haklı görüyor ve

her seferinde yanlışlarını koruyarak büyütüyorsan?

- Ya sen, sana yanlış davranan veya senin yanlış algıladığın kimselere aklına geldiği gibi yanlış karşılık vermeyi hakkın kabul ediyorsan?

- "Başkalarına zarar vermek ve zarara zararla karşılık vermek yoktur." Hadisi Şerif'ini hiç hesaba katmıyorsan?

- "Muhakkak ki Allah, bir toplumun yaşam biçimini, onlar kendi nefislerini (anlayışlarını-değer yargılarını) değiştirmedikçe, değiştirmez." (Rad 11) ayeti kerimesi, bize ne ifade ediyor?

- Her davranış bir seçimdir. Ya daha iyiye götürür ya daha da kötüye. Herkes seçimlerinin sonuçlarıyla karşılaşır. Sen ya hep aksi tarafa seçim yapıyorsan?

- "Allah bir kuluna rahmet ve merhamet nazarıyla bakarsa kendi kusurlarını görmesini sağlar." (Hadisi Şerif) Sen en son ne zaman kendi kusurlarını görmeye çalıştın?

- Ya sen, "insan insanın aynasıdır" sözünde olduğu gibi, kendi kusurlarını karşındakinde görüyor ve ona göre tepki veriyorsan? **Ya onun hali, senin zayıf yönlerini hatırlatıyorsa?**

- Ya sen gerçeği kabul ettiğinde sana düşenleri yapamayacağını düşündüğün için durmadan inkâr etmek ve karşındakine yıkmak gibi bir seçim içindeysen?

- Ya sen yapman gerekenleri biliyor fakat başkalarına açıklayamayacağın için "el ne der" diye yapmıyor ya da erteliyorsan?

- Yapılanların doğru olup olmadığı, karşımızdakinin mutlu ve dengede olmasıyla anlaşılır. Yani sonuçlarına bakarak anlarız. Sonuçlar olumsuz olduğu ve karşımızdaki itiraz ettiği halde, ya sen yanlışta ısrar ediyorsan?

Bu soruları kendimize soralım, sonra da, anlatılanların tümünün içerdiği gerçek olarak ifade edelim ki, gerçek sorun, Allah'ın çizgisinden çıkmaktır. Diğerleri sıkıntıdır ve doğru yaklaşılırsa çözülmeyecek sıkıntı yoktur. Bu her sorun, siz gerekeni yaptığınızda hemen çözülecek anlamına gelmez. Bazen yıllarca kişinin elinden geleni yaparak sabırla ve duayla, ümidini canlı tutarak hareket etmesi lâzım. Sıkıntılar, kişilerin kendilerinde olan bazı değerleri hayata katmak, olmayanları ilâve etmek ve var olanları pekiştirmek için bir nimet olabilir. Pek çok insan sıkıntılar bittikten yıllar sonra, o sıkıntı diye baktıkları durumun, aslında ne kadar çok işlerine yaradığını görerek hikmeti daha yakinen fark ediyorlar. Vakit geçtikten sonra keşke daha doğru davransaydım demek yerine şükredebilmek için, doğru davranışın ne olduğu konusunda hazır bir zihinsel yatkınlık olması için, sürekli dua etmeliyiz. Sıkıntılar, Allah'ın bize kendimizi geliştirmemiz, yeni alternatifler oluşturmamız, sabrederek olgunlaşmamız ve karşımızdakinin daha iyi olmasına fırsat vermemiz için müjdeleri, fırsatlarıdır.

### Çözümü arayanlara

Her hangi sıkıntılı bir durumda çözüm aramanın en önemli ayağı, "Bu durumda bana ne düşüyor? Ben ne yaparsam ya da ne yapmazsam bu sıkıntılar gider?" sorularını sorarak, sorumluluğumuzu yerine getirmeye çalışmaktır. Yani önce kendimizden başlamak ilk adımdır. Arayışta olanlar, çoğunlukla yeni yollar yöntemler bulurlar. Bunlar kimi zaman sihirli birer anahtar gibi işlev görür ve çözüme götürür. Kimisi zaman alır, kimisi de biz ne kadar çalışırsak çalışalım, değişmeyecek şeyler olabilir. O zaman bilelim ki, hayırlı bir sonuç ve doğru bir iş için çalıştıkça, Rabbim sorunu aynı bırakır ama bizi büyütür, bize hayatı zenginleştirecek nice lütuflar ikram eder. Artık sorun değil, bizim yürüyüşümüz ve onun harika sonuçları bizim için vazgeçilmez olur. Dolayısı ile sorunu ve hayatı çok doğru yönetmiş ve kazançlı çıkmış oluruz inşallah. Ya da hiç kimse kendine düşeni yapmazsa, bütün sorunlar, sahipsiz ve çözümsüz kalır. Haklı olmak, yanlış davranma hakkı vermez. Sorun sizden kaynaklanmamışsa bile, çözüme katkıda bulunmak, aile huzuru ve kişinin kendinden bekledikleri için çok önemli ve gereklidir.

Bilmeliyiz ki:

- Durumu tespit etmeye kendinden başlamayan, çözüme ya ulaşamaz ya da çok geç ve güç ulaşır.
- Sorunun kaynağını sürekli kendi dışında arayanlar yaptıkları hatayı katlayarak ilerlerler.
- Kendine düşeni yapmadan sadece konuşmak, çözüm değil, çözümsüzlük getirir.
- Çözüm, doğru teşhisten sonra doğru metotla kesintisiz gayreti gerektirir.
- Bir şeyler yapması gerektiğini bilen ve fakat bunu uygulayacak bilgiye sahip olmayanlar, bu bilgiyi elde edip onunla hareket etmedikçe sonuç alamayacaktır.
- Durumun realitesini (çocuklarının yaş özellikleri, erkek ya da kadın psikolojisi) bilmeden hareket edenler, çok sık yanlış yaparlar. Çünkü o şahıs kendini de tanımıyordur.
- Bir sorunu çözmek, bir daha sorun oluşturmama gayretleri olmadan fazlaca anlamlı olmaz. Çünkü iyileşmeyi devam ettirecek etki yoksa iyileşme kısa sürer, yeniden bozulma başlar.
- Her sıkıntı bir öğretmendir ve öğrenenleri erdemli kılar.
- Sorunlar, daha iyi olmanın basamaklarıdır. Her basamak yorar fakat yükseltir, ufku genişletir.
- Sorun yaşamayan insan yoktur fakat sorunun çözümünü kendisinin dışında arayarak sorunu büyüten çoktur.
- Suçlamak çözümden kaçmaktır, çözümden uzaklaşmaktır ve kutuplaşmaktır.
- Ötekileştirmediğin kişiyle her sorun daha kolay çözülür.
- Sorunsuz hayat istemek imkânsızı istemektir.
- Kendinden başlamaya varsan çözüm de vardır.

- Kendini seviyorsan çözümü sen başlat.
- Sen istersen çözümün %50'si bitmiş demektir.
- "Ben de hata yapmış olabilirim özür dilerim." de, sıkıntının %50'si bitsin.
- Bazen sessiz kalmak çözümdür. Çözüm için attığın ilk adım, çözümün müjdecisidir.

*Aslında sorun, görmediklerimizi görmemizi sağlayacak bir fırsattır. Gereken yapılırsa bağlasanız durmaz.*

Sorunlar; Allah'ın bizi daha kötüsünden kurtarmaya çalışan uyarılarıdır. Şimdiye kadar ihmal ettiklerimizi fark edip daha iyisini yapmaya sevk eden bir çabaya dönüşmesi için, çözümsüzlüğe giden yoldan son çıkış olabilir.

## Doğru davranışı bulup çözümü yakaladık diyelim, ya sonra?

Çocuk ya da yetişkin iyileşmeye ve artık rahatlamaya başladığında, eski halimize dönersek ne olur? Rahatsızlık tekrarlar. Bizdeki değişiklik sistem düzelinceye kadar değil, düzgün gitmesini istediğimiz bütün süreçleri içine alacak şekilde sürekli olmalı. Bir küçük çocuk, diş kontrolünü yaptırmış diş doktorunun muayenehanesinden çıkarken, doktor'a, "Hangi dişimi fırçalayayım?" diye sormuş. Doktor da, "Hangisinin ağzında kalmasını istiyorsan onu fırçala" demiş. Bir daha aynı sorunla ya da başka sorunlarla karşılaşmamak için, tedaviden sonra da mutlaka, sorunun tekrar oluşma zeminini ortadan kaldırmak gerekir. Yoksa üst üste enerji, zaman, para ve yığınla iş gücü kaybı anlamına gelecek zararlar yaşanır. Çocuğun diyelim ki, alt ıslatması, kıskançlığı, saldırganlığı ya da içe dönüklüğü vardı. Sebebi bulunup giderilince, siz artık eskisi gibi, yani istediğiniz şekilde davranabilirsiniz anlamına gelmiyor. Bir daha çocuğun o sorunları yaşamaması için, size bildirilen kurallara uygun davranmanız gerekiyor.

Büyükleriyle birlikte oturan bir ailede gelin hanım, artık kendi üzerine düşen yüklerin ağırlığına daha fazla dayanamamış ve depresyona girmişti. Ciddi bir terapi aldı ve çok şükür düzeldi. İyileşmesinin devam etmesi için, kendisini olumsuz etkileyen ortam ve kişilerden uzaklaşması gerekiyordu. Eşi büyük bir sabır ve kararlılıkla kimseyi kırıp incitmeden gerekenleri yaptı. "Anneciğim ben seni asla üzmek istemem, seni sırtımda taşırım fakat doktor ayrı eve çıkması gerekir dedi. Ben de ev tuttum ve oraya taşınacağız" dedi. Bu ifadeden sonra tabiri caizse küçük kıyamet koptu. Kayınvalide öfkelendi, küstü, konuşmadı, oğlunu eve almadı, telefonlarına çıkmadı. Uzunca bir süre tepkili davrandı. Oğlu ise, "Canım annem, ben seni başımın üstünde taşırım fakat doktor böyle istedi onun için böyle yaptım" dedi. Her gün annesine uğradı, anne itti o sarıldı. Her gün arayıp hatır sordu ve ilgisini hiç eksiltmedi. Yine gidip geldiler, yine ellerinden geleni yaptılar fakat artık kendi evlerinde ve yan yana idiler, çok şükür.

Beyefendi eşini hiç annesiyle muhatap etmedi, annesi ne sitem etti ve ne dediyse kendi göğüsledi. Arayı hiç açmadan gidip gelmeye ve ihtiyaçları ne ise onu karşılamaya devam etti. Bu arada araya girenler vasıtası ile gelin hanımla da barıştı. Bir süre sonra kayınvalidenin tepkisi azaldı ve yavaş yavaş konuşmaya başladı. Artık gelin hanımda gitti elini öptü özür diledi ve iyileşinceye kadar ki süreci bu şekilde götürdüler.

Bir süre psikoterapi gördükten sonra hanımefendi iyileşti çok şükür. Kayınvalide gelininin iyileştiğini görünce, "İyileştin artık, geri gel." dedi. Oysa hasta olmasına sebep olan şartlar ve anlayışlar aynen duruyordu. Tekrar aynı ortama gitmek, onca emeği çöpe atmak ve iyileşmiş bir sistemi yeniden hastalığa mahkûm etmek anlamına geliyordu. Eşi inanılmaz bir kararlılıkla annesinin bütün tepkilerini göğüsledi ve eşini o ortamdan uzak tuttu.

Bu olayda, beyefendinin aslanlar gibi eşinin yanında duruşu ve annesini de zerre kadar incitmeden süreci yönetmesi, her hatırladığımda dua etmeme vesile oluyor. Rabbim böyle akıllı ve yürekli kardeşlerimizin sayısını artırsın. Burada bir şeye daha önemle vurgu yapmam lâzım, bu süreci görümce başlattı. "Annem haksız ve yanlış davranıyor" dedi. Yengesinin ve abisinin yanında yer aldı. Bir öz ablası gibi sahip çıktı, "Yengem çok iyi birisi ve haklı" dedi. Yengesi de onu bir kardeşi gibi seviyordu. Annesini de üzmeden kazasız belâsız çok şükür bu süreci atlattılar.

## Çözümü kendi dışında arayanlara

Arayışımız soruna çözüm aramak olunca çoğunlukla, sorunun bizim dışımızdaki unsurlardan kaynaklandığını düşünürüz ve bize göre etkilenen tarafızdır ve zarar görüyoruzdur. Bu durumda otomatik olarak yaşanan rahatsızlığın zararlarından korunmak için de çözüm ararız. Çözüm ararken, sıkıntı kaynağının değişmesi bizim ilk talebimizdir ve bu durumda bize şikâyet etmenin ve sürekli gündeme getirmenin dışında bir şey yapmak düşmez. Çünkü kim hatalı adımı atıyorsa onun geri adımı atması gerekir diye düşünülür. Fakat tam da burada bir çelişki ortaya çıkar. **"Bir cismi ne kadar ince keserseniz kesin iki yüzü vardır."** sözünde olduğu gibi, bir ilişki ve iki muhatap varsa, yaşanan sıkıntıda bu ikisinin de etkisi ve katkısı vardır. Sadece bir taraf daha ağırlıklı olarak sorunun kaynağı ya da tetikleyicisi olabilir. Fakat iki tarafında kendine düşeni hakkıyla yapmamasından dolayı bu duruma gelinmiştir.

## Sıkıntıları ve muhataplarını unutmamak ve sürekli hatırlamak, şimdiye kadar kime ne kazandırdı?

İnsan zihni olumsuza odaklanır ve onları sürekli gündemde tutarak kişiyi korumaya çalışır. Eğer biz olumlu düşünmek istiyorsak bunun için çaba harcamalıyız. Eğer yaşanan olaylar ve kişilere ait duyguları kendi haline bırakırsak, bizi otomatik olarak olumsuz bir kulvara hapsedecektir. İnsan hata yapma riskini hep barındıran bir varlıktır. Beş duyumuzla aldığımız bilgilere göre hareket ederiz ve bunlar yetmediğinde, ya da duygularımız normalden fazla olumsuz olarak değiştiğinde, biz normal olduğumuzu ve normal davrandığımızı zannederiz fakat olayın üzerinden biraz zaman geçtikten sonra fark ederiz ki, yanılmışız. O zaman geri dönüp telâfi etme şansı da olmadığı için, tahribatın derecesine göre pişmanlıklar yaşarız. Bu her insan için geçerlidir. Biz kendimizi yakın hissettiğimiz, yardımlaşıp paylaştığımız ve nazımızın geçtiği kişilere fazla bel bağlarız ve onların sanki hata yapma riski yokmuş ve aramızdaki hukuk buna engel olacakmış gibi düşünürüz. Onlardan birisi bu düşüncemize uymayan bir davranışta bulunduğu zaman, sanki kıyametimiz kopar ve o şahıs hakkında yanıldığımızı düşünmeye başlarız. Bir türlü unutamaz ve affedemeyiz. Bana bunu nasıl yaptı diye dertlenir dururuz. Oysa kendimizin Rabbimize karşı ne hatalar yaptığımızı unuturuz. Bizim de hatalarımız olabileceğini ve bize böyle davransalar nasıl üzüleceğimizi hesap etmeyiz ve bir türlü yan yana gelmek istemeyiz. Çünkü derin bir yara almışızdır. Oysa, insan kötü niyetli olup kasten yanlış davranmadıkça, bir de üzüldüğünü söyleyip özür dilemişse, artık onu geriye atıp eskisi gibi olmak için çaba sarf etmeye başlamalıyız. Yaşadıklarımızı unutmak, istesek de yapamayacağımız bir şeydir. Aslolan unutmak değil, yaşanan olayın bizim işleyişimize engel olmasına müsaade etmeden arkaya atabilmektir. Bir de, affederseniz affolunursunuz hükmünü hatırlayınca, insanın beşer ve şaşar olduğunu unutmadan, birbirimize hata yapma payı bırakarak yaşamak, iki tarafa da hayatı kolaylaştırmak ve yürek ağırlıklarından kurtarmak anlamına gelir.

## PATATES ÇUVALI

Bir lise öğretmeni, günün birinde derste öğrencilerine bir teklifte bulunur.

"Bir hayat tecrübesi yaşamak ister misiniz?"

Öğrenciler çok sevdikleri hocalarının bu teklifini tereddütsüz kabul ederler.

"O zaman" der öğretmen, "bundan sonra ne dersem yapacağınıza söz verin."

Öğrenciler bunu da yaparlar.

"Şimdi yarınki ödevinize hazır olun. Yarın, hepiniz birer plastik torba ve beşer kilo patates getireceksiniz!"

Öğrenciler, bu işten pek bir şey anlamamışlardır. Ama ertesi sabah, hepsinin sıralarının üzerinde patatesler ve torbalar hazırdır. Kendisine meraklı gözlerle bakan öğrencilerine şöyle der öğretmen:

"Şimdi, bugüne dek affetmeyi istemediğiniz her kişi için bir patates alın, o kişinin adını, o patatesin üzerine yazıp torbanın içine koyun."

Bazı öğrenciler torbalara üçer beşer tane patates koyarken, bazılarının torbaları neredeyse ağzına kadar dolmuştu.

Öğretmen kendisine; "Peki şimdi ne olacak?" der gibi bakan öğrencilerine ikinci açıklamasını yapar; "Bir hafta boyunca nereye giderseniz gidin bu torbaları yanınızda taşıyacaksınız. Yattığınız yatakta, bindiğiniz otobüste, okuldayken sıranızın üstünde, hep yanınızda olacaklar."

Aradan bir hafta geçmiştir. Hocaları sınıfa girer girmez denileni yapmış olan öğrenciler şikâyete başlarlar. "Hocam, bu kadar ağır torbayı her yere taşımak çok zor, hocam patatesler kokmaya başladı. Vallahi, insanlar tuhaf gözlerle bakıyorlar bana artık, hem sıkıldık hem yorulduk."

Öğretmen gülümseyerek öğrencilerine şu dersi verir: "Görüyorsunuz ki, affetmeyerek asıl kendimizi cezalandırıyoruz. Kendimizi, ruhumuzda ağır yükler taşımaya mahkûm ediyoruz. Affetmeyi, karşımızdaki kişiye bir lütuf olarak düşünüyoruz, hâlbuki affetmek, en başta kendimize yaptığımız bir iyiliktir."

**İki tarafı olan meseleye tek taraflı yaklaşmak, diğerini hiçe saymaktır**

İşte bu tek taraflı yaklaşım biçiminde, kişi kendisine bakmaktan ve görmekten ziyade, karşı tarafı görüyor ve kendi algılarına göre olan değerlendirmeleri ile karşısındakinin haksız olduğuna karar veriyor. Bir iki tepkisel çıkış yapıp sonuç alamayınca, kendine düşeni yaptığını düşünerek, artık muhatabın çözüm üretmesi gerektiğini düşünüyor. Gariptir ki, çoğunlukla muhatabı da kendisi için aynı şeyi düşünüyordur. İki tarafta birbirini suçladıkça ve adım atmayı karşı taraftan bekledikçe, sıkıntılar, hormonlu deve dikeni gibi büyümeye ve iki tarafında zihnini kilitleyip çözümden uzaklaştırmaya başlar. Çünkü iki tarafın yaklaşım biçimi de, muhatabı düşünmeye ve kendine düşeni yapmaya sevk etmek yerine, kendini haklı görmeye sevk eder. Bu psikoloji ile, sıkıntıyı tırmandırarak süreci daha da sıkıntıya sokacak ters ve yıpratıcı tavırlar içine girerler. Oysa; iki tarafın da yaptığı ya da yapmadığı şeylerden dolayı bu sıkıntı yaşanmıştır. Taraflardan birisi bende sıfır hata var diyorsa, büyük bir ihtimalle insan tabiatını, kendisini ve muhatabını tanımıyordur ve yine büyük bir ihtimalle sıkıntının çoğu bu yapıdan kaynaklanıyor ve şahıs bunu bilmiyordur.

Gözden kaçırılan veya bilerek yok sayılan sorun kaynakları, üzerine düşülüp terk edilmedikçe, iki tarafın arasını açmaya ve büyüyerek kök salmaya başlar. Bu da iyileşmeyi, düzelmeyi geciktirir.

Çözüm, herhangi bir sıkıntılı durumda "Bana düşen nedir? Ne yaparsam ya da ne yapmazsam bu durum düzelir?" diyerek arayışta olanların, çoğunlukla bulduğu sihirli bir anahtardır. Hiç kimse kendine düşeni yapmazsa, bütün sorunlar, sahipsiz ve çözümsüz kalır. Haklı olmak, yanlış davranma hakkı vermez. Sorun sizden kaynaklanmamışsa bile, çözüme katkıda bulunmak, aile huzuru için gereklidir.

**_Bize neyin lâzım olduğu, niyetin yönünü gösterir._**

Biz, kendi rahatımızı mı, çocuğumuzun gelişimini mi önemsiyoruz? Kayınvalidemizin ihtiyacı olduğunu biliyoruz diyelim. Maksat onu Allah için korumak ve gözetmek mi, yoksa şartlarımızı ona göre ayarlayıp yardımcı olmak yerine, bin bir türlü bahane bulup sorumluluğu kendimizden uzaklaştırmak mı? Eşimizin iyi niyetini bildiğimiz halde, kendi istediğimizi yaptırmak için mi yükleniyoruz yoksa hakikaten taleplerimiz doğru mu? Diyelim ki taleplerimiz doğru ve uygun. Elinde parası olmayan ve bir kaç ay beklese daha rahat giderilecek bir ihtiyaç için, illâ bu ay olmalı diye diretmek ne derece doğru? Bizim niyetimize göre Allah sonucu halk eder. **Niyet bozulunca sözler sancılanır.** Niyet değişince, bedenin kimyası da değişir. **Bir insanın koruması gereken en önemli değerlerinden birisi de iyi niyetidir. "Ameller niyetlere göredir."** buyuruyor Peygamber efendimiz. Amelin makbuliyeti, niyetin içinde gizlidir. Ne yaparsak yapalım, hangi konumda ve durumda bulunursak bulunalım, iyi sonuç almanın ötesinde, doğru adım atmanın ve kendisine ve Yaradan'ına kolay hesap verebilmenin en kestirme yolu, iyi niyetle hareket etmektir.

## "Ben iyileşmem" diyenlere...

İnsan sürekli bodrum katta yaşamışsa, bol güneş gören yerlerde gözleri kamaşır ve ben buralarda yapamam diye düşünür. Evet mekân ve yer değişikliği kısmi bir intibak ihtiyacı hissettirse bile, çok kısa sürede insan bulunduğu ortama alışır ve intibak eder. Alışamam diye direnenler, insanın gerçeğinden habersiz oldukları için, kendi ayaklarını kendileri karanlığa zincirlemiş gibi olurlar.

## "Ben her şeyi denedim olmadı" diyenlere

İnsan, yaşadığı sıkıntıdan öylesine bunalır ki, dediği şeyler sonuç vermemişse "Ben her şeyi denedim olmadı." diye inanmaya başlar. Aslında bu, kendi bildiklerini uyguladığını ifade eder. Bu inanç tekrar denemesine engel olacağı gibi, ben düzeltemem inancını da beraberinde getirir ve süreç ilerledikçe de bu inançlar pekişir. Denediği şeyler ya yanlışsa, "Ya yeterli değilse, ya daha çok devam etmesi gerekiyorsa, ya usulü yanlışsa?" gibi pek çok soruyu içinde barındırır. O halde denemek, ancak bir uzmanın teşhisi sonucunda oluşturulmuş bir protokol ve tedavi yöntemlerini içeriyorsa ve doğru adımlarla devam ediliyorsa "Denedim" denebilir. Ya da, kendi adımlarının doğruluğundan emindir ve ona uygun devam etmiştir, o zaman "Denedim." diyebilir. Bilinçli ve doğru adımlar atılamadan "Denedim olmadı." demek, yanlış limana demir atmak demektir ve gerçeği yansıtmaz.

Bir de denedikten sonra, sabırsız ve aceleci yapıda olanlar hemen sonuç almak isterler. Oysa, rahatsızlık ne kadar ilerlemişse, geri dönüşte haliyle, gidişe paralel zaman alacaktır. Fakat bunun kesin bir ölçüsü de yoktur. Herkeste bu süreç farklı işler. Kimilerinde tedaviye olan güven ve oluşan inanç ile, mucizevi şekilde iyileşmeler görülebilir. Bunun için, tedaviye başladıktan sonra, sebatla devam etmek sonuç almak için şarttır. İyi bir uygulama, Allah'ın izni ile sonuç aldırır. Sadece sonuç tam da bizim istediğimiz gibi olmayabilir. Çünkü çalışmak kuldan, sonuç yani takdir Allah'tandır.

"Denedim sonuç alamadım." demek, bazen sığındığı ve ilgi gördüğü kalenin kaybolmasını istememekten ileri gelebilir. O acıdan sıkıntıdan besleniyordur. O iyi olsa ne konuşacak, kime ne şikâyette bulunacak, nasıl ilgi çekecek bunlar belirsizdir. Üstelik çocukların anne babalarından ilgi ve dokunma göremediklerinde haylazlık yapıp öyle ilgi çektikleri hatta kendilerini dövdürecek şeyler yapıp dokunmalarını sağladığı gibi, ilgi açlığı olanlar da durumlarını oldukça dramatikleştirip çevrelerinden ilgi gördükçe var olduklarını hissederler. Bu ilginin kesilmesi demek, nefes alamamak anlamına gelebilir. O yüzden, "Ben iyileşmem, her şeyi denedim sonuç alamadım, bana inanmıyorsunuz, ben iyileşmeyi istemiyor muyum sanıyorsunuz, bu sıkıntı isteyerek çekilir mi?" diyerek, kendinizden şüpheye düşürürler. Bu tip durumlarda, üstüne gitmeden, hak vererek, "Farklı yöntemlerin denemesinde fayda vardır." diyerek yeni seçenekler sunulabilir. Ayrıca, bu birazda bizim sadece hasta olunca sevdiklerimize ilgi göstermemizin bir faturası değil midir? Her insan, sevilmeyi, aranıp sorulmayı ve değer görmeyi ister. Birileri yapmasa bile, herkes bunu kendisine görev edinmeli, hiç sıkıntı olmadan da ilgi göstermeliyiz. Bu aslında bir insanlık borcudur.

## "Beni değiştiremezsin." diyenlere...

Zaten kimse kimseyi değiştiremez. Bu sözde iki önemli husus var: Birincisi seni değiştireceğim, değişmen gerekiyor gibi zorlamalarla bu noktaya getirmiş olabilir. İkincisi ise, insanın değişme ve gelişme zaruretinden haberdar olmadığı için, kendisine değişme kapısını kapatarak en büyük zararı verdiğinin farkında olmadığı için böyle söylüyordur. Bunu söylerken de, kendi şahsiyetini koruduğu, aslanlar gibi kendisini savunduğu ve engellere karşı direndiği inancı ile bunu yapar. Alıştığı tarzın rahatlattığı atmosferi terk etmez. Konforuna hizmet eden her şeye bırakmamacasına sarılır. Değişim zordur, sancılıdır, emek ister, ideal ister, sabır ve gayret ister. Değişmem demek ise kolaydır ve kolaya kaçanların sığındığı kaledir. Oysa kendisini değişime sevk eden her şeye dualarla, teşekkürlerle sarılmak, ben de eksik ya da yanlış gördüğünüz bir şey varsa lütfen söyleyin denmesi, insan olma ve insan kalabilme derdi olanların tercihidir. Değişim Allah'ın bir rahmeti bereketidir. Değişemem demek "Ben öğrenmeye kapalıyım" demektir ki, bir musibettir, karanlığa kendisini mahkûm etmek demektir.

Değişim, yanlışını görüp doğrusu ile değiştirme, çocuğuna, eşine, kendisine ve kendisinin dışındaki her şeye karşı rol ve sorumluluklarını önemseyen ve Allah'a daha iyi ve doğru yaşamış olarak varma derdi olanların seçimidir. Her olay bir öğretmendir ve kişilerin nerede nasıl davranacakları konusunda tecrübe kazanmasına yardımcı olur. Biz öğrenerek yol alırız ve daha iyi oluruz. On beş sene önceki düşünceler bugüne yetmez, değişen ve gelişen durumlar için mutlaka o yeni duruma uygun bir bakış açısı ile yeni yaklaşım biçimleri gerekmektedir. Bunu yapmayanlar, anlayamadıkları durumlarda beni anlamıyorsun diyerek işin içinden sıyrılmaya çalışırlar. Oysa anlamayan daha doğrusu perspektifi dar olup anlamaya yanaşmayanlar, aslında onlardır.

Değişim, kendimizi koruyacağımız bir değer kaybetme operasyonu değil, değer kazanacağımız bir yaşama ve hayatı algılama biçimidir. Her okuma, her düşünme, her tecrübe, her yeni durum, bizim algılarımızı ve düşünme mekanizmamızı harekete geçirmeli. Bize yeni şeyler öğretmeli. Her karşılaştığımız insandaki iyi vasıflar, onları modelleme ve daha iyi insan olma isteği oluşturmalı bizde. Değişemem demek, hatada, yanlışta, günahta ısrar anlamına gelebilir. Çünkü dinimizde, bir yanlış-günah- kötülük yaptığımızda, arkasından hemen bir iyilik yaparak onu temizlemeye çalışmamız emrediliyor. Yani, her anımız daha iyi bir hale inkılab etsin diye yana yakıla dua etmemiz ve son anımıza kadar daha iyi olma fırsatını bize sunması için Rabbimize niyazda olmamız gerekiyor. İlâveten, ben değişemem, beni değiştiremezsin demekten de Allah'a sığınmalıyız.

## Dışarıda melek, içeride zehir zemberek ilişkiler

Bazen sizde duyarsınız, dışarıda başka içeride başka davrananları. Hanımefendi sorar, "Dışarıdakiler insan da biz değil miyiz? Dışarıdakiler değerli de biz değersiz miyiz? Dışarıdakiler güler yüzünü hak ediyor da biz hak etmiyor muyuz? Evde niye böylesin? Dışarıda hiç tanımadığın insanlara bile çok çok iyi davranıyorsun. O iyilik eve gelince ne oluyor?" Bu sorular uzar gider. Karşısındakinin cevabı bazen suskunluk, bazen ben buyum işine gelirse vb gibidir. Bir hanımefendi eşini kastederek, "Dışarıdaki eşime âşığım. Keşke eşi değil de onun arkadaşı olsaydım. Eve gelince yüzü asla gülmez esip yağar ve herkese âdeta buz yutturur" diyor. Bu tip davranış farklılıkları, dışarıdaki onaylanmayı hayatın merkezine koymuş, onlar olmazsa kendisi de var olmayacakmış gibi algılayanlarda görülür. Arkadaşı para istese ve elinde yoksa ne yapıp eder o parayı bulur ve ihtiyacını giderir. Oysa evde çok acil ihtiyaçlar vardır fakat hiç ilgilenmezler. Kendilerinde bulunan değersizlik duygularını, dışarıdaki insanların memnuniyetiyle gidermeye çalışırlar. Dışarıdan birisi kendisine küsse, o da neredeyse hayattan kopar. Kendilerini dışarıdaki insanların takdiri ve onayı ile var hissederler. Bu kadar acil ve önemli bir ihtiyaçtır onlar için. Evde değer görmeden büyümüş, kendisini sevmesi öğretilmemiş, sürekli eleştirilerek yetersizlik ve onun devamında da değersizlik duyguları ile dolu olarak büyümüş olmanın bir faturasıdır bu ne yazık ki.

Aldığımız derslerden birisinde hocamız, **"İslâm, dışarıda yumuşak içeride katı olmayı anlamaz. Bu münafıklıktır der"** demişti. Bu yüzden, insanın kalitesi, evde ailesine nasıl davrandığı ile ortaya çıkar. O zaman, ailemiz bizim en değerli ve Allah'ın amelimizi daha hassas tarttığı bir alandır. Asıl güzellik evin içinde açığa çıkmalı ki, ailedeki bireylerden hiç birisi, sevgi, şefkat ve paylaşım açlığı çekmesin. Çünkü pek çok yanlış, aile ortamındaki sevgisizlik ve kabalıktan kaynaklanır ve insanı ailenin dışına savurur. Temsilde hata olmasın, "Aç köpek fırın devirir" der büyüklerimiz. Her bireyin her konudaki beslenme kaynağı, helâl dairesi ve meşru sınırlar içinde ailede karşılanmalıdır. Bunun sorumluları da anne ve babadır.

## DÜNYANIN EN TATLI VE EN TATSIZ ŞEYİ...

Bir zamanlar, yaşlı bir kabile şefi kendisinden sonra kabilenin başına geçecek genç şef adayının ne kadar bilge olduğunu anlamak istedi. Ondan kendisine iki yemek hazırlamasını istedi. Birinci yemek, dünyanın en güzel lezzetli, ikinci yemek de en kötü ve tatsız yemeği olmalıydı.

Belirlenen günde, genç şef adayı yaşlı şefin önünde çok iyi pişirilmiş harika derecede lezzetli bir inek dili koydu. Çeşitli sebzelerle süslenmiş bu yemek, gerçekten çok lezzetliydi. Ertesi gün, genç adam yaşlı şefin önüne dünyanın en kötü ve lezzetsiz yemeğini getirecekti. Ama genç, yaşlı şefin önüne bir önceki günle tıpa tıpa aynı yemeği koydu: bir dil!

Bunun nedenini soran yaşlı şef, alacağı cevapla yerine geçecek adamın kendisinden daha bilge olduğunu anladı: "Dünyanın en lezzetli şeyi dildir. Çünkü hakikati dile getirdiğinde insanların iyiliği bulmasına yardım eder. Doğru sözleriyle başka insanları doğru yola yöneltir ve onları cesaretlendirir. Diller sevgi ve ahenk kelimeleri ile bütün köyümüzü bir arada tutar." "Dil, dünyanın en tatlı şeyi olduğu gibi en kötü şeyi de olabilir. Öfke ve yalan söyleyen diller insanları kırar, onları yanlışa yöneltir. Dilin söylediği yalanlarla bir toplum parça parça olur. Bütün silâhlardan daha korkunç bir şekilde köyümüzü felâkete sürükleyebilir."

## Bekarlığında öfke biriktiren, evlendiğinde öfke dağıtır

Çocukluk ve gençlik ihtiyaçları görmezden gelinmiş ve her bireyin özgün ve özel olduğundan yola çıkarak değil de, her çocuğu kendi anlayışına göre şekillendiren anne babalar, farkında olmadan çocuklarının minicik yüreklerinde öfke biriktirmelerine sebep olurlar. Atmaları gereken enerjiyi atamayan, ihtiyaçları olan sevgi, saygı ve ilgiyi göremeyen çocuklar büyüdüklerinde, içlerindeki anlayış, merhamet ve sevme yeteneği ciddi anlamda zarar görmüş olarak büyürler. Bu öfke, ortaya çıkmak için hazır beklemektedir ve bahaneleri ise her an hazırdır. Muhatapları ise en yakınlarıdır. Dışarıya karşı olabildiğince sabırlı, hoş görülü ve anlayışlı olan bu bireyler, eve girince adeta kimlik değiştirip bambaşka bir insana dönüşüverirler. Eğer anlayışlı, sevecen, yetiştiği ortamı öğrenerek ona göre davranan bir eşe düşerlerse, giderek insanlara yansıttığı öfkenin kendi çocukluğunun acı izlerinden olduğunu fark eder ve giderek bir düzelme sürecini başlatabilirler. Bu arada şunu da söylemeliyim ki, her durum, akıllı bir muhatap ile çok daha kolaylaşır ve düzelebileceği bir sürece girebilir. İnsan, iyileşme ve düzelme potansiyelini her an kendinde bulundurur. Yeter ki bu süreci başlatacak ve devamında yanında olacak akıllı ve bilinçli bir muhatabı olsun.

### Her durum, bize yeni bir soru sordurmalı.

Çünkü her durumun bize yüklediği sorumlulukta ve o sorumluluğun yaptırdığı da farklı olacaktır. Her yaptığının, el attığı şeyi olumlu ya da olumsuz etkilediğini bilenler, bunun iz bırakacağını ve bunun içinde iyi şeyler yapmanın dünyaya yapacağı katkı açısından çok önemli olduğunu bilirler. Bu da kendilerini daha titiz ve daha seçici yapar. Böyle insanların arayışları, eşyanın da insanın da kimyasına zarar vermeden yaşamak ve her karşılaştıklarına bir tebessüm bile olsa bir iyilik yapmaya ayarlıdır. Böyle olunca arayış ta, bulunanlarda, imbikten süzülmüş gibi harika ve faydalı bir şekilde bizim kazancımız olacaktır inşallah.

## AYDINLIK...

Bir bilge, çölde öğrencileriyle otururken demiş ki:
"Geceyle gündüzü nasıl ayırt edersiniz? Tam olarak
ne zaman karanlık başlar, ne zaman ortalık aydınlanır?"

Öğrencilerden bir tanesi, "Uzaktaki sürüye baka-
rım, koyunu keçiden ayıramadığım zaman akşam ol-
muş demektir."

Başka bir öğrenci söz almış. "İncir ağacını, zeytin ağa-
cından ayırdığım zaman, anlarım ki sabah başlamıştır."

Bilge uzun süre susmuş. Öğrenciler meraklanmış-
lar ve ne düşündüğünü sormuşlar. Bilge şöyle demiş:

"Yürürken karşıma bir kadın çıktığında, güzel mi, çir-
kin mi, siyah mı, beyaz mı diye ayırmadan, ona kız kar-
deşim diyebildiğimde ve yine yürürken, önüme çıkan
erkeği, zengin mi, yoksul mu diye bakmadan, milletine,
ırkına, dinine aldırmadan, erkek kardeşim sayabildiğim-
de, anlarım ki; sabah olmuştur. AYDINLIK başlamıştır."

## Hayatı doğru yaşama sevdası taşıyanlara

Asıl önemli olan, Allah'a hesap vereceğimiz bilinci ile eşimizi
canımız gibi görerek, karşısında değil yanında durarak, huzurlu
bir aile hayatı için önce kendimizi onarmaktan ve donanımlı hale
gelmekten başlayan çalışmalarla eşimizi kuşatmaktır. İyi niyetin
karşımızdakinde sağladığı itminan ve güveni sağlayacak başka
bir unsur yoktur. O halde, önce kişinin niyetinin çözüm aramak
olması ve kendisine düşeni bulmak için samimi bir gayret göster-

mesi lâzımdır. Çözüm dediğimizde bu ilk adımdır. Bu olmadan olmaz. Bir insanın mutluluğu için bir genel, yani herkesin ihtiyaç hissettiği şeyler, ikinci olarak ta hususi ihtiyaçları bilinmeli ve ona göre davranılmalıdır.

**Her insan, mutlu olabilmek için birbirinin katkısına ihtiyaç hisseder.**

Birbirimizin mutluluğu için bir şeyler yapabilmek, hepimiz için insanlık borcudur. Bir güler yüz, iki çift tatlı söz, bir insanın hayatını çıkmazdan kurtarabilir ve hayata tutunacağı dal anlamına gelebilir. Bir kötü söz de insanı hayattan koparabilir. İyi davranmayı, insan gönlü kazanmayı, yakınlarımın ve sıkıntılı olduğu bana ulaşanların sıkıntıları gidermek için içten bir çaba sarf etmeyi ben hak ediyorum demek, bir insanın kendisi için yapabileceği en iyi şeylerdendir. İnsanlık âlemi bir kardeşlik âlemidir. Bütün kâinatı sevgiyle yaratan, muhabbet ve şefkatle kuşatan Rabbimizin güzelliklerini hatırlayıp, bu harika dünyaya bizi gönderme tercihini başımızın üzerinde kabul edip, bu dünyadan ayrılıncaya kadar kime ne kadar iyilik yaparsam bu bana lâzımdır diyebilmek, nitelikli insan tavrıdır. İnsan her düşünce ve eylemiyle kendine bir şeyler katar. Bu ya iyidir ya kötü. Kötü olanlar bizi iyilerden ve Haktan uzaklaştırır, iyi olanlar ise önce kendimizi olmak üzere, ulaşan herkesi onarır, inşa eder ve iyileştirir.

Emanet olan canı, bedeni, aklı, zamanı ve enerjiyi, başta kendim için iyi gelecek olanlarla değerlendirmek, bitmez tükenmez hayat için tatlı bir azıktır. Dualarımız ve çabamız, dünyanın daha iyi olması için insanın iyi olması, insanın iyi olması içinde önce benim dosdoğru olmam gerekir anlayışıyla Rabbimize emanetimizdir.

Biz en iyi seviye ve mertebe için çabalarız. Rabbimizin en ufak bir nimetinin bile şükrünü eda etmekten uzak olduğumuz bilinciyle, verileceklerin Rabbimizin sonsuz rahmet ve kereminin yansıması olduğunun farkında olarak, ümidimizi hep canlı tutarak fakat mahcubiyetle başımız öne eğik vaziyette, en iyisine talip olduğumuzu hem dil hem gönül olarak Rabbimize sunarız. O lütfuyla neyi nasip ederse, bizim için lütuftur berekettir. Onun için bir yazarın yürek sözüyle diyelim ki, "**Sen güneşi hedefle, ıskalasan bile, yıldızlar arasında kaybolursun.**"

Bu güzel sözden sonra, önce insanın hayatta ve güçlü olması gerektiğine vurgu yapan başka güzel bir söz ile devam edelim. "**Afrika'da her sabah bir ceylan uyanır. En hızlı koşan aslandan daha hızlı koşması gerektiğini yoksa öleceğini bilir. Afrika'da her sabah bir aslan uyanır. En yavaş koşan ceylandan daha hızlı koşması gerektiğini yoksa aç kalacağını bilir. Aslan ya da ceylan olmanızın bir önemi yok. Yeter ki sabah olduğunda koşmanız gerektiğini bilin.**"

Mü'min kişi kendi gücünü düşündüğü kadar karşısındaki insanların da gücünü düşünmeli ve birlikte güçlü olmaya, birbirimizi Rabbimizin emrettiği gibi kardeş görmeye ayarlı bir bakışı açısı taşımayı Allah'tan dilemeli. Bu, insana lütfedilen bir ikramdır, ödüldür.

"**Kuvvetli mü'min Allah katında zayıf mü'minden daha hayırlı (daha üstün) ve daha sevimlidir. (Bununla beraber) her ikisinde de hayr vardır. Sana yararlı olan şeyi elde etmeye çalış, Allah'dan yardım dile ve aslâ acz gösterme. Başına bir şey gelirse, 'şöyle yapsaydım, böyle olurdu' diye hayıflanıp durma. Allah'ın takdiri bu; O, ne dilerse yapar de. Zira 'eğer' kelimesi, şeytanı memnun edecek işlerin kapısını açar.**" (Müslim, Kader, 34)

"**Allah'ım sorularımızı ve dualarımızı, yönümüzü ve adımlarımızı doğrult. Gerekeni yapma konusunda bizi iradeli, azimli, kararlı ve sabırlı kıl.**" diye kesintisiz dua edelim. Çünkü neyi istediğimiz ve ne için yürek dolusu heyecan taşıdığımız, bizim yolumuzu ve yol yürüme biçimimizi belirlediği için Rabbimizin sevdiği bir durumda bulunabilmek, tartışmasız tercihimiz olmalı. Taşıdığımız iyi vasıfların kapasitesini artırabilmemiz ve en iyi düzeyde kullanarak kalıcı vasfımız haline getirebilmemiz için Rabbimize kesintisiz niyazda olmalıyız.

Bu bölümün son satırları olarak diyelim ki;

*Sen güçlü bir dağ gibi ol ki,*
*Rüzgâr tozunu alsın,*
*Yağmur seni yıkasın,*
*Kar seni beslesin,*
*Fırtınalar ise sadece çarpıp geçsin.*

# İkinci Bölüm

# EŞLER ARASI İLETİŞİM SORUNLARINDA TERAPİ

# Nezaketsiz Evlilikler

*Nezaket hiçten gelir fakat her şeyi satın alır.*

Victor Pauchet

**12 yıllık evliyiz, 3 çocuğumuz var. Eşim baştan beri beni dinlemez ve ne dersem diyeyim ciddiye almaz. Beni hep aşağılar, küçümser. Beni dışarıya göndermez, ailemin yanına bile çok rahat gidip gelemem. Çocukların yanında bile bana bağırıp çağırır. Bu yüzden çocuklarım da bana babaları gibi davranıyor, saygı duymuyor. Çok bunaldım, ne yapmalıyım?**

## Görüşmede öğrendiklerim

Evlenirken birbirlerini iyice tanımadan, ne istediklerini, nasıl bir aile olmak istediklerini konuşmadan evlendiklerini öğrendim. Evliliğin ilk zamanlarında daha iyi olduklarını ve zamanla bu hale geldiklerini, şimdi ise birlikte yaşamanın çekilmez bir hale geldiğini anlattı hanımefendi. Eşi beyefendi "Hata sende kendini düzelt." diye eşini yalnız göndermiş. İkisi de ilkokulu bitirmişler. Beyefendinin babası da iletişimi bağıra çağıra yapan birisiymiş. İkisinde de evde kitap okuma, kendilerini geliştirme, oturup konuşarak sohbet etme, birbirlerine güzel sözlerle hitap etme yok. Takdir yok, teşekkür yok. Aile içindeki sıkıntıları konuşarak çözüm aramak yok. Beyefendi bağırdıkça, hanımefendi daha kötüye gitmesin diye hep susmuş ve böylece idare ettiğini düşünmüş. Beyefendi yemeğin vaktinde hazır olması konusunda titiz imiş fakat hanımefendi içinden gelmediği için buna uymamış. "Eşim eve gelince ilk iş olarak TV başına oturur ve çocukları susturmamı ister" diyor. Hanımefendinin arkadaşlarına ve ailesine yeteri kadar ziyaret izni yok. Evde üç çocuk var ve onların yanında da eşini rencide edecek şekilde davranıyor. Aileler sadece seyirci. İki tarafın ailesinde de duruma el atıp doğru bir rehberlikle kuşatıcı bir yaklaşım yok. Sonuç olarak hanımefendi, "Gidecek yerim olsa boşanırım fakat çocuklar var. Şimdilik mecburen boşanma gibi bir tercihim olamaz." diyor.

## Görüşmenin devamında konuştuklarımız

– Şu anda boşanmayı düşünmediğinizi söylediniz.

– Evet. Aslında mümkün olsa hemen boşanırım, ama boşanacak durumda değilim. Gidecek yerim yok. Ailem beni sahiplenmez. Tahsilim yok, çalışıp para kazanmam çok zor, çocukları kime bırakayım? Eşim çocukları bana vermezse çocuklar olmadan yapamam. Dolayısı ile boşanmak çok kolay değil.

– Peki, boşanmayıp böyle sıkıntılı devam etmek mi yoksa boşanmayıp daha mutlu yaşamak mı desem hangisini seçersiniz?

– Tabii ki daha mutlu yaşamayı seçerdim.

– Güzel, isterseniz durumu biraz kritik edelim. Meselâ, dışarı göndermez dediniz, bu evliliğin başından beri böyle mi, yoksa aranızda çıkan tartışmalardan sonra tepki olarak ortaya çıkmış bir durum mu?

– Aslında 3-4 yıl daha iyiydik. Ben dışarı çıkabiliyordum, karışmazdı. Çocuklar olunca ben eskisi gibi rahat çıkamaz oldum ve haliyle meşguliyetim artınca dediklerini da yapamaz oldum. Eşim de işini bitir öyle çık dedi ve kızarak tepki verdi. Ben de ona karşılık verdim.

– Siz onun sinirli zamanında kendinizi savunmak ve ters tepki vermek yerine, durumunuzu anlatan ve yumuşak bir dil kullandığınız bir konuşma yapıp yardım rica etseydiniz, eşiniz bundan nasıl etkilenirdi?

– Şüphesiz daha iyi olurdu, eşimin öfkesini tetiklememiş olurdum. Fakat ben öyle konuşmayı pek beceremem. Dümdüz konuşurum. Konuştuğum zamanda, o beni suçlamışsa ben de onu suçlarım. O zaman da öfke tavan yapıyor. Üstelik çocukların yanında konuşuruz ne yazık ki.

– Sakin ve yumuşak bir yaklaşım, çoğu zaman sakinleştirici ve düşündürücü bir etki yapar. İlâveten konuşulacaklar, çocuklar yokken de daha düzgün cümlelerle yapılmalı. Peki siz, şimdikinden daha iyi bir durumda olabilmek için adım atmaya değer görüyor musunuz?

– Olabilir.

– Siz evde oturarak buraya gelmeyi sadece düşünseydiniz, dışarıya çıkıp adım atmadan evde otursaydınız, şimdi bu konuşmayı yapıyor olur muyduk?

– Hayır.

– Demek ki, bir şey olsun istiyorsak önce adım atmamız gerekiyor, ne dersiniz?

– Evet haklısınız.

– Beyefendi ile de görüşerek, hem sizin ve yaşadıklarınız hakkınızdaki görüşlerini hem de kendisine düşenleri fark etmesi için birlikte görüşmemiz iyi olur. Kendisini davet edeceğim. İnşallah gelirse, hem ne düşündüğünü hem de nelerin yapılmasına ihtiyaç hissettiğini kendisinden dinlemiş oluruz.

Genellikle mutsuz ve huzursuz olanlar, "Böyle huzursuz yaşayacağıma boşanayım daha iyi" diye düşünürler çoğunlukla. Bu yanlış bir mantık yürütmektir. Bunun daha doğrusu, "Böyle huzursuz yaşayacağıma daha iyi olmak için ne gerekirse onu yapayım ve daha mutlu olalım" diyebilmektir.

– Aslında ben de böyle düşünenlerdenim.

– Ne güzel. Peki bu düşünce size şu ana kadar bir şeyler yaptırdı mı?

– Hayır, ne yapacağımı, nereden başlayacağımı bilemiyorum. Ben şimdi nereden başlamalıyım? Sizce başarılı olabilir miyim?

– "Nereden başlamalıyım?" sorusu doğru bir soru, tebrik ederim. Başarıp başaramayacağınıza gelince, başarıdan kastımız her şeyi yüzde yüz değiştirmekse, bu hiç kimse ve hiç bir durum için bu mümkün değildir. Biz elimizden geleni yaparız, ne kadar iyileşme görülür, bu muhatabımıza sizin doğru tutumu ne kadar sürdürdüğünüze göre değişir, bunu da zamanla görürüz. Fakat şunu emin olarak söyleyebilirim ki, doğru yönde atılmış doğru adımlar, önce kendi içinizde bir denge ve tutarlılık oluşturur. Vicdanınız daha rahat eder. Allah'ın yardımı sizinle olur. Kendinize düşeni yaptıkça, şimdikinden daha iyi bir durumda olacağınız kesindir. Hedefimiz karşımızdakini değiştirmek değil, kendimize düşeni yaparak sistemi daha iyiye götürme çabası olmalıdır. Değişim, durumun etkisiyle kişinin kendi içinden gelmeli. Gerçek başarı, doğru olan yolu yordamı tespit edip, onu terk etmeden devam edebilmektir. Allah Fussilet Suresi 34'te "(Madem ki) İyilik ile kötülük bir değil, sen (kötülüğü) daha güzel olan ile sav; bak, o zaman seninle arasında düşmanlık olan kimse, (eski bir) dostun, gerçek bir arkadaşınmış gibi davranır!" buyuruyor. Bize düşeni yaptığımızda sonucu hak edeceğini vaat ediyor. Bu elbette ki zorlu bir süreç olacak. Bunca yıldan sonra yeni bir tarz başlatacaksınız. Acaba eşiniz sizdeki bu değişimi nasıl karşılar bir tahmininiz var mı?

– Kesin alay edecek, anlamayacak, karşı çıkacaktır.

– Bu sizin tahmininiz değil mi?

– Evet.

**Haklı ve mantıklı temeller üzerinde bile olsa, zanlarımızı hayır ve olumluluk üzerine kuralım ki onlar da bizi olumlu etkilesinler.**

– Daha önce böyle bir tavrı sergilemediğiniz için sonucu bilme şansımız yok. Bu tahmininiz doğru da çıkabilir, tam tersi de olabilir. Fakat olumlu düşünerek başlamak, karşınızdakine de yansıyacak pozitif bir atmosfer oluşturur, iyiye gidişe ciddi katkısı olur. İşte asıl mesele, siz doğru bir şeye karar verdikten sonra ondan asla vazgeçmemenizdir. Asıl başarı budur. Sonucu Allah halk eder ve biz zamanını da bilemeyiz. Çok güzel bir özlü sözde, "Taşı delen suyun gücü değil damlaların sürekliliğidir." deniyor. Doğru çaba sürdürüldükçe Allah'ın izni ile süreç mutlaka daha iyiye gider. Meselâ size en kolay gelebilecek şeyden başlayalım. Bir hadisi şerifte, **"Kim bildiği ile amel ederse, Allah ona bilmediklerini de öğretir"** buyuruyor.

– Evet, haklısınız.

– Peki, siz bundan sonra, eşinizin sizden istediği ama sizin yapamadığınız şeyleri yapmaya başlasanız, bu ilişkinizi nasıl etkiler?

– Bilmiyorum ama daha iyi olur herhalde.

– Peki sizden başlasak ve süreci hem tamir etmeye hem de daha ileriye taşımaya yönelik yeni kararlar alsak ne dersiniz?

– Aklıma şu geliyor, sadece ben mi bir şeyleri başlatmalıyım? Ben tamir etmeye çalıştıkça ya eşim aynı şekilde davranmaya devam ederse?

– Öncelikle bir erkek, eşinin kendisine güvendiğini, sevdiğini ve yürekten bağlı olduğunu hissetmek ister. Bu aynı şekilde hanımefendi için de böyledir. Eğer bu sağlanmamışsa, minik minik aksaklıklar, gözüne çok büyükmüş gibi gelir tartışmaya dönüşür. İki taraftan birisi sakin, bilgece ve yerinde, zamanında ve dozunda konuşarak ilişkiyi ve duyguları güzel yönetirse, değil eşi, evdeki eşyalar bile bu güzel yaklaşımdan payını alır. Her söze cevap üretmek, aradaki saygıyı zedeler. Geçmişi sürekli gündeme getirmek ve karşısındakine özür dilediği halde bunları sürekli hatırlatmak, onun da sizin eksikliklerinizi bulup çıkarmasına sebep olur. Böylece söz düellosu başlar ve göz gözü görmez.

– Biz böyleyiz işte.

– Çok yıpratıcı bir süreç değil mi?

– Hem de nasıl?

– İşte eşlerden birisinin bu yıpranma sürecine dur demesi lâzım. "İlk önce uyanan uyandırmalı" der bir atasözümüz. Beyefendi geldiğinde de onun da kendisine düşenleri yapmasını rica edeceğim.

– Peki, nereden başlayayım?

– En kolay neleri yapabilirseniz ondan başlayalım. Neyi en kolay olarak yapabilirsiniz?

– Eşim, evi derli tut, güler yüzlü ol, çocuklara bağırmadan konuş der. Belki evi çok düzenli tutamayabilirim ama diğer ikisini yaparım.

– Güzel. O halde oradan başlayalım. Bu sıkıntıların giderilebilmesi için size ne düştüğünü anlamak üzere soru örnekleri vereceğim. Bu soruları, aklınıza başka şeyler getirmeden kendinize sorun. Meselâ, "Niye bunları hep ben yapıyorum, niye o da yapmıyor?" gibi soruları kastediyorum. Biz şu anda size düşeni yaparak, eşinizin açtığımız yeni sayfayı fark etmesini sağlayacak, daha sonra da nasıl davranmanın iyi olduğu konusunda örneklik yapacağız. İnsan öğrenen bir yapıya sahiptir ve iyi davranarak bu öğrenmeler artırılabilir. Allah kişiyi tek yarattı ve tek hesaba çekecek. "Ben hesabımı kolaylaştıracak olanı tercih etmeliyim" demeliyiz. Ayrıca, iyi olanı birisi başlatınca, çoğunlukla diğeri de zamanla ona ayak uydurmayı seçer. Bu da Allah'ın mükâfatını kazanmak anlamına gelir. İlâveten, doğru davranmanın faydası ilk önce şahsın kendisinedir. Daha güvenli ve dik durmasına yardımcı olur. Doğru davranışı aramak bile insanı güçlü kılar. Biz, bizi onaracak şeyi yapmış oluruz doğru davranmakla. Bu yüzden ilk olarak kendimizden başlıyoruz. Bu açıklamalar size mantıklı geldi mi?

– Evet geldi. Fakat henüz zihin olarak alışma aşamasındayım.

– Haklısınız, zihnin intibakı için de fırsat tanımamız lâzım. Zihnin desteklemesi için ilk önce inanmalıyız, sonra sırasıyla hayata geçirmeliyiz. Doğru tavır sürdürüldüğünde giderek faydasını görmeye başlarız inşallah. Bir hanımefendinin evinde uyguladığında huzurunun artmasına vesile olacak bazı davranış ve yaklaşım biçimlerinden örnekler vermeye çalışacağım.

– Bir hanımefendi eşi eve geldiğinde, güler yüzlü ve tatlı sözlerle karşılamalı.

– Eşi, yemeklerin zamanında hazırlanması konusunda titiz ise ciddiye almalı ve vaktinde özenli sofralar kurmalı.

– Evi derli toplu ve temiz tutmaya çalışmalı.

– Eleştirileri eşinin kişiliğine değil davranışlarına yönelik yapmalı ve ben dili kullanmalı.

– Suçlayıcı ve sürekli şikâyet edici iletişim tarzını değiştirmeli, olumlu, yapıcı ve takdir cümleleri kullanarak konuşmalı.

– Çocuklarının yanındayken eşinin arkasından konuşmamalı bilâkis babalarının iyi yönlerini anlatarak baba oğul, baba kız ilişkisini güçlendirmeye çalışmalı.

– Kitap, dergi, radyo-TV ve konferanslara gidip gelmeli, notlar alarak uygulamaya çalışmalı.

– Geçmişte yaşanan olumsuzlukları gündeme getirip gündem konusu yapmamalı, ders alıp o dosyayı kapatmalı.

– İki tarafta mutlaka birbirlerinin iyi yönlerini bilhassa çocukların yanında gündeme getirerek anne babaları ile ilgili olumlu bir imaj oluşturmaya çalışmalı.

– Eşler birbirlerine mutlaka saygılı davranmalı.

– Yatak odası hayatı bir ailede en önemli hususlardan birisidir. Gündüz yaşananlar akşamki yakınlığı engellememeli ve eşler birbirlerinin gönüllerini alarak özür dileyip helâllik almalı ve öyle yatağa girmeliler. Cinsel birliktelik şantaj ve intikam malzemesi yapılmamalı.

## Bu durumda olanların sorabilecekleri sorular

• Eşimin bende görerek saygı duyup hayran kalacağı bir tane de olsa ne gibi özelliğim var?

• Eşimin bana saygısını azaltan şeyler neler olabilir, onlardan nasıl kurtulabilirim?

• Rollerimi bana söz getirmeyecek derecede iyi yapabilmek için neye ihtiyacım var?

• Şu ana kadar kendimi geliştirmek için bir şey yapmadım, bundan sonra ne yapabilirim?

• Şikâyet etmenin çözüme götürmediğini öğrendim. Rahatsız eden durumları eşimle polemiğe girmeden nasıl ifade edebilirim?

- Kendime bakmayı, bakımlı olmayı unutmuştum. Kendime dikkat etsem eşimin bana saygı duymasına katkısı olabilir mi?
- Eşimin evde mutlu olabilmesi için ne yapabilirim?
- Nasıl davranırsam doğru davranmış olurum?
- Eşim evde kendisini değer verilen bir birey gibi hissediyor mu?
- Eş ve ev hanımı olarak eşimin beklentilerine cevap verebiliyor muyum?
- Acaba ben eşimin karşısında saygınlığımı oluşturamadığım için eşim böyle davranıyor olabilir mi?
- Ben kendimi nasıl daha iyi hale getirebilirim?
- Kendimi nasıl geliştirebilirim?

**Bilelim ki içten çaba ve dua bir araya gelince, Allah'ın izni ile daha istikrarlı ve güçlü adımlar atılabilir.**

## Bu durumda yapılabilecek dualar

Allah'ım, herkes gibi ben de önce kendimden sorumluyum. Yapmam gerekenleri hakkıyla yapabilmemi, nasip eyle. Bunun için ihtiyacım olan şeyleri görmemi, öğrenmemi ve hayatıma geçirmemi nasip et Allah'ım. Kendimi hem bilgi hem beceri açısından geliştirebilmem için, beni örnek insanlarla karşılaştır ve onların bana uygun olan yönlerini modellememi nasip et.

Allah'ım, bana, eşime ve çocuklarıma iyi gelecek şeyleri önemsememi ve ciddiyetle yapmamı nasip et. İsteksizliğimi kaldır, bana yaşama coşkusu aşıla. Gönül kırgınlıklarımdan kurtar. Halimi daha iyiye götürecek şeyleri bana fark ettir ki yapabileyim. Başladığım şeyleri bitirme becerisi ve sabrı nasip eyle.

Allah'ım, eşimi daha mutlu edebilmek için yapmam gerekenleri yapmamı ve onu mutlu etmemi sen nasip et ve bana bunu kolay kıl. İhtiyaçlarını öne almamı, ona karşı duyduğum sevgiyi ve verdiğim değeri hayatın içinde yansıtmamı bana nasip et. Bana bağlı sorun olan şeyler neler ise, onları fark edip sorun olmaktan çıkaracak anlayış, kavrayış ve yaklaşımı bana lütfet ki insanlar benden zarar görmesinler. Beni dayanıklı, sabırlı ve anlayışlı eyle. Anlayışlı ve anlaşılır olabilmek için çabalarımı sen makbul say ve başarı lütfet Allah'ım.

## Bu durumda olan çiftlerin anne babalarına mesajlar

Kızlarınız ya da oğullarınız evlendiklerinde, onları sıkmadan gözlemleyin. Arada misafir olup hallerini hatırlarını sorun. Tatlı dille birbirlerini memnun etmeleri için tavsiyelerde bulunun. Bilhassa kendi çocuğunuza daha sıkı tembihte bulunarak eşinin kul hakkını almaması için sevgi, saygı ve içten bir ilgi ile yaklaşmasını söyleyin. Anne baba tavsiyesi her zaman gençlerin kulağına küpe olur. Çocukların saygı duymaları için anne baba olmak yetmez. Bunun için önceden aranızda sevgi dolu ve değer katan yaklaşımlarla gönülden gönüle bağ kurmanız gerekir.

Diyelim ki çocuğunuz size eşini şikâyet etti, sözlerini kesmeden sonuna kadar dinleyin. Bazen sadece dinlemek bile kişinin yanlışını ya da eksiğini bulmasına vesile olabilir. Suçlamadan, "Ben sana demiştim" demeden, "Yavrucuğum, bir de şöyle düşünmeyi, şunu şunu yapmayı denesen nasıl olur? diye sakince yönlendirmelerde bulunun. Eşine karşı daha sabırlı ve anlayışlı olursa bundan Rabbimizin de memnun olacağını, eşinin normalde iyi bir insan olduğunu, hepimizin eksiği yanlışı bulunabileceğini anlatın. "Eşine zaman ayır, hatırını sor, ona iyi davran. Allah Rasulü eşlerine iyi davranırdı" deyin. Bunu sen bilmiyorsun üslubu ile değil, tavsiye üslubu ile söyleyin. **"Haklı da olsa doğrudan nasihat kişiyi yaralar"** diyor Mevlâna. Unutmayın ki bu gençler sizin tezgâhınızdan geçtiler. O zamanlar bilmeden yanlış yapmış olabiliriz, şimdi daha doğru davranmak ve rehberlik etmek için çaba sarf edin ve gençleri gerekirse bir aile danışmanına yönlendirin. Gençler bol bol dua edin. **"Anne baba duası peygamberin ümmetine duası gibidir"** buyuruyor Peygamber Efendimiz. Onların iç işlerine müdahale etmeyin, sorarlarsa cevap verin. Onların plânlarına saygı duyun. Sık sık gelin diye baskı yapmayın. Bırakın kendi düzenlerini oturtsunlar. Taraf tutmadan dinleyin ve yönlendirin. Hatta siz kayınvalide iseniz gelininizden tarafa olarak oğlunuzla konuşun. Gençlerin büyüklerin doğru rehberliğine her zaman ihtiyacı vardır.

**Kör çobanın sürüsünün sonu uçurumdur.**
Atasözü

# Ailede Sorumsuzluk

*Kendine düşeni yapmayanlar, kendisinin ve başkalarının*
*gözünde değer kaybederler.*
**Saliha Erdim**

**Eşim evde hiç sorumluluk almıyor. İşi hariç evde onun yapacağı her şeyi ben yapmak zorunda kalıyorum. Başlangıçta seve seve yapıyordum fakat artık taşıyamıyorum. Yardım istediğimde ise beni suçluyor. Bu durumda ne yapmalıyım?**

## Görüşmede öğrendiklerim

14 yıllık evli bir çift, dört çocukları var. Beyefendi babasının telkiniyle üniversiteyi yarım bırakıp babasının işlettiği markette çalış-

maya başlamış. Annesi bekârken oğlum yorulmasın diye, onun yapacağı işleri hep kendisi yapmış ve kol kanat germiş. Bir delikanlının alması gereken sorumlulukların neredeyse hiç birini yaptırmamış ve alıştırmamış. Evlendiği zaman eşi de eve yorgun geliyor diye kıyamadığı için, kayınvalidesinin bıraktığı yerden görevi devralmış ve eşinin yapması gereken her şeyi kendisi yapmış. Fakat süreç ilerleyip başka roller ve sorumluluklar ilâve edilince, hanımefendi artık bu fazla yükü taşıyamaz olmuş ve beyefendiden hayatın sorumluluğunun kendine ait kısımlarını almasını teklif etmiş. Fakat o zamana kadar hiç sorumluluk almamış olan beyefendi, çevresindeki herkesin işlerini yapmasına alışmış. Şimdi ise birden bire iş talep edilince, haliyle ona zor gelmiş ve bu rahatı bozmak istemediği için kabul etmemiş. Bundan dolayı da tartışmaya başlamışlar.

## Görüşmenin devamında konuştuklarımız

– Peki, iş hayatı nasıl? Onu idare edebiliyor mu?

– Ticarette iyi. Aldısını verdisini bilir. Para hesabını iyi yapar. Tutumludur. Parayı çarçur etmez. Bize de harcar Allah için. Benim tek isteğim, hayatın bütün yükünü bana yüklemesin. Okul, hastane, alış veriş, faturalar, bayram seyran, çoluk çocuk ne varsa benim elimden geçiyor.

– İletişiminiz nasıl? Aranızda sevgi ve saygıya dayalı bir iletişim var mı?

– Aslında aramızı ben bozmadığım sürece iyi. Ben bunalıp patlayınca aramız kötü oluyor. Yatışıp her şeyi yapmaya devam edersem iyiyim.

– Cinsel hayatınız nasıl, ikiniz de memnun musunuz?

– Allah'a şükür bir sıkıntımız yok.

– Güzel. O zaman sizde sadece eşinizin rollerini üstlenmemesinin verdiği bir yorgunluk ve bunalmışlık var, doğru mu?

– Evet, aynen öyle.

– Evet efendim, problemi tanımladıktan sonra, nasıl çözeceğimize bir bakalım. Öncelikle eşiniz bu tarza çocukluğundan beri alıştırılmış ve sizde bunu destekleyerek pekiştirmişsiniz. Bu kasıtlı bir ihmal ediş değil, yapmamaya alıştırılmış olduğu için yapmakta zorlanma durumudur. Şunu bilelim ki, alışkanlıklar psikolojide, başlangıçta örümcek ağı gibi, daha sonra kalın halatlara döner diye tanımlanır. Bunun düzelmesi de öyle zannedildiği gibi kolay olmaz. Öncelikle, bunun bilerek kasıtlı bir ihmal olmadığının altını çizelim. Bu olaya bakışımızı değiştirecektir. Ortada kasıt yoktur. Onun için bu durumun düzelmesine yardımcı olmak gibi bir görevimiz olduğundan yola çıkmamız gerekir. Eşiniz yıllardır yapmadığı için alışmadığı bu yüzden de kendisine çok zor gelen sorumluluklarını sizin yapmaya devam etmenizi istiyor. Bu yüzden "senin işin ne? diyerek, "bu senin görevin" demeye getiriyor. Başkalarını örnek göstererek de haklılığını ispata çalışıyor. Çünkü size "Haklısın" dese elini taşın altına sokması gerekecek. Bunu yapamayacağı için sizi yetersizlikle suçlayarak görevlerinin üzerini örtüyor (kamufle ediyor) ve kaçma stratejisi uyguluyor.

Kendi işini yapabilmek, kişinin kendisi için hem bir görev hem bir faydadır. Kişinin kendisine olan güveni, bir yönüyle işini yaparak gelişir. Şimdi öncelikle beyefendiye bunun önemini anlatmak ve onu inandırmak gerekir. Beyin ikna olmadan beden ona uymaz. Önce inanması ve bir şeyler yapmayı istemesi lâzımdır. Bu çocuk, genç ve yetişkin olan herkes için böyledir. Birlikte görüşmek için çağırsak gelir mi?

– Gelir herhalde. Fakat suçlarsam gelmeyebilir.

– Konu olarak işini yapmaması değil de size yardımcı olabilmem için onun bilgilerine ihtiyacım olduğu şeklinde bir açıklama yaparak çağıralım, doğrusu da bu.

– Olur, gelir zannediyorum.

– O zaman ikinci görüşmeyi beyefendi ile birlikte yapalım inşallah. Biz bu görüşmemizde eşinize nasıl yaklaşacağımız üzerinde biraz duralım olur mu?

– Tabii ki çok memnun olurum.

– Her birimiz, yapacağımız işlere yani cinsiyetimizin gerektirdiği rollerimize ailede alışırız. Önce her çocuk iş yapmayı ister, anne baba yapamazsın der çocuk ısrarla ben yaparım der ve diretir. Her şeyi denemeye hazır bir psikoloji ile coşkuyla ister ve denemeye hazırdır. Beceremediğinde bile ısrarla yeniden dener ve başarıncaya kadar uğraşır. Fakat anne ve babanın çocuğun beceremeyeceği ve anneyi uğraştıracağına dair inancı, çocuğun eline iş vermesine engel olur. Eli alışacakken alışamaz, işe ısınacakken ısınamaz. Çocukların yaşı büyüdükçe anne babanın beklentisi de büyür. Vaktiyle alıştırmadıkları işleri birden bire yapsın diye beklerler. Yani ekmeden biçelim isterler. Hayatın her zaman bir oluş ve bozuluş kanunu vardır oluş kanunları devrede değilse sistem olmaz. Burada da oluşturmadıkları bir alışkanlık, anne baba ya da eşi istedi diye hemen oluşmaz. Hatta zemin hazırlanmadan ısrar edilirse direnç oluşur ve çatışmaya sebep olur.

Bu durumdaki gençler, yapamayacakları şeyler ısrarla istendiğinde, "Ben yapamıyorum" demezler ama hep birilerinin üzerine yıkarlar. Yap diye diretince de beni anlamıyorsun diye savunmaya hatta saldırıya geçerler. İşin garibi buna inanırlar ve iş isteyenlere ciddi ciddi gücenirler.

İnsan psikolojik olarak, bir zamanlar bilerek kaçtığı ve düşünmek istemediği şeylere zamanla o kadar alışır ki, giderek buna inanır ve gerçek durum bu zanneder. Onun için kimi insanlar başta yanlış olarak kabul ettiği ve değiştirmediği şeyi daha sonra doğru diye yürek dolusu savunurlar. Bu inanmak istediği şeye inanma sürecidir. Hatta öyle bir savunurlar ki, siz kesin doğrularınıza bile tereddütle bakar olursunuz. Bu çok tehlikeli bir durumdur. Çünkü hakikatin arayıcısı ve savunucusu olan insanın ibresi doğrudan kayarsa, inandıkları yanlışları doğru varsaydıkları için seve seve her türlü fedakârlığı bu uğurda sergilerler. Bu gerekçe ile işin doğrusunun ne olduğunu araştırmak, akıl ve muhakeme gücünü işletmek ve bize zor gelse bile hakikatin savunucusu olmak, nitelikli insan olabilmenin şartlarındandır. Böyle insanlar tarih boyunca hem kendisinin hem de toplumun gidişatını değiştirmiştir. Eşinizi doğru anlamak adına bunları anlattım efendim.

– Teşekkür ederim, çok iyi oldu.

Şimdi, biz yeni bir yapı oluşturmaya çalışacağız. Bunun en büyük faydası da eşinize olacak inşallah. Hiç bir erkek suçlandı diye yapması gerekeni yapmaz. Suçlamadan, rica üslubu içinde konuşalım. Eylem için öncelikle kişinin inanması ve istemesi gerekir. Bu da biraz zaman alabilir. Birden bire değişmesini beklemek yerine, küçük küçük sorumluluklardan başlayabiliriz.

– Eşiniz hangi günlerde evde bulunur, hafta sonlarınız nasıl geçer?

– Eve çoğunlukla geç gelir. Hafta sonları da yatar uyur. Yorgunum der.

– Alış verişe birlikte mi çıkarsınız?

– Hayır, çoğunlukla ben yalnız çıkarım. O marketten mutfak ve temizlik ihtiyaçlarını getirir.

– O zaman siz eşinize iş teklif etmek yerine yeni stratejiler üreterek onu işe çekmeye çalışabilirsiniz.

Eşinizi sık sık eleştirir ve beklentilerinizi yerine getirmediği için sitem eder misiniz?

– Evet, hem de çok. Artık son zamanlarda her akşam kavga eder olduk.

– Anladım, bu ikinizi ve çocukları da olumsuz etkiler tabi.

– Ne yazık ki öyle..

– Sizce nereden başlamalıyız? Eşiniz hangi işi yaparsa size kolaylık sağlamış olur?

– Akşam gelince çocuklarla ilgilenebilir meselâ. Onları parka götürebilir, onları oynatabilir, oyalayabilir.

– Güzel, oradan başlayalım o zaman. Bunu hiç yaptığı olur mu?

– Çok nadiren olur.

– O zaman bu nadir olan ilginin sayısını artırmaya çalışalım ve çocuklarla ilgilenmesinden işe başlayalım. Eşiniz bunu yaptığında farkı görmesini sağlayın. "Çocuklar çok mutlu oldular, sana çok teşekkür ederim. Ben de siz yokken şu şu işleri yaptım, canım benim çok sağ ol" deyip sarılıp öpün. Kişiler yapamadıkları şeyler hakkında konuşmaktan ve eleştiri almaktan hoşlanmazlar. Eleştiri ve suçlama devam ederse, şahısta yetersizlik duyguları ortaya çıkabilir. Bu da başka bir sorun kapımızı çalacak demektir. Kendisini yetersiz hissettirmeden, sevdirerek başarmaya çalışalım.

Bu arada işinin ne kadar yoğun olduğu, kendisinin çok çalışkan olduğu, yaptığı bu yardımların sizin için ne kadar anlamlı olduğuna dair mutlaka ara parantezler açmak ve yaptığı işten memnunluk duymasını bulmasını sağlamak çok önemlidir. Her insan kendisinden beklenen işi yapmaktan ve birilerine yardımcı olmaktan mutlu olur. Yeter ki kişiyi motive edecek dil ve üslup kullanılsın. Üstelik yapılan küçük de olsa her işi takdir ve teşekkürle karşılamak her zaman iyi sonuç verir, hele de alıştırma aşamasında. Çünkü **tenkit tüketir, takdir üretir.**

İlâveten siz de çocuklarınızın gözünde eşinizin imajını düzeltip güzelleştirecek şeyler yaparsanız, çocuklar babalarına daha çok ilgi gösterirler, bu da beyefendiyi memnun eder.

## Bu durumda olanların sorulabileceği sorular:

• Bu durum ben ne yaptığım ya da ne yapmadığım için oldu acaba?

• Eşim özünde bana ve çocuklarına karşı iyi bir insan. Bana yardımcı olmamasının altında acaba neler yatabilir?

- Ben bazen farkında olmadan, bazen de bilerek suçlayıcı konuştum. Çünkü yoruluyordum ve beni ciddiye almadığını düşünüyordum. Acaba daha farklı davransaydım eşimle aram şimdi daha iyi olur muydu?

- Eşimle açık açık konuşmayı hiç denemedim, deneseydim sonuç alırdım mutlaka. Şimdi nasıl konuşmalıyım ki eşimi rencide etmeden duygularımı ve ihtiyaçlarımı ifade edebileyim?

- Annesinin yaptığını benimde aynen yapmam, hem eşime hem de bana kötülük oldu. Bunu nasıl değiştirebilirim?

- Bundan sonra nasıl davranmalıyım ki yavaş yavaş sonuç alabileyim?

### Bu durumda olanların yapabilecekleri dualar

Allah'ım, eşim Senin sevgili ve iyi bir kulun. Ben onu çok seviyorum. Eşimin kendine düşen işleri kolaylıkla ve isteyerek yapması konusunda, benim gerekli adımları doğru bir şeklide atmamı nasip et, etkisini halket. Eşim severek kendi sorumluluklarını yapacak hale gelsin. Benim üzerimden bu iş yoğunluğunu kaldır Allah'ım. Bundan sonra eşime daha doğru davranarak şu ana kadar yaptığım yanlışlardan kurtulmamı ve eşimi hakkıyla motive etmemi nasip et Allah'ım. Anne babasının da bu yeni durumu kabullenmelerini, bana ve eşime destek olmalarını Sen nasip et Allah'ım. Benim de bu süreçte doğru yerde sabretmemi ve doğru bir tavırla gelişmeleri sürdürecek şekilde hareket etmemi lütfet Allah'ım. Eşimin işlerini yapmaktan mutlu olmasını ve bunu ömür boyu isteyerek sürdürmesini Senden niyaz ediyorum. Sen dualarımızı kabul buyur Allah'ım.

### Böyle oğulları ve damatları olan anne babalara mesajlar

Efendim, vaktiyle alışmadığı sorumluluklar şimdi oğlunuza (ya da damadınıza) ağır geliyor. Evlilik iki kişilik bir bütünlüktür. Erkek olmak sadece dışarıda çalışıp eve para getirmek değildir. Çocukların eğitiminden baba sorumludur. Eşine hem moral hem de fiilen destek olmak, gerektiğinde, hatta jest olsun ve muhabbet artsın diye arada ev işlerinde eşine yardımcı olmak, akıllı her erkeğin yapması gereken bir yaklaşımdır. Biz şu anda oğlunuzu yeni baştan işe alıştırma stratejisi başlatıyoruz. Bize destek olmanızı rica ediyoruz. Oğlunuza, "Çocukları bize getirir misin, annesi biraz dinlensin. Market alışverişini çocuklarla yap ki onlar da alışsın" deyin. Size geldiklerinde sofrayı toplarken oğlunuza görev verin. Tabakları o kaldırıp tezgâha koysun. Çocuk ağladığında babasının kucağına veriverin. Doktor işi olunca, mutlaka oğlunuzun ilgilenmesini sağlayın. "Eşinin yıpranmasını engelle, şimdi dayanacak gücü var ama giderek bu azalır ve rahatsızlıklar oluşmaya başlar. Eşine sağlıklıyken destek ol ki, hastalıklar gelmeye fırsat bulamasın" deyin. "Sen kendi işlerini severek yaparsan eşinin gözündeki değerin artar. Sana hayranlık duysun. Çocuklarına örnek göstersin" deyin. "Eşin çok iyi bir insan, bunalırsa ufak tefek şeylerden bile sıkıntı duymaya başlar. Huzur çok önemli, huzurun baş mimarı erkektir. Eve gelince eşine çocuklarına sarıl, hal hatır et. Sen sevecen, ilgili ve değer veren bir tavır ile hareket edersen, eşinin bütün yorgunlukları gider ve eve gelmeni dört gözle bekler. Sen değer ekersen değer biçersin akıllı oğlum" deyin. Siz anne babasınız. Benim söylediğimden çok daha güzellerini oğlunuza söylersiniz. Siz desteklerseniz, her şey çok daha kolay ve hızlı olur efendim.

Eğer bu durumda bir damadınız varsa, kızınızın yanında yer alarak damadınızı eleştirmek yerine, mutlaka kızınızın eşine karşı saygıda kusur etmemesi konusunda hatırlatmada bulunun. Ömür boyu insanın ufak tefek de olsa rahatsız olduğu şeyler hep olagelecektir. Eğer bunlar için aklımıza geleni konuşmaya başlarsak, insan giderek yüz yüze bakamaz hale gelir. Aile içinde en çok özen göstermemiz gereken şey, nezaket ve saygıdır. İnsan iyi davranarak pek çok sıkıntıyı soruna dönüşmeden halledebilir. İyi davranmak yerine sürekli eleştiri ve aşağılayarak yaklaşılınca, olabilecek iyileşmeyi de engellemiş oluruz. Bu gerekçe ile her türlü sıkıntıda, önce nezaket ve saygı, sonra bilgi ve sabırla yaklaşmak her zaman iyi sonuç verir. Bazen ne kadar doğru yaklaşırsak yaklaşalım, istediğimiz sonucu alamayız. Fakat bilelim ki, saygı ve bilinçli bir çaba, eşlerin aralarını hoş tutmakla kalmaz, zamanla aşılması istenen durumun kolaylıkla aşılıvermesine de katkıda bulunur. Damadınız için öncelikle insanlığını ön plâna alarak değerlendirme alışkanlığı, daha sonra da ihtiyaç hissedilen davranışları ufak ufak alıştırmalarla hayata katma becerisi, kızınızın, eşinin iş yapmasından daha değerli bir kazanımı olmasına yardımcı olacaktır.

# İletişimsizlik

*Haberleşme vasıtaları çoğalırken, insanlar
ruhen birbirleriyle haberleşemiyor.*
**Rasim Özdenören**

Eşim işten gelir gelmez televizyonun başına oturuyor ve ya-
tana kadar kalkmıyor. Evde paylaşım ve sohbet yok. Çocuklar
aylardır babaları ile oturup sohbet etmediler. Sanki evimiz her-
kesin sadece yiyip içtiği ve yattığı bir otel odası gibi, ben de o
otelin işçisi gibiyim. Bu durumdan kurtulmak için ne yapma-
lıyım?

## Görüşmede öğrendiklerim

19 yıllık evli ve dört çocuklu bir aile. Çocuklar 18, 15, 11 ve 8 yaşlarında. Eşi görüşmeye gelmek istememiş. Tekstil işiyle meşgul. İkinci çocuk oluncaya kadar her şey çok iyiymiş, ondan sonra iletişimde kopma yaşanmış ve sebebini bilmiyor. Şu anda iki yabancı gibi olduklarını söylüyor hanımefendi. "Ben çocuklarla ilgilenmeye çalışıyorum ama babanın yerini dolduramıyorum" diyor, çocuklarla iletişiminin de iyi olmadığını söylüyor. Sürekli sınırlıyor ve kavga ediyorlarmış.

Evlilik iki kişilik bir bütünlük. Mutlaka adımların birlikte ve uyum içinde atılması lâzım. Acaba daha önceden iyi iken ne oldu da beyefendi değişti. Bazen hanımefendiler annelik yapmaya o kadar kendilerini adıyorlar ki, bir eşleri olduğunu ve onunla da ilgilenmeleri gerektiğini unutuyorlar. Cinsel hayatları dâhil daha kötüye gidiyor. Bu durumda da gerginlikler, en ufak şeyde sıkıntı çıkarmalar başlıyor. Aradaki sohbet ve muhabbette bundan nasibini alıyor. Acaba birlikteyken keyif almamasının ne gibi sebepleri olabilir? Beyefendi neden paylaşımları bıraktı? Meselâ, her buluşmada tartışıyor ve eşler birbirini suçluyorsa, sürekli şikâyet ediyorlarsa, çocuklar kontrolsüzce davranıyor ve çok gürültü ediyorsa, beyefendinin yapacağı sorumlulukları artıyor ve bunların üstesinden gelemeyeceğini düşünüyorsa, bunlar etki etmiş olabilir mi? Bu soruların cevabının verilmesi meseleye açıklık getirecektir.

## Görüşmenin devamında konuştuklarımız

– Birbirinize sevgi sözleri ve güzel iltifatlar yapar mısınız?

– Pek değil.

– Bir şey ne kadar güzel olursa olsun, kendi haline bırakıldığında, bakım yapılıp ilgi gösterilmediğinde o güzellik kalıcı olmaz. Siz mutlu olduğunuz günleri sürdürmek için bilinçli bir çaba harcadınız mı?

– Hayır ne yazık ki.

– Aranızda takdir, teşekkür, özür var mı?

– Eh işte.

– Peki, eşiniz bu monotonluktan sıkılmış olabilir mi?

– Olabilir, çünkü ben de bunaldım. Eşim çocuklarla bir araya geldiğinde benden çok çocuklarla tartışıyor ve her şeylerini kısıtlamaya çalışıyor. Çocuklarda buna itiraz ediyor ben de çocuklardan tarafa oluyorum. Benimle tartışma konusuna gelince, harcamaları aşırı kısıtlıyor ve en acil ihtiyaçlarımızı bile sorguluyor. Ben de bunalıyorum, aramızda tartışma çıkıyor. Hiç bir şeyimizi konuşamaz olduk. Çocukların okul tercihleri yapılacak, alınacaklar var, konuşup bir karar vermemiz gerekiyor. Akşam eve gelince söylüyorum "Tamam konuşuruz" diyor. Yemeği bile televizyon karşısında yiyor, izlediği programlar ya da dizileri bitince gece yarısı oluyor ve hiç birimizde konuşacak hal kalmıyor. Böylece günler geçiyor. İşler sıkıştığı zaman da aceleye geldiği için sağlıklı bir karar alınamıyor. Çocuklar da artık babalarını ciddiye almıyor ve ona danışmıyorlar. Önceden çok sıkıyordu, şimdi ise hepten bıraktı. Orta yolu bulamadık. İkinci olarak da beni çok eleştirmeye başladı. "Sen bir şey yapmıyorsun, yapanı da beğenmiyorsun, moralimi bozuyorsun." diyorum.

– Eşinizin ikinci çocuk olduktan sonraki değişimini hiç sorguladınız mı? Ne oldu da tavır değişikliğine gitti? Bunu kendisiyle konuştunuz mu?

– Hayır konuşmadık.

– Peki ne olmuş olabilir sizce?

– Belki de bu aramızda giderek artan tartışmalar arayı soğutmuş olabilir.

– Evet bu tespit önemli. Aynı zamanda yatabiliyor musunuz?

– Hayır ne yazık ki. Eşimin televizyon ile işi ne zaman biterse o zaman yatar. Üstelik yediği her şeyi orada bırakır ve ortalığı kirletir. Benimde canım sıkılıyor ve "Beni insan yerine koyup konuşmuyorsun, sıra temizliğe gelince iş bekliyorsun" diyorum.

– Birbirinize zaman ayırıp, duygularınızı besleyemiyorsunuz o zaman?

– Vaktim kalmıyor ki?

– Peki misafir gelince ilgilenmeye ya da dışarı çıkmaya zamanınız oluyor değil mi?

– Evet, oluyor.

– Evde de isterseniz eşinizle muhabbet etmeye, ilgilenmeye zaman bulabilirsiniz. Bazen her işi bitireyim öyle ilgileneyim diyebiliyor hanımefendiler ya da "Dün bağırmıştı bugün ben niye ona sevgi göstereyim?" diyerek gönül koyup bilerek uzak durulabiliyor. **Evlilik ihmali kaldırmaz.** Bulaşıktan, çamaşırdan, ütüden daha önce, sevgi dolu bir bakış, içten bir sarılma, çocuk kucağınızda bile olsa yanına oturup beş dakika da olsa candan bir ilgi bile, insanı rahatlatmaya yeter.

– Aslında istesek yaparız da galiba aklımıza gelmiyor.

– Ya da sevgi ve ilgi göstermeye değer bulmuyor olabilir misiniz?

– Yaptıkları aklıma gelince içimden gelmiyor.

– Siz bir ailesiniz ve her ne yaparsanız diğerini etkiler. Birinizin daha iyi olmaya götürecek doğru yaklaşımı başlatmanız gerekiyor. Bu noktaya ikinizin yaptıklarıyla gelindi. Dolayısı ile tek sorumlusu eşiniz beyefendi ya da siz değilsiniz. O sebeple yapılanlar da tek taraflı değil.

– Peki, ailesi ile iletişiminiz nasıl, gidip gelir misiniz? Onlar bu durumu görüyor mu ve ne yapıyorlar?

– Arada gidip geliriz. Onlarda böyleler. Bu yüzden bizde bir anormallik görmezler.

– Çocuklar kendi aralarında nasıllar, iletişimleri iyi mi?

– Fena değiller, arada kavgaları oluyor fakat o kadar olur herhalde.

## Güzel şeyleri başlatmak önemli fakat sürdürebilmek daha önemli.

Efendim, biz toplum olarak ne yazık ki iyilikleri sürdürmek için bir çaba sarf etmiyoruz. İyilikler kaybolunca, iyilikleri sürdürmek için harcayacağımız çabanın belki on mislini, oluşan sıkıntıları gidermek için harcıyoruz. Eğer başlangıçtaki iyi hali sürdürebilmek için biraz çaba sarf edilmiş olsaydı, belki bugün daha iyi durumda olunabilirdi. Bilelim ki birlikte yapılan bir işi iki taraf birden bırakırsa, bir daha hiç toparlanamaz.

– Eşinizin bu birlikteliğin önemini anlaması için bir şeyler yapalım ama o zamana kadar siz bir şeyler başlatsanız? Meselâ, çocuklara daha yakın davranıp ilgi gösterseniz, kucaklayıp sık sık öpseniz, onlara özel dualar etseniz, onlarda doğal olarak size daha yakın davranırlar. Sonuçta annesiniz ve her halükârda çocuklar sizden etkilenirler. Hele de bilgi ile donanmış bir anne yaklaşımı, bir çocukta ömür boyu hatırlanılacak çok güzel duygular yaşatır. Meselâ; siz anne ve çocuklar olarak ikramlar hazırlayarak, neşeli, hoş sohbet bir ortam hazırlayın. Arada ufak hediyeler alarak sürpriz yapın, eleştiri ve tepkisel davranmadan, yaptıkları ufak tefek de olsa güzel şeyleri takdir ederek gönüllerini almayı deneyin. Sizce böyle bir yaklaşım nasıl olur?

– Çok iyi olur. Hiç böyle davranmak aklıma gelmemişti. Çocuklar babaları olmadan beni dinlemezler diye düşünüyordum. Bir kaç kere çağırdım gelmediler ama ben de yapmam gerekenleri yapıp öyle çağırmamıştım. Denemeye değer.

– Güzel. Bir başka seferde, çocuklarınızın sevdiği kek börek, tatlı cinsi şeyleri yaparak, "Size danışacaklarım var, biraz sohbet edebilir miyiz?" diyerek randevu alabilirsiniz. Onlara hazırlanmış güzel sorular sorun ve cevaplarını not edin. Sonra onlara teşekkür edin. Bu arada dersleri nasıl, arkadaşlıkları nasıl gidiyor onu sorun. Hepsine sarılarak öpün. Yani yeni bir uygulama başlatarak, kimi zaman hepsi, kimi zaman birisi ile uygun bir zaman diliminde birlikte vakit geçirmeye başlayın. Siz olabildiği kadarını yaparsınız. Bu da hiç yoktan iyidir. Bazen Allah öyle güzel bereket verir ki ummadığınız kadar güzel geçer bu buluşmalar ve eşiniz de özenir ve dâhil olur inşallah. Böyle bir uygulamaya ne dersiniz?

– Olabilir, hatta başarabilirsem çok iyi olur. Acaba çocuklar beni dinler mi, davetime itibar ederler mi?

– Bilmiyoruz, deneyeceğiz. 8 ve 11 yaşındakiler daha küçük. Davetinize daha kolay uyarlar. Buluşmalar cazip hale gelirse, abileri de iştirak edebilirler.

Eşinizle alâkalı olarak da, haklı olarak zihninize hep tepki ve tenkit cümleleri gelebilir. Bunları söyleseniz kendinizi haklı da hissedersiniz. Ama sonuç alma bakımından ele alındığında, olumsuzluktan başka getirisi olmaz. Bozulmuş bir sistem var. Bozan etkiyi bulup ortadan kaldırmadan yeni bir yapılanma çok mümkün olmaz. Bunu bulmak ta çok kolay olmayabilir. O zamana kadar yapıcı ve onarıcı davranmak her zaman işe yarar. Eşinizi tenkit ettikçe, ona yüklendikçe, işler daha çok sarpa sarar. Oturup konuşulabilen bir ortam en iyisi ve en güvenlisidir. Bu yoksa sakin ve yapıcı davranarak, yavaş yavaş konuşma ortamı hazırlamak ve iyilikle düşünmesini sağlamak işe yarar.

### Hangi durumda olursak olalım, karşılıklı konuşmanın değeri tartışılmaz.

Eşiniz ile uygun bir zamanda baş başa oturup samimi, saygılı bir üslup ve ifade ile eşinizi nelerin bunalttığını sormalı ve not alarak bunu nasıl düzelteceğiniz üzerinde düşünmeli, başarma konusunda da eşinizden yardım istemelisiniz.

Bu arada ailece yapacağınız eş dost ziyaretleri de televizyon başından kalkmak için iyi bir vesile olabilir. Ailece misafir için hazırlanırsınız ya gidersiniz ya da size gelirlerse ağırlarsınız. Akraba ziyaretleri de bu anlamda çok önemli. Eğer ailece seyredilecek güzel bir aile ya da eğitici film çıkarsa karşınıza, birlikte izlemek, eşinizin kendisini daha iyi hissetmesine vesile olabilir.

Yaz günlerinde yakın çevrelere yapılan piknikler, ailece vakit geçirmek için bulunmaz fırsatlardır. Fazla titizlenip gitmeyi engelleyecek bir sürece işi götürmeden, kolay hazırlanan şeylerle sık sık pikniğe gitmek, ailedeki herkese iyi gelir.

Eşinizin ilgi duyduğu konu veya alanlarla ilgili bilgi edinin ve bu konularda sohbet başlatın. Bu eşinizin hoşuna gidecektir. Eğer sinema ve tiyatro kültürünüz varsa (ki yoksa oluşturmanızı tavsiye ederim) birlikte bir sinemada film izlemek ayrı bir güzelliktir. Hele de ailece tiyatroya gitmek harika olur.

İlâveten, diyaloglarınızda kendinize kurban rolü biçerseniz, giderek bu size yapışır ve gerçekten öyle hissetmeye başlarsınız. Yapılamayan şeyleri bir ucundan siz gücünüzün yettiği kadar yapmaya başlarsanız, bu hiç bir şey yapmadan sadece şikayet etmeye göre çok daha iyi ve anlamlı bir şeydir. Sistemi dağılmaktan korumuş ve geriye gitmekten kurtarmış olursunuz. Diyelim ki tek başınıza çabaladığınız için ilerleme hızınız yavaş olabilir fakat kötüye gitmesinden çok daha iyidir.

Eşinizin çocuklarla tartışması esnasında, eşinizin görüşüne katılmasanız da, çocuklarınızın gözü önünde babalarının itibarını zedeleyecek şekilde konuşmamalı ve taraf olmamalısınız. Eğer gerekiyorsa, başka bir zaman ve yalnızken görüşünüzü söyleyebilirsiniz. Bu tavrın faydadan çok zararı vardır. Sonuçta siz annesi iseniz o da babası. Sanki bazen düşmana karşı çocuklarını koruyor gibi anneler gardını alabiliyor. Bu da babayı haklı olarak rahatsız eder. Babanın yanlış davranmasından daha kötü bir şeydir bu durum. Sonuç olarak, evet bu durum sıkıcı ama hiç bir zaman insan tek seçeneğe mahkûm olmaz. Mutlaka daha iyiye götürücü bir şeyler yapılabilir. Eğer eşiniz gelmeyi kabul ederse birlikte görüşmek, sıkıntının kaynağını bulmak ve o sıkıntıyı gidermek için bir şeyler yapabilmek açısından güzel olur. Eğer gelemezse bile, samimi bir çaba ile yapılabilecek şeylerle mutlaka daha iyiye götürecek bir yol ortaya çıkacaktır inşallah. Eğer buna bir de bazı eğitimcileri düzenli takip etme ve ortak bir hareket zemini oluşturma çabası ilâve edilirse, bu çok çok faydalı ve onarıcı bir işlev gerçekleştirecektir. Ortak bir kültüre sahip olmak, ayrışmaları ve karşıtlıkları çoğunlukla engeller.

– Buraya kadar söylemek istediğimi anlatabildim mi acaba?

– Evet, iyi anladığımı düşünüyorum, çok teşekkür ederim.

– Rica ederim. Bu seans için söylemek istediğiniz başka bir şey var mı?

– Yok teşekkür ederim. Bu söylediklerinizi uygulamaya çalışacağım.

– O zaman eşinizle birlikte görüşmek üzere inşallah.

## Bu durumda olanların sorabilecekleri sorular:

– Eşim neden bu hale geldi, bunda benim ne kadar dahlim olabilir?

– Acaba eşime yeteri kadar candan ilgili bir eş gibi davranabiliyor muyum?

– Evimizin eşime sıcak bir yuva ve rahatlayacağı, huzur dolu bir atmosfer olarak hissedeceği bir yer olabilmesi için neler yapabilirim?

– Eşim nelere titiz, neleri önemsiyorsa, onlara yeteri kadar saygı duydum ve yerine getirebildim mi?

– Benim sıkıldığım ve bunaldığım noktalarda eşimi suçlamasaydım da sadece duygularımı ifade edip yardım isteseydim, acaba şimdikinden daha iyi olabilir miydik?

– Ben konuşmak ve paylaşmak için yeterince çaba göstermeden, sadece talep edip sitem ettiğim için, eşim bana ne kadar kırıldı acaba ve bu kırıklığı nasıl giderebilirim?

– Bundan sonrasının daha iyi gelmesi ve eşimin de benim de eski güzel günlerimize dönebilmem için bana neler düşüyor?

– Kimlerden yardım almalıyım, nereden başlamalıyım?

## Bu durumda olanların yapabilecekleri dualar

Allah'ım, sadece olana bakıp hüküm vermekten ve yargılamaktan sana sığınırım. Doğruyu görebilmemi ve doğru anlayabilmemi nasip et. Bana ait olan her ne varsa, onların düzgün olması konusunda beni duyarlı ve çaba içinde eyle. Yargılamadan, suçlamadan önce, karşımdakinin penceresinden de görmemi bana nasip eyle. İnsanları içtenlikle dinleme ve samimiyetle anlama konusunda beni nasipdar kıl, becerilerimi artır. Kendimi daha iyiye götürecek sorgulama ve eleştirileri ciddiye almamı ve gereğini yapmamı bana lütfet. Eşimin ve benim moral ve motivasyonumuzu kıran alışkanlıklarımızı ve yaklaşım biçimlerimizi fark edip, daha iyileriyle düzeltmemizi nasip et. Evimizi cennetten bir köşe yapacak gayretleri kesintisiz sürdürebilmemiz için bize yardım et. Bizleri doğru davrandıracak ve aktif tutacak bilgi kaynaklarımızı var et. Yeterince istifade etmemizi nasip et. Çevremizdeki insanların örnek alacağımız yönlerini bulup istifade edebilmemizi nasip et inşallah.

## Bu durumda olan çiftlerin anne babalarına mesajlar

Öncelikle, evlatlarınızın kolay geçimli olması için sürekli dua etmeye alışmalısınız. Kimden gelirse gelsin, yanlış davranışı fark edip uyarmalı ve iyi gidişi fark edip takdir ederek devamına yardımcı olmalısınız. Eşlerden birisi diğerinden şikâyet etmeye başlarsa, orta noktada durun ve taraf olmadan durumu anlamaya çalışın. Herkesin kendi evlâdına nazı geçer. İncitmeden daha iyi olmak için evlâdınızın çaba göstermesini telkin edin. Bazen hiç bir şey söylemeden onları farklı ortamlara ve etkinliklere çekmek, davet edip ortam oluşturmak ta çok güzel neticeler verebilir. Eleştiri üslubu ile değil, tavsiye üslubu ile konuşmaya dikkat edin. Onların hep iyi yönlerini görün ve takdir edin. Torunlarınıza anne babalarının iyi yönlerini hatırlatın. Onlara öyle güzel masallar öyküler anlatın ki, hayallerinde ideal insanlara benzeme arzusu oluşsun. Velhasıl, iyi düşünen ve doğru rehberlik eden büyükler, gençler için birer nimettir.

# Ailede Düzensizlik

*Kocana göre bağla başını, harcına göre pişir aşını.*
**Türk Atasözü**

Benim hanımım çok dağınık ve düzensiz. Ne temizlik yapmayı ne de bir düzen kurmayı biliyor. Evde yemek pişmiyor, iki çocukla yeteri kadar ilgilenmiyor. Ben erkeğim ve yardımcı olsam da yeterli olmuyor. Eşim düzelir mi, ben nasıl yaklaşmalıyım?

## Görüşmede öğrendiklerim:

Sekiz yıllık evli ve iki çocuk sahibi bir çift. Hanımefendi ortaokuldan ayrılmış, devam etmeme sebebini eşi bilmiyor. Evlendiği günden beri, çabası var ama bir işi başaramıyor ve tamamlayamıyormuş. Eşi ilk başta evliliğe adapte olursa düzelir diye düşünmüş ama zaman ilerledikçe, bunun yapısal bir bozukluk olduğunu görmüş. Eşinin annesi de iş yapma ve tertip düzen konusunda kızı gibiymiş. Şu ana kadar psikolojik yardım alınmamış. Çok iyi melek gibidir eşim diyor beyefendi, fakat hiç bir işe el atamayınca, doğal bu iyilik sıkıntı yaşamalarına engel olmamış.

## Görüşmenin devamında konuştuklarımız

– Eminim eşiniz sizden daha çok acı çekiyordur.

– Evet haklısınız, çok üzülüyor.

Efendim, eşinizi görmediğim için anlattıklarınızdan yola çıkarak şunu söyleyebilirim ki, bu gibi durumların irsiyetle alakası olabileceği gibi, bazen de tamamen öğrenmeyle ilgilidir. Bu yapılacak bazı testlerle ortaya çıkarılabilir. IQ (zekâ) seviyesi düşükse, bu durumdakiler kolay öğrenemezler, adaptasyon güçlüğü çekerler. Çoğunlukla tahsilleri yarıda kalır. Genellikle IQ seviyesi normalin altında çıkar. Sınırda zekâ tanımına uygun davranırlar. Başarmayı çok isterler ama hem çabuk unuturlar hem bir türlü istenilen düzeyde başaramazlar. Yaşlarına uygun olgunluk ve yeterlilik gösteremezler. Sürekli başkalarından yardım almaya, sürekli danışmaya ihtiyaç hissederler. Kendi başlarına inisiyatif alamazlar, bir işi baştan sona kolay kolay bitiremezler. Bir kere danıştıktan sonra bile, devamını kendileri getiremeyebilirler. Aynı şeyi defalarca yapsalar bile bir sistematik içinde bütünlük oluşturamaz ve yaptıklarıyla ilişki kuramazlar.

Efendim, öncelikle şunu netleştirelim: Hanımefendi kasıtlı olarak böyle davranmıyor. Tembel değil. Yapamıyor, yani mazur. İstese bile şu anda daha iyisini kolay kolay yapamaz. Bu durum çoğunlukla ırsi değil de görgü ve tecrübe yoksunluğu sebebiyle beceri eksikliği yaşayanların durumu daha kolaydır. Usulüne uygun muamele görür ve doğru telkinlerle ve doğru rehberlikle eğitilirlerse ciddi ilerlemeler görülür. Irsi olanlara ise, bu kadar kolay değildir. Doğru yaklaşılırsa, aile parçalanmaktan ve ailedeki bütün fertler de kriz yaşamaktan kurtulabilir. Önemli olan, durumun sağlıklı bir teşhisinin konulması ve insanlara zarar vermeden sağlıklı bir yaklaşımın belirlenebilmesidir. Bunun için de doğru bir psikolojik destek almak çok yardımcı olur.

Doğum yaparlar fakat çocuk bakımı konusunda da yetersiz kalırlar. Mutlaka yardımcı birileri olmak zorundadır. Bu durum ilerde nasıl seyir takip eder derseniz, bu konu da çok net bir şeyler söylenemez. Daha iyiye gitmesi için yapılacak şeyler vardır fakat daha kötü olmaması bile bir artı kabul edilmeli. İletişim kurarken eleştirilmeden, teşvikle yardımcı olunarak, sevgi ile muamele edilirse, elinden geleni yapar. Beklentiler en aza indirilmeli, dua ve iyi davranışla olabileceği en iyi hal için çaba sarf edilmelidir. İyi arkadaş çevresi çok motive eder. Yapabileceği fazla kapsamlı olmayan basit işler, örgü ya da danteller, bahçe işleri, kısmi ev işleri, kendisini daha iyi duruma gelmeye sevk eder.

Her durumda olduğu gibi, bu durumda da sevgi ve ilgi çok işe yarar. Sabırla, ciddi ve düzenli katkı ile elinizden geleni yapabilirsiniz. Samimi ve sevgi dolu doğru bir yönlendirme ile çok güzel mesafeler alınabilir. Aile bütünlüğünü korumak ve anne çocuk iletişimini sağlıklı halde tutmak için, gerekirse yardım alınmalı.

## Yapılabilecek şeyleri maddeler halinde sıralayacak olursak;

- Bir yetişkin IQ testi yaptırılabilir.
- Kendisi ve günlük olarak yardımcı olabilecek ve iş öğretecek bir kişiyi ayarlayabilirsiniz.
- Siz de bazı işleri birlikte yaparak destek olabilirsiniz.

• Bir psikiyatrist görmeli ve teşhis koymalı.

Belki bir psikolog iş yapma ve kalıcı beceri edinmesini sağlama konusunda yardımcı olabilir.

İlâveten, hacamat, sülük, sağlık orucu ve kan gruplarına göre beslenmenin çok faydalı olduğunu hem duydum hem örnekler üzerinde gördüm. Bu çok ümit verici bir durum. Bu konularda uzman birilerini bulup denemenizi tavsiye ederim.

Ayrıca, eşinizle birlikte gelirseniz, eşinizi ve yapabilirlik düzeyini anlayıp, evde ona nasıl yardımcı olacağınız konusunda size rehberlik etmemde fayda var. Maksat yapamadığı işleri elinden alıp yapmak değil, birlikte yaparak onu, "Şunu şöyle yapabilirsin, bak çok güzel oldu" diyerek motive ederek, iş yapma konusunda istek ve coşku uyandırmaya çalışmaktır. Takdir etmek, sebepsiz hediyeler almak, başkalarının evine ziyaret amaçlı gidip oralardaki düzeni görmesini sağlamak ta işe yarar. Bu durumda yapılacak en tehlikeli şey, sürekli eleştirerek değersizlik duygusu oluşturmaktır. İçe dönük bir hayata sevk edilirse, bu durumu daha çok çıkmaza sokar.

En son olarak da bu hanımefendi sizin eşiniz, çocuklarınızın annesi. Daha iyi duruma gelmesi için eşinizi olduğu gibi kabul edip elinizden geleni yaparsanız, eşinizi kazanma ihtimalinizi yüksek görüyorum. Şimdiye kadarki gösterdiğiniz iyi niyetli çabalarınızı da tebrik ediyorum. Rabbim yardımcınız olsun, efendim.

## Bu durumda yakınları olanların sorabileceği sorular

– Ben şimdiye kadar nasıl davransaydım durum daha iyi olabilirdi?

– Şimdi neler yapabilirim?

– Hangi dili kullanırsam daha doğru anlaşılabilirim?

– Çocukları annelerini daha çok sevmeye ve iş yaparken yardımcı olmalarına nasıl hazırlayabilirim?

– İnsanın elinde olmayan böyle bir durumu ben de yaşıyor olabilirdim. Ben bu durumda olsaydım nasıl yaklaşılmasını isterdim?

– Eşim iki çocuk sahibi bir anne. Onun benim eşim olmasından dolayı mutlu olmasını ne yaparsam ve nasıl davranırsam sağlayabilirim.

– Gelişmesi ve kendine yetecek hale gelmesi için nerelerden yardım almalıyım ve bu çerçevede ne yapmalıyım?

## Bu durumda olanların yapabileceği dualar

Allah'ım, kulların olarak bizim de Sana karşı sayısız eksiklerimiz ve kusurlarımız var. Biz kullar olarak birbirimizdeki eksiklikleri kaldıramıyoruz. Sen eşime Senin memnun olacağın şekilde davranmam konusunda bana yardım et ve beni başarılı kıl. Çocuklarımın annelerini hakkıyla sevmeleri ve hayatı ona kolaylaştırmaları konusunda onlara rehberlik etmemi nasip et.

Allah'ım beni böyle bir eşle yan yana getirmende, ben farkında olmasam bile sayısız hikmetler vardır. Ben bu hikmetleri görüyormuş gibi sakin ve doğru davranmak istiyorum, bunu bana kolay kıl Mevlâm. Senden gelen her şeyi hakkıyla razı olarak karşılamak istiyorum. Kendime düşeni yapmak konusunda sabırsız ve yetersizim. Beni bu konularda destekle ve zafiyetimi güce dönüştür Mevlâm. Sonuçta bu hayat geçici ve bizler burada karşılaşıp yaşadıklarımızla, gösterdiğimiz tutum ile ahiretimize hazırlanıyoruz. Sen çocuklarıma ve çevremdekilere örnek olacak hale getir beni. Her durumda Seni hatırlayıp, Senin isteklerini öne alarak yaşamam konusunda beni nasipdar kıl ey yüceler yücesi.

## Bu durumda olanların anne babalarına ve yakınlarına mesajlar

Bu ve bunun gibi benzer hangi durumu ele alırsak alalım, çevreden gelen olumlu mesajın etkisi çok büyüktür. Çevrenizde böyle birileri varsa, insanlık adına moral ve motivasyona acil ihtiyaçları olduğunu lütfen hep hatırlayın. Böyle çocukları olan anne babalar, daha küçük yaşta belli olabilecek ve tedbir alınabilecek belirtileri görmezden gelmemeli. Yaşına uygun beceri edinemeyen, iş yapma isteği ve sürdürebilme gayreti olmayan çocukları mutlaka bir psikoloğa götürerek, yaşına uygun gelişiyor mu diye kontrol ettirmeliler. Küçük yaşta tespit edilen en ağır durumlar bile, uygun tedbirler alındığında, çok önemli gelişmeler kaydedilebiliyor. Sonuçta bu Allah'tan gelen bir durumdur ve her birimiz hem böyle olabilirdik hem de çocuklarımızdan ve torunlarımızdan böyle olanlar çıkabilir. Kişilerin elinde olmayan bu durumun arkadan dedikodusunu yapmak, alay etmek ve rencide edici tavır takınmak, insan olana yakışmayacak ve bu durumda olanları ve ailelerini incitecek çok niteliksiz bir tutumdur. Bu tip davranışlardan şiddetle kaçınmalı ve Allah'a sığınmalıyız. Üstelik Peygamber Efendimiz (s.a.v); "Allah bir kulun kınadığı şeyi başına getirmedikçe onun canını almaz" buyuruyor.

Bize düşen Allah'tan gelene samimiyetle razı olmak ve bunun bize kim bilir ne gibi kazanımlar ve güzellikler getireceğini düşünerek, bize düşen insanca tavrı ömür boyu sürdürmeye çalışmaktır. Bu tip çocukları olan ailelere moral vermek, destek olmak, dua etmek ve bunun hikmetli bir durum olduğunu söyleyerek, hayatın sadece bu dünyadan ibaret olmadığını ve ahiretteki yatırımlarımız için bu dünyadaki sıkıntılara da ihtiyacımız olduğunu söyleyerek onları ferahlatmak ta insanlık borcumuzdur.

# İmtihanı Zorlaştırmak

*Yaşamımda edindiğim en büyük bilgi şudur;*
*kendi kendine yardım etmeyi bilmeyene, hiç kimse*
*yardım etmez.*

**Pestalozzi**

8 yıllık evliyim. Çocuğumuz olmadı. Eşimin rahatsızlığı var fakat gurur yapıp tedavi olmuyor. Kayınvalidem bunu bilmiyor ve benim çocuğum olmuyor diye çevreye yayıyor. İlâveten hali ve tavrı ile sürekli beni rencide ediyor. Bu durumda ben ne yapmalıyım?

## Görüşmede öğrendiklerim

Karşımda, sekiz yıl boyunca çocuk bekleyen bir çevre içinde bulunmuş ve sürekli çocuk konusunu açan bir kayınvalide tarafından bunaltılmış bir gelin hanım var. "Sen hastasın" diye doktora götürülmüş. Doktor "Sende bir rahatsızlık yok" dediği halde eşi bunu annesine söyleyememiş. Eşi rencide olmasın diye hanımefendi bunu çevreye ve en başta da kayınvalidesine duyurmuyor ama beyefendi ise hem tedavi olmuyor, hem durumunu ailesine söylemiyor. Hanımefendi iyice bunalmış ve ne yapacağını bilemediğini söylüyor.

Ne yazık ki, toplumumuzda hâlâ gereksiz bir gurur, aklın ve mantığın önüne geçebiliyor, bu çok üzücü. Peygamber efendimiz, "Ey Allah'ın kulları tedavi olunuz. Allah yarattığı her derdin devasını da yaratmıştır, yaşlılık ve ölüm istisna" buyuruyor. Dolayısı ile tedavi olmak hem kişisel hem toplumsal bir sorumluluktur. Hele de böyle bir durumda tedavi olmamak, ciddi anlamda kul hakkı almak anlamına geliyor. Burada, beyefendi rahatsızlığını gurur meselesi yaptığı gibi, annesine söylemeyerek de eşini zor durumda bırakıyor ve annesinin tavrına sessiz kalıyor. Erkek adamın çocuğu olur mantığı, hâlâ ne kadar anlayış olarak geride olduğumuzun bir göstergesi ne yazık ki. Oysa erkek de kadın da bir organizma taşıyorlar ve ikisinin de bir rahatsızlığının olması son derece normal bir durum.

## Sorunu kabul etmemek, sorunun büyüklüğünden daha tehlikelidir

Eşler sorunlarını açık net konuşmadıkça, kalıcı bir çözüm imkânı zor olur.

Toplumdaki erkek algısı, kimi erkeklerin üzerinde çok ağır bir baskı oluşturur, burada olduğu gibi. Erkek olunca, sanki hiç eksiği yanlışı olmaz, hiç hasta olmaz ve mutlaka çocuğu olur gibi, aklın kabul etmediği bir şekilde algılanıyor. Şimdiye kadar tedavi olunsaydı, büyük bir ihtimalle çoktan sıkıntı olmaktan çıkmıştı. Diyelim ki tedavi oldu ama iyileşme olmadı. O zaman bile şimdikinden daha iyi durumda olunurdu. En azından elimden geleni yaptım, artık gerisi takdirdir demek daha kolaydı.

## Görüşmenin devamında konuştuklarımız

– Eşinizin rahatsız olduğu nasıl ortaya çıktı?

– Önce sen hastasın dediler. Ben doktora gittim, senin bir şeyin yok, eşin gelsin dediler. Eşim gitmedi. Zoraki sperm tetkiki yaptırdık. Hareketli ve kaliteli sperm sayısı çok az imiş, tedavi olması gerekir dediler. Eşimde erken boşalma ve sertleşme sorunu da var. Ben sesimi çıkarmadıkça, sanki ben rahatsızmışım gibi muamele ediyorlar.

– Kaldı ki siz de hasta olabilirsiniz ve bugün artık pek çok rahatsızlığın tedavisi mevcut. Toplumumuzda hâlâ erkek adamın cinsel sorunu olmaz, erkek adamın çocuğu olur gibi, sanki erkek insan değil, hiç hasta olamaz anlamına gelecek garip yaklaşımlar mevcut. Dişimiz başımız nasıl ağrıyorsa, cinsel yönden de hastalıklar yaşanabilir. Bugün artık çok kolaylıkla her türlü rahatsızlığın tedavisi yapılıyor. Eşinizi davet etsem gelir mi acaba?

– Konu cinsel olmazsa gelir.

– Tamam, o zaman sizin mutsuzluğunuzdan dolayı davet etmiş olalım.

– Olur.

– Peki, kayınvalidenizin tavrını eşinizle hiç konuştunuz mu ya da eşiniz annesinin tavrı karşısında size bir açıklama yaptı mı?

– Yapmadı, konuşmaktan bile kaçıyor.

– Siz, "Annenle konuşursan sevinirim, herkese beni kötülüyor" deseniz nasıl cevap verir?

– "Ben anneme ne söyleyeyim, konuşsun dursun aldırma" der büyük bir ihtimalle.

– Peki siz kayınvalidenize durumu açıklasanız kayınvalideniz nasıl tepki verir?

– Kabul etmez, bana yüklenir ve "Kendi rahatsızlığını oğlumun üzerine atıyorsun" der büyük bir ihtimalle.

– Eşinizin yanındayken söyleseniz, "Anne ben değil oğlun rahatsız" deseniz?

– Belki de böyle bir şeye ihtiyaç var. Ben sustukça ikisi de bana sıkıntı verecek şekilde davranıyorlar.

– Bu durumda en kötü senaryo ne olabilir?

– Eşim annesine karşı mahcup olur, annesi "Oğlum hakkında nasıl konuşuyorsun" diye beni azarlar.

– Peki kayınvalidenizden yardım isteseniz, "Anneciğim rahatsız olan eşim ama tedaviyi kabul etmiyor. Şimdiye kadar müracaat etseydik şimdiye kadar belki de çoktan tedavi olmuştu. Beni dinlemiyor. Lütfen sen bunun önemli olmadığını, düzelebileceğini söyle. Seni dinler" deseniz?

– Bu daha makul. Suçlamazsam bana saldırmaz zannediyorum. Evet, evet bu yöntem iyi olur. Bunu söyleyebilirim.

– Siz kendinizden değil eşinizden söz ederek konuşmaya başlayın. Tedavi olmadığı için üzüldüğünüzü ve oğlunun bunu kafasına takıp çok üzüldüğünü söylerseniz anne yüreği dayanamayıp oğlunun tedavisi için çaba sarf edebilir.

– Olabilir.

– Ayrıca, farklı bir şehirde sizi kimsenin tanımadığı bir yerde doktora gitmek eşinizi rahatlatabilir. Doktora gittiğinizi de kimseye söylemezseniz eşiniz için daha da iyi olur.

– Evet gerçekten böyle olursa eşim daha kolay ikna olur diye düşünüyorum.

– O zaman en uygun bir zamanda, annesi ile görüşüp yardım isterseniz belki tedavi için bir adım atılması mümkün olabilir.

– İnşallah.

## Bu durumda olanların sorabilecekleri sorular

- Acaba eşime şimdiye kadar nasıl davransaydım tedaviye yanaşırdı?

- Şimdiki durumumuzda acaba eşimin gurur yapacağı şekilde konuşmamın etkisi olabilir mi?

- Bundan sonra, nasıl davransam ve nasıl yaklaşırsam bunun sadece sağlık sorunu olduğuna eşim inanabilir?

- Bizim gibi böyle sıkıntı yaşamış ve tedavi olmuş birilerini araştırsam ve eşimle tanıştırsam, belki tedavi için yüreklendirebilir mi?

- Eşimin çocuğu olmasa da onu çok sevdiğimi ve hayatımızı birlikte devam ettirmeye kararlı olduğumu söylesem acaba eşim rahatlar mı?

- Gerçek eksikliğin çocuğun olmaması değil, insanlığın olmaması olduğunu eşime nasıl hissettirebilirim?

- Çocuğu olmamak değer kaybetmek değildir. Bunu eşime nasıl anlatabilirim?

- Erkek olmanın, en başta, her türlü baştan çıkarıcı mesajlara ve haram bütün yollara karşı aslanlar gibi direnip ahlaklı kalmakla ortaya çıktığını ve benim için diğer şeylerin erkeklik ile ilgisi olmadığını nasıl ifade edebilirim?

- Allah kullarından razı olmak için illâki çocuk sahibi olmayı değil, hakiki bir mü'min gibi dosdoğru yaşamamızı istediğini nasıl anlatabilirim?

## Bu durumda olanların yapabileceği dualar

Allah'ım, biliyoruz ki sağlık da hastalık da Sen'dendir. Bize durumu hakkıyla anlayabilmeyi ve gereğini yapabilme gücü, kudreti ve basiretini ver.

Rabbim, eşimi incitmeden üzmeden, sebeplere tevessül etmek için doktora gitmeye ikna etmem konusunda bana yardım et ve hayırlısı ile tedavi olmasını nasip et. Senin her şeye gücün yeter. Bizim evimizi de kucağımızı da çocukla şenlendir. Çocuk nasip etmeyeceksen eğer, bizim bunu gönül rızası ile kabullenip teslim olmamızı sen sağla Allah'ım. Biliyorum ki, Sen dilediğine, dilediğin zaman, dilediğini verirsin. Bize çocuk vermemekle neyi, nasıl düşünmemizi istiyorsan bizim öyle düşünmemizi ve ona uygun davranmamızı nasip eyle Allah'ım.

## Bu durumda olan çiftlerin anne babalarına mesajlar

İster kızın isterse de erkeğin anne babası olun fark etmez. Artık ikisi de sizin evlâdınız. Birisinin derdi varsa, sizin de derdiniz olmalıdır. Ona içtenlikle çözüm aramalısınız. Diyelim ki gelinin kayınvalidesisiniz ve gelininizin çocuğu olmuyor. Siz kendiniz istediğiniz için mi Allah verdiği için mi çocuklarınız oldu? Her şey Allah'tan değil midir? Sabır, anlayış, hoşgörü bu gibi durumlarda olmayacak ta ne zaman olacak? Çocuklarınıza moral verin. Çocuğun evet çok önemli olduğunu ve fakat bize düşenin gerekli tedbirleri aldıktan sonra Allah'tan gelene razı olup teslim olmak olduğunu sizden duymalılar. Önce siz Allah'a teslim olmalısınız ki çocuklarınız sizi örnek alsınlar. İnsan olabilmenin tek şartı çocuk sahibi olmak değildir. Eğer çocukları her türlü tedbire ve tedaviye rağmen olmuyorsa, onları daha faydalı şeyler yapmaları için yönlendirin. İçlerindeki çocuk sevgisini kimsesiz yetim çocuklara bakarak, sosyal sorumluluklar alarak, birbirlerini sevip saymaya devam ederek hayata geçirebileceklerini anlatın onlara.

Birileri çocukları olmuyor dese ne olur? Veren de vermeyen de Allah. Onun işine kim karışabilir ki? Siz lâf söyleyenlere akıllıca cevaplar verirseniz bir süre sonra o konuşanlar da susmak zorunda kalacaklardır. İşte büyük olmak ve insan olmak, böyle kritik bir durumda daha çok ortaya çıkar. İlâveten, 10, 15, 18 sene sonra çocukları olmuş çok aileler var. Belki zamanını bekliyordur ve biz ne verirse versin Rabbimizden şartsız razı olmak durumundayız. Bunu büyükler bilip gençlere telkin ettiklerinde çok daha rahatlarlar.

# Ailede Eş ve Ebeveyn Dengesini Kurabilmek

*Sınırları belli olmayan bahçe, her önünden
geçenin ayak izini taşır.*
**Saliha Erdim**

*Eşim çok çalışkan ve düzgün bir insan. Onu çok seviyorum.
Benim tek sıkıntım, hem zaman olarak hem de ekonomik ola-
rak, ailesine yardım etmekten bizimle ilgilenmeye fırsatının*

*kalmaması. Eşim sessiz diye en ufak şeyleri bile ondan istiyor-*
*lar o da hayır diyemiyor. Biz çok mağdur oluyoruz. Bunu eşime*
*nasıl anlatabilirim?*

## Görüşmede öğrendiklerim

Anne babasına hayır diyemeyen, onlar ne isterse yapmak zo-
runda olduğunu düşünen ve bu sebeple de evini ihmal eden bir
eş var. Sekiz yıllık evliler, iki çocukları var. Kayınvalideye yakın
oturuyorlar. Anaerkil bir aile. Ailenin dört oğlu iki kızları olduğu
halde en çok bu oğullarıyla irtibat halindeler. Çünkü en çok bu
oğullarına sözleri geçiyor ve ne isterlerse onu yaptırıyorlar. Ne
babaları, ne diğer kardeşleri ne de anneleri, diğerlerinin de des-
teğini isteyip bu oğullarını biraz rahatlatmak gibi bir tercih için-
de olmamışlar. Durumlarını kimseye anlatamıyorlar, birbirleri
ile de bu konuda konuşamıyorlar. Hanımefendi de bu durumun
sadece kendi eşi ile ilgili olduğunu bildiği için artık tahammülü-
nün kalmadığını söylüyor.

## Görüşmenin devamında konuştuklarımız

– Evet haklısınız, bu sizin için zor bir durum. Eşinize niçin
böyle davrandığını hiç sordunuz mu, konuşabiliyor musunuz?

– Evet konuşuyoruz ama buna konuşmak denirse. Eşim işi-
ne geldiği zaman cevap verir, işine gelmezse susar. Sen duvara
konuşuyor gibi olursun. Biraz sonra da kafası kızar konuşmanın
yarısında kalkar gider. Öfkenle baş başa kalırsın.

– Eşinizin hangi düşünceyle böyle davrandığını biliyor mu-
sunuz?

– En başta "Onlar anlamıyor ne yapayım. Yapmadığımda
beddua ediyor, ben de bedduası tutar diye korkuyorum" demiş-
ti. Fakat kayınvalidem çok zeki, çocuklarını nereden bağlayaca-
ğını iyi biliyor.

– Eşinizin ailesinden konuşabileceğiniz bir yakını var mı?

– Amcaları var fakat araları iyi değil.

– Kayınpederiniz, diğer abi ve ablaları ile konuşmak ve yardım istemek nasıl olur?

– Hiç denemedim ama bu durumun bozulması hiç birisinin işine gelmez.

– Eşinize hiç hak verdiğiniz oldu mu?

– Hayır.

– Eşiniz de bu durumdan memnun değil fakat kendisini mecbur hissediyor olabilir mi? Eşinizin karşısında olarak değil de yanında olarak ve onu düşündürmeye yönelik hiç konuştunuz mu?

– Hayır, ben hep "Yapma böyle" diye konuştum.

– Eşiniz de size verecek cevabı olmadığı için konuşmaya yanaşmadı anlaşılan. Öncelikle eşinizin doğru yaptığı bir şey var. Anne baba hakkını ve hukukunu koruyor olması, her türlü takdiri ve teşekkürü hak ediyor. Buradan başlamamız lâzım.

– Ama biz çok zarar görüyoruz.

– Bu dozu ile ilgili. Eğer eşiniz çok katı ve merhametsiz birisi olsaydı bu size de yansır ve sıkıntı çıkarırdı. Eşinizde bulunan merhamet, anlayış, sabır ve şefkat gibi özellikler çok önemli. Sadece yerinde, zamanında ve dozunda kullanmasını bilmiyor olabilir.

### Bir vasfın olmaması, o vasfın yanlış kullanımından daha büyük bir eksikliktir

O vasıf var ve dozu uygun değilse, dozunu ayarlamak her zaman daha kolay ve mümkündür.

– Anladım. Ben hiç böyle bakmamıştım.

– Her birimiz her zaman doğru düşünüp doğru davranamayız. Önemli olan doğruları öğrenmeye ve kabul etmeye yatkın ve hazır olmamızdır.

– Peki ben şimdi nasıl davranmalıyım?

– İşte bu doğru bir soru. Önce teşhisi tekrar edelim. Eşiniz bunları istemeden, yani kendisini mecbur hissettiği için yapıyor diye düşünüyorum. Başka ne yapabileceğini bilmediği için bunu yapmaya devam ediyor. Siz de ısrar ettikçe kaçıyor. Çünkü sizi haklı buluyor ama bir şey yapamıyor, başka alternatif davranış ne olabilir onu da bilmiyor. Böylece, ailesi mutlu ama siz mutsuzsunuz. Onların ihtiyaçları görülüyor ama siz mağdur oluyorsunuz. Bu arada hem eşiniz psikolojik ve ekonomik yönden, hem de bu gerginliğin sağlığını etkilemesi sonucu bedenen zarar görüyor olmalı. Siz de eşinize lâf anlatamıyorum diye geriliyor ve sıkıntı yaşıyorsunuz. Mağduriyetinizi kabullenemiyorsunuz. Dolayısı ile hem o zarar görüyor, hem bu atmosferde bulunan çocuklar hem de siz. Doğru anlamış mıyım?

– Evet, tam da böyle.

– Eşinizle bir konuşma plânlayalım. Fakat bu konuşmadan önce siz bazı araştırmalar yaparak elinizde dokümanlar bulundurun. Kendini korumak, eş ve çocuklarının hukukunu korumanın önemine dair bilgiler toplayın. Ayet ve hadisler bulun. Öyküler, özlü sözler bulun. Yani çok önemli bir sunuma hazırlanıyor gibi hazırlık yapın. Maksadınız ailesine yardım etmemesi değil, dozunu ayarlaması ve sınırlarını iyi koruması olsun. Çünkü niyet her şeyin istikamet ayarını yapan çok önemli bir unsurdur. **Bir eksiği gidermek için başka bir doğru bozulmaz.**

– Bunu yapabilir misiniz?

– Evet, yapabilirim. Sözlerinizi çok doğru buldum ve çok etkilendim. Belki de ben böyle davransaydım şimdiye kadar çoktan daha iyi bir sonuç almıştım.

– Belki de. Fakat başka yönleri de var bu konunun. Şimdiye kadar kendilerine bağımlı olarak yetiştirdikleri ve hayır demenin büyük günah olduğunu öğrettikleri oğullarını, hem duygusal hem de inanç açısından kıskıvrak bağlamış olabilirler. Bu durum da sanıldığı kadar kolay çözülmeyebilir. Fakat bize düşen, doğru adımlarla hareket etmek ve Allah'tan yardım isteyerek devam etmek. Şimdi ise geçmiş geçti, şimdi gelecekle ilgili plân yapalım inşallah.

– Tamam,

– O zaman, eşinizle en uygun konuşma hangi zaman diliminde yapılabilir.

– Akşam yemekten sonra.

– Güzel, o zaman eşinize deyin ki, "Canım seninle biraz konuşmak istiyorum. Bana 10 dakikanı ayırabilir misin?" O da büyük bir ihtimalle tamam der, öyle mi?

– Evet.

– Zaman ayırdığı için teşekkür ederek konuşmaya başlayabilirsiniz. Konuşurken ben dili kullanın. Yani, "Şimdiye kadar sana yanlış yaklaştığımı fark ettim, özür dilerim. Sen aslında çok iyi niyetli, çok merhametli ve çok güzel gönüllü bir beyefendisin. Yıllardır zor durumda kaldığın halde anne baba hukukunu gözetmek adına sıkıntıyı göze alarak yardımcı oldun, seni tebrik ediyorum. Sen harikasın ve ben seni çok seviyorum. Sana şimdiye kadar bu şekilde davranamadığım için üzgünüm. Bakış açım yeni değişti. Bundan sonra sana destek olmak için elimden geleni yapacağım inşallah. Hani Allah Rasulü, "Ne kadar verelim Ya Rasulullah?" diyen sahabiye, avucunu sıkıp ileriye uzatarak, "Ne bu kadar sıkın cimrilik yapın, ne de saçıp savurun" diyerek avucunu açmış. Yani itidal içinde olun demiş. Ben kitap karıştırıyorken şöyle bir bilgiye rastladım, seninle paylaşmak istedim" diye derlediklerinizi anlatın. Bu desteğin sana ve bize zarar vermeyeceği dozu belirleyerek yürek yükünü azaltalım. Hem bizim vebalimiz, hem kendini korumamanın vebali hem de ekonomiyi toparlayamamanın yükü senden uzaklaşsın." tarzındaki bir konuşma, düşündürmeye yöneliktir ve tepki oluşturmaz diye umuyorum. Böylece, yakın vadede olmasa da uzun vadede tavır değişikliği çok daha mümkün hale gelir. Ayet ve hadislerden söz etmek bir Müslüman'ın yüreğini yumuşatır ve duygu oluşturur.

## Düşündürmeye sevk etmeyen hiç bir konuşma, gerçek hedefine ulaşamaz

Siz böyle konuştuktan sonra, artık bu konuyu mesele olmaktan çıkarmalı, kalan süreci Allah'a havale ederek sabırla doğru davranmaya devam etmelisiniz. Siz yanlış bir şey istemedikçe ve bunu doğru davranışlarla pekiştirdikçe, kendinizi daha iyi hissedecek ve daha çok rahatladığınızı göreceksiniz.

Genelde evlâtlar sağlam bir duruş sergilediklerinde, anne baba da tedbir üretmek zorunda kalırlar. Evlâtları sonuçta. Bir süre kızıp tepki gösterseler bile, sonunda affedip belli bir noktaya gelirler. Burada önemli olan eşinizin tutumu. Kayınvalidenizle, diğer kayınbiraderleriniz ve görümcelerinizle konuşma alternatifleri de değerlendirilebilir.

Bu noktada, ayet ve hadisleri yanlış yorumladığımızı söylemem gerekiyor. "Anne babanıza öf bile demeyin" ayeti, onlar ne derse yapın, sizin nasıl bir durumda olduğunuzun önemi yok gibi algılanıyor. Bazı anne babalar da bu ayeti çok yanlış ve usulsüz bir şekilde kelimenin tam anlamıyla kullanıyor ve zaten vaktiyle aklını geliştirmediği çocuklarını kölesi gibi kullanıyorlar. Bunun adı haksızlıktır, daha da ilerisi zulümdür. "Allah'a isyanda mahlûka itaat yoktur" ve "İnsanın kendisini koruması farzdır" hükümlerine göre de, kişiyi sosyal, psikolojik ve gerekirse ekonomik yönden zayıflatacak durumların iyice incelenmesi gerekir. Gerektiğinde anne babaya her türlü yardım yapılır. Fakat bilinçli bir istismar ve sömürü varsa, onlar aç ve mağdur olmasın diye mutlaka ne yapmamız gerekirse yapılır fakat daha fazlası için, akıl, muhakeme ve yerinde sınır koymaya ihtiyaç vardır.

## Anne baba olmak, evlâdını esir etme hakkı vermez.

İnsanlar olarak ister evlât olalım ister ebeveyn olalım, sınırlarımızı Hakkın belirlediği çerçevede korumalı ve yapacaklarımızı bu ölçüde yapmalıyız. Bu anne babamız bile olsa. Bilmeyen ve bilmediğini de bilmeyen anne babaların çocuklarına yapmalarını dayattığı öyle yanlış şeyler olabiliyor ki. Bilen bir evlât ise, onları kırıp incitmeden yapması gerekeni yapar, bu arada kırılıp tepki gösterirse gayet sakin olarak durumu izaha çalışıp gönüllerini almaya çalışır. Gönülleri olmasa bile, siz bir zulme engel olmuş, adalete göre hareket etmiş olursunuz. Ben hoşlanmıyorum diye 3 çocuklu hanımını boşamasını isteyenler, çocuğuna uygun olmadığı halde kendi gönlündeki mesleğini oku diye çocuğuna yanlış tercih için baskı yapanlar, ben onun babasını tanıyorum çok iyi insanlar diye kızını istemediği birisiyle evlendirmeye çalışanlar, her gün kızları evli ve çocuklu olduğu halde evine gelip bütün işlerini yapmasını isteyenler ve gurur yaptığı için yardımcının gelip iş yapmasını istemeyen ve daha nicelerini evlâtlarına reva gören anne babalar var. Aklı başında hiç bir evlâdın, Allah'ın razı olmayacağı bu talepleri yerine getirmemesi lâzım. Bundan sonra da "Hakkımı helâl etmem" diyorlar. Bu da başka bir duygusal sömürü ve eziyet aracıdır. "Canın sağ olsun" deyip geçiştirin. Evladın da anne baba üzerinde hakları vardır. Onlar ne derse desin, kesinliği belli doğrularımızdan taviz vermemeli ve gerekeni yapmalıyız. O zaman hakikati bilenle bilmeyenin bir farkı kalmaz.

### Doğru tavır, er geç yüreklerde onaylanır

Çok yakından tanıdığım bir beyefendi var. Eşi sülâlenin tedarikçisi gibiydi. Artık hanımefendi o kadar yoruldu ve kendini o kadar ihmal etti ki, depresyona girdi. Buna rağmen hâlâ bu işleri bırakmasın, bize hizmet etsin deniyordu. Beyefendi eşi ile geldi görüştü ve mutlaka anne babasının evinden ayrılması gerektiğini öğrendi. Anne babasına gidip, benim sizin için canım kurban. Fakat doktor eşimin iyileşmesi için "Evinizi ayırın dedi, ben mecburum bunu yapacağım" dedi. Bütün tepkilere sessiz kaldı, her gün gidip annesini öptü, okşadı, ben seni bırakmadım mesajına devam etti. Annesi kovdu aldırmadı, eve almadı aldırmadı. Her gün gitti, ihtiyaçlarını gördü, elini öptü ve "Doktor dediği için ayırıyorum" dedi ve evini ayırdı. Hanımefendi tedavi ve terapiye devam etti ve kısa sürede kendisine geldi. Bu seferde "İyi oldu artık geri dönsün" dediler. "Hayır anneciğim bundan böyle sizinle kendi evimizden ilgileneceğiz" dedi. Anne babası zamanla bu duruma da alıştılar, bir süre sonra da affettiler. Şimdi gidip geliyorlar ve araları da çok iyi. Anne baba hakkı önemli fakat hanımın ve ailenin de korunması gereken hakları var.

**Kendi sınırlarını korumayanlar, başkalarının sınırlarını çizmesine müsaade etmiş olurlar.** Bu da çoğunlukla ciddi kul hakkı ve gözyaşı anlamına gelir.

Eşlerin en önemli görevlerinden birisi kendi ailesinin hukukunu korumak ve iç bütünlüğünü tesis etmektir. Hem eşinin ve çocuklarının hakkını korumalı hem de anne ve babasının hakkını korumalıdır. Buradaki en önemli görev evlâda aittir. Çünkü pek çok ailede gelin hâlâ el kızı muamelesi görür. Hanımın annesi oğlunu evlâdı gibi görsün ister ama kendisi gelinine neredeyse Allah yarattı demeden eziyete tabi tutar. Ne yazık ki iyi örnekler olsa da, bu kadar katı örnekleri de hâlâ mevcut.

Aslında biz Müslümanların yaptığı ciddi bir yanlış daha var ki, meseleleri kişilerle halletmeye çalışıyoruz. Onu sevk ve idare eden kuvveti göz ardı ediyoruz. Biz söyleyeceğimizi söyleyip diğer kısmın tamamını Allah ile halletmeye çalışsak, bu tavır bizi çok olgunlaştıran ve eğiten bir sürece dönebilir. Meselâ, "Rızık Allah'tandır. Ancak benim nasibim beni bulur. O zaman bu eşimin değil Allah'ın elinde. Yeter ki biz gerektiği gibi samimiyetle çalışalım." desek, bakış açımız ve duygularımız hemen değişir. Yapanın üzerinde bir yaptıran var.

## Bu durumda sorulabilecek sorular

- Acaba bu durumda Allah nasıl davranmamı murat ediyor?
- Nasıl dua etmeliyim?
- Ne yaparsam, nasıl davranırsam bu duruma uygun olur?
- Eşimin doğru davranmasına nasıl katkıda bulunabilirim?
- Onu sevdiğimi, ona değer verdiğimi nasıl hissettirebilirim?
- Başka kimlerden yardım alabiliriz?
- Profesyonel bir yardım almaya ikna edebilmem için nasıl konuşmam uygun olur?

## Bu durumda yapılabilecek dualar

Allah'ım, eşimi ve beni aklını doğru kullananlardan eyle. Ne haksızlık edelim ne haksızlığa uğrayalım. Senin onaylayacağın bir iktidar ve güç nasip et. Sahip olduğumuz her türlü nimeti en uygun yerlerde ve dozunda kullanmayı nasip et. Ya Rabbim, halimizi hayreyle. Eşimi ve beni adaletle hareket edenlerden eyle. Duygularımıza uyarak haksızlık yapmaktan sana sığınırız. Eşimin doğru davranışlarına destek olmamı nasip eyle. Sınırlarımızı doğru bir şekilde belirlemeyi nasip et. Anne babamıza merhametimizi daima var et fakat merhametimizi maraza dönüştürme. Orta yolu bulanlarda eyle. Yeri geldiğinde en büyük fedakârlıkları yapabilmeyi gerekmediğinde ise normal davranabilmeyi nasip et Allah'ım. Razı olacağın şeyi gönlümüze düşür. Hayata geçirme başarısı nasip et ve bize sevdirerek kolaylaştır. Emanet verdiğin bu canı, aklı ve diğer bütün nimetleri geliştirmeyi ve lehimize olacak şekilde helâl dairesi içinde kullanmamızı nasip eyle Allah'ım.

## Bu durumda olan çiftlerin ailelerine mesajlar

Çocuklar, ölene kadar anne babanın sevap kapısı aynı zamanda sınavıdır. Saygı ve sevgi için sadece anne baba olmak yetmez. Önce yaşama biçimimiz, daha sonra da saygın davranışımızla onların gönlünde yer etmemiz lâzım. Zoraki saygı istenmez, saygı hak edilir. İhtiyaç olmadığı halde zoraki destek ettirmek eziyettir ve haksızlıktır. Ayet ve hadisleri onların bize yapmalarını istediğimiz şeyler için kullanmak, ayet ve hadisin ruhuna terstir. Anne baba adaletten ayrılırsa, çocuklarının gönlünde biterler. Çocukların fiilen anne babaların yanında olmaları önemli değildir. Gönüllerinde var iseniz bu anlamlıdır. Evlâtlar arasında adaleti gözetmek çok önemlidir. Kime haksızlık yapılırsa, kim ezilirse, ahiretteki hesabı artırır ve ciddi kul hakkıdır. Bundan şiddetle kaçınmak lâzım. Bütün evlâtların ilgilenmesi ve aileye katkısı gerekiyorsa, adaletlice sağlanmalı. Mazlum olana yüklenip ezilmemelidir. Her çocuğun aile hayatının ihtiyacı farklı farklıdır. Eşitlik değil, adalet ölçüsüne göre hareket edilmelidir.

Güzel yürekli nice insanlar, akıl ve muhakeme gücünü doğru bilgi eşliğinde çalıştırmadıkları için çok mağdur olmuşlar ve adeta cezalandırılmışlardır. Merhametleri onları yücelteceği yerde güçsüz ve zayıf bırakmıştır. Çünkü fazla duygusallık şeytandandır denir. **Yerinde hayır diyebilmek bir nimettir.** Yoksa tükenir gider insan ve kimsenin ruhu duymaz. Bu, anne babama görevimi yapıyorum derken, diğer hayati görevleri ihmal ederek ciddi bir vebal yüklenmektir. Bu evlâtlık değil sınırları koyamamaktır. Bu anne baba hakkını korumak değil, onların bilerek ya da bilmeyerek kurguladığı bir yanlış gidişi sürdürmektir. Asıl yanlışa ayak uydurmak ve onu engellememek vebaldir. "Bir haksızlık gördüğünüzde onu elinizle engelleyiniz, olmazsa dilinizle engelleyiniz ve hiç bir şey yapamazsanız kalbinizle buğzediniz" buyuruyor Peygamber Efendimiz (sav). Anne baba olmak her zaman doğru davranacakları anlamına gelmez. Üstelik her dediklerini yapmak gibi bir sorumluluğu yok evlâdın. Öyle olsaydı İbrahim (a.s) put yapan babasına itaat ederdi.

İnsanın kendisinin önemsenmediği, sömürüldüğü ve bilerek mağdur duruma düşürülerek eziyet edildiğini düşündüğünde, otomatik olarak karşı cephe oluşturur ve gardını alır. Bu hem çok acı verir, hem de kin ve intikam duygusu açığa çıkarır. Bu gerekçeyle çok önemli bir kuralı herkes hayatına yerleştirmelidir. **Kişinin yaptığının adı ne olursa olsun, insani ölçüler baz alındığında ortak akıl ona yanlış diyorsa, o davranışıyla kişi kendi yapısını ortaya koyar.** O yanlış yapıyor demeli, kişiselleştirmemeli ve değersizleştirdiğini düşünmemeliyiz. **O YANLIŞ YAPIYOR.** Bu kadar.

# Bir Eksikliği Başka Bir Yanlışa Dayanak Etmek

*İnsan düşünmek, inanmak, daha da önemlisi sevmek için dünyaya gelmiştir.*

**J.J. Ronsein**

**Hanımım** arkadaşları ile çok geziyor, sürekli dışarıda. *"Ben böyle rahatlıyorum."* diyor. Eve zaman ayırmıyor, iş yapmıyor, yemek pişirmiyor, tertip düzen diye bir şey yok. Evde iki çocuk var. Evin işini yapacak başka kimse de yok. Çok bunaldım, sizce ben ne yapmalıyım, eşim düzelir mi?

## Görüşmede öğrendiklerim

Beyefendi yalnız gelmiş. 11 yıllık evliler ve iki çocukları var. Eşinin 5-6 yıldır böyle olduğunu söylüyor. Beyefendi üniversite, eşi lise mezunu. Aralarında içten samimi bir diyalog yok. Beyefendi öfkelenince gözüm hiç bir şeyi görmez diyor ve telâfi etme alışkanlığı da yok. Eve para getirmeyi yeterli görüp başka bir şeyle ilgilenmeyen bir anlayışa sahip. Hanımefendi evliliğin ilk yıllarında daha iyiymiş. Cinsel hayatlarının kendisi açısından iyi olduğunu söylüyor fakat eşinin memnun olup olmadığı hakkında bilgisi yok. Şimdiye kadar bu durumun sebepleri hakkında düşünmek ve konuşmak yerine, sadece sonucu değiştirmek için çaba harcamış. Hanımefendi evle ilgilenmek yerine kendini adeta dışarıya atıyor ve nasıl rahat ve mutlu olacaksa öyle davranıyor. Birlikte paylaştıkları ortak meşguliyetleri ve paylaşımları yok. Birbirlerine güzel söz söyleyip iltifat etmiyorlar. Beyefendi işleri yapmaya ve çocuklarla ilgilenmeye çalışıyor ama yeterli olamıyor. Eşine ev ile ve çocuklarla ilgilen artık dese de işe yaramıyor.

## Görüşmenin devamında konuştuklarımız

– Eşinizin evde ve sizin yanınızda değerli olduğunu hissettirecek yaklaşımlarda bulunur musunuz?

– Eve gelip gidiyorum, onları kimseye muhtaç etmiyorum. Evden işe işten eve gelirim. Sigaram bile yoktur. Bundan iyisi can sağlığı değil mi?

– Doğru, bunlar iyi ve doğru vasıflar. Fakat **insan duygularıyla dengesini sağlar.** Hayatı kuşatacak duyguları besleyecek şekilde davranmadığınızda, insanın dengesi kayar. Evde huzurlu ve mutlu olamayanlar, mutluluğu dışarıda aramaya başlarlar. Bugün eşiniz de gelseydi, onu da dinleme fırsatımız olurdu daha net şeyler söyleyebilirdim.

– Haklısınız fakat ben ilk görüşmede daha rahat konuşayım ve durumumu detaylıca izah edeyim diye yalnız geldim. İkinci görüşmemize birlikte geliriz inşallah.

– Çok iyi olur. Eşiniz size ihtiyaç hissettiği davranış biçimi hakkında bilgi verdi mi, bir talepte bulundu mu? Meselâ, bana güzel söz söyle, birlikte zaman geçirelim, eve erken gel çocuklar ve ben seni özlüyoruz gibi.

– Evet, ilk başlarda söyledi. Fakat her zaman onun dediği gibi olmuyor ki?

– Nasıl yani?

– Ben işten yorgun geliyorum, hemen kafamı dağıtmak için bir şeylerle meşgul olurum, TV izlerim. Eşim de konuşalım ister. Ben konuşkan biri değilim. Öyle seni seviyorum falan da diyemem. Beni değiştirmeye çalıştı ben de yapmadım.

– Acaba sizi değiştirmeye çalıştı değil de asıl yapmanız gerekenleri yapmanızı istedi desek daha doğru olmaz mı? Çünkü siz bir aile babası ve eşsiniz. Eşiniz akşama kadar sizi özler ve iki çift söz etmek ister. Siz ona sevginizi göstermezseniz, onu memnun etmek için bir şeyler yapmazsanız, aranızdaki iletişim bozulur ve sevgi de saygı da zarar görür.

– Aynen öyle oldu.

– Peki, Peygamber Efendimiz, Kur'an inmeye başlayınca, inananlar hep değiştiler. Allah ve Resulü ne derse onu yapmaya başladılar.

– Tabi din başka.

– Bilâkis beyefendi başka değil hepsi aynı. Çünkü din hayatın ta kendisi. Sizin hayırlınız eşine iyi davrananlarınızdır diyor. Aslında hepimiz daha iyi durumda olmayı bizzat kendimiz istemeli ve gayret etmeliyiz.

– Bunları hiç öğrenmemişiz, zor geliyor hatta aklımıza bile gelmiyor.

– Anlıyorum.

– Peki siz eşinize daha iyi davransanız, eşiniz mutlu olsa ve yuvanız sevgiyle dolsa daha iyi olmaz mı?

– Olur tabii ki.

– Peki, ne yapacağınız ve nasıl yapacağınız konusunda bazı tespitlerde bulunsak ve siz bir ucundan başlayarak hayata geçirmeyi ister misiniz?

– Becerebilir miyim sizce?

– Elbette becerirsiniz. Sonuçta bunca yıldır evlisiniz ve severek evlendiniz. Belki de o kadar güzel davranırsınız ki ilk zamankinden daha iyi durumda olabilirsiniz.

– İnşallah.

– Şimdi bu durum neden görülür, nasıl ortaya çıkar, biraz onunla ilgili konuşalım.

– Tamam

## Ailesinin izini taşımayan yok

Genç kızlar ve delikanlılar, evlenmeden önce ellerine doğdukları anne ve babanın düzenlediği bir ortama gözlerini açarlar. Anne, baba ve eş nasıl olunur, ne nasıl yapılır, neye evet neye hayır denir gibi sayısız bilgi, ailede yaşanarak öğrenilir ve sınırlarımız oluşur ve her çocuk bunu en derinlere kodlar. Hiç kimse anne babasını seçmiyor. Hiç bir anne babanın çocuklarını seçemediği gibi. Bazen anne nasıl ise kızı da aynen öyle oluyor. Bazen de tam tersi olabiliyor. Bunun niye öyle olduğunun bizim tahmin edemediğimiz ve bilemediğimiz pek çok sebebi vardır. Fakat şu bilinen bir gerçek ki, anne baba çocuğun rol modelidir. Bu durumda olan hanımefendilerin çoğunlukla annesinden de böyle bir görgü ile büyüdüğünü görüyoruz. Bazen de yaşanılan sıkıntılar, kişiyi hiç öngörülemeyen biçimde savurmuş ve farklı davranış kalıplarına hapsetmiş olabilir.

## Sadece sonucu yargılamak, sebebi gözden kaçırmak demektir

Öncelikle, hanımefendiyi mutsuz eden bildiğiniz şeyler varsa oradan başlamak gerekir. Sizinle iletişim kopukluğu, sürekli aşağılanması, beceriksiz olduğunun vurgulanması, fiziğine dair algı değişiklikleri, yani kendisini güzel bulmaması. Çevresindekilerden ilgi görmemesi sonucu arkadaşsız kalması, kilolu olması ve kendisini oyalayacak şeyler yapma ihtiyacının ortaya çıkması. Regl düzensizliklerinin verdiği sıkıntılar, kendisini değerli hissedemiyorsa onun gerginliği ile baş edememesi gibi pek çok sebep sayılabilir. Bunu anlamak için, birlikte bir görüşme yapmamız gerekir.

## Önce sizden yansıyanların düzgün olması gerekir

Sizin şimdiye kadar ki alıştığınız iletişim tarzını gözden geçirmeli ve daha kuşatıcı, saygın ve karşınızdakini mutlu edecek bir yaklaşımı önce kendiniz için tercih etmelisiniz. Çünkü kalbinizdeki nedir, nasıldır, kimse bilmez. Bilinen şey, sizden yansıyanlardır. Sizden eşinize yansıyan şeyin yuvayı sıcacık hale getirici bir formda olması gerekir. Ayrıca bu tarz ömür boyu sürmeli ki önce kişinin kendi iç dinamiklerini mamur etsin.

Sebep bulunduktan sonra, ihtiyaca göre yapılacakları belirler ve ona göre hareket ederiz. Prensip olarak, önce sebepler ortadan kaldırılmalı. Çünkü eğitimde önemli prensip vardır. Denir ki, **"Sebepler değişmeden sonuçlar değişmez."** Boşanmak kolay olandır. İnsan her yaşta ve her zaman boşanabilir. Önemli olan kazanılmış değerleri yok etmeden iyileştirici çözümler üretebilmektir. Çünkü boşanmadan sonraki süreç, boşanırkenki gibi kolay gitmiyor ve öngörülemeyen yığınla sorun da birlikte geliyor.

## Sevgi değer gördüğü yere akar

Siz eşinize değer verdiğinizi hissettirin. Hatırını sorun, onu sevdiğinizi söyleyin ve sarılıp öpün. İlgi göstermeye devam edip, ona iltifatlar ederek, sebepsiz hediyeler alarak, kendisini sizin gözünüzde değerli hissetmesini sağlayın. Bu tutum her halükârda ilaç gibi gelecektir.

Ayrıca, ifade ettiğiniz kadarıyla aranızda ciddi bir diyalog kopukluğu da var. Eşinizi karşınıza alıp, önce iyi yönlerini, vaktiyle ne kadar iyi ve güzel şeyler yaptığını mevzu edin. Şimdi bunları yapamamasının mutlaka bir sebebi olacağını ve bunu öğrenmek istediğinizi söyleyin. Bu konuşmayı yaparken, söyledikleri karşısında savunmaya geçmemeniz gerekiyor. Meselâ, "Eve erken gel" derse, "Erken geldiğimde yüzüme mi bakıyorsun, bir güler yüz mü gösteriyorsun" gibi karşılık vermeniz halinde, diyalog anında biter. Sonuna kadar sabredip, onu evin dışına iten sebepleri teker teker tespit etmelisiniz. Burada amaç eşinizin nelerden sıkılıp bunaldığını ortaya çıkarmaktır.

## Bir hobi, pek çok ilaçtan daha iyileştiricidir

Eşinizin annesi de eşiniz gibi değilse ya da daha iyi durumda ise, konuşabilir ve yardım isteyebilirsiniz. Yakın görüştüğünüz arkadaşlarınızın eşleri ile görüşmelerini sağlayarak onlardan güzel örnekler edinmesini sağlayabilirsiniz. Çok güzel kişisel gelişim kursları, dersleri var. Onlardan birine gitmesi sağlanabilir. Bazen hayata dair küsmüşlükler kişiyi olumsuz etkileyebilir. Ani kilo almalar, tahsilinin yarım kalması, bebeğinin olmaması, veya olanlarla başa çıkamaması ve yetersiz hissetmesi ya da travma anlamına gelebilecek kayıplar yaşaması kişiyi olumsuz etkileyebilir. Bazı hobiler ve sosyal faaliyetler, kişiye yaşama amacını hatırlatır ve kendisine gelmesini sağlayabilir. Anlayışı ve anlatışı size uygun olan bir eğitimciyi düzenli olarak dinleyebilmek yeni ufuklar açarak fayda sağlayabilir.

Birlikte aile ziyaretleri, akraba ziyaretleri iyi gelir. Bazı güzel konulu aile filmleri çok işe yarayabilir. Bunların yanında, hayırlı bir gelişme için çok dua etmek, niyet tutarak sadaka vermek, namazları aksatmamak da diğer sigorta anlamına gelebilecek desteklerdir.

## Bu durumda olanların sorabilecekleri sorular

- Eşim evde mutlu ve huzurlu olmadığı için dışarıya gidiyor olabilir mi?
- Ben evdeki huzuru kaybettirecek neler yaptım acaba?
- Eşimle şimdiye kadar bunun sebeplerini konuşmadığım için ne kadar zaman kaybettim?
- Eşimin kendisini iyi ve değerli hissedebilmesi için neler yapmalı ve nasıl davranmalıyım?
- Şimdi nasıl davranırsam bundan sonrası daha iyi gelir?

### Bu durumda olanların yapılabileceği dualar

Allah'ım, insanların hayatlarını etkileyecek olan sözlerimi ve tutumlarımı düzgün oluşturmamı nasip et.

Sözlerim ve davranışlarımın karşımdakileri olumlu ve doğru davranmaya sevk etmesi için beni dikkatli ve duyarlı eyle Allah'ım.

Yaşadığımız sorunun bana dönük yüzünü görüp düzeltmem konusunda bana yardım et.

Kendimi değiştirecek kaynakları görmemi ve istifade etmemi nasip et Allah'ım.

Yuvamızın huzuru için, ilişkimizi daha iyi hale getirecek yaklaşımı ve paylaşımı öğrenmemi ve hayatımıza yansıtmamı nasip eyle ne olur Allah'ım.

Bir kulu hayattan koparmanın evden uzaklaşacak hale getirmenin ağırlığını, bunları düzeltmemi nasip ederek üzerimden kaldır Allah'ım.

Eşime düşen şeyleri de eşimin görmesi, anlaması ve gerekeni yapması konusunda ona da yardım et.

Çocuklarımız ve kendimiz için mutlu bir yuva oluşturmamızı sen lütfunla, ikramınla bize sağla Rabbim.

## Bu durumda olan çiftlerin anne babalarına mesajlar

Kızınız ve oğlunuz, sizin ömür boyu sevginize ve desteğinize ihtiyaç hisseder. Eğer ortada aile kurumuna ve kendilerine zarar verici ve normal olmayan bir gidişat varsa, iki tarafı da canınız görerek karşılıklı konuşmalısınız. Damadınıza ve gelininize oğlum ve kızım dediğinizde, yüreğinizdeki sıcaklık ve samimiyet hemen hissedilir. Onlar da size evlât gibi davranmaya başlarlar. Diyelim ki siz böyle davrandığınız halde gelin ya da damat el gibi davranmaya devam ediyor, siz anne şefkatiyle yaklaşmaya devam ettiğiniz müddetçe, sizin tavrınız değiştirici ve onarıcı iyileştirici işlev görmeye devam edecektir. Allah'ın yardım her zaman doğru davranıp bu tavrı ne pahasına olursa olsun sürdürenlerle beraber olacaktır. Siz sadece yardımcı olmak niyetiyle yaklaşıp incitici ve eleştirel bir tavır içinde olmazsanız, bu zamanla mutlaka sizin lehinize dönecek ve anlaşılmanızı kolaylaştıracaktır.

Gerektiğinde kızınıza veya oğlunuza, "Yavrucuğum, şöyle şöyle davranırsan eşin de Allah da senden razı olur. Aksi halde eşinin gönlünü kırmış olursun. Gönül Allah'ın evi. Eşin senin bir iki günlük değil, dünya ve ahiret yol arkadaşın. Onunla konuşurken lütfen özenli ol. Çok güzel bir özlü sözde deniyor ki, "Dal rüzgârı affetse bile kırılmıştır bir kere." Eşin senin dışarıda özenli davrandığın herkesten daha önemlidir. Aradaki ilişkiyi korudukça, önce sen kendine sonra da eşine ve aile huzuruna yardım etmiş olursun." demelisiniz. Geliniz veya damadınız objektif olduğunuzu, ayırım yapmadan doğru olan neyse ona uygun konuştuğunuzu gördükçe size güvenirler ve gerektiğinde size içleri rahat olarak ve kolayca danışabilirler. O yüzden de adaletli, sevgi dolu ve ikisini de evladınız gibi gördüğünüz tavır ve tutum, size her zaman saygı duyulmasını, paylaşım içinde olunmasını ve güvenilmesini sağlar.

# Bilmeyen Zanneder

*Ve eğer üzerinizden atmak istediğiniz bir
endişeyse, onu kendinizin seçtiğini, kimsenin size
yüklemediğini unutmayın.*

**Halil Cibran**

*Eşimle aramızdaki duygusallık bitti, nezaket de bitti ya da
bana öyle geliyor. Birbirimize kaba davranıyoruz. Bize ne tavsiye edersiniz?*

## Görüşmede öğrendiklerim

Hanımefendi tek geldi. 12 yıllık evliler ve üç çocukları var. Yedi yıldır özel bir sektörde çalışıyor. Cinsel hayatları yolunda. Çalışma hayatının temposu ile ev işleri ve çocukların ihtiyaçları bir araya gelince, birbirlerine ayırdıkları vakit iyice azalmış. Sohbetler, sakin sakin plân ve program yapıp uygulamalar, eş dost ziyaretleri artık yapılamaz olmuş. Birbirlerinin ihtiyaçları duygusal olarak giderilemediğinde ise gergin ve mutsuz bir insan ve huzursuz bir aile tablosu ortaya çıkmış. Alıştıkları kaliteli beraberlik bitince, duygular da aktive olamamış ve "Biz artık iki yabancı gibiyiz" diye düşünmeler başlamışlar. Diyaloglar ve paylaşımlar iyice azalmış. Araları soğumuş ve birlikte olmak artık keyif vermemeye başlamış. Cinsel hayatlarının yolunda olması ve kimlik kişilik sorunlarının olmaması çok ciddi artı iken, ikisi de sonuca bakıyor ve "Galiba evliliğimizin devamını sağlayan güç artık bitti" diye düşünüyorlar.

## Görüşmenin devamında konuştuklarımız

– Özellikle çocuklar olduktan sonra ve çalışma hayatının başlamasıyla aile ortamınız ve birlikte geçirdiğiniz zaman dilimleri nasıl etkilendi?

– Hiç birlikte zaman geçiremez olduk. Hep bir koşuşturmaca, işleri yetiştirme telaşı içindeyiz.

– Bu arada tartışmalarınız da artmış olmalı.

– Evet, nereden bildiniz?

– Çünkü paylaşımlar azaldıkça eşlerin arası soğumaya başlar ve giderek iki yabancı gibi hissetmeye başlarlar kendilerini.

– Evet aynen öyle oldu.

– Bugün eşiniz niçin gelmedi?

– O bugün meşguldü, "Çağırırsa gelirim" dedi.

– Bu güzel. İnşallah beyefendiyi de davet edelim ve onun cephesinden durumun ne olduğunu anlamaya çalışalım. Çünkü eşler birlikte dinlenmezse, tek taraflı dinleme ile hiç bir zaman gerçek duruma vakıf olamayız ve bu bizi yanıltır. Peki bu durumu hiç oturup konuştunuz mu?

– Bir kaç kere konuşmaya çalıştık ama birbirimizi suçlama ile neticelendi ve yine tartıştık.

– Peki efendim, zamanınızı daha iyi planlayarak birbirinize daha çok ilgi göstermeyi denediniz mi?

– Hayır.

– Çünkü sebebin bu olduğu aklınıza gelmemiş olabilir.

– Evet aynen öyle oldu.

Efendim, bu durum hemen her ailede yaşanabilen önemli bir durum. Zamanla eşler eski heyecanlarını kaybettiklerini düşünmeye başlarlar. Bu arada ikisi de bir şeyleri yeniden başlatmayı karşısındakinden bekler. Evlilik iki kişinin kararıyla oluşan bir kurum ve ilişkinin iyiye ya da kötüye gitmesinde ikisinin de dahli vardır. İnsanları hayatta en çok gerileten şeylerden birisi, ne yapılması gerektiğini fark ettiği halde bunu başkalarından beklemektir. Muhatabımız bizimle aynı zihin yapısı, aynı kişilik, aynı duygulanım ve aynı ihtiyaç içerisinde değildir. Bizim her aklımıza gelen onun aklına gelmeyebilir ve o da bizden çok farklı düşünebilir. Bu durumda, sanki o da aynı şeyleri düşünüyor ve kasıtlı olarak adım atmıyor gibi düşünürsek, bu bizim bakış açımızı ve yapacaklarımızı olumsuz olarak etkiler ve ona göre hareket ederiz. Oysa, hiçte öyle olmadığını zamanla anlarız. O geçen zaman içerisinde biz beklemek yerine hareket etseydik, suçlamadan ve yargılamadan konuşsaydık, saygı ve sevgiyle muamele ederek, varsa aradaki buzları eritmeye ve gönül alsaydık, onun değerini düşünüp kazanmaya çalışsaydık, şimdi iki tarafta daha iyi bir duygu durumunda olabilirdi.

**Eşlerden birisinin olumlu bir adımı atmaması, diğerinin de atmaması için mazeret olamaz.**

Efendim, insanlar evlendikten sonra artık kendilerinden ziyade ilişkinin zarar görmemesi ve birbirlerini korumaya ayarlı davranmaları gerekirken tam tersi oluyor ve giderek iki kutup haline geliyorlar. Bu evlilik kurumunun yapısına ve işleyişine ters bir durumdur. "Ben nasıl konuşursam ve davranırsam ilişkimize katkı sağlar, eşim ile aramızdaki duygu güçlenir?" sorusu zihnimizde olursa, ona uygun davranma şansı buluruz.

**Bir şeyi en güzeliyle başlatmak önemli fakat güzelliği daha da geliştirerek sürdürebilmek için gerekli çabayı sarf etmek daha önemlidir.**

Başlangıcı ne kadar güçlü olursa olsun, eğer bir şeye bilinçli bir ilgi gösterip uygun olan gıdası dozunda verilmezse, sistem zayıflar ve giderek fonksiyonel olmaktan çıkar. Eşler arasındaki duygu bağları kendi kendine güçlenmez. Başlangıçtaki güzel etkileşim, onu besleyen etkilerle güçlendirilmeli ve devamı sağlanmalıdır. Eğer evlilik kişiliğin sağlam temelleri üzerine bina edilmişse, o güzel yapı insanı savrulmaktan korur. Fakat evlilik fiziki yapısı, parası pulu, evi arabası gibi maddi temeller üzerine bina edilmişse, kişilikteki güzellikler göz ardı edilir ve bu imkânlar var olduğu müddetçe sistem iyi işler. Fakat kazara sıkıntılar yaşanmaya başlamışsa, tavır ve tutumlar da ne yazık ki değişir. Çünkü bu evliliğin varlık sebebi tehdit altındadır.

## Ne kadar olumlu duygu varsa, o kadar olumlu davranış olacak demektir

Duygu değişimi, insanın davranışlarının da değişmesi demektir. Özellikle eşlerin, ufak tefek şeyler için sıkıntı çıkarmamaları, aradaki güven ve sevgiye zarar vermemek için azami dikkat etmeleri, günü birlik ve ufak tefek yaşanmışlıkları gözünde büyütmemeleri gerekir. **Evlilik en yakın ilişki ağıyla iki kişiyi kuşatır.** Mahremiyete saygı, zaaflara ve eksikliklere vurgu yapmadan iyi yönleri daha çok öne çıkaran bir ilişki biçimine ihtiyaç vardır. Çocukların da olduğu bu kurumda, mutlaka karşılıklı saygı ve nezaket korunmalıdır.

## İyi söz iyi yapar

Eşler birbirlerinin iyi ve sevgiye değer yönlerini, kalıcı güzel vasıflarını sık sık hatırlamalı. Güzel sözler söyleyip, sevgilerini sözle ve zaman zaman da sebepsiz hediye alarak ifade ederek, olumlu ve güzel davranışlarından dolayı onore ederek, sinirli anımızda kırmamaya özen göstererek ifade etmeliler. İçten bir dinleme, anlamaya çalışma, benim için önemli olmasa bile, onun için önemli olana saygı duyup gerekli özeni göstererek "Sana değer veriyorum" mesajı verilmeli. Sevgi çoğu sıkıntıları bile hissettirmezken, sevgisizlik, en ufak şeyi bile gözde büyütmeye sebep olur.

Sevgi ancak, sevdiğinin ihtiyaçlarını öğrenmek ve ona uygun davranmakla ifade edilebilir. Sevgi korumayı, sevgi destek olmayı, sevgi anlamayı, sevgi bağlılığı ve vefayı, sevgi sadakati, sevgi kendinden çok sevdiğini düşünmeyi gerektirir. Aile hayatında yapılabilecek en önemli gayretlerden biri de eşinin sevgi dilini öğrenip, helâl dairesi içinde ona uygun davranmaktır. İlâveten, sevgiyi tanıyan zihin ve duygular, onu yeniden üretebilir ve eskisinden daha güçlü hale getirebilir. Sevgi bitmez, sadece biz bittiğini zannederiz. Duygularımız değişince düşüncelerimiz ve yaptıklarımız da değişir. Yeter ki bir iyi niyet ve akıllıca yaklaşım biçimi ile yuvamızı yeniden hayatın merkezine alabilelim. Yuvayı düşünürsek, yuvanın en baş aktörleri olan anne babayı ve çocukları da düşünmüş oluruz.

## Bu durumda olanların sorabilecekleri sorular

• Başlangıçta iyi giden evliliğimiz neden şimdi iyi gitmiyor? Bizde ne değişti?

- Bunun bana dönük yüzü ne olabilir?
- Acaba çocuklar olduktan sonra kendimi çocuklara adayarak eşimi ihmal etmiş olabilir miyim?
- İlâveten çalışma hayatına da atılınca, aramızdaki diyaloglar sadece ihtiyaçlara yönelik konuşmalar şekline dönüştü. Bu durumu değiştirmek için bir şeyler yapsaydım ilişkimiz nasıl etkilenirdi?
- Ben sadece yapacağım işlere ve onları iyi yapmaya odaklandığım kadar eşimin ve benim daha mutlu ve paylaşım içinde olabilmemiz için bir şeyler yapsaydım durum bundan nasıl etkilenirdi?
- Ben hep artık sevgimiz bitti diye teşhis koyduğum için, eşimin sevgisinin de bittiğine yordum bu durumu. Belki de o da benim hakkımda aynı şeyleri düşünüyor olabilir. Bu durumun sebebini anladıktan sonra, ne yaparsam durumu telâfi edebilirim ve sevgimizi yeniden canlandırabilirim?

## Bu durumda olanların yapabilecekleri dualar

Allah'ım, sevginin bittiğini zannetmek, insanın en büyük yanılgılarından birisi. Zihnimdeki bu algıyı ve inancı doğrusuyla değiştirmem konusunda bana yardım et.

Sevdiğim insanı yabancı gibi hissetmekten beni koru ve vaktiyle yaşadığımız duygularımızı yeniden canlandırabilmemi nasip et.

Bana bağlı sebepleri ortadan kaldırabilmek için elimden geleni yapmak istiyorum. Sen beni hayırla başarılı kıl. Uzun zamandır eşimin iyi yönlerini hiç görüp takdir etmedim. Hiç onun ne kadar iyi bir eş olduğunu ve çok iyi bir baba olduğunu hissettirmedim. Bunları telâfi etmem konusunda bana yardım et ve gerekeni yapabilmem konusunda beni destekle ve hayırlı bir netice ile bizi ödüllendir Allah'ım.

Çocuklarımız bizim yüzümüzdeki mutluluk ya da mutsuzluk ifadesine göre hareket ediyorlar. Sen yeniden çocuklarımızın ve bizim yüreklerimizi sevgiyle dolduracak mutlu atmosferi oluşturmamızı nasip et.

Eşimin kendisini bu evde değerli hissetmesi için uzun zamandır hiç bir şey yapmadım. O da bana yapmadı. Fakat ben başlatabilirdim. Sen benim hayır ve iyilik içeren davranışları başlatabilmem için beni destekle ve yardım et lütfen Allah'ım. Bu tablo içimi acıtıyor. Evde yabancı gibi durmak çok ağır. Sen bizi rahmetinle kuşat ve sevgimizi yeniden canlandırabilecek fırsatları bize nasip et. Önce benim durumu anlayıp hareket edebilmem için yardımını esirgeme.

Eşimin de kendisine düşenleri yapabilmesi için onu yürekten sevgiyle kuşatarak, yeni başlangıçlar için heyecan ve istek oluşmasını Sen nasip et Mevlâm!

## Bu durumda olan çiftlerin ailelerine mesajlar

Sevgi ve saygının azaldığını gördüğünüzde, hemen gençleri uyarın ve birbirlerinin duygularını canlı tutmaları ve beslemeleri için onlara destek olun ve yol gösterin. Sadece zaman ayırmak ve sevgi dolu paylaşımlar yapmak bile, iki tarafı da besleyecek önemli bir tutumdur. Gerekirse siz devreye girin ve konuyu birlikte konuşmalarına yardımcı olun. Çalışan gençlerin çocuklarını zaman zaman kısa süreli alarak, eşlerin baş başa zaman geçirmeleri konusunda onlara sürprizler yapabilirsiniz. İkisinin de iyi yönlerini gündeme getirerek birbirlerinin sevgilerini hatırlamalarına yardımcı olun. Tartışmalarına şahit olursanız taraf olmamaya çalışın. Eğer taraf olmak zorunda kalırsanız gelininiz ve damadınız tarafında olmanız iyi olur. Tartışarak meseleler çözümlenmez. Ortalığı yatıştırmak bazen en güzel çözüm olabilir. Lâf taşımak ve taraflı davranmak, düzelecek bir sıkıntıyı içinden çıkılmaz bir hale getirebilir. O sebeple bazen hiç karışmadan çocukları alıp gençleri baş başa bırakmak ta iyi bir çözüm olabilir. Bu arada anne baba duası çok mühimdir. Eve helâl rızık girmesi, sadakatli ve ahlâklı olmaları, saygılı ve sevgili davranmaları konusunda, anne baba tutumunun ve duasının önemi büyüktür.

# Paylaşılması Gereken Sorumluluklar

**Yerinde söz söylemesini bilen, özür dilemek zorunda kalmaz.**
*Fatih Sultan Mehmet*

*Eşim çocuklarla hiç ilgilenmiyor, uzaktan kumanda edip, istediği gibi olmadığında avaz avaz bağırıp çocukların moralini bozuyor. Kendisine söylemeye çalıştığımda ise beni azarlıyor ve dinlemiyor. Ben nasıl davranırsam doğru olur?*

## Görüşmede öğrendiklerim

13 yıllık evli ve dört çocuk sahibi bir aile. Hanımefendi yalnız gelmiş, eşi "Sen git düzel" demiş. Beş yıldır huzurları yok. Hanımefendi eşi kendisine iyi davranmadığı için, eşinin hassas olduğu konularda özen göstermiyor. Sık sık kavga ediyorlar. Kavgada hem ağızlarına geleni söylüyorlar hem de sonradan gönül alıp ilişkiyi düzeltmek için bir şey yapmıyorlar. İkisi de birbirlerini suçlayarak önce karşısındakinin adım atması gerektiğini söylüyorlar. Böyle gitmeyeceğini anlamışlar. Kimse daha iyi olmak için adım atmayınca durum daha da kötüye gitmiş. Diyalog kopuk, ilgi anlayış kalmamış ve evde ciddi bir huzursuzluk hâkim. İkisi de çok bunalmışlar. Hanımefendinin sosyal bir faaliyeti, bir hobisi ve eğitim almak adına bir çabası yok.

## Görüşmenin devamında konuştuklarımız

– Efendim, öncelikle soru sorma yönteminiz çok doğru, tebrik ederim. En doğru soru, insanın kendisine düşeni bulduran sorudur. Sorunuzun cevabından önce bazı soruları sormam gerekiyor.

– Daha çok nelerden kavga edersiniz?

– Ütüler vaktinde hazır olmadığında ve yemek hazır olmadığında sinirlenir.

– Peki bunları düzeltmek için siz neler yapıyorsunuz?

– Hiç bir şey. Benim ilgimi hak etmiyor eşim. Hem ağzına geleni söyleyecek hem hizmet bekleyecek, yok öyle bir şey.

– Ne kadar zamandır bu durumdasınız?

– Yaklaşık beş yıldır böyleyiz. Sık sık kavga ederiz, ikimiz de ağzımıza geleni söyleriz. Sonrada o küser, ben de küserim ama ben çabuk barışırım, eşim uzatır.

– Peki siz eşinizi memnun etmek için hiç çaba sarf ettiniz mi?

– O benimle hiç ilgilenmezken benim de yapasım gelmiyor.

– Boşanmak hiç gündeminize geldi mi?

– Evet, ben de o da artık yürümüyor, ayrılalım demeye başladık. Fakat benim boşanmaya niyetim yok. Zannediyorum o da sözde öyle söylüyor.

– Eğer aranızdaki gerginlik artarsa, tartışmalar bitmek bilmezse, beyefendi ciddi ciddi boşanmayı düşünür mü?

– Herhalde.

– Siz boşanmak istememeye devam ederseniz, eşiniz de mutlaka boşanacağım dese, bu başka bir sorun daha oluşturur diye düşünüyorum ne dersiniz?

– Doğru.

– Sizin eşinizin ihtiyaçlarını gidermemek konusunda haklı gerekçeleriniz var mı? Niye yemek, ütü vb işler aksıyor?

– İstesem yaparım aslında. Fakat o da benim istediklerimi yapmıyor niye ben yapayım diye düşünüyorum. Benim iş yapmadığımda nasıl bir aksaklık yaşandığını görsün, kıymetimi bilsin ve o da kendine düşeni yapsın istiyorum.

– Fakat ortaya çıkan durum sanki ders alıp kendine çeki düzen vermeye değil de daha çok çatışmaya dönüşmüş gibi.

– Evet aynen öyle oldu.

– O zaman bu yöntemin işe yaramadığını görüp, kendinizi ifade etmek ve sizin de eşinizin yapmasını istediğiniz şeyleri anlamsı konusunda yeni yöntemler denemelisiniz diyebilir miyiz?

– Yani iş yine bana dönüyor.

– Evet, ilk adım ve devamı her zaman kişinin kendisinden gelmeli. Meselâ hiç konuşmayı denediniz mi, nasıl sonuçlandı?

– Konuşmak derken her zaman şunu yap bunu yapma diyerek söylüyorum. Ayrıca oturum yapmam gerekmiyor herhalde?

– Aslında gerekir. Çünkü onun sizin tenkitlerinizi değil, taleplerinizi dinlediği, düzgün cümlelerle ifade edilmiş konuşmalar, daha ciddiye alınır, anlaşılma şansı daha yüksek olur.

– Öyle bir şey yapmadım.

– Peki efendim, madem boşanmak gündeminizde yok, daha iyi olmak ister misiniz?

– Tabii ki isterim.

– Şu anda muhatabım siz olduğunuz için, size düşenlerden başlasak olur mu? Diğer görüşmeye eşinizi de davet ediyorum. Geldiğinde onun penceresinden görünenleri de dinler, birlikte bir yol haritası çıkarırız inşallah.

– Olur.

## Bilerek yapılan bir yanlış, bilmeden yapılan bir ton yanlıştan daha ağırdır

Görüşmenin devamında, hanımefendi eşi ile inatlaştığını ve bilerek kendisine düşenleri yapmadığını böylece eşinden intikam aldığını söyledi. Tartışırken de eşinin gururuna dokunacak ve onun kendisini kötü hissetmesine sebep olacak şekilde konuştuğunu söyledi. Cinsel hayatlarının da bu tartışmalardan dolayı yolunda gitmediğini ve kendisinin uzak durduğunu söyledi. Bu tartışmalar çocukların yanında geçtiği için çocuklar da gergin ve agresif davranmaya başlamışlar. Kendi aralarındaki kavgalar artmış ve başa çıkamaz hale gelmişler. Beyefendi de zaten evden gergin çıkıyor ve gergin geliyormuş. Böylece evdeki ortam her zaman tartışmaya hazır bir atmosferde oluyormuş. Bu arada birbirini besleyen negatif yaklaşımlar ve öfkeyi tetikleyici tutumlar da huzursuzluğun tuzu biberi olmuş. İkisi de suçu birbirlerine atıyor ve düzelmek için illâki karşısındakinin adım atmasını bekliyorlarmış. Böylece kilitlenmiş bir ilişki, iki tarafı ve çocukları mutsuz ve huzursuz bir şekilde ve her gün daha kötüye giden bir şekilde etkilemeye devam etmiş.

### Kendisini sorumlu gören sorumluluk alır

Ailede, birisinin mutlaka motor güç olması ve daha iyiye gidişi başlatması gerekir. Eğer bu sağlanamazsa, aile hayatı boşu boşuna cehenneme döner ve ne yazık ki boşanmaya kadar gider bu durum. Oysa danışsalar ve yardım alıp kendilerine düşeni yapsalar, Allah'ın izni ile mutlaka çok daha iyi ve güzel bir atmosfer oluşmaya başlar.

Efendim, aile ancak uygun adım bir tempoda yüründüğünde insana huzur katar, ömrünü artırır. Ancak her zaman ne yazık ki bu tablodaki huzur yakalanamaz. İnsanlar genellikle üç şey yapar, yaşananları seyreder, olmadığında eleştirir, düzeltecek adımları karşısındakinden bekler. Oysa insan, her durumda hem etkilenir hem etkiler. Eşlerin birbirine genelde iyi ve olumlu bakması durumunda, zihinlerde olumlu bir hazır oluş bulunur. Bu yapılacakları etkiler. Sabah olduğunda güler yüzlü ve tatlı sözlü bir eş, güneşi yüreklere doğdurur. Huzurlu bir atmosfer bulunan evde, insanlar daha az gerilir ve daha az sorun çıkar.

**Düzgün bir ailede ve dengeli insanların bulunduğu çevrede yetişenler, daha doğru davranma dinamiklerini başkalarına nazaran daha çok taşırlar.**

Hayatı nasıl yaşayacağını bilemeyenler, çoğunlukla ailesinden devraldığı kilitleyen iletişim tarzını düşünmeden kendi hayatına da uygular. İnsan yaptıklarından ve yapmadıklarından sorumludur ve hesaba çekilecektir. Bunlar, konuşmaya ve düşünmeye yanaşmadıkları için, krize yakınlaşırlar. Sürekli bağıran bir baba, evde sempatisini kaybeder ve yüreklere soğukluk hâkim olur. Hayatı yaşarken yanında olmayan baba, eleştirme hakkını kendinde buluyorsa, orada iletişimden değil, hükmetmeden söz etmemiz gerekir. **Sevmeyi bilmeyenler, sevilmeyenlerdir.** Hele de çocukları sevmeyenler ve kendi çocuklarını sözde sevdiğini söyleyip pratikte tam tersini yapanlar, hayatı yaşanılmaz kılma mimarlarıdır.

İnsan zihnini bilgiye kapatırsa, beyin küçültür ve hayata bakan pencere sayısını azaltır. İşte bu tarz insanlar, ne söylersen söyle, sadece kendi bildiğini tekrarlar durur. Ailesinde kendisine inisiyatif verilmeden, kendi rollerini yapmada yetersiz bırakılanların, eleştiriye tahammülleri yoktur. Onlar bir konuda uyarı aldılar mı, okları hemen karşısındakilere çevirir ve kendi haklılığını ispat etme yarışına girer. Sizin ne kadar haklı olduğunuzdan ziyade, onun kendisini ne kadar haklı gördüğü üzerinden konuşma, kavgaya kadar ilerler.

## Bundan sonra

Ailede yetişkin eğitimi başlatmalı, uygun radyo ve televizyon programları takip edilmeli, kitap okunup uzmanlar takip edilmeli; bunlar teknik şartlar. Asıl önemli olan bundan sonrasıdır. Evde adam yerine konduğunu hisseden beyefendi kendisini daha iyi hisseder ve tavırları biraz daha olgunlaşır. Fakat bu arada onun karşısında zayıf görünürseniz (ki insanı zayıf gösteren şeyler umursamazlık, rollerine dikkat etmeyip baştan savmak, dinlememek, anlama çabasının olmaması) sizi eleştirmekten ve aşağılamaktan geri durmaz çünkü; insan fıtratı zulmetmeye eğilimlidir ancak duygularını frenleyip Hakk'a uygun davrananlar istisna.

## Eleştirilen insan gerçeği göremez çünkü eleştiri savunmaya sevk eder

Eleştiri sorunun görülmesini önler ve sadece devamına hizmet eden bir sürece iter. Oysa, yanlış olan bir tavrı iki tarafta sakin iken nezaketlice konuşarak, şahsı düşünmeye sevk edecek bir diyalogla gündeme getirmek çok önemli. Bir diğer önemli husus ise, bir sıkıntılı davranışa vurgu yaparken, bunun bir kişilik sorunu haline getirilmemesi gerekir. O yüzden "Sen dikkatsizsin, çok beceriksizsin, hiç ciddiye almıyorsun, ne zaman bizi düşünerek hareket edeceksin?" gibi sorgulamalar, davranıştan çok kişiliği sorguladığı için, sorunlu davranıştan uzaklaşılır. Kişi, kendisine yöneltilen suçlamanın altından kalkma mücadelesi verir ki, bu bizi çözümden uzaklaştırdığı gibi, ilişkileri daha da karmaşık hale getirir. Çünkü suçlanan kişi, kendisini suçlayanın açığını bulmak ve suçlamada bulunmak için malzeme arayışına girer, bulur da. Böylece karşılıklı suçlamalar başlar. Güya niyetimiz sorunu konuşmak ve halletmekti fakat iş kişilik savaşına ve savunmasına dönüşmüş oldu. Bu arada sorun da katlanarak büyümeye devam eder ne yazık ki.

Dikkat edilecek bir diğer husus da, ilişkilerimizi gözden geçirerek bağırma sebeplerinin bizimle ilgili kısmını bulmaya çalışmak ve ortadan kaldırmak için ciddi mücadele etmektir. Bunu samimiyetle yapmak bizi sonuç almaya götürür. Evin tertip düzeni mi, yemeğin hazır olup olmaması mı, iş yoğunluğu ve stresi mi, ailesi ya da işyerindeki ilişkilerinden kaynaklı bir stres mi? Hangisi ya da hangileri? Tamamen bunların dışında bir şey de olabilir.

**Hayatı doğru yaşamaya dair gerekli bilgileri öğrenmeyenlerin, hayatının düzgün gittiği görülmemiştir.**

Bu çabanın bir devamı olarak, beyefendi ile, saygı ve nezaket çerçevesinde ve suçlamadan, nelerin onu sinirlendirip öfkelendirdiğine dair bilgi edinmek, söylediği şeylere karşı çıkıp savunmaya kilitlenmeden içtenlikle onları düzeltme çabası içine girmek. İşte süreci onarıp düzeltmeye yönelik bu tutumlar ve çabaların bizatihi kendisi bile, muhatabın duygularını olumlu yönde etkileyecek ve çözüme katkıda bulunacaktır. Ayrıca, sebebin bize anlamlı gelmesi de gerekmez. Eğer bir şey eşimizi üzüyor ve yıpratıyorsa, insani bir duyarlılığa sahip olan bir hanımefendinin elinden geleni yapması, hem eşlik hem de insanlık vazifesidir. Aynı durum beyefendiler için de geçerlidir. "Ben elimden geleni yapıyorum sen karşılık vermiyorsun" gibi beklenti içinde olmak yerine, kendimize düşeni beklentisiz yaptığımızda, daha kolay ve sıkıntısız çözümler üretilebiliriz. Sonuç ise hem daha güzel olur hem iki tarafı da yıpratmaz.

Bazen de hormonal sebeplerle ya da mizacı gereği öfke eğilimi içinde olunabilir. Sebep ne ve hangisi olursa olsun, önce bize düşeni yapmalı, eğer sonuç alınamıyorsa, bir uzmandan psikolojik destek alınmalıdır efendim. Aslolan hayatı birbirimize kolaylaştıracak şekilde yaşayabilmektir.

## Bu durumda olanların sorabilecekleri sorular

- Ben boşanmayı düşünmüyorum ama ya bu gidiş boşanmaya kadar gider de bizi boşanmak zorunda bırakırsa?
- Ben boşanmayı hızlandıracak şekilde davrandıkça elime ne geçecek?
- Boşanırsam dört çocukla kimin yanına sığarım, ailem bile beni istemezken?
- Peki ben bu inatçı tutumumu sergilerken eşim ya gerçekten benden soğur ve boşanırsa?
- Çocukların yanında tartıştıkça kendimi haklı gösterecek şekilde konuşuyorum ve çocuklar da benim abarttığımın farkındalar. Ya çocuklarımın güvenini ve sevgisini kaybedersem?
- Ben şimdiki iletişim tarzımla çocuklarıma da kötü model oluyorum. Bunu nasıl değiştirebilirim?
- Şimdiye kadar eşimin taleplerini yerine getirseydim eminim ki eşim aslında iyi bir adamdır, şimdikinden daha iyi davranırdı. Ben nasıl bu hale geldim?

- Acaba arkadaşlarımın ve izlediğim dizilerin bu hale gelmemde ne gibi etkisi olmuştur?

- Ben eşimden bir kere bile özür dilemedim, özür dileyip "Affet beni hayatım" desem eminim ki şimdi bile yumuşar. Fakat bu benim gururuma dokunuyor, sanki kendimi küçülmüş gibi hissedeceğim endişesi var. Bu duygudan nasıl kurtulabilirim?

- Huzurlu ve kavgasız bir hayatı çok özlüyorum. Bunun için neler yapmalıyım?

- Elimi vicdanıma koyunca, ben düzelsem ve kendime düşeni yapsam eşim düzelir gibi geliyor bana. Fakat bunu yapmayı hem istiyorum hem istemiyorum. Bununla nasıl başa çıkacağım?

## Bu durumda olanların yapabileceği dualar

Allah'ım, sen herkesi kendi yaptıklarından hesaba çekeceksin. Ben şimdiden hesabımın çok olduğunu biliyorum. Sen bana, bari bundan sonra daha iyi davranabilmem için yardım et ve bu çıkmazdan beni ve ailemi kurtar.

İçimdeki intikam alma, inadına ve çileden çıkaracak şekilde davranma hislerimi benden al ve daha doğrularını bana ver, Sana yalvarıyorum.

Benim bunun için neyi öğrenmem gerekiyorsa bana onu karşıma çıkararak buldur ve hayatımı düzeltmem için kullanabilmemi nasip et.

Bu huzursuzluğun değil de huzurun mimarı olma şerefini bana bahşet lütfen Rabbim.

Çocuklarımın ve eşimin gözünde bundan sonra iyi bir anne ve iyi bir eş olmak istiyorum. Sen bana bunu yaşamayı nasip et.

Allah'ım, kim ne yaparsa yapsın, beni doğru davranacak şekilde güçlü bir iman ve irade ile donat.

Bir an önce değişebilmem ve bundan sonra da yapmam gerekenleri ciddiye alıp aile hayatımı cennete çevirebilmem konusunda beni nasipdar kıl, başarmamızı lütfet ve ikram et ne olur Mevlâm.

## Bu durumdaki çiftlerin ailelerine mesajlar

İki tarafın da ailesi olarak, kişileri değil tutumları ve davranışları konuşmalısınız.

Suçlamadan ve eleştirmeden yapıcı bir şekilde yaklaşmalısınız.

Yaşananlar size ters gelse bile, yangına körükle gitmek kimsenin işine yaramayacağı gibi, durumu daha da derinleştirecek etki yapar.

Taraf olmadan, ortaya konuşmalı ve durumu düzeltebilecek pratik tavsiyelerde bulunmalısınız. Herkes kendi çocuğundan başlayarak onların davranışı üzerinde durmalı ve bunları düzelttikleri zaman ilişkinin de düzeleceği mesajını vermelisiniz.

İkisinin de iyi olduğuna vurgu yaparak, her ailede böyle sıkıntılar yaşanabileceğini fakat her iki tarafın da elini taşın altına koyarak sorumluluk alması gerektiğine vurgu yapmalısınız.

Eğer düzelme uzayacak ve ortak bir noktada buluşmak zaman alacak gibiyse, mutlaka bir aile danışmanına gidip, uzman görüşüne göre hareket etmelerini tavsiye etmelisiniz.

# Nimeti Göremeyenler

*En kolay şey insanın kendisini aldatmasıdır,
çünkü bir insan genellikle istediği şeyin gerçek
olduğuna inanır.*

**Demosthenes**

*Dört aylık evliyim. Eşim bana çok akıllı olduğumu söyledi ve
"Ben kendimden daha akıllı bir kadınla yapamam, boşanalım.
Ben bu kadar akıllı olduğunu bilseydim seninle evlenmezdim."
dedi. Ben ise eşimi seviyorum ve ayrılmak istemiyorum fakat
eşim işlemleri başlattı bile. Çok şaşkınım, ne yapmalıyım sizce?*

– Eşinizin tahsil düzeyi nedir?

– İkimiz de üniversite mezunuyuz. Ben yüksek lisansımı bitirmek üzereyim.

– Evlenmeden önce veya evlendikten sonra eşinizin tahsil düzeyine ya da ürettiği çözümlere, aklını kullanma biçimine dair, sizden kaynaklı bir eleştiri, küçümseme veya başkalarının yanında mahcup etme gibi bir durum yaşandı mı?

– Hayır bilâkis benim için insanlığı ön plândadır. Hiç bir zaman tahsili gündem konusu olmadı. Üstelik de kendisi iyi ve başarılı bir insandır.

– Sizin aile içindekinden başka akrabalar arasındaki imajınız nasıl?

– Çok iyi, herkes beni çok sever. Becerikliyimdir. Elim her işe yakışır. Radyoda program yapıyorum, seminerler veriyorum. Eşimi hem seviyorum, hem saygı duyuyorum ve incitmemek için elimden geleni yapıyorum. Biz daha çok yeni evliyiz, beni çok sevdiğini zannediyordum, böyle söyleyince şok oldum. Benim için gerçek bir travma bu durum.

– Haklısınız. Bu tavrın bir iyi, üç tane de kötü yanı var. İyi çünkü, bu durumu gizleyip yıllarca kompleks yaparak size hayatı zehir edebilir fakat açık vermeyebilirdi. Dürüstçe "Seninle yapamam" demiş. **Kötü** çünkü **1.** Karşısındakinin aklından bu kadar rahatsız oluyorsa, bunun tedbirini evlenmeden önce almalıydı, anlamaya çalışıp öyle evlenmeliydi. Daha çok yeni evli bir çift iken, bu tavır gerçekten de bir travma. **2.** Kendisini ne kadar aciz ve yetersiz gördüğünü ortaya koymuş. Akıl bir nimettir. Bilâkis ben, evlenecek olan her gencin, eşinin diğer bütün vasıflarından önce akıllı olup olmadıklarını anlamalarını tavsiye ediyorum. Akıllı olduğu için Allah'a nihayetsiz şükretmesi gereken bir durumda, akıllı diye ayrılmaya kalkmak, akıl dışı bir durum gibi görünüyor. Hani altının kıymetini sarrafı bilir demiş ya atalarımız, değer taşıyanın kıymetini de o değeri tanıyan ve önemini anlayan bilir. **3.** Bu beyefendi, sizin aklınıza yetişmek ve sizinle daha yukarılara çıkmak yerine, kendi kuytusunda kalmayı tercih ediyor. Böyle davranmakla kendi gelişimini engellemiş. Hayat hep seçimlerden ibaret. Bazen eşlerden birisi diğerine tabiri caizse bir iki beden büyük gelir. Birisi koşmak hatta uçmak ister, diğeri de onu eteğinden tutup kendi yanında alıkoymak ister. Herkes, muhatabının kendi seviyesinde olmasını ister. **"Kartallar gibi uçmak istiyorsanız, sürüngenlerle oturup kalkmayın. Çünkü insan arkadaşına benzemeye meyillidir."** özlü sözünde ifade edildiği gibi, kişi zamanla arkadaşına benzeyecektir. Evlilik devam ederse, sizi kendisine benzeterek değil, farklılıkları bir zenginlik olarak görüp, daha mutlu olmanın vesilesi haline getirmek üzere birlikteliği inşa etmelisiniz.

Bir de şöyle düşünmeye ihtiyaç vardır. Bazen, baskın karakterli olan, diğeri üzerinde farkında olmadan hâkim bir rol oynar. Hali, tavrı ve ifadeleri ile yönlendiren, yöneten, "Ben senden daha iyi bilirim" diyen bir görüntü sergiler. Bu yapı bir hanımefendide ise beyefendi de sakin sessiz ve içe dönük bir tip ise, bu baskın karakter karşısında kendini aciz, yetersiz ve silik bir şahsiyet olarak görecektir. Bu psikoloji ile yapabileceklerini bile yapamaz hale gelecektir. Bu durumda çatışma ve geçimsizlik kaçınılmaz olur. Bazen hanımefendi tahsili ve becerileri ile ilgili hiç bir şey söylemese bile, beyefendinin bilmesi yeter. En ufak bir durumda, "Tabi sen tahsillisin ya çok bilirsin, ben bilmem ona sen karar ver. Ben zaten ne bilirim ki?" gibi, durumla hiç ilgisi olmayan şeyleri bile eşinin tahsili ile ilişkilendirip sataşma sebebi sayabilir.

### Aklını geliştirmeyenin ibresi hep şaşar

Bu gerekçeyle, İslâmdaki küfüv ne kadar önemli diye düşünmeden edemiyor insan. **Erkeğin yönetici konumunu hakkıyla**

icra edebilmesi için, eşinden en az bir kaç yönden üstün ol-
ması gerekir; bunlardan birisi gelişmiş akıl, diğeri de sevk
ve idare kabiliyetidir.

Şimdi, eğer eşinize karşı böyle üstten bakan bir tutum sergi-
lemişseniz, bu tavra zemin oluşturmuş olabilir. Yok hiç bir şekil-
de bunu çağrıştıracak bir şey yapmamışsanız, oturup konuşun.
"Ben seni seviyorum. Bu evin yöneticisi sensin. Ben senin ve
yuvamız için aklımı kullanacağım. Sen de çok akıllısın. Farkın-
da olmadan seni rahatsız eden bir tutum mu sergiledim acaba?
Eğer varsa özür dilerim. Oturup konuşalım, evliliğimizi kurtara-
lım" diye konuşabilirsiniz. Eğer bir talebi olursa ona göre davra-
narak denemenizi tavsiye ederim. Bu hem Allah'a karşı hem de
vicdanen "Ben elimden geleni yaptım" demek için denemeniz
gereken bir süreçtir. Kim bilir Allah takdir ederse ciddi düzelme-
ler görülebilir. Sistem yeniden daha iyi işlemeye başlarsa, siz de
memnuniyetle devam edersiniz. Yok düzelmeyecekse, var olan
sevgiden dolayı yola devam edilmemeli. İstediği şeyler sizin ak-
lınıza pranga anlamına geliyorsa, kendi dünyasına uygun yaşa-
manızı istiyor ve kendi gelişiminize fırsat vermiyorsa, kimlik ve
kişilik yapınıza darbe ve Allah'a kulluğunuzu aksatacak kilitlen-
melere yol açacaksa, bunun adı evlilik değil esaret olur. Hiç kim-
se de esir hayatı çekmek için evlenmez. Yolunuz açık olsun deyip
uğurlayın. Zaten bir süre sonra ortam yaşanılmaz hale gelecektir.

Bu arada aile büyüklerinin haberi yoksa onlarla bir araya ge-
lip görüşmek de daha akıllıca bir yol izlenmesine vesile olabilir.
Tabii beyefendi bunu kabul ederse. Sonuçta evlilik iki kişilik bir
müessese. Bir şey yapılacaksa iki tarafın da onayı gerekir.

## Olanda hayır vardır

Ola ki Allah ayrılmanızı taktir etmişse ve ayrılırsanız, sakin ve
saygılı bir ayrılık olsun. Çünkü olanda hayır vardır düsturunca,

bunda da bizim bilmediğimiz hikmetler vardır ve zamanla ortaya çıkacaktır diye düşünmeliyiz. Eşinize, "bundan sonraki hayatım için bana ne tavsiye edersin, nelere dikkat edeyim? diye sorun. Hakkını helâl etmesini rica edin, sizde eşinize hakkınızı helâl edin. Birbirinize dua ederek vedalaşın. Bu insanca ve Müslümana yakışır bir pozisyondur. Belki de bu sizin çok sıkıntılı bir evlilik hayatından kurtuluşunuz olabilir. Belki de ileride sizinle yollarını ayırdı diye eşinize dua edeceksiniz. "...Olur ki hoşlanmadığınız bir şey sizin için hayırlı olur. Olur ki sevip arzu ettiğiniz bir şey sizin için şerli olur. Gerçeği Allah bilir, siz bilmezsiniz." (Bakara, 216)

### Bu durumda olanların sorabilecekleri sorular

- Acaba aklımın eşimi korkutmasına sebep olacak şekilde mi davrandım?
- Ne yaptığım ya da yapmadığım için eşim bu kararı almış olabilir?
- Acaba bu durum, eşimi takdir edip kendini iyi hissettirmediğim için yaşadığı bir kırıklık olabilir mi?
- Eşimin korkusunu giderebilmem için ne yapsam ve nasıl davransam doğru olur?
- Bundan sonrası için nasıl davranırsam doğru olur?

### Bu durumda olanların yapabilecekleri dualar

Allah'ım, farkında olmadan seni üzecek şekilde davranmaktan sana sığınırım. Eşimin duygularını incitmekten, istemediği şekilde davranmasına sebep olmaktan ve onu anlamayan bir eş olmaktan sana sığınırım.

Allah'ım, bu evlilik hakkımda hayırlı ise, devam etmesi için benim yapmam gerekenleri yapmamı nasip et Allah'ım. Bitmesi hayırlı ise, eşimi kırıp incitmeden medeni bir şekilde ayrılmamızı nasip et. İkimize de bundan sonraki hayatlarımızda hayırlı kısmetler ver. Daha doğru adaylarla karşılaştır ve daha doğru seçimler yaptır Allah'ım.

Allah'ım, bilgimin beni gururlu ve kibirli yapmasından sana sığınırım. Bilgimin hayatımı güzelleştirecek amele, beni yüceltecek irfana dönüşmesini senden istirham ediyorum. Bana kıymetimi bilecek eş ve dostlar nasip et. Ben de kıymet bilenlerden olayım inşallah. Allah'ım, doğru zannederek yanlış davranmaktan, doğru zannederek yanlış konuşmaktan, doğru zannederek yanlış düşünmekten sana sığınırım. Beni anlayışlı ve anlaşılır kıl. Allah'ım, beni dünyadaki işlerimle ve seninle ve Sevgili Rasulünle ilgili amellerimde yeterli, tutarlı ve başarılı kıl. Beni bana bırakma, en zor durumlarda bile, aklı, muhakemeyi ve dengeyi baz alarak davranmamı nasip et. Hep hayırdan yana tutum içinde olayım. Hayat arkadaşıma yük değil, yükünü hafifleten olayım. Görmem gerekenleri göster, sakınmam gerekenlerden sakındır. Hatırımda tutmam gerekenleri hep hatırımda sakla Allahım. Beni zor durumda bırakacak alışkanlıklardan koru. Sevgili kullarının içinde beni aziz bir konuma yükselt. İnsanlara değer verenlerden, bulunduğu ortama değer katanlardan, karşılıksız iyilik yaparak beslenenlerden eyle Allah'ım. Verdiğin bilgi, akıl, görgü, iman nimetlerinin ve diğerlerinin zekâtlarını hakkıyla verebilmemi nasip et Allah'ım. Beni dosdoğru tutacak bir iman, her nefeste Sana yaklaştıracak amel, seni her an hatırlatacak dostlar ve kıldıkça seni bulduracak namaz nasip eyle. Her düşüşten sonraki kalkışım hayır olsun ve beni güçlendirsin. Ölmeden önce, dünyada ulaşılabilecek en yüksek makam için beni hazırla, onu nasip edeceğin şartları yarat ve beni o hali taşıyabilecek kıvama getir. Biz isteyeniz, Sen verensin. İstiyorum ver Allah'ım. Lâyık olduğum için değil, lütfedip ikram edeceğin için istiyorum. Taşıyabileceğim için değil, beni o kıvama getirebileceğin için istiyorum. Sen en büyüksün ve teksin. Eşin benzerin yoktur. Bizi bağışla ve meleklerine bile örnek gösterip övüneceğin hasletlerle donat. Bizi ahlak ve fizik olarak güzelleştir. Seni anlamaya ve kavramaya doğru bizi yücelt Allah'ım. Her rolümüzü, her an bizimle olduğun bilinciyle oynamamızı nasip et. Ufkumuzu aç, idrakimizi artır. Ferasetimizi artır. Senin sevdiklerini sevdir ki razı olduğun kullardan olalım. Senin buğzettiğine buğzettir ki senin safında olduğumuzu hissedelim. Biz fark edemeyebiliriz, üzerinde binlerce kat perde olsa bile, ferasetle hakikati buldur, kavramamızı nasip et, hakikat tarafına geçir, net ve şeffaf olarak tavır bütünlüğü içinde olmamızı nasip et Allah'ım. Doğru zannederek yanlışın peşine düşmekten bizi koru. Şeytanın içimizdeki sesini sonuna kadar kıs ki Senin yolundan alıkoyamasın. Bizim her azamızı bilinçli bir zikirle meşgul et. Bakışlarımızı arındır. Sözlerimizi hakikatin elçisi eyle. Ellerimizi ayaklarımızı, senin adına çalıştır. Kalbimiz, senin istediklerinle heyecanlansın. Aklımız senin nasıl memnun olabileceğin, bu dünyayı nasıl daha iyi yapabileceğimiz, evimizi nasıl cennete çevirebileceğimiz ve Seni nasıl daha iyi temsil edebileceğimiz konusu ile meşgul olsun.

## Bu durumdaki çiftlerin ailelerine mesajlar

Efendim, oğlunuz elindeki bir cevherin kıymetini bilemeden onu hayatından çıkarıyor. Çünkü kendisinin gelişebileceğini öğrenmemiş. Bir eşin akıllı olmasının, eş ilişkisi başta olmak üzere, ev idaresi, çocuk eğitimi ve hayatın içindeki her şey için ne kadar önemli olduğunu kavrayamamış. Kendisi eşinin elini sevgiyle tutup onun bulunduğu basamağa çıkmak ve birlikte daha iyiyi yakalamak yerine, kendi güvenli dünyasında kalmayı tercih ediyor. Bu, bundan sonraki hayatı için de bir risk teşkil ediyor. Acilen oğlunuzun ufkunu geliştirebilmek, var olan akıl potansiyelini daha iyi nasıl kullanabileceği ve aktifleştirebileceği konusunda yardımcı olmak için mutlaka bir şeyler yapmalısınız. Bu sürecin oğlunuz daha küçükken yaşanması gerekirdi. Şimdi, kendisinden daha iyi diye düşündüğü bir eş onu yetersizliğe sevk ediyor. Daha yeni evli iken, boşanmaya karar verecek derecede eşinin aklını tehdit olarak algılıyor. Bu durum güvensizlik ve yaşama becerisinde eksiklik demektir. Doğru sorularla aklını geliştirmeye çalışarak, eğitimlerine devam ettirerek kendini yenilemesine ve yeniden güven kazanmasına fırsat verilerek daha iyi bir duruma getirilebilir. Doğru, aktif ve çalışkan bir arkadaş çevresi de olumlu etkiler. Bir psikologla görüştürmek de ciddi anlamda yardımcı olabilir. Yoksa böyle güzel bir muhatabın kıymeti bilinmediği için elinden uçar gider. Sırrî-yi Sekatî hazretleri de; **"Bir kimse bir nîmete kavuşur da bunun şükrünü yapmazsa, o nîmet elinden gider de, o kimsenin haberi bile olmaz."** buyurmuştur.

# Sevgi İle Hoşgörü Hep Kol Koladır

*Kişinin duyguları bildikleriyle ters orantılıdır.*
*Ne kadar az bilirsen, o kadar çok kızarsın.*

**Bertrand Russell**

**Eşim ailemle görüşmek istemiyor. Nişan esnasında annem eşimin alınacağı şekilde davranmış, o da anneme gücenmiş. O zamandan beri çok soğuk davranıyor ve giderse de çok zoraki gidiyor. Annem de bu duruma çok üzülüyor. İkisinin arasında kaldım ve çok üzülüyorum. Ne yapmalıyım acaba?**

## Görüşmede öğrendiklerim

Dört yıllık evliler, bir çocukları var. Nişan esnasında kayınvalide cimri bir tavır takınmış. Gelin hanımın annesi de damadına yönelik tepki verince, aralarında bir soğukluk ve gerginlik başlatmış. Aradan dört yıl geçmesine rağmen, iki tarafta adım atmamakta direnmiş ve bu sebeple gerginlik hâlâ devam ediyor. Hanımefendi hem eşine hem de annesine söz geçiremeyince arada kalmış. Bu durum, eşi ile ilişkilerinde gerginliğin artmasına ve evde bu sebeple tartışmalarına sebep olmuş.

Dışarıdan bir gözle bakınca, çok yakın olmaları gereken iki aile, nişanda yaşanan bir diyalogdan ötürü kırılmış ve diyaloğu neredeyse kesmişler. Aslında söylenen sözden ziyade, kişilerin kendilerine düşen insani sorumluluklarını yerine getirmemelerinden dolayı süreç bu kadar uzamış. Gelin hanımın annesi büyüklük yapıp gönül alsaydı, bu konu çoktan kapanmıştı. Artık bir süre sonra kimin haklı olduğu değil, arada konuşulanlar iletişimin seyrini belirlemeye başlar çünkü. Ben haklıyım demek yerine, ben ne yaparsam bu iletişim düzelir demek daha akıllıca bir tavırdır.

## Görüşmenin devamında konuştuklarımız

– Bazen eşi ve ailesi arasında kalabilir insan, sizin şu anda yaşadığınız gibi. İki tarafa da söz anlatamayınca, ortadaki ciddi sıkıntı çeker.

– Evet aynen öyle.

– Annenizin ne diyerek kırdığı belli mi?

– Evet. Annem "Ne kadar isteğimiz varsa alınacak, ona göre hazırlıklı gelmeliydiniz. Burada tavır değiştirilmez" demiş ve bunu sert bir şekilde söylemiş.

– Hangi durumda söylemiş bunları?

– Eşimin annesi "şunları da almayıverseniz" gibi bir imada bulununca annemin canı sıkılmış. Eşimin annesi nereden kâr yapsam diye düşünür. O gün ne kadar az alış veriş yapsak o kadar memnun olurdu. Annem de bunu bildiği için direkt olarak eşime yönelerek böyle söyledi. Eşim de "Tamam" dedi.

– Peki kayınvalideniz böyle söylediğinde eşiniz nasıl bir tutum içine girdi?

– Sessiz kaldı.

– Yani annesinin isteğine boyun eğmiş gibi olmuş.

– Evet, eğer eşim müdahale etseydi, kayınvalidem hemen eşimi bozardı. "Bu hanım işi sen karışma" diye. Bu sebeple eşim annesinin huyunu bildiği için ses çıkaramamış.

– Evet, bu durumda sizin annenize de cevap hakkı doğmuş. O zaman damadına değil de dünürüne hitaben söyleseydi eşiniz belki bu kadar alınmayacaktı.

– Evet, doğru.

– Peki anneniz, "Oğlum alış veriş esnasında annenin tavrı canımı sıktı. Belirlenmiş şeyleri alırken böyle konuşulmaz. Baştan konuşmuşuz, alışverişteyiz. Tutup da 'Şunu alın bunu almayın' demek hiç hoş değil. Ben de duramadım ve sana nazım geçtiği için sana yöneldim. Hakkını helâl et, kusura bakma. Sözüm aslında sana değil annene idi." deseydi?

– Hayır demedi.

– Niçin?

– Annem "Ben haklıyım. Asıl damadım sessiz kalarak beni annesiyle muhatap ettiği için o benden özür dilemeli" diyor. Eşime söylüyorum, "Beni niye aralarındaki diyalogdan ötürü hedef seçti. Ben daha damadı bile olmamışım. Beni o hassas süreçte azarlamaya hakkı yoktu" diyor. İki tarafta lâf anlamıyor.

– Peki annenize, eşim o zaman müdahale etseydi annesi onu bozardı ve azarlardı. Bu yüzden ses çıkaramadı deseniz ve gelip damadının gönlünü alsa ve barış ilân etse eşinizin tavrı ne olur?

– Herhalde bundan daha iyi olur.

– Bir araya geldiklerinde anneniz alttan alacak ve gönlünü yapacak şekilde bir yaklaşım sergiliyor mu?

– Eşim soğuk ve uzak durduğu için annem de niyetlense bile sonunu getiremiyor.

– Peki bu tabloda babanız nerede duruyor? O gönül alıcı bir arabulucu rolü üstlense?

– Babam o kadar aktif değildir. Ortama uyar. Kimse konuşmazsa o da konuşmaz. Bir sıkıntı çıkınca düzeltmek anneme düşer. Yani bu konuda babamdan hayır gelmez.

– Belki de anneniz hep kendisi işleri halletmek zorunda kaldığı için böyle keskin konuşmuş diye düşünüyorum. Belki babanız evdeki idare etme, sükûneti sağlama ve yeri geldiğinde süreci yönetme işini üstlenseydi, anneniz genelde böyle bir tutumu benimsemeyebilirdi.

– Belki de.

– Aslında, nişan alış verişi esnasındaki yaşanan aksaklıkta, anneniz daha sakin davranarak ve ilişkilerdeki hassas dengeyi gözeterek konuşmuş olsaydı, bu kadar incitici de olmazdı, ne dersiniz?

– Evet. Haklısınız.

– Bu durumda bir şey daha önemli, sizin tutumunuz. Siz kimin yanında durdunuz?

– Ben annemi affetmesi için eşimle konuştum, eşime daha iyi davranması için de anneme konuştum.

– Yani eşinize "Hayatım haklısın, keşke annem sana değil de annene söyleseydi ve daha makul bir üslupla söyleseydi" dediniz mi?

– Hayır bu şekilde söylemedim. "Olmasaydı iyiydi, olan oldu, şimdi uzatmasan" dedim.

– Bu durumda eşiniz kendisini anlaşılmış hissetmez. Pek çok insan, eşine "Haklısın" diyemediği için sıkıntılar büyür. Yanlış yapan kim olursa olsun, "O davranış yanlıştı, sen haklısın." demek çok etkili bir cümledir. Siz "Büyütme artık" dedikçe, eşinizi haksız bulduğunuzu ve abarttığını düşündüğünüzü zannedebilir ve bir kere daha alınma moduna girebilir.

– Ben söylediklerimi yeterli zannetmiştim.

– İnsanları yatıştırmanın en etkili yolu önce **"Haklısın"** demektir. Çünkü insan haklı olduğuna inandığı için tavır alır. Hakkı teslim edilince sakinleşir. Ondan sonra konunun diğer boyutları üzerinde düşünme zemini oluşur.

## İlişkinin dinamiklerini bilmek kadar, bunu hayata geçirmek de çok önemlidir

Şimdi durumu toparlayacak olursak, kayınvalidenizin masrafları en aza indirme çabası annenizi sinirlendirdi ve asıl muhataba değil de damat adayına çıkıştı. Aslında eşiniz o esnada annesine "Anne ne konuşulduysa onlar alınsın" deseydi anneniz bu sert çıkışı yapmazdı. Haydi yaptı diyelim, söylediklerinin dozunu ayarlayabilse idi, yine durum daha iyi olurdu diye düşünüyorum.

– Evet haklısınız.

Bundan sonra ne yapılabileceğine gelince, annenizi görüşmeye davet etsem gelir mi?

– Evet gelir.

– O zaman bir dahaki görüşmeye ikinizi rica ediyorum. Bu sürecin daha fazla uzamaması ve her birinizi ayrı ayrı yıpratmaması için, yeni bir iletişim dili oluşturmaya ve stratejik davranmaya ihtiyaç var. Annenize işbirliği teklif edeceğim ve bu süreci tatlıya bağlamanın ona daha çok yakışacağını ve damadının gözünde onu daha saygın bir hale getireceğini söyleyeceğim. Hayrı ve iyiliği kim başlatırsa sevap ve izzet onundur. "Haklı olduğu halde tartışmayı kesene cennet vardır" buyuruyor Peygamber Efendimiz (s.a.v). Sonuçta birlikte yaşıyoruz ve yüz yüze bakıyoruz. Kolay geçimli olmak erdemli insan tavrıdır. **Kolay geçimli olmak insanı yüceltir, izzetli yapar.**

Siz bundan sonra, annenizin daha düzgün bir üslupla ve kayınvalidenize yönelik konuşması gerektiğini, tavrının yanlış olduğunu eşinize anlatın ve "Sen haklısın" deyin. Böyle yaptığınızda, yeni bir sayfa açılmış ve gönüllerde başka duygulara yer açmış olursunuz. İnsan haklılığı onaylanınca affetmeye daha müsait olur. Kendini değerli hisseder. Diğer yaklaşımlar suçluluk psikolojisini tetikler.

## Bu durumda olanların sorabileceği sorular

- Eşimin anneme bu kadar kırgın olmasında acaba benim payım var mı?
- Acaba nasıl davransam süreç daha iyiye giderdi?
- Bu konuda eşimin yanında olduğumu hissettirmek için ne yapmam uygun?
- Anneme de suçlama yapmak yerine onu da düşündürseydim acaba durum daha iyi olur muydu?
- Bundan sonrası için, ne yaparsam doğru olur?

## Bu durumda olanların yapabileceği dualar

Allah'ım, zannettiğime göre değil, olması gerekene göre davrandır. Eşimi ve annemi anladığımı ifade ederek, barışmalarına vesile olacak söz ve yaklaşım biçimi neyse, bana onu düşündür ve uygulayarak başarmamı nasip et. Evimde huzurumu artıracak şekilde davranmamı ve konuşmamı nasip et Allah'ım. Eşimin saygısını kazanacak şekilde dengeli ve tutarlı davranmamı nasip et.

## Bu durumdaki çiftlerin ailelerine mesajlar

Efendim, beyefendinin annesi olarak, nişan esnasındaki tavrınızın sebep olduğu durumu oğlunuzla konuşarak, sizin böyle bir konuşmaya zemin hazırladığınızı söyleyerek, gelininizin annesinin tavrını hafifletebilirsiniz. "Keşke sen de bana 'Anne alalım' deseydin evlâdım. Ben de o anda öyle konuşmakla yanlış yaptım" demelisiniz. "O senin büyüğün, elini öp ve barışın" diyebilirsiniz. Bu arada gelininizin annesinin o tavrına siz sebep olduğunuz için, gidip helâllik dilemekte size yakışır. Barışmaları için siz arabulucu olabilirsiniz. Bu arada, nişan düğün işleri çok hassastır. İlişkileri iyi bir şekilde sürdürmek için çok gayret etmek gerekir. İnsanlar bu dönemde çok hassas olurlar. Daha yeni bir birliktelik oluşuyor. Tam bir tanışıklık ve akrabalık henüz oluşuyor. Bu kırılgan hassas bir dönemdir. Bu dönemde belirlenmiş ihtiyaçları "Almasanız" demek çok şık olmamış. İnsanın canını sıkar ve tepkisel davranmasını tetikler. Bu gerekçe ile bu söz yanlış olmuş. Bunun faturası oğlunuza çıkmış. O zamandan bu zamana biraz düzeltici çaba sarf edilseydi, belki bugün daha iyi noktada olunurdu. Bari bundan sonra iyi bir arabuluculuk yaparak ve özür dileyerek gönül almak iyi olur. Tarafları yumuşatır ve bir araya gelmelerini kolaylaştırır.

Gelin hanımın annesine gelince, ne söylediğiniz değil nasıl söylediğiniz önemlidir. Ortada sizi mecbur eden bir tavır olmamış. Bir teklif olarak hanımefendi sunmuş. Evet, insanı geren ve tadını kaçıran bir durum bu, kabul, fakat **eğer sözlerin ayarı kaçarsa, etkisi de düşündüğümüzden daha derin olur.** Aynen şimdi yaşadığınız örnekte olduğu gibi. Örnekte iki boşluk var, birincisi, bu kadar sert tepki verilmeyebilirdi, ikincisi, size söz söyleyene değil başka bir muhataba yönelmişsiniz. Aynı zamanda ve aynı mekânda muhataplarla berabersiniz. Kayınvalideyi muhatap alsaydınız, yerinde olurdu ve bu kırgınlık yaşanmazdı.

Burada damat beyefendi de annesine bir iki cümleyle müdahale etseydi, sizde o sözleri söylemeye gerek duymayacaktınız. Zincirleme trafik kazası gibi birbirini etkileyen bir süreç yaşanmış. Bunu bir gurur meselesi yapmak kimseye bir şey kazandırmadığı gibi, herkese bunca zamandır sıkıntı yaşatmış. Halk arasında, **"küçükten kusur büyükten af"** derler. Daha yeni damadınız olacak delikanlının istemeyerek te olsa gönlü kırılmış. Şimdiye kadar gönlünü alsaydınız bu kadar uzamazdı. Olan olmuş, bundan sonrasını onarmaya çalışalım. Özür dileyip "Evlâdım kusura bakma" deseniz iyi olur. Damadınızın gönlü olur, o da elinizi öperek kırgınlığa noktayı koyar büyük bir ihtimalle. Şimdi haklılığınıza takılmadan yüce gönüllülük edip ortalığı sakinleştirmek size çok yakışır. Kızınız da damadınız da mutlu olurlar. **Bilelim ki, büyük davranmak, yüksek ruhlu olanların işidir.**

# Kendine Düşeni Yapamamak

*"İnsanlara teşekkür etmeyen, Allâh'a şükretmiş olmaz."*

**Hadis-i Şerif** (Ebû Dâvûd, Edeb, 11/4811; Tirmizî, Birr, 31)

*14 yıllık evliyiz, eşim daha bir kere bile, "Şu yemek güzel olmuş, ellerine sağlık" dememiştir. Sürekli beni aşağılayacak şekilde konuşur. Yaptığım hiç bir şeyi beğenmez. Her yaptığıma bir kulp bulur. Kendisinden başkasını beğenmez. Çocuklarıma beni şikâyet eder. Annesi geldiği zaman ne kadar açığım varsa*

*annesine söyler. Artık dayanacak gücüm kalmadı. Bu durumu düzeltmek için ne yapabilirim?*

## Görüşmede öğrendiklerim

Hanımefendi yalnız geldi. Üç çocukları var. Ailesinde çok eleştirilerek büyütülmüş ve yeteri kadar onaylanmamış. Evliliğin ilk yıllarında daha iyilermiş fakat çocuklar olup roller ve sorumluluklar değişip arttıkça, hanımefendi yapması gerekenleri yapamamaya başlamış. Burada, en ufak bir eksiklikte eleştiren bir eşten önce, işlerini tam yapmaya alışamamış bir hanımefendi var. Eşi zaman zaman ne yapması gerektiğini söylüyormuş fakat hanımefendide değişen bir şey olmayınca, beyefendi de üslubunu değiştirmiş.

## Görüşmenin devamında konuştuklarımız

– Burada üç muhatap var, siz, eşiniz ve annesi. Üçünüzün de davranışlarınızın ayrı dinamikleri var. Sıra ile ele alalım ve sizden başlayalım. Günlük işleyiş içinde eşinize teşekkür eder misiniz?

– Önceden daha çok teşekkür ediyordum, şimdi ben de bıraktım. Çünkü niye teşekkür ediyorsun der gibi tepki veriyor.

– Bunu nereden anladınız, nasıl tepki veriyor?

– Teşekkürüm işe yaramış gibi hissettirmiyor. Ben memnun olsun, mutlu olsun istiyorum.

– Yani siz kendi zihninizdeki gibi geri dönüş olmadığı için böyle olduğunu varsayıyorsunuz. Bunu sorsaydınız ve görüşünü alsaydınız belki de çok farklı şeyler söylerdi.

– Doğru, ben öyle yorumladım.

– Zihninizdeki varsayımı doğru kabul edip, güzel bir uygulamanızı terk etmişsiniz.

– Öyle sayılır.

– Eşinizin güzel bir davranışı karşısında siz takdir eder misiniz?

– Onu da terk ettim. O beni onore etmiyor, ben niye edeyim diye düşünüyorum.

– Üç tane çocuğunuz vardı.

– Evet.

– Siz teşekkür veya takdir ederken çocuklarınız sizi görürler. Siz bunları yaptığınızda, annem böyle davranırdı diye çocuklarınızın zihninde bir görgü, bir model oluşur. Siz bunu terk ettiğinizde, hem eşinizin hem sizin böyle önemli ve güzel bir davranışta bulunduğunuzu göremeyecek ve annem böyle davranırdı diyecekleri bir güzellikten mahrum kalacaklar. Bana katılıyor musunuz?

– Evet, çok haklısınız. İnsan o zaman böyle sağlıklı düşünemiyor.

– Doğru tabi. Her birimiz her zaman sağlıklı davranma zeminini yakalayamayabiliriz.

Ayrıca, siz bu davranışı yapmaya devam ediyor olsaydınız, bu sizin kendinize duyduğunuz güveni artıracak, duruşunuzu güçlendirecekti. İlaveten, bir davranışı sürekli yapılıyorken görenlerin çoğu o davranışı daha sonra tekrar ediyor. Yani kişi partnerine benziyor, modelliyor. Böyle olsaydı eşinizin sizi modelleme ve bu davranışları hayatına geçirme şansı artacaktı. Peki şimdi olmaz mı? Olur tabii ki. Sadece, **"Bulunmamız gereken noktadan ne kadar uzağa gidersek, o kadar geri gelmek zorunda kalırız."** Başlangıca nazaran daha çok zaman alabilir. Olsun, hiç yoktan iyidir demek gerekir. Hiç bir şey imkânsız değildir. Sadece uzun soluklu ve kalıcı bir çaba gerekir. Ayrıca, herkes kendisinden sorumlu. Siz size düşeni yaptıkça, muhatabınızın zihnindeki sizinle ilgili algı değişir ve sizi gözünde güçlü görür. İnsanı güçlü ve etkili kılan bir diğer şey, tahsildir. Çoğu kere eşlerin tahsil durumuna göre gözünde bir değer biçtiğine şahit oldum. Aslında, mesleki teknik gelişimin yanında, insanın kişiliğini olgunlaştırma ve ufkunu genişletme, kendilik algısı ve dünyaya bakış pencerelerini yüksek kimlik ve kişilik algılarıyla desteklemek içindir tahsil. Kimileri vardır iki üniversite bitirir ama kişiliği bundan nasiplenmez. Okula nasıl başladıysa öylece çıkar. Bakarsınız ki hiç gelişme olmamış. Fakat bazende hiç tahsil görmemiş öyle insanlarla karşılaşırsınız ki, her konuşması, sizi hikmet çağlayanlarına, irfan denizlerine götürür. Burada tahsilden ziyade, bu yaşına kadar şahıs kendisine ne katmış, hayata nasıl bakıyor, kendisine, diğer insanlara ve hayata nasıl bakıyor, ne kadar değer veriyor, bu önemli. Öğrenmeye açık bir zihin, aktif bir akıl, kendinden memnun ve barışık, iyilikle mutlu olan birisi ise, muhatabınız, sadece teknik bilgi açığı vardır. O da ne zaman olsa giderilir. Oysa biz, tahsili diplomadan ibaret sayıyor ve kişiliğini otomatik olarak gelişmiş kabul ederek hareket ediyoruz. Tahsil yoksa başka şeylerde yoktur diye düşünüyor ve hemen cahil damgasını yapıştırıyoruz. Ona karşı yüksekten bakarak, aşağılamak için fırsat kolluyoruz. Oysa bu bizim aşağılarda olduğumuzun ve o tahsilin hakkını verememiş olduğumuzun ifadesidir. **"Boş başakların başı yukarıdadır. Dolu başakların başı aşağıdadır."** atasözünde belirtildiği gibi. Dolayısı ile, bizim toplumumuzda tahsil geçer akçe. Bu elbette doğru bir yaklaşım fakat, tek kriter olursa yanlış olur. Herkes mümkünse tahsilini tamamlasın. Fakat tahsili olmayanın hiç erdemi yokmuş gibi davranmayalım ve küçük görmeyelim. Peygamber efendimiz, **"bir Müslümanın diğer Müslüman kardeşini küçük görmesi, alay etmesi, rencide etmesi haramdır"** buyuruyor.

– Siz kendinizi değerli ve önemli hissediyor musunuz?

– Hayır.

– Ne zamandan beri?

– Ailemde de ben çok dışlandım ve aşağılandım. Yani çocukluğumdan beridir diyebilirim. Evlenince bu değişir zannetmiştim. Ama ne yazık ki devam etti.

– Siz zayıf olunca bakanlar sizi güçlü görür mü?

– Görmez her halde.

– Aslında gerçek insan, gördüğüne değil de olabileceği en yüksek değere göre muamele eder. Fakat ne yazık ki toplumumuzda bu henüz yerleşmiş değil. Siz evlendiğinizde, eşinizin karşısında kendine inanan güvenen, sınırlarını ve işini bilen birisi olarak bulunsaydınız, eşinizin de size bakışı değişir ve değer verirdi diye düşünüyorum, ne dersiniz?

– Doğru, o zaman da büyük bir ihtimalle böyle davranmazdı.

– Sizin ve eşinizin tahsil düzeyinizi öğrenebilir miyim?

– Ben lise, eşim üniversite terk. Bana cahil der zaten.

– Hangi durumlarda cahil der?

– Çocuklara kızdığımda, yapmamı istemediği şeyleri yaptığımda.

– Ne gibi?

– Ütülerim hazır olsun ister, ben yetiştiremem. Ya da daha doğrusu içimden çok gelmez. Oturduğu masayı mutlaka derli toplu tutmamı ister. Ben ise unutuyorum. Bir yere gideceğimiz zaman saatinde hazır ol der, ben olamam. Kendine bak, güzel giyin der şimdi Allah için, fakat ben bir türlü gidip bir şeyler almam.

– Herhalde baba evinden getirdiğiniz algılara eşiniz de peşinen vurgu yaptıkça, sizde bunları hak edecek şekilde davranmaya devam ettiniz.

– Galiba öyle oldu.

– Aslında eşinizin istediklerine baktığımda, her birisi, zaten yapmanız gereken makul talepler. Siz bunları hangi engellerden dolayı yapamıyorsunuz?

– Aslında istesem yaparım. Galiba ona kırgınım, küskünüm. Dargın duramıyorum, başka bir şey yapamıyorum, onun istediklerini aksatarak öç alıyorum galiba.

– Peki bu bir işe yarıyor mu? Eşinizin durumunu düzeltmesine bir katkısı oldu mu?

– Hayır, bilâkis bana olan yaklaşımını daha da kötüleştiriyor.

– Diyelim ki siz eşinize olan görevlerinizi hakkıyla yaptınız, eşinizin size olan tavrı değişir mi?

– Elbette fark eder. Sil baştan düzelmezse de mutlaka olumlu anlamda katkısı olur.

– Bu iyi bir şey diyebilir miyiz?

– Evet diyebiliriz.

– Eşinizin annesi evinize geldiği zaman, hiç bir şey olmamış gibi davransanız, hiç bir konuda şikâyet etmeden, oğlu hakkında da iyi şeyler söyleyerek hoş sohbet bir ortam oluştursanız nasıl tepki verir sizce?

– Bilmiyorum. Hiç denemediğim için tahmin etmekte zorlanıyorum. Ama memnun olur herhalde.

– Siz eşinize de annesine de iyi davranmaya başlasanız, dolayısı ile aile ortamının daha huzurlu olmasına katkıda bulunsanız, bu şimdikinden daha iyi bir ortam anlamına gelir mi?

– Evet gelir.

– Çocukların yanında da huzursuzluk çıktığını düşünecek olursak, sizin gerekenleri yapmanız, daha az sıkıntı anlamına gelir diyebilir miyiz?

– Evet kesinlikle.

– Bu kayınvalidenize de daha az şikâyet anlamına gelir mi?

– Evet.

– Peki, bu konuşmalarımızın ışığında, şu anda bundan sonrası için ne düşünüyorsunuz?

– Aslında galiba her şey bende başlayıp bende bitiyor. Ben kendime gelirsem, hayatım daha güzel ve daha anlamlı olur herhalde.

– Nerden başlamak size kolay gelir?

– Kendi görevlerimden başlamalıyım herhalde.

– Hangilerinden mesela?

– İçimden güzel giyinmek gelmiyor ama ütüsünü, yemeğini hazır edebilirim, evi daha derli toplu tutabilirim.

– Güzel, başlangıç olarak iyi diyebiliriz. Burada anlamamız gereken şey şu, birileri anlasa da anlamasa da bize düşen, kendi sorumluluklarımızı yerine getirmek ve tepkisel davranmaktan uzak durmaktır. Kimse bizi takdir etmese de, biz iyi davranmaya ve görevlerimizi yapmaya devam etmeliyiz çünkü bu muhatabımızdan önce bize lazım. İyi davranışlar devam ettikçe, karşımızdakinin direnci de kırılır ve iletişim kolaylaşır. Kendiniz için başka neler yapmak istersiniz?

– Ne zamandır okumak istiyorum fakat bir türlü adım atmıyorum. Onu da yapmayı isterim.

– Güzel. O zaman bunları planlayalım ve yapmaya başladıktan sonra, tekrar görüşerek gelişmeleri birlikte değerlendirelim.

– Olur, çok sevinirim.

Bundan sonrası için, hesaba katmamız gereken şeyler ile ilgili şunları söyleyebiliriz. İnsan birisinin gözünde değersiz insan muamelesi görüyorsa, kabaca bunun iki tarafı ve iki sebebi vardır. İki taraftan birisi kendisi, diğeri de aşağılayan. İki sebebi ise, aşağılanan kendisini dik durduracak şekilde davranmamış, belki rollerini iyi oynamamış, istikrarlı ve güçlü bir duruş sergilememiştir. Muhatabı da bunu değersizleştirici bir iletişim biçimi ile açığa çıkarıyordur. Yani kişinin kendisi buna zemin hazırlıyordur. (Bu aslında karşısındakine böyle davranma hakkı vermez ve haklı göstermez. Ama ne yazık ki bazen sistem böyle işliyor.) İkincisi ise, şahıs kendisini değersiz gördüğü için bu, duyguları seçeneksiz bir biçimde muhataba yansıtıyordur. Burada yine başka bir husus daha devreye girer. Aşağılanan buna müsaade ediyor ve güçlü bir duruş sergileyerek, lisan-ı hal ile "Bir dakika sen bana böyle muamele edemezsin" diyemiyordur.

**"Zalimin yaptıkları kendi gücünden değil, muhatabının güçsüzlüğündendir."** O zaman yanlış bir şeyi yapmamak önemli ama size ya da başkalarına da yapılmasına engel olmak, yani yanlışa zemin oluşturmamak daha da önemli. Sessiz kalmak, ya da zayıf cılız bir tepki göstermek, "devam edebilirsin, benden sana güçlü bir tepki gelmez. Hatta ben bunu hak ediyorum" demektir. Hz. Ebu Hureyre, Rasûlullah (sav)'in şöyle buyurduğunu haber vermiştir:

**"Kuvvetli mü'min Allah katında zayıf mü'minden daha hayırlı (daha üstün) ve daha sevimlidir. (Bununla beraber) her ikisinde de hayr vardır. Sana yararlı olan şeyi elde etmeye çalış, Allah'tan yardım dile ve aslâ acz gösterme. Başına bir şey gelirse, 'Şöyle yapsaydım, böyle olurdu' diye hayıflanıp durma. Allah'ın takdiri bu; O, ne dilerse yapar de. Zira 'eğer' kelimesi, şeytanı memnun edecek işlerin kapısını açar."** (Müslim, Kader 34; İbn Mace, Mukaddime 10, Zühd 14, Ahmed b. Hanbel, II, 366, 370)

Bilimsel araştırmalar gösteriyor ki; kişi giydiği kostümün psikolojine bürünür. Sen ne dersen ben öyleyim anlamına gelecek bir duruş, kişinin ben haklıyım, bak sen de kabulleniyorsun diye algılamasına sebep olur. İster aile hayatında, isterse sosyal hayatta, eğer herkes kendi konumunun ve durumunun hakkını verebilse, kimse haddini aşarak zulmedemez. Allah, "Ne zulmedin ne de zulme uğrayın" buyuruyor. Haksızlık yapmak kadar, haksızlık yapılmasına sessiz kalmak da men edilmiştir dinimizde.

İnsanın güçsüz kalması ve sessizce her kendisine yapılan yanlışa, rahatsız olsa bile direnç göstermemesi, en başta anne babasının tavrıyla oluşur ve giderek pekişir. Çok seviyoruz dediğimiz çocuklarımızı, ömür boyu silik bir şahsiyet olarak kalmak zorunda bırakırız ne yazık ki. Ne zaman ve nasıl tepki göstereceğini ailede uygulamalarla öğrenir çocuk ve yeri geldiğinde de uygular.

Şimdi; aileden bir görgü olarak, eşiniz takdir görmeden büyümüş. Annesi hâlâ takdir etmiyor-teşekkür etmiyorsa, böyle bir şey gündemlerinde yok demektir. Üstelik eşinizin size yaptıklarını destekliyorsa, eşinizin farklı bir tavır sergilemesi oldukça zor. Anne çocuğun en önemli kalıp ustasıdır. Ne yapıyorsa en çoğunu ondan görmüştür. Hayatta en üzüldüğüm kesimlerden birisi, anneleri tarafından yanlışları desteklenenlerdir. Anne çocuğun dünyasında, hayata bakış açısını temsil eder. Bir atasözümüzde, **"Ağaca bakan keçinin dala çıkan oğlağı olur."** denir. Bir de **"At, süvarinin baktığı tarafa doğru ilerler"** diye çok güzel bir özlü söz var. Yani, çocuk ne yapacağını nasıl yapacağını ve hangi davranışın ödül aldığını aileden öğrenir ve ona göre davranır.

### Bu durumda sorulabilecek sorular

- Acaba, eşimin bana böyle yüklenmesinde benim payım ne kadar?
- Ben eşime nasıl davranırsam bana saygı duymasını sağlayabilirim?
- Eşimin ve çocuklarımın gözünde beni zayıf ve yetersiz gösteren şeyler neler olabilir, onlardan nasıl kurtulabilirim?
- Ailemizdeki güzel ortamları nasıl artırabilirim?
- Kendimi nasıl daha iyi savunabilirim?
- Beni hayata bağlayan yeni idealleri nasıl oluşturabilirim?
- Kendimi nasıl yenilemeliyim ve nasıl daha iyi olmalıyım?
- Rollerim ile ilgili bilgi açığını nasıl kapatabilirim?
- Birilerine kızmak öfkelenmek yerine, onları bana eksiklerimi gösteren bir dost gibi görüp hemen tedbir almayı ve kendimi yenilemeyi nasıl başarabilirim?
- Bana yapılan yanlış davranışların, çocukluktan aldığı eğitimin etkisi ile olduğunu düşünüp, eşime daha anlayışlı davranabilmeyi nasıl başarabilirim?
- Bunu hangi duygu ve düşünce ile gerçekleştirebilirim?

- Bu aşamada bana yakınlarımdan kimler örnek olabilir ve destek verebilirler?

## Bu durumda olanların yapabileceği dualar

Allah'ım hiç bir şeyi sebepsiz yaşatmazsın. Bu tablodan nasıl bir ders çıkarmam lâzım bana göster.

Ben önce kendimi toparlarsam, pek çok şey ona bağlı olarak düzelir diye düşünüyorum. Bana bunu nasip eyle. Önce kendi gözümde değer kazanmamı nasip eyle. Ben kendimden memnun olacak hale geleyim. Ya Rabbim, kırılganlığımı sana şikâyet ediyorum. Çok alınganım. Bundan kurtulmam için ne yapmam gerekiyorsa bana fehmettir. Bana iyi örnek olacak dostlar nasip et. Çocuklarımın ve eşimin gözünde değerli, dengeli, tutarlı, iletişim içinde olduklarımın saygılarını kazanmış, rollerini hakkıyla yapan bir hanımefendi olmak istiyorum. Bana bunu ve daha iyisini nasip et Allah'ım. Beni onaracak ve yüceltecek fırsatlar yarat ve hakkıyla değerlendirebilmemi nasip et. Kendimin tamir ustası olayım Allah'ım, lütfen yardım et!

## Bu durumda evlatları olan ailelere mesajlar

Gençler size şikâyet ile geldiklerinde, ikisi için de taraf olmadan, anne gibi yardımcı olun, rehberlik edip yol gösterin. Oğlunuza gelininizi ne kadar kötüler ve aşağılarsanız, oğlunuz zarar görür. Onun mutluluğuna darbe vurmuş olursunuz. Kendi duygularınızı, onların ilişkilerine uyarlamayın. Ne hissederseniz hissedin, ikisine de olumlu, yapıcı, sevgi dolu, muhabbetle sarmalamaya hazır bir psikoloji ile yaklaşırsanız, onlarda da bu güven oluşturur onlarda size öyle yaklaşır. Oğlunuzun arası gelininizle iyi olursa mutlu olur. Kızınızın arası damadınızla iyi olursa kızınız mutlu olur. Kendi kişisel düşüncelerinize göre değil, onların gerçekliklerine göre hareket edin. Danışırlarsa yardımcı olun, değilse susmak çok daha uygun olur. Anne baba duası gençler için çok önemli. İkisine de yüzlerine karşı ve gıyaplarında dua edin.

# Sözlerimiz ve Davranışlarımız Neye Hizmet Ediyor?

*Bizim derdimiz bilmemek değil, yapmamaktır.*
**Dale Carnegie**

*7 yıllık evliyim. Bir çocuğum var. Eşim namaz kılmıyor. Bana "Kılacağım" diye söz vermişti, Şimdi sözünde durmayınca ona "yalancı" diyesim geliyor. Saygım kalmadı. "Namaz kıl" dedikçe inadına kılmıyor, aramızda tartışma çıkıyor. Eşim düzelir mi, namaz kılmasını nasıl sağlayabilirim?*

## Görüşmede öğrendiklerim

Hanımefendi, eşinin namaz kılmamasını en baş sorun olarak görüyor. Bu olmayınca başka hiç bir şeyin önemi yokmuş gibi davranıyor. Evlenmeden önce eşi arada bir namaz kılıyormuş. Hanımefendi evlenmek için şart koşunca kılmaya başlamış. Fakat evlendikten bir süre sonra namazlarını aksatmaya ve daha sonra da kılmamaya başlamış. Kendisine verdiği sözü yerine getiremeyince, hanımefendi her türlü tavrı almakta kendisini haklı görmüş. Kendisi mutsuz, tavırlarıyla eşini ve çocuğunu da mutsuz ediyor. "Eşim namaz kılmazsa ben de tavrımı değiştirmem" modunda. Eşinden soğuduğunu söylüyor. Gözünde ciddi anlamda değer kaybetmiş gibi görünüyor. Coşkusuz, motivasyonsuz.

## Görüşmenin devamında konuştuklarımız

– Tanıştığınızda eşiniz namaz kılıyor muymuş?

– Arada kılıyormuş. Ben namazı şart koşunca, "Ben zaten istiyordum, bana yardımcı ol, senin vesilenle daha düzgün kılayım" dedi. Önce düzenli kılıyordu, fakat bir süre sonra tamamen bıraktı.

– Gerekçe olarak ne dedi?

– "Kılacağım üzerime gelme" dedi. Oysa ben düzenli kılmasını istiyordum. Şu anda ona karşı çok tepkiliyim.

– Ailesi namaz kılıyor mu?

– Kılmıyor. Sempatileri var fakat anne babası dâhil kimse kılmıyor.

– Sizin ailenizde namaz kılınır mı?

– Biz ailece kılarız.

– Özellikle namaz çocuk yaşta alıştırılması gereken bir ibadet. Alışıncaya kadar zorlanır çocuklar ama alışınca da bırakılamaz. Burada, kolay olmayan bir durumla karşı karşıyayız. Eşinize güveniyor musunuz?

– Evet güvenirim, dürüsttür.

– Peki, samimiyetle namaz kılmak istediğine inanıyor musunuz?

– Evet inanıyorum. Kılamadığı zaman çok rahatsız oluyor.

– Sizce niçin kılmıyor olabilir?

– Zor geliyor herhalde.

– Zor geldiği için kılamıyorsa, sizin desteğiniz ve moral vermeniz kılmasını kolaylaştırmaz mı?

– Öyle aslında. Fakat "İradesi zayıf, bana verdiği sözü önemsemiyor. Ben üzülsem de umurunda değil" diyorum.

– Yani kişiselleştiriyorsunuz.

– Öyle mi?

– Evet. Namaz kılamamasının eşinizin ailede gördükleri, kendi inançları ve duygularıyla bağlantısını kurmak yerine, kendinizle ilişkilendiriyor, kılmadığı için tavır alma hakkı görüyorsunuz kendinizde.

– Evet, tam da öyle. Bana söz verdi çünkü.

– Anlattığınız kadarıyla eşiniz içtenlikle kılmak istiyor. Fakat kılarsa size faydası ya da kılmazsa size zararı ne?

– Tabii ki dünyası ve ahireti için gerekiyor. Ayrıca namaz büyük günahlardan uzak tutuyor ve namaz ahlaklı olmaya zemin hazırlıyor.

– Güzel, demek ki beyefendi kıldığı zaman asıl faydası kendisine.

– Evet. Fakat eşim namaz kılarken çocuklarımın görmesini istiyorum ve birlikte cemaatle namaz kılmayı çok özlüyorum.

– Anlıyorum, elbette ki haklısınız. Bu tavrınız kılmasına mı kılmamasına mı yarıyor?

– Kılmamasına. Galiba ben ısrar ettikçe de uzaklaşıyor.

– Kişi yaptığını Allah için yaptığında daha kolay gelir. İçinden gelmediği halde kılmaya başlarsa, sizin için kılmış gibi olur ve devamı gelmez. İçinden gelerek kılabilmesi için inanması yanında sevmesi ve istemesi gerekir. Bu hem bir nasip meselesi hem de bir hazır olma sürecini yaşama meselesidir. Siz ailenizde bu kültür ve bu bilinçle yetişmişsiniz. Beyefendinin böyle bir alt yapısı yok. Ayrıca şahsın hazır olması ve isteyerek kılabilmesi için, onu böyle davranmaya sevk edecek bilgi kaynaklarının bulunması ve kesintisiz öğrenmesi gerekir. Ailenizde düzenli olarak takip ettiğiniz bir eğitimci, bir radyo ya da TV programı var mı?

– Hayır yok.

– O zaman siz eşinizin hiç hazır olmadan bunları yapmasını istiyorsunuz diye düşünüyorum. Bana katılıyor musunuz?

– Evet, gerçekten. Hiç donanımı yokken nasıl yapsın? Namaz zor bir ibadet. Bakın bu yönünü hiç düşünmemiştim.

– Bunu fark etmeniz güzel. Bunların yanında, konuşma usul ve üslubumuz doğru olmadıkça da, daha iyi olma şansını elimizden kaçırabiliriz.

– Çok doğru.

(Kimse kimsenin namaz kılmasını, kişi kendisi istemedikçe sağlayamaz. Kişinin istemesi de bir noktadan sonra yeterli olmaz. Çünkü bazı inanç ve alışkanlıklar, sevdirerek ve uygulatarak alışkanlığa dönüşür. Burada ise suçlayarak ve tepkisel davranarak talep edilince, eşinin karşısında iradesi zayıf, sözünde durmayan bir pozisyona düşürülmüş oluyor ki bu da, her insanı rahatsız eder fakat bu tepki eşinden geliyorsa bir erkeği daha çok rahatsız eder. Üslup ve ifade değiştirilmezse giderek rencide etmeye başlar. İlerleyen süreçlerde ise meselenin namaz olduğu devreden çıkar, takınılan tavır, söylenen sözler ve incinen onur gündem konusu olmaya başlar.)

(Oysa namaz kılmak küçükten alışmayınca zor bir ibadettir ve güçlü bir motivasyona ve desteğe ihtiyaç hissettirir. Üstelik bu Allah'ın bir nasibi ve takdiri diye de görmek gerekir diye düşünüyorum. Ayrıca, "Allah eşlerinize namaz kıldırın" diye bir emir vermemiş ve bize böyle bir görev yüklemiyor. Hanımefendi ise böyle bir görevi üstlenmiş. Olsa olsa, namazın kişiye verdiği güzel ahlâk özendirici olabilir. Rabbimiz ise, artık uyar/düşündür! Çünkü sen bir uyarıcı/düşündürücüsün. "Ey habibim sen ancak tebliğ edicisin" ve "kalpleri evirip çeviren benim" diyor. Bu arada hanımefendi, teşvik etmek, heyecanla kılmasına zemin hazırlamak adına bir şey yapmamış. Çünkü "Bu onun görevi, üstelik bana söz verdi, mutlaka kılması gerekir" diye düşünmüş. Hanımefendi ısrar ettikçe de uzaklaşma olmuş. Hanımefendi de bu uzaklaşmayı; "Ben zorladığım ve onu incitecek şekilde konuştuğum için uzaklaşıyor" demek yerine, "İnadıma kılmıyor" diye algılayarak daha tepkisel davranmaya başlamış. Tabi bu da iyi sonuç vermemiş.

Allah için yapılacak ibadetler başta olmak üzere, her türlü talebin hayata geçirilebilmesi için, önce beynimizin inanması, sonra sevmemiz ondan sonra da sürekli bir uygulamaya geçmemiz gerekir ki, alışkanlık oluşsun. Oluşmasını istediğimiz durumlar için gösterdiğimiz her davranışımızda mutlaka kendimize şu soruyu sormalıyız; "Bu tavrım ve konuşmalarım amacıma uygun mu? İstediğim şeye yaklaştırıyor mu uzaklaştırıyor mu? İşe yaramıyor hatta tam tersi sonuca götürüyorsa, o zaman muhatabımızın ne yaptığından önce, bizim neye sevk ettiğimiz sorgulanmalı.)

– Şimdi, siz de olabilir derseniz bir teklifim var.

– Buyurun.

– Eşinizle konuşun ve deyin ki, "Canım, aşkım bitanem, ben şimdiye kadar sana yanlış yaklaşmışım affedersin. Namaz senin için zaten çok önemli, biliyorum. Bundan sonra sana "Niye kılmadın?" demeyeceğim. Eğer istersen namaz zamanları sana sesleneyim. İstemezsen seslenmem. Sana kolaylaştırıcı olmak için ne yapabilirim? Bana onu söylersen yardımcı olmak isterim. Sen çocukluğundan alışkın değilsin, zorlanmakta haklısın. Namaz kılmak o kadarda kolay bir şey değil. Hepimiz zaman zaman zorlanıyoruz. İnşallah zamanla sen de alışırsın ve kolay gelir. İstersen önce abdestli durmaya başlayarak adım atabilirsin. Abdest için "Sadece iki dakika" diye zihnine komut verirsen, o abdest almayı minimize edecektir. Abdestli durmaya alışabilirsen, devamı çok kolay gelecektir. Seni çok seviyorum ve senin samimiyetine yürekten inanıyorum. İlâveten, artık "Bana verdiğin sözde durmuyorsun" diye düşünmeyeceğim. Çünkü bu Allah için yaptığımız bir ibadet. İnşallah bundan sonra beni sana destek olarak göreceksin. Ayrıca, bizi Allah'a daha çok yaklaştıracak ve amellerimizi severek yaptıracak bir eğitim çabamız yok. İnşallah onu birlikte plânlayarak, yavaş yavaş hayatımızı bir düzene koymaya başlarız. Şimdiye kadar seni incittiğim, üzdüğüm, kırdığım için çok özür dilerim. Çok affedersin" deyip boynuna sarılın, tabiri caizse şapur şupur öpün.

– Böyle yaparsam eşim o kadar mutlu olur ki. Tamam, inşallah. Niye önceden düşünemedim ki. Şimdiye kadar bu kadar kırgınlığı yaşamamış olurduk.

– Hepimiz insanız ve bütün yanlışlar bizim için. Bu üzüntüden bir ders çıkararak onu faydaya dönüştürelim. Ayrıca geçmiş için üzülmek fayda getirmez. Yanlışımızı öğrenip ders alalım ve o dosyayı kapatalım. İlâveten, "Bunda da bir hayır vardır" diyelim ve bundan sonrasına bakalım.

– Haklısınız.

## Bu durumda olanların sorabileceği sorular

* Eşimin namaz kılmamasında acaba farkında olmadan uzaklaştırıcı bir rol oynamış olabilir miyim?
* Eşimin uzaklaşmasında acaba benim sevdirici ve özendirici olamamamın rolü olabilir mi?

- Namazın benim üzerimdeki etkisi, aileme iyi bir ahlak olarak yansıyor mu acaba?
- Eşimin çocuklarımın gözündeki değerini artırıcı ve babalarını sevmelerini sağlayıcı rolümü yeterince oynayabiliyor muyum?
- Eşime hayat yolculuğunda yeteri kadar yol arkadaşlığı yapabiliyor muyum?
- Eşimin zihnindeki algım acaba nasıl?
- Namazı sevdirmek için neler yapabilirim?
- Namazı kolaylaştırabilmek için neler yapabilirim?
- Nasıl konuşursam eşim benimle daha rahat diyaloğa geçer?
- Ne yaparsam önceki imajım düzelir?
- Eşimin gönlünü fethedebilmem için nasıl yaklaşmalıyım?
- Eşime kırgınlığımdan dolayı, hiç bir iyi işine teşekkür etmedim. Şimdi onu nasıl telâfi edebilirim?

## Bu durumda olanların yapabileceği dualar

Allah'ım, eşim iyi niyetle namaza başlamak istedi. Sen onu başladığı bu yolda başarılı kıl. Her namazda onu kendine yaklaştır, günahlarını affet, maddi manevi yüklerinden kurtar. Eşime namazı sevdirmem konusunda beni başarılı kıl. Ona yaklaşımlarım razı olacağın şekilde olsun. Onu sev ve yücelt Allah'ım. Namazı sevdir, kolaylaştır. İkimize de Peygamberlerin namaz sevgisinden ve aşkından ver. Namazla doğrulanlardan ve hayatını doğrultanlardan eyle. Sorun olmayan şeyleri sorun olarak görmekten sana sığınırım. Eşime dini sevdirme konusunda, bilmem gerekenleri bildir ve yaptır Allah'ım. Gönlümüzü yüce dinine aç. Dinin ile ferahlayanlardan eyle. Dinin yüceliğini hayatımızda yaşayabileceğimiz bir bilinç aşısı yap bize ve onar eksik yanlarımızı. Senin emrinle yaşayarak dünyayı bayram yerine çevirenlerden eyle. Senin her şeye gücün yeter.

## Bu durumda olan çiftlerin ailelerine mesajlar

Sizler büyükler olarak, namazla yücelen, namazla ferahlayan birer güzel şahsiyet olursanız, duruşunuz, bakışınız ve doğal işleyişiniz bile hayranlık uyandırır ve gençlerin size benzemeye çalışmalarına vesile olur. Kılmayana güzel davranıp sadece anlaması, öğrenmesi, tanıması için itici olmayan yaklaşımlarla bilgilendirmek güzel olur. **Mesajın kaynağı ile muhatabının arası ne kadar iyi ise, mesaj o kadar doğru algılanır ve benimsenir.** Çocuklara gençlere örnek olmak en büyük ihtiyacımızdır. Üstelik, anlamadan ve zoraki kılmanın moral gücü olmaz. Zorlayana karşı yalana başvurdurtabilir ve aralarının bozulmasına yol açabilir. Bir de, güçlü bir duygu oluşmadan yapılan eylemler uzun süreli devam etmeyebilir. Önemli olan örnek olmak, sevdirmek, bilgilendirmek ve doğru tanımalarına yardımcı olmak. Bunun içinde doğru ve güzel iletişim şarttır. Ayrıca, bu eğitimlerin mutlaka çocuk iken alıştırılarak sevdirilmesi gerekir ki büyüyünce zorlanmasınlar.

# Öfke Sözü Ateşe Verir

*Öfkenin ateşi önce sahibini yakar; sonra, kıvıl-*
*cımı düşmana ya varır ya varmaz.*

Şeyh Sadi

**Çok öfkeliyim. Herkese ve her şeye öfkeleniyorum ve bağırı-**
**yorum. Eşim ve çocuklarımın bir kabahati yok iken onlara hak**
**etmedikleri kadar sıkıntı yaşatıyorum. Ben niye bu kadar öfke-**
**liyim ve bundan nasıl kurtulurum?**

## Görüşmede öğrendiklerim

6 yıllık evli ve iki çocuğu olan bir hanımefendi. Genç kız iken de öfkeli olduğunu fakat evlenince daha da arttığını ifade etti. Kayınvalidesi çocuk eğitim tarzını beğenmeyip, çocukları susturamıyor, eğitmeyi beceremiyor diye sürekli eleştiriyormuş. Eşi de bazen annesine uyup hanımını aynı konularda eleştiriyormuş. Hatta çocukların normal hareketliliklerine bile tepki gösteriyormuş. Hanımefendi de yanlış olduğunu bildiği durumları düzeltmek için bir şey yapamadıkça öfkelenip eşine ve çocuklarına yansıtmaya başlamış.

## Görüşmenin devamında konuştuklarımız

– Peki sizi başka öfkelendiren sebepler var mı?

– Kayınvalidem eşimin benimle zaman geçirmesine müsaade etmiyor ve eve azıcık erken gelecek olsa kendi yanına çağırıyor, yedirip içiriyor, yatmaya yakın yanımıza gönderiyor. Ben ve çocuklar eşimi özlüyoruz. Bunu eşime söylediğimde "Annem çağırıyor ne yapayım?" diyor. Ben akşama kadar çocuklarla evde yalnız kalıyorum. Akşamda ancak yatarken eşimi görebiliyorum. Bu beni çok geriyor ve öfke ile doluyorum.

– Bu durumu hiç kayınvalidenizle paylaştınız mı?

– Hayır, çünkü nasıl tepki vereceğini az çok tahmin edebiliyorum ve kendi içimde yaşıyorum.

– Peki bu ihtiyacınızın büyüklüğünü ve sizde oluşturduğu gerilimi eşinize anlatmayı denediniz mi?

Akşam eve erken gelebilsen gibi bir talebi kastetmiyorum. Daha açık ve net bir şekilde konuşmayı kastediyorum?

– Hayır, bu kadar net konuşmadım. Kendisinin anlaması ve ona göre davranması gerekmez mi?

– Yani ben içimde yaşadığım sıkıntıyı paylaşmadan eşim anlasın diyorsunuz?

– Ne kadar bunaldığımı ve öfke dolu olduğumu görüyor?

– Dolayısı ile durumunuzdan bunu okumalı?

– Evet.

– Peki eşinizde kendi içindeki pek çok sıkıntıyı oflayıp puflayarak ifade etse, "Eşim neye sıkıldığımı anlasın ve bana ona göre davransın" dese, siz bunu nasıl karşılarsınız?

– Doğru, ben onun neye bunaldığını ve benden ne beklediğini bilemem.

– Güzel, şimdi bunu ters çevirip size uygulayalım. Siz anlatmadan ve hatta detaylandırmadan eşiniz neye bunaldığınızı anlayamayabilir. Biz hiç söylemeden halimize bakarak anlasın istiyoruz sanki.

– Evet galiba öyle oluyor.

– İlâveten, biz düşündürecek şekilde değil, kapalı uçlu soru sorarak evet ya da hayır cevabını verecek şekilde soru soruyoruz. Amacımız ise düşündürmek değil, hemen sonuç almak. Meselâ, "Annene mi gittin?" "Evet." "Biz de seni evde bekledik." "Geldim işte." "Ama geç geldin." "Ne yapayım annem salmadı. Onun kırılıp üzülmesini istemiyorum" İşte diyalog böyle yaşanırsa, hiç bir işe yaramaz. Yani eşinizi düşünmeye sevk ederek, yaptığı şeyi daha iyisiyle değiştirecek bir anlayış değişikliğine yol açmaz. Siz nasıl yaşıyorsunuz bu diyaloğu?

– Buna benzer diyebilirim. Eşim evde beni hep hırçın görüyor. Beni konuşturup rahatlatmak yerine, yemeğini yiyip kenara çekilip TV izliyor, çocukları susturmaya uğraşıyor. Ben orada öfkeden deliye dönmüşüm umurunda bile olmuyor.

– Umurunda olmadığı görüşü size mi ait, eşiniz mi söyledi?

– Bana ait, bu tabloyu böyle okuyorum.

– Anladım. Bu sizin yorumunuz.

– Evet.

– Peki, ne olursa siz rahatlar ve bu öfkeden kurtulursunuz?

– Eşim eve erken gelse, konuşup gülüşüp zaman geçirsek. Hayalimdeki mutlu evlilik tablosunu yaşasak.

– Zihninizde mutlu olmanız için böyle bir tabloyu yaşamanız gerektiği algısı var o zaman?

– Evet.

–Zihninizde başka neler var mutlu olmanız için?

– Şu evin dışına çıkalım biraz. Ailece pikniğe gidelim. Eş, dost, arkadaş ziyaretleri yapalım, bize gelsinler biz gidelim. Oysa biz ayda bir iki kere ancak yapabiliyoruz bunları.

– Eşiniz ne iş yapıyor, ekonomik yönden rahat mısınız?

– Eşim elektrikçi, serbest çalışıyor. Kazancı iyi çok şükür. Her zaman düzenli iş olmuyor ama gayet iyi olduğu zamanlar oluyor. Fakat kayınvalidem ona da karışıyor ve gönlümüze göre harcatmıyor. Kimi zaman kendisi istiyor kimi zamanda "Çarçur etme" diye sıkı tembihte bulunuyor. Bazı ihtiyaçlar için eşimi ikna etmek zorunda kalıyorum.

– Peki, siz hiç kendi başınıza sizi rahatlatacak bir şeyler yapabiliyor musunuz? Dışarı çıkmak, gezip tozmak, eşiniz olmadan çocukları parka gezmeye götürmek gibi?

– Pek değil?

– Bunları yapmanızın önündeki engeller nedir?

– Hiç bir şey, galiba kendi anlayışım. Bir defa bu sinir ve öfke ile dışarıda da sakin olamıyorum. Hiç bir şey beni mutlu etmiyor. Çocuklara bağırasım geliyor. Öyle olacağına çıkmayayım diyorum.

– Hiç dışarı çıkıp da bunları yaşadığınız oldu mu, yoksa olacağını tahmin edipte mi çıkmıyorsunuz?

– Tahmin ediyorum.

– Sizin kendi hayatınızda yapmayı isteyip de yapamadığınız şeyler var mı?

– Evet, hem de çok. Bir defa okuyamadım, evlendim tahsilim yarım kaldı.

– Daha sonra bitirmeyi denediniz mi?

– Çocuklarla yapamam diye düşündüm.

– Yani yapıp yapamayacağınızı denemediniz?

– Evet.

– Başka?

– Ben aktif birisi olmak istiyordum. Çalışmalar yapmak, faaliyetler organize etmek, çocuklara daha iyi davranmak, sakin, sabırlı ve seçkin bir anne olmak gibi...

– Peki eşiniz bu isteklerinize ne diyor?

– Hiç birinden haberi yok ki?

– Haberi olsa ne der?

– Bilmiyorum ama yürütebilirsen yap der.

– O zaman, şu ana kadar ki anlattıklarınızdan anladıklarımı söyleyeyim, doğru mu anlamışım siz söyleyin.

– Peki.

– Siz konuşmadan, zihninizdeki algılarınıza ve zanlarınıza göre yaşıyorsunuz ve bunların hepsi de olumsuz. İlâveten, kendinize hayatta biçtiğiniz rol ile de uyumsuz. Çok güzel hayalleriniz var, hiç denememişsiniz. Sıkıntılarınız var, muhataplarınızla açık seçik hiç konuşmamışsınız. Bu kadar içinize atıp öfke kasırgasıyla boğuşana kadar, açık, net konuşabilirdiniz. Olumsuz tahminlerinize göre değil, istediğiniz ve ihtiyaç hissettiğiniz şeyleri gündeme getirip onların gerçekleşmesi için bilinçli bir çaba sarf edebilirdiniz. O zaman belki de şimdi okuyan, pek çok hayalini gerçekleştirmiş, içine atmayıp konuştuğu ve çoğunlukla da hallettiği için öfkeyle içli dışlı yaşamayan, daha mutlu bir hanımefendi olabilirdiniz diye düşünüyorum.

– Çok doğru. Aman Allah'ım ben ne yapmışım gerçekten. (Dakikalarca ağladı.) Ben kendime ne kadar eziyet etmişim.

– Hep zihninizdekiler okunsun istemişsiniz. Sıkıntıları birileri tanımlasın ve gerekeni yapsın diye beklemişsiniz adeta. Karşınızdakiler sıkıntınızı görüp anlasalar bile onlar kendilerine göre düşünüp anlayacakları için, yine sizin kendinizi anlatmanız ve ihtiyacınız olan şeyi dosdoğru ortaya koymanız gerekir.

– Haklısınız. Benim önce kendimi düzeltmem lâzım değil mi?

– Evet efendim, tam da bu. Zaten sorunuz kendinize yönelikti, bunun için de sizi tebrik ediyorum. Doğru sorunun bizi götüreceği yer doğru cevaptır. İnsan önce kendisini düzeltmekten başlamalı. İmam-ı Gazali Hazretleri, **"Doğru ağacın gölgesi de doğru olur"** buyuruyor. İlişkinin merkezinde kişinin kendisi vardır ve onun tarzına göre çevre şekillenir. Siz başlatıcı olmalı ve mutlaka hem kendinizi hem de çevrenizdekileri düşünerek hareket etmelisiniz ki insanların size güveni artsın ve yardımlaşma duygusu oluşsun.

– Evet, haklısınız. Peki şimdi nereden başlamalıyım?

– Güzel bir soru. Şimdi, sizin asıl sorununuz, idealize ettiğiniz hayatı pratiğe aktaramamak. Pek çok dahi seviyesindeki çocuklar, normal standartta muamele gördükleri için, öğretmenleri tarafından aptal, geri zekâlı, okuyamaz diye nitelendirilip okuldan atılmışlar. Nitekim okuldan atılan bu çocukların yıllar sonra dahi olduğu anlaşılmış ve hayatları değişmiş.

Zihniniz bu yaşama biçimini ve sahip oldunuz seviyeyi yeterli görmüyor. Daha iyisi ile mutlu olacak bir standart belirlemişsiniz. Siz buna ulaşamayınca, anlamsız öfke patlamaları, gerginlik ve hayattan zevk alamama, her şeye karşı isteksizlik oluşmuş. Oysa bu hayaller, standart yüksekliğini işaret eden iyi bir durumdur. Bu durumda öfkeyi gidermekten çok, sebeplerini ortadan kaldırdığımızda, öfke kendiliğinden gidecektir. Bu arada öfke çok önemli bir duygudur. Yerinde ve zamanında kullanıldığında, öyle güzel şeylere hizmet eder ki. Meselâ öfke duygusu burada bir semptomdur, yani belirtidir. Bu semptomu gidermek demek, asıl sebebi göz ardı etmek demektir. Oysa sizi bu öfkeyle baş başa bırakan eksiklikler var. Onlar giderildiğinde organizmadaki huzursuzluk ta gider. **Yani öfkeyi değil, sebep olduğu şeye odaklanıp onları gidermeliyiz, çünkü öfke bir sonuçtur.** Öfke, normalde göremediklerimizi görmemiz için bir işarettir. Öfke, dikkatleri öfkelenene vermemizi sağlar. Fakat sonuçtan başlarsak, öfke doğru okunmamış ve istenilen sonuçtan uzaklaşılmış olur. Aynı zamanda, **"Öfkeli insan zehir ile doludur"** diyor Konfiçyüs. Öfke sebepleri anlamsızlaştırılıp öfkeden kurtulunmazsa, insanı derinden tahrip eden bir etki yapabilir.

– Burada sizin ihtiyaç hissettiklerinizin bir listesini yapalım. İlk sıraya hangisini koyalım?

– Eşimin zaman ayırmasını ve beni eleştirmemesini ilk sıraya koyalım.

– Bunun için bu konuştuklarımızdan yola çıkarak ne diyebilirsiniz?

– Eşimi karşıma alıp, beni neyin bunalttığını sakin bir üslup ile anlatacağım.

– Bu arada duygularınızdan bahsetmelisiniz. Yani, şöyle şöyle olunca ben şöyle hissediyorum gibi.

– Anladım. Eşime, "Sen annende yemek yiyip zaman geçirdiğinde ya da dışarıda oyalanıp eve geç gelince ben kendimi yalnız, sevilmeyen ve değer verilmeyen bir eş gibi hissediyorum" diyeceğim.

– Evet işte tam da böyle. Sonra?

– "Seni seviyorum ve özlüyorum" diyeceğim.

– Harika. Sonra?

– "Annene birlikte gidelim, benim ve çocuklarımın sana ve birlikte paylaşacağımız şeylere ihtiyacımız var" diyeceğim.

– Süper. Sizi tebrik ediyorum. Çok doğru bir konuşma biçimi oluşturdunuz. Bu arada şunu da peşinen kabul etmeliyiz. Biz değişince her şey bize paralel değişmeyebilir. Değişim biraz zaman alabilir. Biz sabırla, oluşturduğumuz iyi diyaloğu ve olumlu tavrı sürdürerek düşündürmeye sevk etmiş ve ihtiyaçlarımızı görmesine vesile olmuş oluruz. Eğer suçlarsak bizi ve ihtiyacımızı görmesini engellemiş oluruz. Kendisine saldırılan birisi hemen kendisine döner ve bir koruma alanı oluşturmaya çalışır. Bu arada bizi görmez ve sadece işitir. İşittiği ise kendisini suçlama ve saldırıdır. Bu da aslında psikolojik bir savaş sebebidir. İlâveten, sürecin normale dönmesi için de sabırsız ve aceleci davranmamalı, biraz akışına bırakarak sabırlı olunmalıdır.

– Peki ihtiyaçlarınızı sıralamaya devam edersek başka neleri gündeme alalım?

– Kayınvalidem ile daha yakın olup ona sıkıntımı bizzat ben anlatmaya çalışacağım. Hayalimdeki plânlarımı birer birer uygulamaya koymaya çalışacağım.

– Tamamını birden uygulamaya koymayacaksınız değil mi?

– Evet, hepsini birden değil. En kolayından başlayarak. Bundan sonra çocuklarıma bir şey derlerse de içime atmayacağım.

– Çok iyi olur. Burada söylemem gereken bir şey var. Çocuklarınızın yaş dönemi özelliklerini anlatan bir kaç tane başucu kitabınız olsun. Onlardan edindiğiniz bilgilerle ve daha da önemlisi yüreğinizin sesini de dinleyerek çocuklarınızı yetiştirmeye ve eğitmeye çalışın. Size karşı çıkan olduğunda, "Uzmanlar böyle söylüyor" diye açıklayın. Kimsenin sözü ile çocuklarınıza haksızlık anlamına gelecek şekilde davranmayın. Bu ileride çokça pişmanlık çekmenizi engelleyecektir. Bunu da ancak doğru bilgi ile donanıp kendinize güvendiğinizde daha rahat yapabilirsiniz.

– Tamam inşallah. Artık içimden konuşmayacağım ve tahminlerime göre hareket etmeyeceğim.

– Çok iyi. O zaman bir dahaki görüşmemizde olan gelişmeleri ve bundan sonraki süreci konuşalım, olur mu?

– Evet, inşallah. Çok teşekkür ederim.

## Bu durumda olanların sorabileceği sorular

• Ben hangi durumlarda öfkeleniyorum?

• Öfkelenmese idim neleri nasıl yapardım ve bu benim hayatıma neleri katardı?

• Ben öfkelendikçe nelerden mahrum kalıyorum?

• Öfkelenmemek gibi bir seçeneği hiç kullandım mı?

• Öfkelenmesem nasıl davranırdım?

• Öfkemin kaynağını nasıl bulabilirim?

• Acaba ben öfkelenerek başka birinin tavrını mı modelliyorum?

• Acaba öfke bana bir ödül mü veriyor da ben o ödülden dolayı tercih ediyorum?

• Ben haklıyım demenin başka bir yolunu bulabilir miyim? Bunlar neler olabilir?

• Öfke, yapacaklarımdan kaçmanın bir kalesi olabilir mi?

• Öfkeyi niye seçiyorum, öfke bana istediğimi vermiyorsa, ne veriyor?

• Öfke ile benim imajım nasıl etkileniyor?

• Öfke ile mi besleniyorum farkında olmadan?

• Yapacaklarım gözümde büyüyor da öfke ile kamufle mi ediyorum?

• Madem öfkeden memnun değilim, kurtulmak için ne yaptım?

• Öfke nelerin önünde perde ve görülmesini engelliyor?

• Niye öfkeden başlıyorum?

• Benim gerçek sorunum öfke mi yoksa öfkeyi davet eden eksiklikler mi?

- Şimdiye kadar öfke ile yaşadım, ne elde ettim?
- Öfke ile mücadele yerine, öfkeyi küçültmek ve öfke sebeplerini anlamsızlaştırmakla işe başlasam?
- Öfkelenerek bir şeyler yapmak yerine, öfkesiz bir şekilde düşünüp bir şeyler yapmanın yollarını bulsam, bunlar ne olabilir?

## Bu durumda olanların yapabileceği dualar

Allah'ım, öfke beni zayıf ve itibarsız duruma düşürüyor. Beni bundan kurtar. Ben öfkeyi bana getiren şeylerden kurtulmak istiyorum, bana bunları görmeyi nasip et ve onlardan kurtulma yollarını göster. Allah'ım, öfke yürek kapıma gelince, öfkenin girdiği kabımı küçült, yer bulamasın. Anlayışımı öfkeye dar et, rahat edemesin. Öfkeye kapıyı aralayan duygularımı sağlam bir zırh içinde bulundurmamı nasip et. Öfkenin beni kontrolsüz bırakmasını, işleyişimi aksatmasını sana şikâyet ediyorum. Ancak Senin hak ve hukukun çiğnendiğinde gözüm kararsın ve öfkenin en delisi gelsin ve bana yapmam gerekeni yaptırsın. Allah'ım, acizim, zayıfım, yetersizim. Kendimi koruma melekelerim çok zayıf. Bunları senin uygun göreceğin biçimde güçlendirmemi nasip et Allah'ım. Öfkenin bende yerleşmesinden sana sığınırım. Öfkeye davetiye anlamına gelecek zayıflıklara sebep olan yanlış ve eksikliklerimi bana göster ve acilen telâfi ettir Allah'ım. İhtiyaçlarımı yerinde, dozunda ve zamanında giderme konusunda beni duyarlı yap ki psikolojik olarak zayıf kalıp aykırı unsurlara yeşil ışık yakmayayım. Huzuru senin emrini yaşayarak buldur, dengede tutarak bizi koru. Bizim için acil ihtiyaç olan şeyleri fark ettir ve onları talep ettir. Dengeli ve tutarlı olmayı kalıcı vasfımız haline getir Allah'ım.

## Bu durumdaki çiftlerin ailesine mesajlar

Gençlerin ihtiyaçlarını, kendi gençliğinizi düşünerek değil, şimdiki ihtiyaçlarını düşünerek ve gerekirse yardım alarak bulun. Onlara gençliklerini yaşama hakkı tanıyın. Gelinlerinizi ve kızlarınızı çocuk eğitimi konusunda eleştirip aşağılamadan, bildiğiniz bir şey varsa tavsiye edin, kalanını onlara bırakın. **Tenkit tüketir, takdir üretir.** Size annenizin güzel davranması gibi siz de gelininize ve damadınıza anne şefkatiyle yaklaşın. Siz de bir zamanlar acemi idiniz. Bu hale yaşaya yaşaya geldiniz. Şimdi genç çiftlerde bazı şeyleri yaşayarak görecek ve öğrenecekler. Size düşen en önemli görev, kendilerine duydukları güveni artırın, destekleyin, "Gayet güzel idare ediyorsun, aferin" deyin. Yeri geldiğinde bir uzmana danışmaları konusunda yönlendirin. Yapamadıkları şeylerin olabileceğini, herkesin bu aşamadan geçtiğini ve giderek kendilerinin de en güzeliyle hayat ustası olacaklarını söyleyerek yüreklendirin. Büyükler vefat edince, söylemleri devam eder. Hâlâ aynı şekilde konuşuyor gibi şahıslar hatırlarlar. Bu gerekçe ile bizi hayırla yâd edecekleri şekilde olgun, güngörmüş geçirmiş bilge bir anne, baba, kayınvalide ve kayınpeder rolünü severek oynayalım. Çünkü her yetişkinde bu rollerden bazıları var ve hep bu rollerin kostümleriyle dolaşırız. Önemli olan, rolümüzün farkında olup taşıdığımız sorumluluğa göre, o rollerin içini hakkıyla doldurabilmektir.

## Öfke bir sonuçtur

Her insanın öfkelenme gerekçesi farklıdır. Birisi için incitici ve tahammül edilemez olan bir durum, bir diğeri için eğlenceli bile gelebilir. Bu yüzden hangi semptomu ele alırsak alalım, bunun kişiye özel sebeplerini bulmak zorundayız. İlâveten, birilerinin üzülme ve biriktirme sebebi başkalarına çok basit ve önemsiz gelebilir. Çektiği sıkıntıyı birisine anlatsa, o da, "Aaa ne var canım bunda. Hiç kafana takmana değer mi, bu çok küçük bir şey" derse, bu tavsiye hiç bir işe yaramadığı gibi, şahsın kendisini anlaşılmamış hissetmesine ve sıkıntısını önemsiz buldukları için incinmesine sebep olabilir. Parmağa batan bir diken, dışarıdan gören birisi için çok basit görünebilir. Oysa canı yanan birisi için o diken, o anın en büyük derdi olabilir. **Yani sıkıntının büyüklüğü küçüklüğü değil, şahsı ne kadar etkilediği önemlidir.** Bir şey kişiyi üzüyorsa, o çok çok önemlidir. Birilerinin bunu nasıl gördüğü önemli değildir. Bu yüzden dinlerken can kulağıyla dinlemek, içtenlikle ilgilenmek ve çözüm aramak, yani ciddiye almak, yapılabilecek en doğru tutumdur.

# Evlenmeden Önce Yorulanlar

*Karşılaştığımız sıkıntıların en büyüklerinden
birisi, kendimize olan inacımızı kaybetmemizdir.*

**Saliha Erdim**

İki kızım var, eşim üçüncüyü istiyor, ben katiyen istemiyorum. Bana öyle zor ve imkânsız geliyor ki. Bunlara bile bakacak gücü kendimde bulamıyorum. Hatta "Keşke doğmasalardı" dediğim oluyor, sonra da çok pişman oluyorum. Sizce ben neden böyleyim, bu halim düzelir mi?

### Görüşmede öğrendiklerim

Sekiz yıllık evlilik ve iki çocuk var. Hanımefendi yaklaşık beş yıldır bu duyguları yoğun olarak yaşıyor. Böyle bir duyguyu yaşamasına sebep olacak derecede bir travma ya da olumsuz bir olay yaşanmamış. Bilâkis eşi destek olmaya çalışmış. Hanımefendi kendisine olan inancını kaybetmiş ve hatta yaşamak bile ağır gelmeye başlamış. Evlenmeden önce kardeşlerine adeta annelik yapmış. Buna rağmen, annesinin ve ablalarının sürekli eleştirmişler ve beğenmemişler. Yaşının gerektirdiği hareketliliği yaşayamamış, oyun oynayamamış. Anne ve ablalarının itici tavırları çok yıkıcı olmuş. Kendine olan inancını ve hayata karşı coşkusunu kaybetmiş. Kardeşlerine sürekli bakması çok ağır gelmiş ve evlenince çocuk yapmayacağım kararı aldırmış.

Hanımefendi evlenmeden önce, hem aşağılanmış, hem yaptıkları beğenilmemiş, hem çocukluğunu yaşayamamış, altı yıl, çocuk denecek yaşta kardeşlerine annelik yapıp üstelik sevgi ve takdir görmemiş. Şimdi ise yaşadığı bu yoğun yoksunluklar, sahip olduğu çok iyi bir evliliğinin ve harika iki çocuğunun mutluluğunu yaşamasına engel olmuş. Çocuklarını sevemiyor, hayat ve yaşamak yük gibi gelmeye başlamış.

### Görüşmenin devamında konuştuklarımız

– Çocukluğunuzda ve genç kızlığınızda sizi en çok üzen şeyler nelerdi?

– Hiç mutlu olmadım ki. Hep kardeşlerime baktım. Evin hizmetçisi ve çocuk bakıcısı gibi muamele gördüm. Beni çok ezdiler. (dakikalarca ağladı) Herkes beni aşağıladı. Her işi yaptırdılar, üstelik hiç yaranamadım. Hiç kimse aferin demediği gibi her yaptığımı eleştirdiler, beğenmediler. Annem ablamlarla gezmeye giderdi, beni çocukların başında bırakırlardı. Ben de iki kardeşime ağlaya ağlaya bakardım. Geldikleri zaman da teşekkür etmek yerine azarlarlar ve yaptıklarıma kusur bulurlardı.

– Peki babanız size karşı nasıldı?

– Babamla çok iyiydik.

– Babanız bu duruma ne diyordu, müdahale eder miydi?

– Elbette çoğu zaman görüyordu. Anneme hatta ablama, "Siz baksanıza bu çocuklara, niye bu küçük çocuğa bırakıyorsunuz?" derdi. Fakat başta annem olmak üzere kimse babamı dinlemezdi ve bana bırakırlardı.

– Yani daha küçükken, istemeden, üstelik teşekkür bile almadan iş yapmış ve kardeşlerinize bakmışsınız. Peki bu durum sizi nasıl etkiledi?

– Hem annemden hem ablalarımdan yıllarca nefret ettim. Ben hiç çocuk yapmayacağım derdim.

Sevilmediğimi düşündükçe "Demek ki ben çok kötü birisiyim" diye kendimden uzaklaşmaya başladım. Kendimi hiç sevemedim. Bu evleninceye kadar böyle devam etti.

– Peki siz evlendikten sonra annenizin ve ablanızın size yaklaşımları nasıl oldu?

– Zoraki ilgilendiler. Sanki ben evin kül kedisiydim. İlkokula kadar zor okuttular. Senin kafan almaz, okuyup ne yapacaksın dediler. Oysa sınıf birincisiydim. Eve gelip birinci oldum dedikçe, "Bir yanlışlık olmalı, sen o kadar zeki olamazsın" derlerdi. Ben de giderek kendime inancımı kaybettim. Zaten eşim beni istediğinde çok şaşırdım. "Benim gibi kötü ve değersiz birisiyle nasıl evlenmek istiyor?" diye hep sordum kendime.

– Evlendikten sonra eşinizle iletişiminiz nasıldı?

– O bana hep iyi davrandı. Fakat ben bir türlü kendime gelemedikçe onun da tavrı değişmeye başladı. Ne dese ne anlatsa ben bir türlü kendimi toparlayamıyorum. Azıcık değişeceğim diye ümitleniyorum. Hemen annemin ve ablamın, "Sen aptalsın, sen okuyamazsın, evlensen bile mutlu olmazsın, sen beceriksizin tekisin." dedikleri aklıma geliyor. O kadar ağladım ki anlatamam. Ailemde bir kere aferin denmedi. İyi olmak sevilmek nasıl bir duygu tatmadım. Annemin dizlerine yatıp saçlarımı okşamasını o kadar isterdim ki. (Sürekli ağladı) Ablalarım ve annem beni hep ittiler. Ben de giderek içime kapandım. "Onlar beni sevmiyorken başka kimse niye sevsin, ben sevilmeye değer birisi değilim" diye düşündüm hep. Hayattan soğudum. Aslında var ya yaşamak bana ağır geliyor. Eşim bile benimle nasıl evlendi diye şaşırdım demiştim ya, kendimi o kadar değersiz görüyorum. Buraya bile çok zor geldim. Beni dinlemeye değer bulmazsınız diye.

– Estağfurullah olur mu öyle şey. Her insan hem dinlenmeyi hem de yardımı hak eder. Peki, çocuklarınıza hamileyken ve doğduklarında hiç sevdiniz mi onları?

– Evet sevdim fakat kendimle savaşa başladıkça bu onlara yaklaşımımı da etkiledi. Hırçın davrandıkça onlar da hırçınlaştı. Bu sefer de kendime "Bak bunu da beceremiyorsun" demeye başladım.

– Eşiniz çocuklarla ilgilenir mi?

– Elinden geleni yapar ama ne yaparsa yapsın annenin yaptığı gibi olmaz değil mi?

– Tabii ki.

– Bana "şöyle şöyle yap" diyor ama benim tutunacak dallarım bir bir elimden alınmış. Ayakta durmaya mecalim yok. "Beni atın dağ başına siz ne yaparsanız yapın" diyesim geliyor. Yemeği bile çok zor yiyorum. Mümkün olsa ve helâl bir yolunu bulsam bu dünyadan çıkacağım.

– Allah korusun diyelim efendim. Tutunacağınız dalların mümkün olanları elinize geldikçe bu duygularınız değişir inşallah.

– Değişir mi gerçekten?

– Tabii ki, Allah'ın izni ile. Sizin işi ne kadar sıkı tuttuğunuza bağlı olarak her durum daha iyiye doğru değişebilir.

– İnşallah ama hiç ümidim yok.

– Genelde böyle hissedilir. Bu durum hiç geçmeyecek ve ben bu sıkıntıları hep hissedeceğim diye algılanır. Şu anda zaten başka şekilde düşünmenizi beklemiyorum. İnşallah zamanla kendinizi daha iyi hissettikçe bu duygular yerini daha olumlu duygulara bırakacaktır. Şimdi inanmasanız da birlikte hareket edelim ve birlikte verdiğimiz kararları uygulaya çalışın olur mu?

– Olur inşallah fakat zorlanırım her halde.

– Tabii ki zorlanabilirsiniz. Fakat inancınız ne kadar güçlü olursa, zorlanmalarınız o kadar kısa sürer inşallah.

– Efendim, ailede sizin benlik değerinizi düşürmüşler ve kendilik algınız yanlış oluşmuş. Şu anda da depresyondasınız. Acil bir ilâç desteği ve psikoterapi ile hemen süreci başlatalım. Bunun için bir psikiyatrist arkadaşımızla irtibata geçelim ve paslaşarak durumunuzu değerlendirelim ve yardımlaşalım.

– Yani?

– Size bir tedavi protokolü hazırlamamız ve bir süre birlikte çalışmamız gerekiyor. Siz de bunu isterseniz.

– İsterim tabi.

– Tamam o zaman başlayalım. Her insanın önce kendisini sevmeye ve değerli görmeye ihtiyacı vardır ve aile bunu sağlamak zorundadır. Siz bundan mahrum büyümüşsünüz. Öncelikle kişinin kendisini sevmeye ve bu dünya için çok değerli olduğunu bilmeye ihtiyacı var. Çünkü Allah size değer verdiği ve bu dünya için sizin bir şeyler yapacağınıza dair ümidi olduğu için sizi yaratmayı seçmiş ve görevli olarak bu dünyaya göndermiş. Bu sadece sizin için değil, bu dünyaya gelmiş her insan için böyledir.

– Oysa ben kendimi çok değersiz hatta fazlalık gibi görüyorum. Gelecek ümidim yok. Çünkü kimse bana değer vermedi.

Eşim vermeye çalışıyor ama o kadar içime işlemiş ki, söküp atamıyorum. Taşın üzerine su dökünce kayıp gitmesi gibi eşimin güzel sözleri de bende hemen tükeniyor ve kalıcı bir etki yapamıyor.

– Haklısınız. Sizin kulağınıza hep bunlar söylenmiş. Şimdi de onlar atağa kalkıyor ve sizi kuşatıyor. O zaman ben buraya kadar anlattığınızdan ne anladığımı açıklayayım. Aslında çok normal hatta çok başarılı bir çocuk iken, okutulmadığınız için bu başarı açığa çıkmamış. Bu kadar güzel başarıya rağmen, ne yazık ki başarısız olduğunuza, beceremeyeceğinize dair yanlış bir inanç oluşturulmuş. Yaptığınız her şey eleştirilmiş. Takdir ve teşekkür görmemiş, sevgi ve değer görerek büyümemişsiniz. Şimdi de onlara inandıkça bu sizi depresyona sürüklemiş..

– Evet, tam da böyle.

– Bu sizin kendinize olan inancınızı zayıflatmış ve rollerinizi yapamayacak kadar hayata küstürmüş.

– Evet öyle oldu.

– Yani mesele sizin çocukları sevmemeniz ve bakmakta yetersiz olmanız değil. Bunlar ikincil konular. Asıl sorun kendinizi değersiz ve yetersiz görmeniz, ilâveten de depresyonda olmanızla ilgili.

– Anladım. Peki ben bundan nasıl kurtulurum?

– Evet, şimdi tam da sıra bunu konuşmaya geldi. İnşallah ben bu konu ile ilgili olarak size bazı açıklamalarda bulunacağım fakat evde okumanız ve bazı bölümlerini satırların altını çizerek okuyacağınız bir kitap vereceğim. İnşallah okuduktan sonra bir dahaki gelişinizde, hem ev ödevi vereceğim onların takibi hem de kitaptan öğrendikleriniz üzerine konuşacağız.

– Tamam inşallah.

– Efendim, çocuk kendisine söylenene inanır. Bu ne kadar çok tekrar edilirse, çocukta o kadar güçlü bir inanç oluşur ve pekişir. Siz okulda başarılıydınız değil mi?

– Evet, hep birinci oluyordum.

– Peki ailede bu desteklenseydi, orta okul, lise, üniversite derken bu başarı devam ederdi değil mi?

– Evet, büyük bir ihtimalle devam ederdi.

– Tam tersi söylendiği için ona inandınız.

– Evet.

– Bu neyi gösterir?

– Onların dedikleri bende gerçekleşti.

– Doğru fakat size bir rol tanımlamışlar, size o rolün kostümünü giydirmişler, siz de o kostümün hakkını vermişsiniz. Yani sizi onların belirlediği rolü oynamanız gerektiğine inandırmışlar. Ben de diyorum ki size figüran rolü değil de başrol verselerdi onu oynardınız değil mi?

– Evet.

– Biz onu şimdi yapalım. Çıkaralım o kostümü ve yerine başrol oyunculuk kostümü giydirelim.

– Bu kadar kolay mı?

– Zor mu?

– Bilmem?

– Zorluk ve kolaylık görecelidir. İnandığınız ölçüde kolaydır. Şu ana kadar hayatı bu rolü oynayarak geçirmek hayatınıza ne kazandırdı?

– Ne kazandırması, bütün güzellikleri aldı götürdü.

– Siz çok şükür hayattasınız, daha çok gençsiniz. Yeni evli sayılırsınız. Çok şükür akıllısınız ve benim bütün söylediklerimi anladığınızı düşünüyorum, doğru mu?

– Evet doğru.

– O zaman bu kadar doğrunun varlığı sizi doğrultmalı. Kendinize getirmeli. Bu hayatın provası yok.

Yani bu dünyaya tekrar gelme şansımız yok. O halde yaşadıklarımızı tek seferlik yaşıyoruz ve ne yaşarsak, o daha sonrakini yaşamamız için bizi ilerletiyor. Siz şimdi gözlerinizi kapatın, ben aç demeden açmayın. Bir hayal kuralım birlikte.

– Tamam.

– Şimdi gözlerinizi kapatın genç kızsınız ve anneniz ile berabersiniz. Anneniz size diyor ki, "Tatlı ve akıllı kızım, ben sana çok yanlış davrandım, çok özür diliyorum. Sen eline aldığın her şeyi en iyisiyle yapabilirsin. Şimdi silkelen kendine gel ve hayatına bir çeki düzen ver. Sen çok akıllı ve zeki bir kızsın. Okusaydın şimdi çok iyi bir yerde olurdun. Sen bizim sözümüze bakma ve ilerle. Çık bizim seni hapsettiğimiz kafesten" diyor.

– Evet. (ağlıyor)

– Ne hissediyorsunuz?

– Bir annenin böyle söylemesi çok güzelmiş. Moral buldum sanki.

– Şu anda siz de annenize bir şeyler söylemek isterseniz bunları içinizden söyleyin.

– Tamam.

– Ne dedi?

– "Haklısın, özür dilerim, sana çok kötülük ettik" dedi.

– Annenize içtenlikle sarılabilirsiniz.

– Tamam.

– Şimdi gözlerinizi açabilirsiniz. Teşekkür ederim. Bu uygulamayı şunun için yaptım. Bizim zihnimiz hayal ile gerçeği ayıramıyor, hayal ettiğini gerçek zannediyor. Beynimize verilen mesaj değişince, duygularımız da değişir. Duygularımız düşüncelerimizi etkiler, giderek yaptıklarımız da değişir. Anneniz gerçek hayatta bu mesajı vermiyor. Biz bir süre yol alıncaya kadar bunu hayallerde uygulayabiliriz ve annenizin size olumlu konuştuğunu hayal edebilirsiniz. Böylece annenize olan duygularınız da yumuşayabilir ve belki de aranızda yeniden güzel bir diyalog başlayabilir.

– İnşallah çok isterim.

– Bu hayal nasıl geldi size?

– Çok iyi geldi, gerçek gibiydi.

– İnşallah bunu zaman zaman farklı şekillerde uygulayarak, annenizin oluşturduğu döngüyü daha iyiye çevirmeye çalışacağız. Daha sonra buna ihtiyacınız olmayacak, çünkü siz aklınızı kullanarak yolunuzu bulabileceksiniz inşallah.

– Şimdi, evde yapacağınız bazı şeyleri konuşalım ve sizde yapabilirim derseniz size ev ödevi olarak vermek istiyorum (ev ödevi ve işlevi anlatıldı). En çok neyi yapmak istiyorsunuz? Ne yaparsanız kendinizi iyi hissedersiniz ve bundan sonrakiler size daha kolay gelir?

– Çocuklarımı kucağıma almak, doya doya koklamak ve onlara sarılmak istiyorum.

– Şu anda bunu yapabileceğinizi düşünüyor musunuz?

– Sanki yapabilirim diye düşünüyorum.

– O zaman buradan gitmeden, yine gözlerinizi kapatın. Kendinizi evinizin en sevdiğiniz bölümünde hayal edin. Çocuklarınız yanınıza geliyor ve siz onlara doya doya sarılıyorsunuz olarak zihninizde canlandırın (uygulama yapıldı). İnşallah böylece, ev ödevinize zihninizi hazırlamış olacaksınız. Demek ki önce çocuklarınıza sarılıp öpüyorsunuz. Buna eşiniz de dâhil olsun mu?

– Olabilir. O daha kolay olur.

– Başka bir şey ilâve edelim mi, bir hafta sonraya kadar sadece bunu mu yapmak istersiniz?

– Sadece bu olsun. Bunu dolu dolu ve doyasıya yaşamak istiyorum.

– Bunu yaparken zorlanırsanız, bana o anki duygularınızı yazıp getirebilir misiniz? Bunu yapmak size kolay gelir mi?

– Zorlanmam zannediyorum, yazabilirim.

– Güzel, o zaman haftaya eşinizle birlikte gelebilirseniz iyi olur. Bu süreçten onu da haberdar edelim. Hem bu durumun düzelmesi, hem de güzel bir şekilde devamının gelebilmesi için eşinizle dayanışma ve paylaşım içinde olmamıza ihtiyaç var.

## Bu durumda olanların sorabileceği sorular

– Acaba ben nasıl daha doğru düşünebilirim?

– Ne yapar ve nasıl düşünürsem daha iyi olmama katkısı olur?

– Çocuklarımı seviyorum, bunu nasıl ifade edebilirim?

– Eşimin söylediklerini nasıl içselleştirebilirim?

– Ben kendimi geliştirmek ve bu durumdan kurtarmak için kiminle yardımlaşabilirim ve kendim ne yapabilirim?

– Ben bu değildim, inandırıldığım bu hal gerçek halim değil. Bu inançtan kurtulup gerçek halimi nasıl yakalayabilirim?

– Hayattan zevk almak, yaşamaktan mutlu olmak herkes gibi benim de hakkım. Bunu tekrar nasıl kazanabilirim?

– "Ben iyi bir insanım" diyemiyorum, oysa ben iyi bir insanım. Bu yanlış inançtan nasıl kurtulabilirim?

## Bu durumda olanların yapabileceği dualar

Allah'ım, elimde olmadan girdiğim bu çıkmazdan beni ancak Sen kurtarabilirsin. Bana yardım et ve tutunacağım dallar halk et. Bana hayatı ve kendimi sevmem için, güzellikleri görebilmem için bir ışık ver. Bendeki güzellikleri uyandır. İçimdeki karanlığı söndür. Sen, Seni daha iyi anlayacağım ve daha iyi ibadet yapacağım şekilde benim bağlı letaiflerimi açığa çıkar. Görevlerimi içtenlikle benimsememi, severek ve yaptıkça mutlu olarak yerine getirmemi nasip et. Bu durumun hayra dönüşmesini sağla. Bu durumumdan manevi basamakları hızla çıkacağım bir kazanç lütfet. Zararlarımı kâra dönüştür. Yuvamı, neşeyle örülmüş sevgi cennetine çevir. Eşimin yüzüne baktıkça, sevgi ve bağlılığım artsın. O da bana baktıkça sevgi ve bağlılığı artsın. Eşimin evimize severek, isteyerek ve mutlulukla gelmesi, yavrularımızla onu hoş tutmamız ve birlikte Sana güzel kulluk yapmamız için gerekeni talep ettir, nasip et ve bizden sana ulaşanları kabul et Allah'ım.

## Bu durumdaki çiftlerin ailelerine mesajlar

Çocuklarınız ile görüştüğünüzde, yapamadıklarını değil, yapılanlara vurgu yaparak onları daha iyilerini yapmaya motive edebilirsiniz. Zaman zaman gelip çocuklarla ilgilenebilir, gelininizin veya kızınızın yükünü hafifletebilir ilâveten çocuklarla hoş vakit geçirebilirsiniz. Her insanın hayatta zor zamanları olur. Bu durumdan çıkmak için yakınlarının moral desteğine ve fiili yardımına çoğu kere ihtiyaç olur. Arada evinize çağırıp ikramlarda bulunarak, arada onlara ziyarete gidip, giderken de bir şeyler yapıp götürerek jest yapmaya ihtiyaç vardır. Sebepsiz yere hediye almak, insana moral depolar ve sevgiyi uyandırır. Bol bol hayırları için dua edin. Oğlunuza gelininizi övün. Ya da kızınıza damadınızı övün. Güzel ve olumlu duygularla dolmalarını sağlayın. Aralarında çıkan ufak tefek sıkıntılarda tarafsız olun. Durum uzarsa bir profesyonel yardım almak için yönlendirin. Çiftlerin olumlu ve güzel yönlerini birbirlerinin yanındayken takdir edin. Birbirlerinin iyi yönlerini hatırlayarak duygularını iyileştirirler. Onlara sevgi dolu sözler söyleyin. Onları çok sevdiğinizi ve çok iyi idare ettiklerini söyleyin. Sizin gelmenizi dört gözle bekleyecek derecede olumlu atmosfer oluşturun.

Buna rağmen sonuç alamazsanız bile, bu olumlu ve çok güzel tavrı sürdürmenizi tavsiye ederim. Zamanla insanlar değişir ve inşallah sizin ve bu yaklaşım biçiminizin kıymetini anlarlar. Ayrıca, oğlunuzun ve gelininizin çocuklarına nasıl davranacaklarına dair çok güzel bir örnek oluşturmuş olursunuz.

# Evlendiği Halde Ailesi Tarafından Yönetilenler

*Kendi rolünün ve sorumluluğunun ne oldu-
ğunu öğrenemeyenler, başkalarının biçtiği rolü
oynar ve kendisi tercih etti zannederler.*

**Saliha Erdim**

*Yeni evliyiz, eşim sürekli ailesinin yanında vakit geçiriyor,
neredeyse sadece yatmaya geliyor. Kayınvalidem bizi hiç yalnız
bırakmıyor ve aynı daireye taşınalım diye ısrar ediyor. Ben ise
kesinlikle istemiyorum. Bu durumda ben ne yapmalıyım?*

## Görüşmede öğrendiklerim

Yedi aylık evli bir çift. Evlendiklerinden bu yana kayınvalidesini haftada bir ziyaret ediyorlar. Kayınvalidesi her akşam oğlunu yanına çağırıyor, yemek yediriyor ve yatma saatine kadar oyalıyor. Daha yeni evli bir çift gibi baş başa zaman geçirememek ve eşinin bu duruma engel olmaması, hanımefendiyi hem çok üzmüş hem bunaltmış. Kayınvalidesi aslında kendisine iyi davranıyor. İki çocuğu var, biri eşi diğeri kızı. Kızı daha bekâr. Yani hanımefendinin eşi ailenin tek erkek çocuğu. Evdeki kayınpeder, anaerkil bir eşin gölgesinde kalmış gibi görünüyor. Anne aralarındaki bağı unutturmamak için oğlunu dizinin dibinden ayırmamaya çaba gösteriyor gibi. Hanımefendi eşine olan özlemini ve birlikte vakit geçirme ihtiyacını ifade edememenin sıkıntısını yaşıyor.

## Görüşmenin devamında konuştuklarımız

– Sizin kayınvalideniz ile ilgili duygularınız nasıl?

– Çok iyi değil. Aslında bana iyi davranıyor ama eşimi yanından ayırmadığı için öfkeleniyorum.

– Eşiniz size karşı nasıl?

– Bu durum olmazsa çok iyi, bundan dolayı tartışıyoruz.

– Eşinizin annesine gidip gelmesi evlendiğiniz ilk günlerden beri mi böyle, yoksa ilerleyen aylarda mı böyle oldu?

– İlk günlerden beri böyle.

– Birlikte ne sıklıkla ziyaret ediyorsunuz?

– Bana kalsa daha seyrek giderim fakat haftada bir gidiyoruz. Eşim neredeyse her akşam uğruyor.

– Kayınvalidenizin herhangi bir rahatsızlığı var mı, yardıma ihtiyacı olabilir mi?

– Hayır, zaten kendisi çok genç ve sağlıklı çok şükür.

– Kayınpederiniz ile iletişiminiz nasıl?

– O sessiz, sakin. Kayınvalidem ne derse o olur. Anaerkil bir aile. Kayınpederimin varlığı ile yokluğu belli değil. Aralarında içten bir diyalog yok.

– Sanki kayınvalideniz eşiyle kuramadığı diyaloğu oğlu ile kurarak onun boşluğunu doldurmak istiyor gibi, sizce de böyle olabilir mi?

– Bence de öyle olma ihtimali kuvvetli. Siz söyleyince düşündüm de, oğluyla paylaşımları eşiyle olandan daha fazla.

– Böylece hayatı paylaştığı oğlunu yanında tutma ihtiyacı biraz daha anlaşılır oluyor.

– Evet, bence de.

– Eşiniz annesine gittiği zamanlar eve saat kaçta gelir?

– Her zaman aynı olmamakla birlikte, saat 21.00'den erken gelmiyor. Karnı doymuş, sohbetini yapmış olarak geliyor. Ben de onu öyle görünce çok öfkeleniyorum. "Annene bu kadar bağlıysan ve ayrılamayacak idiysen hiç evlenmeseydin, paşa paşa birlikte oturur hiç ayrılmazdınız" diyorum. Yeni evli gibi değiliz. Biz yeni bir yuva kurduk, onun güzelleşmesi için birbirimizi yakından tanımaya ihtiyacımız var. Bunun için de birlikte zaman geçirmemiz gerekir. Fakat annesi bir türlü bırakmıyor. Bazen ağlama krizleri yaşıyorum. Eşim "Abartıyorsun" diyor. Öyle dedikçe daha da moralim bozuluyor.

– Hiç gitmediği zamanlar oluyor mu?

– Evet, seyrekte olsa gitmediği zamanlar oluyor.

– Gitmediği zamanları ve diğer zamanlarda da eve geldikten sonraki zamanları çok güzel değerlendirip eşiniz için cazibeli hale getirmeyi hiç denediniz mi?

– Pek değil.

– O zaman bunu yapsanız, öyle güzel değerlendirseniz ki eşiniz evde birlikte olmanızı özlese. Bunun çok iyi olacağını düşünüyorum. Size de öyle geliyor mu?

– Haklısınız tabi, öyle yapsam daha iyi olur.

– Peki, eşinizi karşınıza alıp da bunu ciddi ciddi hiç konuş-
tunuz mu? Eşiniz annesinden geldikten sonra öfke ile yapılan
konuşmayı kastetmiyorum. Başka bir zaman sakinken hiç bu ko-
nuyu konuştunuz mu?

– Diğer zamanlarda tavırlı oluyorum. Bir ara gündeme getir-
dim. "Daha sık direkt evimize gelsen" diyorum. "Annem çağırı-
yor, onu kıramam" diyor.

– O zaman burada size bağlı iki durum var diye düşünüyorum.
Birincisi, birlikte olduğunuz zamanları çok iyi değerlendirmek ve
duygu oluşturmak; ikincisi, ne hissettiğinizi eşinizle paylaşmak.
Bunlar yapılabilse, eşinizin sizi anlamasına yardımcı olabilir.

– Haklısınız, gerçekten aklıma gelse ve yapsaymışım çok iyi
olurmuş.

– Henüz zaman geçmedi. **Bugün düne nazaran geç ama ya-
rına nazaran erken.** Daha yeni evlisiniz, çok şükür iletişiminiz
eşinizle ve ailesi ile iyi. Bu ciddi bir avantaj. Eğer daha sıkıntılı
bir süreç yaşanmış olsaydı, duyguların tamiri gerekirdi. Şimdi
daha avantajlı durumdasınız. Şimdi, genele baktığımızda burada
iki durum var görünüyor. Birincisi, kayınvalideniz oğlunu evlen-
dirince kaybetme korkusu yaşıyor ve onun için sürekli çağırarak
onu yakınında tutmayı böylece bağlarını sıkı tutmayı istiyor ola-
bilir. İlâveten, belki de eşinin yerine oğlunu koyarak onun güve-
nini hissetmek istiyor. Böylelikle oğlunu kaybetmediği inancıyla
daha rahat edecek. Tabiri caizse, elin kızına oğlunu kaptırmamış,
hâlâ oğlunu yönetiyor ve yanında tutuyor olacak. Birinci olarak
böyle bir ihtimal var. Eğer böyle ise, oğlunun mutlu olmasına fır-
sat vermemiş ve dahası oğlunun kendinden bağımsız bir birey
olmasına müsaade etmemiş olur. Bunu bir anne sevgisiyle açık-
lamak mümkün değildir. Bu geliştirilmemiş bir aklın ve duygula-
rının kontrolünü yapamayan bir yetişkinin görüntüsüdür. Oğlu

ne kadar mutlu olursa, annenin de o kadar mutlu olması ve bu mutluluk için elinden ne gelirse yapması gerekir. Eğer tahminim doğru ise, burada korkularına yenilmişlik var. İkinci olarak da beyefendi yani eşiniz, yeni evli olmanın hukukunu bilmiyor ve o hukuka göre davranamıyor. Ya da biliyor ama annesini üzme endişesi, gönlünden geçenlerin önüne geçiyor. Burada hâlâ annesini üzmemekten söz ediyor ama eşinin üzülüp üzülmemesi konusunda bir formülü yok. Hâlâ anne kuzusu gibi, onun dediğinden çıkmayan bir evlât profili çiziyor. Annesi mutlu olsun, ah etmesin, evlendi diye annesini yalnız bırakıyor durumuna düşmesin diye böyle davranıyor olabilir. Aslında o da sizinle vakit geçirmek istiyordur. Fakat annesine hayır diyecek ve sınırlarını koruyacak şekilde yetiştirilmediğinden ve kendisinin de bunu öğrenmemesinden dolayı bu devam ediyor büyük bir ihtimalle. **"Sınırsız bahçe, her önünden geçenin ayak izini taşır"** özlü sözünde ifade edildiği gibi, sınırlarını bilmeyenler kargaşadan kurtulamaz.

Kayınvalidenize biraz yakın davransanız, sizde daha sık gidip gelseniz, bu kayınvalidenize, "Korkmana gerek yok. Ben oğlunuzu sizden ayırma niyetinde değilim. Ben de size gelip gideceğim, dolayısı ile oğlunuzla bir kopma yaşamayacaksınız." mesajını vermiş olursunuz. Böylece siz daha yakın davranınca korkuları azalır ve rahatlayabilir. Eğer aranızda yakın davranmanızla bir samimiyet ve güven oluşursa, ondan sonra görüşme sıklığını konuşarak ayarlayabilmeniz daha kolay olur düşüncesindeyim. Tabi kendisi ile konuşma imkânımız olmadığı için tahminlerden yola çıkarak bunları söylüyorum. Bu arada hiç bir değişiklik birden bire olmaz. Sizde sabırla ve sükûnetle biraz zaman tanımalı ve bu anlayışın oluşması için eşinize destek ve yardımcı olmalısınız. Belki de kayınvalidenizin gözünü korkutan yaşanmışlıklar oldu, belki travmatik şeyler yaşadı ondan böyle davranıyor olabilir.

Belki kendisini dinlesek çok farklı bir sebepte ortaya çıkabilir. Biz hüsnü zan içinde olarak ve ortalama bir yaklaşım biçimi ile hareket etmeye çalışalım. Siz, öncelikle bu konuyu sakin bir şekilde tüm açıklığı ile konuşmalısınız.

Duygularınızdan, onu ne kadar özlediğinizden, annesine gidip geldikçe elinizde olmadan hem kendisine hem annesine öfke duyduğunuzdan söz edin. Yeni evlilerin bu ilk zamanları birbirlerine alışma zamanlarıdır. Annesine tek çocuk olsa da gitmeli 10. çocuk olsa da gitmeli. Fakat artık sizinle yeni bir evlilik hukuku oluştu. Bu yeni hukukunda bazı yeni alışkanlıklara ihtiyacı var.

Artık bekâr gibi davranamaz. Bu gerekçe ile artık o evden fiilen kopma ve yeni evine bağlanma ihtiyacı vardır. Buradaki eşin gözyaşı, diğer tarafta kimsenin yüreğini acıtmıyorsa, tek taraflı bir mutluluktan, duyarsızlıktan ve bir hukuk ihlâlinden söz edilmesi gerekir. Bu gerekçe ile eşinizin annesine gitmesini onayladığınızı ama yeni yuvanın özenle ve güzelce devamı içinde birbirinizi memnun ve mutlu etmeye, ilâveten birlikte zaman geçirmeye ihtiyacınız olduğunu anlatın. Hatta arada eve gelip yemeğini yesin, haftada bir iki günde birlikte gidin. Bu arada, aynı eve ya da yakına taşınalım taleplerini de konuşarak eski sözlerini hatırlatın ve kararınızı uygulayın. Daha yakın olduğunuzda bu durumun önü hiç alınamayabilir.

### İstenmeyen bir davranışın sebebini bilmek, kişiye doğru davranma şansı kazandırır

Eğer eşiniz siz böyle akılcı ve yapıcı konuştuğunuz halde tavrını sürdürürse, sükunetinizi koruyarak birlikte danışmanlık almaya gelin. Çünkü beyefendinin ilişki içinde göremediği gerçekleri, doğru bir üslupla dışarıdan birisi olarak göstermek iyi olur. Birilerinin eşinizi düşündürmeye ve aklını kullanmasına yardımcı olmaya ihtiyacı var. Bu arada belki kayınvalideniz de görüşmeye gelirse daha aydınlatıcı olur. Belki de çok kısa sürede güzel sonuçlar alınabilir. Eşiniz birlikte yardım almaya nasıl bakar sizce?

– Bilmiyorum ama sıcak bakar herhalde.

– O zaman ilk önce onu anladığınızı, belli noktaya kadar hak verdiğinizi ama yeni evli olmanın gereklerinin yapılmamasının sizi bunalttığını söyleyerek yardım rica edin. Sizce de bu sıralama uygun mu?

– Evet uygun.

– O zaman ilk fırsatta bu konuşmayı yapabilirseniz, süreç daha doğru işlemeye başlayabilir. İnşallah başka bir tedbire gerek kalmadan da kendi içinizde halledersiniz.

– İnşallah, teşekkür ederim.

## Bu durumda bulunanların sorabileceği sorular

- Eşimin annesine her gece gitmesinde bana ait bir sebep olabilir mi?

- Acaba benim fark etmediğim bir sebepten dolayı eşim annesinin yanında daha huzurlu oluyor da onun için gidiyor olabilir mi?

- Ben eşime nasıl konuşursam tepki göstermeden beni anlamasına yardımcı olurum?

- Eşime kendisini sevdiğimi ve değer verdiğimi acaba yeterince hissettirebiliyor muyum?

- Daha iyi olmak için ne yapabilirim?

- Evde eşimin kendisini değerli ve yeterli hissettirebilmek için gerekeni yapıyor muyum?

- Acaba ihtiyacımı belirtirken farkında olmadan suçlama dili mi kullanıyorum?

- Ben eşimin karşısında kendi saygınlığımı yeterince oluşturabildim mi?

- Kendisini geliştiren ve değer katan birisi olabilmem için ne yapmalıyım?

- Eşimin beni anlaması ve desteklemesi için acaba yeterince anlaşılır olabiliyor muyum?

- Kendi ihtiyaçlarımı eşimden talep etmeden önce, acaba kendim için yapacaklarımı yapıyor muyum ve bunlar neler?

- Yeterince kitap okumaya ve dinlemeye, daha iyi olmaya, anlayışlı ve anlaşılır olmaya yeterince çaba sarf ediyor muyum?

- Kimi model alıyorum ve o model aldığım insana benzemek için ne yapıyorum?

- Zihnimde idealize ettiğim şeyleri hayata geçirmek için ne yapıyorum?

- Kendimi dinlendirmek ve eğlendirmek için ne yapıyorum?

- Hoş sohbet birisi miyim?

- Eşim benimle sohbet etmekten hoşlanıyor mu?

- Ben onun sevdiği neleri ona yaparak gönlüne yatırım yapıyorum?

- Eşimin benim üzerimde görmek istediği şeylere ne kadar özen gösteriyorum?

- Konuşurken cümlelerim özenli mi özensiz mi?

- Bir arada olduklarıma değer mi katıyorum yoksa zamanlarını mı harcıyorum?

## Bu durumda olanların yapılabileceği dualar

Allah'ım, sen bendeki eksiklikleri en hızlı ve doğru biçimde görmemi ve gidermemi nasip et. Yapılmadığını gördüğüm şeylerin benimle ilişkili kısımlarını halletmemi nasip eyle. Benim atacağım adımlarımın bilgisini ve cesaretini senden talep ediyorum, bana nasip et. Benim hayatımın daha doğru gitmesi için beni örnek insanlarla karşılaştır ve gerektiği kadar modellememi nasip et. Konuşurken etkili ve maksadın anlaşılmasını sağlayacak şekilde konuşmamı nasip et. Duygularıma yenilmekten ve adaletten ayrılmaktan sana sığınırım. Yaşadıklarım doğru ise, onları normal görmemi sağla. Bana zor gelse bile senin razı olacağın şekilde davranabilmem için kalbimi yatkın kıl. Hak söz konusu olduğunda beni hazır ve kıvamında bulundur Allah'ım. Hoşuma gittiği şekilde değil de senin razı olacağın şekilde yaşamayı hayatımın sabiti eyle. Bu durumumun hayra dönüşmesi için nasıl düşünmem ve davranmam gerekiyorsa bana onu nasip et. Hayra yatkınlığımı ve isteğimi artır yüce Mevlâm. Eşimin ailesini sevmemi ve Haktan ve adaletten ayrılmayarak onlara evlâtlık yapmamı nasip et. Kendi aileme de en güzeliyle davranmamı ve onları razı etmemi nasip et. Beni istediklerini yapacak hafiflikte bulundurman için gönlümün ve zihnimin yüklerinden beni kurtar. Beni geri götüren insanlardan beni koru ve uzaklaştır. Bana değer katan ve ileriye götürenlere karşı, kalplerimizde razı olacağın bir yakınlık ve sevgi bahşet. O sevgi ve ülfet ile insani güçlerimizi birleştirip daha iyi olmanın ve dünyayı daha yaşanılır kılmanın peşine düşelim. Senin gücün her şeye yeter Rabbim.

## Bu durumdaki çiftlerin ailelerine mesajlar

Öncelikle gençlerin birbirlerine alışabilmeleri için onları bir arada bulundurmaya özen gösterin. Yeni evli iken birbirlerini daha yakından tanımaktan dolayı nasıl yaklaşacaklarını bilemeyebilir ve tartışabilirler. Öncelikle siz sakin olun ve onlara da bunlar olağan şeylerdir, sakin olun diyerek yatıştırın. Bir arada yaşamak hem çok güzel hem de belli bir süre meşakkatlidir. Alışmak ve uyum sağlamak her zaman zaman sancılıdır ve herkeste bunun zorluğu ayrı ayrıdır. Çocuklarınızın birbirlerine saygıda kusur etmemeleri konusunda yoğun telkinleriniz olmalı. Bilhassa oğlunuzun ya da kızınızın eşine mutlaka saygın davranması için telkinleriniz olsun. **Sevgi saygıyı getirmezse, saygısızlık sevgiyi götürür.** Sevgi var ki evlendiler. O zaman saygı şartsız olarak usul ve üsluplarında bulunmalı. Tabi bunu sizlerde görürlerse daha kalıcı olur. İhtiyaçları ne ise onu anlamaya çalışın. "Ben öyle zannettim", "Bana öyle geldi", "Öyle gibi anlaşıldı" diye devam edegelen cümlelerin hepsi zan ifade eder ve gerçek olmama ihtimali kuvvetlidir. Aklına geleni esas kabul etmeden kişiye sorun, ona göre davranın. Duygularınızı şöyle bir önünüze alın ve gerçekten iyi niyet var mı onu anlayın. İyi niyeti yüreğinize yerleştirmeden atacağınız her adım başarısız olmanız için atılmış gibi olur. Çünkü **niyetiniz bozulursa sözler sancılanır.** Önce niyet sonra diğerleri. Karşınızdakinin sezdiği ilk şey niyetinizdir. Ne yaparsanız yapın bunun önüne geçemezsiniz. **Onun için yardımın kapısı iyi niyettir.** Bu açılmadan olmaz.

# İsteğini İhtiyacın Üzerinde Tutmak

*Gerçek sorun, eşlerin neyin sorun olduğu ko-*
*nuşunda hemfikir olamamalarıdır.*

**Saliha Erdim**

Eşim ile çocukların eğitimi konusunda fikir ayrılığımız var. Ben biraz daha serbest büyüsünler, bizim gibi tutuk olmasınlar istiyorum. Eşim ise tam tersi. Mükemmeliyetçi bir insan. En ufak aksaklığa bile tahammülü yok. Çocuklar da ben de çok bunaldık. Eşime nasıl ulaşabilirim?

## Görüşmede öğrendiklerim

On bir yıllık evli ve üç çocuk sahibi bir çift. Çocukların eğitiminde iki eş farklı kutuplardalar. Babanın talebi ile annenin talebi çakışınca babanın dediği oluyor. Baba "dediğim dedik" tavrında ısrarlı ve konuşmaya açık değil. Beyefendi halinden memnun ama eşi ve çocukları bunalmış durumda. Evden kolay kolay çıkarmaması, evin içinde çok katı kurallar uygulaması, hem iletişimi engellemiş hem olumsuz duygular birikmiş. Hanımefendinin anlattığından öğrendiğim kadarıyla beyefendide mükemmeliyetçilik ve tedavi olmamış bir OKB (Obsesif Kompulsif Bozukluk/ takıntı) var. Böyle olunca, durum biraz daha karmaşıklaşmış.

## Görüşmenin devamında konuştuklarımız

– Bütün anne babalar çocuklarının iyiliğini isterler fakat koydukları kuralların ve istediklerinin kaynakları farklı olunca görüş ayrılıkları ortaya çıkar. Acaba eşiniz doğru şeyler istiyor da size ters geldiği için yanlış buluyor olabilir misiniz? Eşinizin istediği ve sizin yanlış dediğiniz bir iki örnek verebilir misiniz?

– Tabi. Meselâ kızım arkadaşları ile sokakta oynamak istiyor, babası göndermiyor.

– Sokağınız güvenli mi, ya da çok işlek trafikle yan yana olan sokaklar, güvenlik açıcından riskli olduğu için göndermiyor olabilir mi? Göndermeme gerekçesi ne?

– Kız kısmının sokakta ne işi var diyor.

– Kızınız kaç yaşında?

– Dokuz yaşında.

– Henüz sokakta oynayabileceği bir yaş. Evinizin bahçesi ya da yakında güvenle oynayabilecekleri bir park var mı?

– Çok yakında değil ama ben götürebilirim.

– Peki çocuklarınızla parka giderek onların eğlenmelerine fırsat verebiliyor musunuz?

– Çok seyrek.

– Eşiniz çocuklarla ilgileniyor mu? Onlarla oynar mı?

– Bazen çok iyidir, benden daha çok ilgilenir, bazen de yanına yaklaştırmaz.

– İlgilenmesi güzel bir haber, başka hangi konuda anlaşamıyorsunuz?

– Çocuklar nereye giderse mutlaka haber versinler diyor.

– Bu sizce neden yanlış?

– Çoğunlukla sorunca göndermiyor.

– Çocuklar nerelere gitmek istiyorlar?

– Mesela parka, sinemaya, arkadaşları ile pikniğe, sokakta oyun oynamaya.

– Bunların hiç birine mi izin vermiyor?

– Nadiren veriyor. Çocuklar artık "Babamıza söyleyeceğimize gitmeyelim" diyorlar.

– Eşinizle bu konuda hiç konuştunuz mu? Göndermeme gerekçesi ne? Çocuklarla oynuyor, ilgileniyor, bunlara da izin vermesi beklenir. Niye göndermiyor ve sıkıntı çıkarıyor acaba?

– Bir ara kaçırma olayları olmuştu onu bahane ediyor.

– Başka?

– Oturup ders yapsınlar diyor. Dersleri bitince de başka bahane üretiyor. İzin verdiği yerden saati saatine gelmelerini istiyor. Beş dakika bile aksama olsa kızıyor, bağırıyor.

– Eşiniz evde de titiz ve bu kadar milimetrik mi?

– Evet. Bir yere gideceğimiz zaman azıcık geciksem kıyametler kopar. Yemek saatinde hazır olacak. Ev hep derli toplu olacak. Masası bile hep düzenlidir.

– Mükemmeliyetçi diyebilir miyiz?

– Kesinlikle.

– Peki fazla el yıkama, banyodan uzun süre çıkamama, sürekli bir şeyleri temiz tutma vb. durumlarda var mı?

– Evet var. Bunlar da beni çok bunaltıyor.

– Eşinizle konuşmadan kesin bir şeyler söylemek uygun değil fakat eşinizde obsesif kompulsif bozukluk var diye düşünüyorum. Buna ilâveten, çocuk yetiştirme tarzınız da farklı görünüyor. Buraya davet etsem gelir mi?

– Gelir.

– Güzel, o zaman beyefendi ile görüştükten sonra sıkıntının nerede olduğunu daha net göreceğiz.

– Olur tabii ki.

– O zamana kadar, beyefendi ile tartışmadan sakince konuşarak anlaşmaya çalışmanızı tavsiye ediyorum. Ortak değeriniz çocuk. Ona göre ya da size göre değil, çocuğun ihtiyacı ne ise ona göre ikinizde ortak kararlar almalı ve bunu uygulamalısınız. Ayrıca, ortak hareketinizi sağlayacak ortaklaşa mutabık olduğunuz bir bilgi kaynağınızın olması lâzım. Ben size TV'de izleyebileceğiniz eğitimciler ve bazı çocuk eğitimi kitapları tavsiye edeyim ya da siz kendiniz tercih edin. Bunları düzenli takip ederek çocuk psikolojisi hakkında daha doğru bilgiye ve ortak hareket edebileceğiniz bir zemine sahip olabilirsiniz. Çocuk tamamen kitapla yetiştirilmez ama kitapsız da yetiştirilmez. Bilgi ve şefkat dolu anne yüreği en önemli mihenk taşımızdır. Bu arada çocuklarınızla teker teker konuşup, onları nelerin mutlu ettiğini, neye ihtiyaçları olduğunu, babasının ve sizin hangi tavırlarınızdan rahatsız olduklarını bana yazarak getirirseniz, elimizde önemli bir materyalimiz olur.

– Olur tabii ki.

– Peki, eşiniz ile birlikte görüşmek üzere.

## Eşi ile geldiklerinde konuştuklarımız

– Hoş geldiniz beyefendi.

– Hoş bulduk, sağ olun.

– Geldiğiniz için teşekkür ederim. Eşiniz ile geçen hafta çocuklarınız hakkında konuştuk. Eşiniz ile çocukların eğitimi hakkında hem fikir misiniz, görüş ayrılıklarınız oluyor mu?

– Evet, fikir ayrılıklarımız var.

– Hangi konularda ayrışıyorsunuz?

– Benim her dediğime karşı çıkıyor. Üstelik çocukların yanında itiraz ediyor. Benim yanımda durması lâzım diye düşünüyorum.

– Bana örnek verebilir misiniz?

– Tabii ki. Mesela dışarı çıkınca söylediğim saatte evde olsunlar diyorum. Hemen karşı çıkıyor.

– Örnek verecek olursanız, hangi saatte gelsinler istiyorsunuz?

– Saat 18.00 deyince evde olsunlar.

– Özellikle yaz günü ve okullar tatilde iken bu saat biraz erken değil mi?

– Yoo, neden erken olsun.

– Havanın kararmasına daha çok vakit varken çağırmış oluyorsunuz ve büyük bir ihtimalle çocukların oyunları bitmemiş olur o saatlerde. Yani oyunları yarıda kalmış olarak gelirler.

– Yarıda bıraksınlar o zaman.

– Sizi babanız da böyle erken mi eve çağırıyordu?

– Evet, iyi de yapıyordu.

– Siz o zaman üzülmüyor muydunuz babanızın böyle davranmasına?

– Üzülüyordum ama şimdi bakınca memnunum. Disiplinli yetiştirdi bizi.

– Peki hiç çocuklarınızla bunu konuştunuz mu? Onlar ne istiyor öğrendiniz mi?

– Onların ne istediğini biliyorum ben.

– Peki saat 18.00 değil de 20.00'de gelseler, bunun olumsuz yönü ne olabilir size göre?

– Bir şey olmaz aslında, benim dediğim değil onların dediği olmuş olur. Benim otoritem sarsılır.

– Peki bunu sizin kuralınız haline getirsek? Siz bunu isteseniz ve sizin dediğiniz olsa?

– Olabilir.

– Peki, amaç çocukların iyi yetişmesi mi sizin otoritenizin uygulanması mı diye bir soru sorsam?

– Hem çocuklar iyi yetişsin hem benim otoritem olsun.

– Çok güzel, ben de tam bunu söylemek istiyordum. Sizin kurallarınız çocukların ihtiyaçlarını gidermelerine engel olursa, çocuklarınızla aranız açılır. Öyle çocuklar var ki, küçükken babasına lâf anlatamadığı için istemediği halde hep babasının katı kurallarına göre yetiştirilmiş. Biraz büyüyünce, bunun intikamını almak ister gibi babayı saf dışı bırakacak şekilde tepkisel davranıyorlar. Aralarındaki baba oğul, baba kız bağı çok zarar görüyor.

– Bunu istemeyiz tabi.

– Haklısınız. Gerçekten bir çocuk kolay büyümüyor. İsteriz ki onları çok güzel eğitelim, hem sosyal, hem kültürel hem de insani yönden en iyi yerlere gelsinler. Fakat bunun için ailede örselenmemeleri lâzım. Anne baba "Bana göre" diye değil, çocuğumuzun ihtiyacına göre diye düşünmeliler. Meselâ, ergenlik döneminde kuralları delmek için can atarlar. Saat 18.00 değil de 19.00'da gelseler bile bu sorun olmamalı. Zamanı havanın kararmasına ve çocuğun ihtiyacına göre belirlersek, çocukların size saygısı artar. Daha mutlu olurlar. Tamda onların koşma, oynama zamanları. İmamı Gazali hazretleri, "Çocuk oyundan men edilirse zekâsı iptal" olur diyor. Üstelik siz eşinizden öğrendiğim kadarıyla evde çocuklarla çok iyi zaman geçiriyorsunuz. Eminim ki bu çocukları çok mutlu ediyordur.

– Ben de onlar da mutlu oluyoruz.

– Çok güzel. Bu ilginiz, dışarıdaki ihtiyaçlarını da içine alırsa, çocuklar da tezat yaşamaz. İçeride iyi oynayan, ilgilenen, dışarıda katı davranan bir baba çocukları şaşırtır. Nasıl düşüneceklerini bilemezler. Başka hangi konuda görüş ayrılığınız var?

– Evde çok hareketliliğe tahammül edemiyorum. Biraz daha sakin olsunlar.

– Kime göre hareketliler?

– Bana göre tabii ki.

– Ya bu hareketlilik çocukların normali ise ve sizin istediğiniz sakinlik çocuklara uygun değilse? Siz sanki yetişkinler gibi sakin olsunlar istiyorsunuz galiba?

– Bilmiyorum tabi.

– Başka?

– Dağınıklar. Dağınıklığa tahammülüm yok.

– Sizde aşırı temizlik isteği ve titizlik var mı? Biz buna obsesif kompulsif bozukluk diyoruz.

– Var.

– Peki hiç tedavi oldunuz mu?

– Hayır. Ben böyle mutluyum.

– Ya sizinle yaşayanlar?

– Onları bilmiyorum.

– Peki bu titizlik sizin günlük işleyişinizi aksatıyor ve zora sokuyor mu?

– Arada oluyor, evet.

– Onun için de yardım almanızı tavsiye ediyorum. Çünkü bu hem sizin hem de birlikte yaşadığınız insanların yaşam alanlarını kısıtlar. Günlük akışınızı bozar ve işlevselliğinize zarar verir. Biz şimdi çocuklara dönelim. Çocuk eğitiminde takip ettiğiniz uzmanlar ve okuduğunuz kitaplar var mı?

– Yok. İşten güçten başımızı alıp da bir şeyler okuyamıyoruz.

– Peki, uyguladığınız disiplin yönteminin çocuklara zarar verdiğini söylesem ortak bir noktada buluşabilir miyiz?

– Tabii ki.

– Teşekkür ederim, bu güzel ve doğru bir tavır. Efendim, her anne baba mutlaka yaptığını çocuklarına fayda sağlasın diye yapar. Fakat bazen bu iyi niyetle yapılanlar o kadar çok zarar verir ki, daha sonra toparlamak çok zor olabilir. Çocuklarınızın hem cinsiyetlerine hem de yaş dönemlerine uygun davranmanız gerekir. Bu arada anne baba olarak elbette kurallarınız olacak ve çocuklar istemese de bu kurallar uygulanacak. Bu kuralların doğruluğu konusunda çocuklarla istişare etmek, araştırmak ve nasıl davranmanın daha iyi sonuç vereceğini öğrenmek, bizi çocuklara zarar vermekten ve pek çok pişmanlıktan kurtarır. Eşiniz ile fikir ayrılığı yaşadığınız da, "Acaba eşimin de haklı yönleri olabilir mi?" diye düşündüğünüz oldu mu?

– Hayır.

– "Benim istediklerim doğru" diye mi düşünüyorsunuz?

– Hem öyle hem de ben erkeğim, evde otoritemin olması lâzım. Gerektiğinde çocuklar annelerini de dinlemediğimi görüp benim otoritemi kabul etsinler.

– Acaba sizin annelerini bile dinlemediğinizi görmek, çocuklarda size karşı saygı mı oluşturur tepki mi? Bunu hiç düşündünüz mü?

– Düşünmedim.

– O zaman size bunu düşünmenizi tavsiye ediyorum. Birbirlerine saygıyı, güle oynaya ve uyum içinde geçinmeyi çocuklar anne babalarından görerek öğrenirler. Şu anda çocuklarınızın sizin ailede gördükleri, dediğim dedik, titiz ve katı kurallı bir baba. İnanın bu tablodan sevgi ve saygı çıkmaz. Çocuklar ancak sizin gibi katı davranmayı öğrenirler.

– Peki ne yapacağız o zaman, zor mu kullanacağım beni sevin diye?

– Beyefendi, sözlerinizden zorlamayı, dayatmayı ve katı kuralların sözcüklerini çıkarırsanız, geriye daha sakin ve sevecen bir baba kalır diye düşünüyorum.

– O biraz zor.

– Eğer önemine inanırsanız daha kolay olur. Hangi prensiplere göre hareket edeceğinize gelelim mi?

– Bu arada eşim bazen çocuklarla çok güzel vakit geçirir, bazen de çocuklarla hiç oturup konuşmaz, sohbet etmez. Söylediğimde ise yüz göz olmayalım. Arada ciddiyet olsun, yoksa beni saymazlar der.

– Efendim, saydırmanın yolu soğukluk ve sertlik değil, sevecen ama yeri geldiğinde kararlı, yeri geldiğinde hoş sohbet olabilmektir. Çocuklarınız babalık nasıl yapılır sizden öğrenecekler. Bu gerekçe ile çocuklarınızın sevdiği, güvendiği ama aynı zamanda çekindiği-saydığı bir baba olabilmek önemlidir. Peki beyefendi size göre eşinizin yanlış olan yaklaşımları var mı; varsa neler?

– Eşim çocukların her istediği şeye evet der. Ben ne dersem hayır der. Çocuklar iki arada bir derede kalıyor böyle olunca. Çocukları bana karşı kışkırtıyor ve imajıma zarar veriyor.

– Söz hakkım varsa bir iki şey söylemek istiyorum. Ya benim izin verdiklerim makul ve doğru şeylerse? Çocuklar haklı olarak bir şey istediklerinde ben hangi gerekçe ile onlara hayır diyeceğim? "Çocuklar babama söyleyeceğimize evde kalalım" diyorlar ve erkek çocukları için bu çok tehlikeli. Bir yerlere dolmuşla gidip gelebilmeliler. Harçlıkları olmalı ve istedikleri gibi harcayabilmeliler. Evde mutlu olmalılar. Çocukların babalarını sevmelerini çok önemsiyorum ama üzüntüden ağlaşırken, kusura bakmasın eşim ama ben "Babanızın fikrine katılmıyorum siz haklısınız" diyorum. Onun için buraya geldik. Ben öyle yetişkinler gördüm ki, meselâ, babam bizi çok ezdi ama annem de sahip çıkmadı diye yıllar sonra ah ederek sitem ediyorlar. Eşim halini tavrını değiştirmedikçe ben böyle davranmaya devam edeceğim. Eğer çocuklarının kendisini sevmesini istiyorsa, "Çocuklarım ne ile mutlu olur?" diye bir düşünsün. Bizim evde ne yazık ki baba ne ile rahat ediyorsa onu yapıyoruz. Çocukları düşünerek değil, babamızı düşünerek hareket ediyoruz. Babamız mutlu ise, bizim ne durumda olduğumuz önemli değil. Ben böyle bir aile olmak ve böyle cenderede çocuklar yetiştirmek istemiyorum. Eşimi seviyorum fakat böyle ters düştükçe konuşamıyoruz, onun için de içime atıyorum. Artık öfke patlamaları yaşamaya başladım. Yeter artık diye bağırasım geliyor.

– Ne kadar şikâyetiniz varmış benden. Benden kurtulun da rahatlayın. Alıp başımı gideyim.

– Lütfen ikiniz de sakin olun. Bütün bu konuşulanlar, ihtiyacın ne olduğunu anlamamız açısından çok önemli birer ipucu. Arada hepimiz bunalırız ve patlarız. Önemli olan bizi neyin doldurduğunu anlayıp bir daha bunlar yaşanmasın diye tedbir almaktır.

## Kurallar insanların rahat ve güvenli yaşamaları içindir

– Şimdi, siz bir ailesiniz. Üstelik iyi bir ailesiniz. Çok şükür on bir yıldır birliktesiniz. Kimbilir birlikte ne kadar güzel zamanlarınız olmuştur. Maşallah pırlanta gibi üç çocuğunuz var. Buraya gelmeniz, neye ihtiyacınız olduğunu öğrenmek için. Bu sebeple şunları konuşabiliyor olmamız bile çok önemli. İkinize de teşekkür ediyorum arayış içinde olduğunuz için. Şimdi ben size ortak noktalarda buluşmak için bazı stratejiler sunacağım. Buradan çıkınca, burada konuşulanlar hakkında birbirinizi suçlamamanız ve birbirinize söylediklerinizi mevzu etmemenizi rica ediyorum. Buraya zaten sıkıntıları konuşmak için geldiniz. Eğer güzel şeyleri de konuşacak vaktimiz olsaydı, eminim ikinizin de birbiriniz hakkında söyleyeceği çok olumlu ve güzel şeyler de olurdu. Bu sebeple, bu konuşulanlar, sizin kötü bir insan ve kötü anne baba olduğunuzun ifadesi değildir. Burada daha iyi nasıl oluruz onu konuşacağız. Her birimizin hayatında benzer sıkıntılar olabilir. Önemli olan saygı ve sevgi çerçevesinde, yeni ve güzel kazanımlara açık olmak.

## İnsanı asıl savuran şey yanlış yapması değil doğruyu aramamasıdır

İnşallah ilerleyen zamanlarda bu konuşulanların faydasını görüp şükredeceğinizden eminim. Yeter ki neyin doğru olduğu konusunda arayışımız olsun ve doğru kimden gelirse gelsin ittifak edelim, onu uygulayalım. Söz konusu olan çocuklarımız olunca, onların iyiliği, mutluluğu ve geleceğe iyi bireyler olarak yetişebilmeleri için mutlaka işbirliği yapılması gerekir. Ben size bir kaç kitap tavsiye edeceğim. Takip edeceğiniz bazı uzmanların isimleri ve çıktıkları kanalları söyleyeceğim. Siz seyredin ve size uygun olanı izlemeye devam edin. Kitapları okurken mutlaka önemli bulduğunuz satırların altını çizerek okuyun ve çocuklarınızın hem cinsiyet hem de yaş dönemi özellikleri konusunda birlikte bilgilenin. İkiniz çatışırsanız, ortak noktada buluşmanız zorlaşır. Onun için, buradan anlaşarak çıkmalı ve gelecek için zihninizde bazı hedefler oluşturmalı hayaller kurmalısınız. Çocuklarınız için onları ve sizi daha iyi yapacak plânlarınız olsun. Siz kendi içinizde eşler olarak anlaşabilirseniz, bu çocukları olumlu yönde etkileyecek ve ayakları yere daha sağlam basacaktır.

– Tamam gayret edelim inşallah.

## Bu durumda olanların sorabilecekleri sorular

- Acaba eşimin böyle davranmasında ben ne kadar pay sahibiyim?
- Farkında olmadan eşime ters davrandığım için o da tepki olarak böyle davranmaya başlamış olabilir mi?
- Bu yaptıklarını elinde olamadan yapıyorsa, acaba ben yeteri kadar ona destek oluyor ve bundan kurtulması için yardımcı olabiliyor muyum?
- Acaba eşimin iş ve önceki aile hayatını benimle yeterince paylaşabilmesi için ben yeteri kadar uygun bir zemin oluşturdum mu?
- Bana güvenini yeteri kadar sağladım mı?
- Ben hep kendi açımdan bakıp onu ihmal etmiş olabilir miyim?
- Onunla yeteri kadar şefkat ve sevecenlikle konuşup halini anlamaya çalıştım mı acaba?
- Kendisini anladığımı hissettirdim mi ya da ben anladım mı acaba?
- Otomatik olarak "Eşim yanlış davranıyor damgası ile bu halini pekiştirmiş olabilir miyim?"
- Yeteri kadar Rabbime yalvarıp halimizi daha iyiye sevk etmesi ve bizim daha iyi anlaşan bir çift olmamız için ne yaptım?
- Ben kendim yapmam gerekenleri hakkıyla yapıp eşime karşı da sorumluluklarımı yerine getirebildim mi?
- Bu durumun daha iyiye gitmesi için çocuklarımla daha iyi işbirliğini ve babaları ile konuşabilme zeminini oluşturabildim mi?
- Bundan sonra daha iyi olabilmemiz için bana ne düşüyor?

## Bu durumda olanların yapabilecekleri dualar

Allah'ım, eşimle daha doğru ilkelerde buluşmamızı nasip et. Önce kendi yanlışımı görmemi ve düzeltmemi, daha sonra da eşimi kırmadan incitmeden, yanlışını fark etmesini sağlamamı nasip et. Erkeklik onuruna çok düşkün. Onu koruyarak bizim de onurumuzu düşünmesini sen nasip et. Eğer eşimin bu noktaya gelmesinde benim bir rolüm olacaksa, onu da yapmam konusunda bana güç ver, azim ve kararlılık ver. Muhakeme açıklığı ver ki ince duygulu, çabuk anlayıp kavrayan, gerekeni hemen yapan bir tarza kavuşayım. Allah'ım, çocuklarımın saygısını, değerini ve sevgilerini kazanmamıza yardımcı ol. Bizi doğru anne babalar olarak çocuklarımızın zihninde yer aldır. Bunun için de biz elimizden geleni yapalım ve Sen bunları makbul say inşallah. Çocuklarımın gözünde babaları ne derse desin, yüce bir yerde olmalarını sağlamak için elimden geleni yapmamı nasip eyle. Ben ve eşim doğru örnekler olabilelim. Sorunlarını konuşabilen ve ortak doğrularda buluşabilen eşlerden olalım Allah'ım. Bunu bize nasip et. Bunu talep ettir ve başarı nasip et. Neyin gerekli olduğu konusunda isabetli fikirler üretebilelim ve gerekeni yapabilelim inşallah. Çocuklarımızın mutlulukla büyüdüğü ve bizim mutlulukla yaşadığımız bir cennete dönsün yuvamız Allah'ım.

## Bu durumdaki çiftlerin ailelerine mesajlar

Önceki küçük çocuklarınız şimdinin yetişkinleri oldular. Ve sizin vaktiyle ektiklerinizi şu anda onlar biçiyorlar. Onların şimdiki hayat seyirlerine baktığınızda, yapmamaları gereken şeyleri yaptıklarını gördüğünüzde, tatlı fakat kararlı bir ses tonuyla, "Yavrucuğum, şöyle şöyle yapsanız daha doğru olur" deyin. Yanlışını desteklemeyin, sessiz kalmayın. Kendi başlarına halledemedikleri şeyler olursa, mutlaka psikolojik destek almaları için yönlendirin. Sizin çocuğunuz haksız ise, bunu gizlemeyin ve açık yüreklilikle doğru olanı söyleyin. Doğru yapanı tebrik edin ve böyle devam et deyin. Vaktiyle sizin yanlışınızdan dolayı oluşmuş patolojileri gördüğünüzde, "Biz sana yanlış davrandığımız için sen de şu var, sen daha doğru davran ki çocuklarında olmasın. Senin elinde olmadan yaptıkların sana ve ailene çok zarar veriyor. Bu bir rahatsızlık, tedavi ol, zincirleme trafik kazası gibi ilerleyip zarar vermesin" deyin.

Yaşınız ve çocuğunuzun yaşı ne olursa olsun özür dileyin. Özür dilemek erdemli insan tavrıdır. Özür dilemek özür dileyeni küçültmez, bilâkis büyütür. Çocuklarınızdaki eksikliklerin gitmesi için özel dualar oluşturun. Torunlarınıza çocuklarınızın küçüklüğündeki güzel yönlerini anlatın ki anne babasına karşı muhabbetleri artsın. Torunlarınıza mutlaka tarihten güzel şahsiyetlerin hayat hikâyelerini biraz da tiyatral biçimde anlatın ki doğru şahsiyetlere hayranlık beslesinler ve ileride öyle vasıflara sahip olabilmek gibi hayalleri olsun. Güzel kahramanları modelleme istekleri oluşsun. Sevgi ile büyüyen çocuklar, daha dengeli ve tutarlı olurlar. Sizin de bu güzellikte katkınız olsun.

# Değer Allah'tandır

*Birisi kendi değerini, başkalarını aşağılayarak gös-*
*teriyorsa, o insan kendisini değerli hissetmiyordur.*
**Saliha Erdim**

Eşim ortaokul mezunu, ben lise mezunuyum. Bu yüzden
sürekli kompleks yapıyor, inatlaşıyor ve ne dersem "Tabii sen
tahsillisin bilirsin." diyor. Üç çocuğumuz var, onlar da yaşa-
dıklarımıza şahit oluyor. Sizce ne yapsam eşim bu tavrından
vazgeçer?

### Görüşmemizde öğrendiklerim

15 yıllık evli ve üç çocuk sahibi bir aile. Hanımefendi yalnız geldi. Yaklaşık 10 yıldır eşi kendisine cephe almış durumda. Görünürde eşinin tahsilini bahane ediyor gibi ama ilk beş yıl içinde böyle davranmaması akla başka sıkıntıların olduğunu getiriyor. Sürekli eleştirdiği ve kompleksli gibi davrandığı için ilişkiler iyice gerilmiş durumda. Hanımefendi eşindeki bu değişimin sebeplerini bilmiyor. Oturup konuşmamışlar. İlişkileri etki tepki mekanizmasına dönüşmüş. Hanımefendi herhangi bir şekilde tahsili gündeme getirmediği halde beyefendinin bunu öne almasını anlayamıyor. Üstelik tahsil bakımından aralarında çok ciddi bir farklılık ta yok. Buna rağmen gündeme geliyor. Artık her hareketine lâf ediyor ve eleştiriyor.

### Görüşmenin devamında konuştuklarımız

– Acaba, sizin farkında olmadığınız ama eşinizin fark ettiği şeyler mi oldu, ya da topluluk içinde itibar olarak ondan daha iyi durumda olduğunuza dair bir şaka ya da gerçek bir vurgu mu oldu? Veya sizin eşinizi bilmediği için suçladığınız şeyler mi oldu?

– Düşünüyorum da galiba onu bilmediği şeylerden dolayı eleştiriyorum. Bu onu rencide etmiş olabilir.

– Bazen de beyefendi sakin içe dönük ve sessiz bir yapıda olup eşi de canlı, hareketli kıpır kıpır, sosyal ve becerikli olabiliyor. Beyefendi eşini gördükçe kendi gerçeğini hatırlıyor ve bu onu rahatsız ettiği için o da davranışları ile eşini rahatsız ediyor. Bu durumda tahsili yüksek olmasa da var olan realite, onu rahatsız ediyor. Bu durumda hanımefendi hiç bir şey yapamasa da fark etmiyor. Eşinin normal hali, kendisinin halini açığa çıkaran bir ayna işlevi görüyor. Kendini geliştirememiş kimi beyefendiler, eşinin güzelliklerine şükredecek ve onun daha çok gelişmesine katkıda bulunacak kadar kendilerine güvenemedikleri için rahatsız oluyor. Böyle beyefendilerin sayısı ne yazık ki hiç de az değildir.

– Bizim durumumuz da tıpkı anlattığınız gibi. Ben girişkenim, gittiğimiz yerde duramam hemen iş yaparım. Bana "Otursana, sana ne der" Ben niye oturayım? Bana göre oturmak ayıp. Çünkü ortada iş var, sen bir ucundan tutmuyorsun diye niye benim tutmamdan rahatsız oluyorsun? Birileri dargınsa hemen ilgilenir barıştırırım. Yapılmamış bir iş varsa birilerini organize eder o işi yaptırırım. Neşeli hayat dolu birisiyim. Eşim ise oturduğu yerden kırk gün kalkması gerekmese kalkmaz. Beni kendisine benzetmek istiyor. Asla ben onun gibi olmak istemiyorum. O halinden memnun. Ben onun yapma dediği şeyleri dinlemiyorum yapıyorum ve yaptığım zaman da çok iyi oluyor, takdir görüyor ve seviliyorum. O da bunu görüyor. Ondan sonra "Bak yapma diyordun işe yaradı, bir daha bana karışma" demiyorum incinmesin diye. Bu adam beni atıl birisi yapacak eğer ona boyun eğersem. Ben de asla bunu istemiyorum.

– Haklısınız tabii ki. Evlilik var olan potansiyelimizi geliştirmek için bir zemin. Daha kötüye götürecek mekanizmaları işletirsek, o sistem de kişileri tüketmeye başlar. Bunu hiç istemeyiz. Fakat bu kadar açık ara farklı bir yapı ile sizin biraz daha stratejik davranmanıza ihtiyaç var.

– Ne gibi?

– Her insanın başkalarının gözünde, kendisini değerli hissetmesine sebep olacak güzellikleri ve erdemli yönleri vardır.

– Eşimin de var. Aslında çok iyi bir insandır kendisi. Merhametli, cömert, yardımsever. Üstelik bana ve çocuklarıma çok değer verir. Tahsil sorunumuz olmasa, belki de hiç kavga etmeyiz.

– Bu çok güzel bir haber, buna sevindim. O zaman eşinizin sizin karşınızda ezilmesini önleyecek can simidi niyetine güzel vasıflarını ortaya çıkarmanız lâzım. Beyefendi sizin kendisini çok sevip değer verdiğinizi, onun iyi yönlerini fark ettiğinizi, bunları başkalarıyla da paylaştığınızı gördükçe, size karşı takındığı tutum giderek gücünü kaybeder diye düşünüyorum. O da sizin iyi yönlerinizi görmeye ve sizinle gurur duyduğunu söylemeye başlar. Siz böylece, hem eşinizdeki iyi vasıfları ortaya çıkararak kendisini iyi ve değerli hissetmesini sağlayacak, hem de sizinle arasındaki buzların çözülmesine katkıda bulunacaksınız. Bu size olabilir gibi geliyor mu?

**Kendini seviliyor ve değer veriliyor olarak hissedemeyenler, içe dönük yaşamaya başlarlar ve ciddi olarak krize girebilirler.**

– Evet geliyor. Gerçekten çok iyi bir yönteme benziyor. Eşimi ben öyle davranırken gözümün önüne getiriyorum da, çok mutlu olur ve bana karşı tavırları da çok yumuşar herhalde.

– Eşinizin tahsilini tamamlaması ve en azından lise mezunu olması için hiç bir çabası oldu mu? Bu da çok işe yarar. Ona, sen benden daha zekisin. Sen okuyabilseydin şimdi profesör bile olabilirdin. Ben senin aklına hayranım. Haydi lise için kayıt yaptıralım ve bitir şu liseyi. Ondan sonra da hem çalışırsın hem de açık öğretimden üniversiteyi okursun desеniz ne der?

– Aslında çok memnun olur. Fakat önce "Yok ya bu yaştan sonra okunur mu?" falan der. Ben ısrar eder ve evli ve daha ileri yaşlarda okuyanlardan örnek verirsem daha kolay ikna olur. Ya şu anda çok heyecanlandım. Şimdiye kadar bunu deneseydim, bu kadar didişmez ve ona harcayacağımız enerjimizi güzellikler üretmek için harcardık.

– Çok doğru. Bunu fark etmeniz çok güzel. Fakat henüz daha çok gençsiniz. Hiç bir şey için geç kalmış sayılmazsınız. Zararın neresinden dönerseniz kârdır. Bu sebeple, siz ne kadar heyecan duyarsanız bu eşinizi de sarar ve birlikte pek çok güzelliği keşfedebilirsiniz.

– Evet, harika olur.

– İlâveten, eşinizin yapabileceği bazı şeyleri ona pas ederek, onun toplum içinde bazı şeyleri yapmasına fırsat verirseniz, bu yaptığı takdir edilirse, bu sosyal onay anlamına gelir ki çok önemlidir, bundan sonra ufak ufak devamı gelebilir. Sadece eşinize yaklaşırken, onu gözünüzde olabileceği en yüksek yerde hayal ederek konuşun. Yaptıklarına göre değil, potansiyel olarak yapacaklarına göre davranın. Siz onu çok iyi yerlere lâyık görür ve bunu hissettirirseniz, eşiniz de oraya tırmanmayı isteyecek ve başaracaktır diye düşünüyorum.

– Yine iş bana düşüyor değil mi?

– Evet, siz daha iyiye talipseniz size düşüyor. **"İlk uyanan uyandırmalı"** diye bir kaide var. Kim erken fark ederse, adım atma sorumluluğu ondadır. Bir erkek iki kadından etkilenir, annesi ve eşi. Bu hem bir fırsat hem imtihandır. Olumlu ve doğru bir yaklaşımla, birbirimizi hayra sevk etme sorumluluğumuz var. Efendim, bir çocuk dişçinin koltuğundan kalkıp sormuş, "Doktor amca hangi dişimi fırçalayayım?" Doktor cevap vermiş, "Hangi dişinin ağzında kalmasını istiyorsan onu fırçala" Siz de hayatınızda hangi güzellikler oluşsun istiyorsanız, ona uygun çabayı sarf etmelisiniz. **İhtiyacı olanın arayışı olur.** İsteyen adım atar. İlk adımı atan önde gitme ve güzellikler oluşturma şerefine kavuşur.

– Anladım.

– Şimdi zihninizde ne yapacağınız netleşti mi, tekrar edeyim mi?

– Gerek yok, hepsi aklımda. Çok heyecanlıyım. Gidip bir an önce başlamak istiyorum.

– Güzel, şimdiden hayırlı olsun.

## Bu durumda olanların sorabileceği sorular

- Eşimin derdi benim tahsilim mi yoksa ardında başka görünmeyen sebepler mi var?
- Eğer tahsilimi sorun yapsaydı ilk beş yılda yapardı, o zaman mesele ne?
- Ben ne yaparsam ve nasıl davranırsam gerçek sorunu ortadan kaldırabilirim?
- Eşimin kendisini iyi hissetmesi için neler yapabilirim?
- Eşimi sevdiğimi ve benim için çok önemli olduğunu yeterince hissettirebiliyor muyum acaba?
- Ben meselenin tahsil olduğunu zannederek acaba neleri gözden kaçırdım?
- Ben farkında olmadan eşime tahsilimi öne çıkaracak şekilde davrandım da farkında mı değilim?
- Eşim bana böyle davranarak hangi mesajı veriyor?
- Ben şimdiye kadar bu mesajı algılamadığım için acaba neleri kaybettim?
- Bundan sonra kaybetmemek ve kaybettiklerim varsa kazanmak için ne yapmalı ve nasıl davranmalıyım?
- Bazen küçük meseleleri gözümde büyüttüğüm için gerçek olmayan bir sorunu gerçek bir sorun gibi algılıyorsam, bunun bana neler kaybettirdiğini hiç düşündüm mü?

## Bu durumda olanların yapabileceği dualar

Allah'ım, meseleleri olduğu gibi dosdoğru anlamamı ve ona göre gerekli davranışı göstermemi nasip et. Sorun olmayan sıkıntıları sorun gibi algılayıp ona göre davranmaktan sana sığınırım. Bana, sorun oluşturmayacak bir yaklaşım biçimini öğret ve ben hep öyle olayım Allah'ım. Bulunduğu yerleri hafifleten, insanlara yük olmak yerine yüklerini alan ve iyilikle anılanlardan eyle.

Kendine yeten ve başkalarının da kendilerine yetmelerine yardımcı olan üstün anlayışlı insanlardan eyle beni. Sıkıntıları soruna dönüştürmeden, tereyağından kıl çeker gibi halledenlerden olmak istiyorum Sen nasip et Allah'ım. Beni bana bırakma. İyi olma konusunda beni sürükleyecek bir anlayış ve azim nasip et. Ne kadar ömrüm var bilmiyorum. Beni tanıyanların hayırla yâd edeceği bir hayat nasip et. Evini cennete çeviren bilge hanımlardan eyle beni.

## Bu durumdaki çiftlerin büyüklerine mesajlar

Çocukların iş güç gerekçesiyle okutulmadığı durumlarda, gençler çoğunlukla sıkıntı çekiyor. Ne yapıp edip çocuklarınızın okumayı, okulu ve öğrenmeyi sevmeleri için ellerinizden geleni yapın. Sıkıntı yaşadıklarını gördüğünüzde, sizin bildiğiniz bir konu değilse, gerekirse siz bir psikoloğa danışın ve evladınıza oradan aldığınız rehberlik ile hareket edin. Sıkıntının görünen yüzü her zaman gerçek sıkıntıyı yansıtmayabilir. Bu yüzden her zaman **görünenin, görünmeyenin habercisi** olduğunu düşünün. **Sıkıntılı her davranış bir mesajdır ve bizi gerçek soruna götürür.** Gençlerin iyi bir durumda olmaları için dualarınızın yanında onlarla güzel ilişkiler kurmanızın da ciddi rolü, katkısı olacaktır. Suçlayıcı değil kuşatıcı bir dil, her zaman daha iyi sonuç verir. Büyükler bilgelik makamına talip olmalı ve fotoğrafın bütününü görerek kuşatıcı yaklaşmayı başarabilmeliler.

# Mutluluğu Uzakta Arayanlar

*Altında yatan sebebi bulup düzeltmeden, hiç*
*bir davranışın iyileşme imkânı yoktur.*
**Saliha Erdim**

İki yıllık evliyim. Eşim zengin bir ailenin kızı. Benim kazancım eşime az geldi ve giderek önceki hayatını özlemeye başladı, daha fazla kazanmam için baskı yapıyor. Ben istediklerini alamayınca babasından aldığı paralarla alıyor. Bu durum beni çok rahatsız etmeye başladı. Eşim düzelir mi yoksa yol yakınken boşanmalı mıyım?

## Görüşmede öğrendiklerim

Beyefendi görüşmeye yalnız geldi. Anlattıklarından eşinin önceki yaşama biçimini eşinin evinde bulamadığı için, eşinden daha fazla kazanmasını istemenin yanında, ailesinden aldığı paralarla istediklerini alıyor. İsteyip aldıkları, ihtiyacı olmanın çok ötesinde, fazladan aldıkları gibi duruyor. Bu durum, başka sıkıntıları var da bunu alış veriş yaparak mı telâfi ediyor diye düşündürdü. Beyefendi eşine söz geçiremiyor ve bu da tartışmalarına sebep oluyor.

Hanımefendi harcamalarını savunuyor, eşinin ikazına rağmen devam ediyor. Eşinin ailesinin bu gerginlikten haberi yok. Evde oturup konuyu enine boyuna konuşmak yerine, olay anında tepkisel talep ve tepkisel cevaplarla mesele gündeme geliyor ve bir daha tekrar edilinceye kadar konu açılmıyor. Beyefendi boşanmayı düşünecek kadar bu durumdan rahatsız.

## Görüşmenin devamında konuştuklarımız

– Eşinizin ailesi bu durumu nasıl karşılıyor?

– Hiç onlarla konuşmadım. Eşim ile konuşup kendi aramızda halledelim istiyorum. Fakat bu gidişle halledemeyeceğiz gibime geliyor.

– Ne gibi gerekçe sunuyor size?

– "Onlar benim annem babam. Ne olur alırsam, onlar severek veriyorlar. Durumları iyi Allah'a şükür" diyor. Onlardan alması bir yere kadar sorun değil fakat benim çok kazanmam için bana baskı yapıyor. Ben ise zaten çalışıyorum. Elimden gelene razı olması gerekir diye düşünüyorum.

– Sizin kazandığınız para ihtiyaçları asgari düzeyde gidermeye yetiyor mu?

– Bu taleplerinize ve asgari dediğiniz standardın ne olduğuna göre değişir. Ben toplumun ortalamasına göre iyi sayılabilecek düzeyde para kazanıyorum.

– Siz açık ve net olarak eşinizin bu tavrınızın sizin için ne anlama geldiğini ifade ettiniz mi? Bu alış veriş alışkanlığının giderek hangi boyutlara varacağı hakkındaki endişelerinizi konuştunuz mu?

– Bunun beni rahatsız ettiğini söyledim ama çok ciddi konuşursam tartışırız ve açı farklılığı büyür endişesi ile uzak durdum.

– Konuşursanız tartışmaya dönüşür endişeniz var o zaman?

– Evet.

– Siz kendi üslubunuz ve duygularınız açısından mı bunu söylüyorsunuz yoksa eşininiz mi konuşmayı tartışmaya taşır?

– Ben kendime güvenemiyorum. Çünkü o savunursa benim sesim yükselir ve zaten bir süredir içime atıyorum, hepsini birlikte fatura edebilirim. O zaman da alış veriş yapmasından daha sıkıntılı bir durum ortaya çıkabilir.

– Bu öngörünüz ve tavrınızdan dolayı tebrik ediyorum. Böyle davranarak sıkıntı yaşamanın önüne geçmişsiniz. Fakat burada bir şeyi fark etmeniz gerekiyor diye düşünüyorum. İçinize attığınız her olumsuz duygu, zamanla içinizde birikecek patlamaya hazır halde bekleyecektir. O hale gelecek ki en ufak bir tetiklenme ile ikinize de zarar verecek bir tartışma yaşanabilir. O zamana kadar beklemeden, yapılması gereken en önemli şey, kendinizi sakin hissettiğiniz ilk anda ve zamanını da ayarlayarak sıkıntı duyduğunuz konuyu, eleştirip tenkit etmeden, duygularınızı ve realitenizi açıklayacak şekilde konuşmak.

## Konuşurken, dikkat edeceğiniz en önemli husus, sinirlendirmeyi değil düşündürmeyi amaçlamak olmalıdır

Suçlama dili değil, kendinizi ve duygularınızı anlatacağınız bir dil kullanmanızdır. Bu anlaşılmanıza yardımcı olacaktır. "Sen öyle davrandığında ben kendimi şöyle hissediyorum. Bunun şöyle yapılması bana daha uygun geliyor" gibi kendi duygularınızı ifade etmeniz, muhatabınızı suçlamadığınız için onda savunma oluşturmayacak ve düşündürecektir. Böylece hem konuşmuş ve duygularınızı ifade etmiş hem de muhatapla seviyeli bir iletişim gerçekleştirmiş olursunuz. Tartışma da çıkmamış olur. Bu size uygulanabilir gibi geliyor mu?

– Kesinlikle evet, çok doğru.

– Bu arada, siz daha çok yenisiniz. Evliliğiniz henüz oturma aşamasında. Burada iki hususa dikkat etmek gerekiyor. Birincisi; yapılanlardan çok oluşturduğunuz iletişim dili ve aranızdaki oluşan uyum ve paylaşma çok önemlidir. Bu olursa, konuşabiliyorsanız, kalanı daha kolay halledilir. Çünkü kişinin tarzı, bazen iletişimin kesilmesine, diyaloğun bitmesi ile birlikte, iletişimin tek taraflı monoloğa dönüşmesine sebep olabilir. Bu çok tehlikelidir çünkü diğer kişinin duygularını ve ihtiyaçlarını bir anlamda yok saymaktır. Bu ise ailenin temeline dinamit atmak gibi tehlikeli bir şeydir. İkincisi ise şahsın yeni duruma özellikle zihinsel anlamda intibak etmesi için zaman tanımaktır. Hiç bir anlayış ve alışkanlık, bizim zihnimizdeki kadar hızlı olamayabilir. Bunun da bir ölçüsü yok. Kişiden kişiye değişebilir. Bunu muhatabımızın durumuna göre ayarlamak ve ona göre davranmak gerekir. Yani öncelikle gönül kırmadan, saygılı, sabırlı ve anlayışlı davranarak, bu süreci birlikte ve uyum içinde aşmayı hedeflemeliyiz. Bu anlattıklarıma katılıyor musunuz?

– Sizi dinledikçe iyi ki gelmişim diyorum. Aslında bana birisi sorsa ben de benzer şeyleri tavsiye edebilirim. Fakat insan ilişkinin birinci aktörü olunca söylemlerden çok duygular devreye giriyor ve o bilgiler buharlaşabiliyor. Bunun için buraya gelmekten dolayı şu anda bile çok memnun oldum, teşekkür ederim.

– Estağfurullah. Bu arada ben de insanımız adına size teşekkür ederim. Çünkü siz kendinizi onaylatmak ve ben ne dersem diyeyim kendi bildiğinizi yapmak üzere kararlı bir şekilde gelmiş olabilirdiniz. Sizin amacınız doğruyu aramak olunca, doğru bilgiler sizi heyecanlandırıyor ve önünüzü görmenizi sağlıyor. Bu da sizin doğruya ve kendinize düşeni yapmaya hazır olduğunuzu gösteriyor. Bu tavrınız ve yaklaşımınız, benim bir insanda en çok önemsediğim hususların başında gelir. Ancak böyle bir yaklaşımla yol alabilirsiniz. Çok güzel bir atasözü var: **"Sıkılı yumrukla tokalaşılmaz."** Siz tokalaşmaya hazırsınız. Bu çok güzel ve olumlu bir durum. Tekrar tebrik ederim.

– Estağfurullah, böyle düşünmenize çok memnun oldum.

– Peki, eşiniz ile inançlarınız paralel mi?

– Aslında galiba mesele biraz da oradan kaynaklanıyor. Ben namaz kılmasını istiyorum o kılmıyor. Bunun benim için çok önemli olduğunu başta konuştuk. Kılmaya bile başlamıştı ben de ümitlenmiştim. Sonra eski arkadaş çevresine takılmaya başlayınca yeniden eski yaşayışına döndü. Ne kadar konuştuysam "Beni sıkıştırma ben de kılmak istiyorum, bana zaman tanı" diyor. Bu konuda boşanmak dâhil her türlü ihtimal aklıma geliyor.

– Önce yapılacak şeyleri yapalım, sonuç alamazsak başka yöntemleri düşünürüz.

– Tamam. Siz ne yapmamı tavsiye ediyorsunuz?

– Hanımefendiyi buraya çağırsak gelir mi?

– Gelir.

– O zaman niye böyle davrandığını birinci ağızdan duymuş olalım. Belki de bu alışveriş tutkusunun altından bambaşka bir şey bile çıkabilir. Görüşmenin sonucuna göre hareket ederiz. Bu arada eşinizi seviyorsunuzdur herhalde değil mi?

– Evet seviyorum.

– Bu konu dışında başka anlaşamadığınız şeyler var mı?

– Yok çok şükür. Fakat bu konu da benim tabiri caizse bam telim. Benim helâl yoldan kazandığımla yetinmeyip daha çoğu için bana baskı yapması acayip canımı sıkıyor.

– Siz biraz önce eski arkadaşları ile buluşmaya başladığını söylediniz. Demek ki bu evlilik vesilesi ile yeni bir çevre oluşamadı.

– Oluştu aslında ama ben yoğunluktan onu götürüp tanışıklık oluşturamadım.

– Eşinizin ailesi dindar mı, onlar namaz kılıyor mu?

– Hayır, kılmıyorlar.

– O zaman sizin yaşantınıza uygun bir çevre ile irtibatlı olması çok önemli. Bu arada bilgi kaynağı tespit etmeli ve birlikte takip etmelisiniz. İnançla ilgili alışkanlıklar daha küçükken oluşturulmalı. Eşiniz size olan sevgisinden dolayı "Evet" demiş olabilir. Samimiyetle de taleplerinizi yapmayı gerçekten istiyor olabilir. Fakat zihni ve yüreği besleyen kaynaklar olmazsa bu oluşmaz ve çabucak biter. Siz başka hiç bir şeyi düşünmeden, namazı ve alışverişi de bir tarafa bırakarak, önce yürek bağlarınızı güçlendirin. Aranızdaki tartışmalardan oluşmuş kırgınlıkları giderin. Yeni temiz bir sayfa açın. Birbirinize olan sevginizi konuşun. Gelecek ile ilgili hayallerinizi, olacak çocuklarınızla yaşayacağınız güzellikleri konuşun. Yeniden aranızdaki duygular güçlensin. Sonra müşterek bir eğitimci tespit edin ve en az haftada bir takip edin. Radyo ve TV de izleyebileceğiniz ve birlikte olduğunuz saatlere denk gelen zamanlarda hangisi varsa tespit edin ve birlikte eğitim değeri taşıyan programları takip edebilirsiniz. Bu arada kısa süreli gelişim kurslarına katılabilirsiniz. Eleştiri, tenkit, beklenti ne varsa hepsini sıfırlayın. Önce kalbini yeniden size döndürün ve zihnini-gönlünü yapacaklarına hazırlayın.

**Her şeyin başı, önce kişinin muhatabıyla gönül bağının güçlü olmasıdır. Her şey ondan sonra başlar.**

– Özellikle dini hükümlerin yapılması talimatla olmaz. Önce tanıması, anlaması, sevmesi en sonra da yaşamayı istemesi lâzımdır. Siz bu basamakları çıkmadan en yükseğe çıksın isterseniz, bu realist olmaz ve gerçekleşmez. Bu eşinizin suçu ya da ihmali değildir. Sadece şartların hazır olmaması sonucunda oluşmuş bir durumdur. Allah kullarına 13 yıl Mekki ayetlerle kendini tanıttı. Eşinizin ailesi, zaten dindar değilmiş. Bilgi birikimi haliyle sizin ki gibi değildir. Öyleyse amelleri de sizinki gibi olamaz.

– Haklısınız, bu bana yeni ufuk açtı doğrusu. Çok doğru. Aslında ben çok erkenden, olgunlaşmamış bir inançtan amel beklemişim.

– Güzel bir tanımlama oldu, tam da ifade ettiğiniz gibi. İlâveten, alış veriş meselesi de bununla paralel bir konu. Çoğunlukla biri olmayınca bu da olamıyor. Dolayısı ile biz önce yapıyı sağlam oluşturursak, ilişkili her şey bundan etkilenir.

– Evet, çok doğru. İyi ki gelmişim. Ben de gözüm kararınca boşanmayı bile düşünmüştüm. Doğru taraftan yaklaşmayınca mesele ne kadar yanlış yerlere gidebiliyormuş.

– Haklısınız.

– O zaman ben eşimin gelmesine gerek olmadan önce kendi yapacaklarımı bir deneyeyim.

– Çok doğru, ben de onu söyleyecektim. Bunu yapacaklarınızla halledemezseniz birlikte görüşürüz. Fakat bana öyle geliyor ki sabır, sevgi ve bilinçle meselelere yaklaşınca, çok daha kısa sürede çok güzel sonuçlar alınabilir. Bu arada cinsel hayatınızın yolunda olması, ikinizin de memnun olmanız, birbirinize bağlılığınızın ve sevginizin aktif olmasında önemli bir unsurdur. Buna da dikkat ederseniz çok iyi olur.

– Daha dikkatli olacağım inşallah. Peki, çok teşekkür ederim.

## Bu durumda olanların sorabileceği sorular

- Ben eşimden beklediklerimi acaba baskıcı bir dille mi istedim?
- Sanki benim için yapman gerekir gibi mi yansıttım?
- Onun dinden uzaklaşmasının sebebi ben olabilir miyim?
- Onu yeterince hazırlamadan talep ediyor olabilir miyim?
- Ona yeterince dua edip destek oldum mu acaba?

- Ailesinden aldıkları bu kadar kısa sürede değişir mi? Ben çok aceleci mi davranıyorum?

- Eşimin dini sevmesi ve daha iyi anlaması için gerekeni yaptım da mı bir şeyler bekliyorum?

- Acaba farkında olmadan onun Rabbi gibi mi davrandım? Bundan sana sığınırım Allah'ım. Evde erkeğin bir ağırlığı ve ciddiyeti olmalı. Ben bunu sağlayabildim mi acaba?

- Eşime karşı tebliğ görevimi, dışarıdakilere gösterdiğim gibi özenerek yaptım mı?

- Kendini iyi ve değerli hissetmesi için yaptıklarım yeterli mi?

- Yani benim görevim mutlaka eşime namaz kıldırmak mı?

- Bunu mutluluğumuz için şart koşmak, haddimi aşmak anlamına mı geliyor?

- İnsani yönü gelişen zaten Hakka daha yakın olmaz mı?

- Bundan sonra ne yapmalı ve nasıl davranmalıyım ki doğru olsun?

### Bu durumda olanların yapabileceği dualar

Eşimin beni sevmesi ve saygı duyması için benim kendimi sevmem ve değer vermem gerektiğini biliyorum. Önce bunu sağlamamı ve eşimin kendisini dünyanın en mutlu eşi gibi hissetmesini sağlamamı nasip et Allah'ım. Seni sevmesi, Sana yürekten bağlanması ve Senin kullarından yapmalarını istediğin her şeyi içten bir istekle yapabilmesi için beni vesile kıl. Seni kullarına tanıtma ve sevdirme konusunda bana yardım et ve bana başarı nasip et. Bu benim için en büyük şereftir. Bunu bana yaşat Allah'ım. Dininin insanlar için en büyük nimet olduğunu yaşayarak ispat etmemi nasip et. Beni meleklere bile örnek gösterdiğin bir ahlâkla ödüllendir. Eşimde bir arıza varsa bendendir. Bendeki arazları fark etmemi ve gidermemi nasip et Allah'ım. Beni dininin has temsilcilerinden eyle. Üzerimde senin kullarında görmekten hoşlanmadığın ne varsa benden onu gidermeni talep ediyorum ve gereken adımları atmak istiyorum. O adımları bana bildir ve yapmam gerekenleri yaptır Allah'ım. Eşim ile birlikte samimiyetle boyun bükerek senin hakkını verebilenlerden eyle Allah'ım. Senin hak ettiğin inanç ve ameli yapamayacağımızın farkında olarak, elimizden gelenin en iyisini yapma çabamızı devamlı kıl. Hayırlı sonuçlara ulaşma konusunda bizi nasipdar kıl. Bizi samimiyetle teslim olacak ve bilgiyi ahlâka dönüştürecek kıvama getir ve Sen istersen olur, oldur Allah'ım. Bize kereminle muamele ederek yüzümüzü güldür Allah'ım.

### Bu durumdaki çiftlerin ailelerine mesajlar

Sakin ve sabırlı olun ve gençlerin de böyle olmalarını telkin edin. Gençlerin ailelerinde yaşadıkları imkân nimet iken, gençlerin huzursuzluğuna sebep olacak tuzağa dönüşmemeli. Anne babalar, kızlarına bir şeyler alır hediye ederken, damadın görüşünün ne olduğunu öğrenmeli, işi dozunda tutarak abartılmamalıdır. Hediye elbette ki güzeldir, fakat bu her ihtiyacını karşılamaya dönüşünce, artık adı değişir ve rahatsızlık oluşturur. Kızınıza usulüne uygun şekilde, normal sınırlarda hareket etmesini telkin edebilirsiniz.

Dinî emirler zorla yaptırılmaz. Önce zihinsel bir hazırlık ve yürek olgunluğu gerekmektedir. Önce gerekli aşamalar kaydedilir, sonra dua edilerek beklenir. Her şey zamanında olur. Olduran Allah'tır. Sanki kul isterse yapar gibi davranmak, bizi ciddi yanlışa sevk eder. Biz örnek oluruz, gerekli adımları atarız ve sonucunu Allah'a havale ederiz. Lütfen bunu gençlere telkin edin. Sizler hayatın çilesini çekmiş ve güzel bir akıl olgunluğuna ulaşmışsınız. Gençlerin bu olgun ve tecrübeli büyüklerin doğru rehberliğine ihtiyacı var. Allah'a tam teslim olmak demek O'nun hakkını ona bırakmak ve verilene razı olmakla başlar. Olan her ne ise onda mutlaka hayır vardır. Biz **"başına gelenlerde suçluyu**

**değil, hikmeti ara"** düsturuna göre hareket ederek, bu durum bize ne yapmamızı hatırlatıyor ona bakalım. Her durumda bize düşeni yaparsak, nasip olacak şeye zemin hazırlamış ve iyiliğin bizde karar kılması için yolları açmışız demektir. **Sevdirmektir asıl marifet.** "Kolaylaştırınız, zorlaştırmayınız, müjdeleyiniz, nefret ettirmeyiniz" buyuruyor Peygamber Efendimiz. O gerekçe ile bilgi ile atılan adımlar, geçtiğimiz her kareye bin bir renkte çeşit çeşit çiçek tohumları ekmişiz gibi güzelleştirir. Bize düşen, ihlâs ile istenen için yola düşmek ve ölene kadar da o yolda olmaya çalışmaktır. Bunu yaşayarak örneklemekte en büyük maharettir. Büyüklere de bu yakışır.

# Kendisini Görmeye Yanaşmayanlar

*Çoğu insan, karşısındakinde kendini görür ve aslında ona değil kendisine öfkelenir. Fakat söz oku karşısındakine atılır.*

**Saliha Erdim**

*(Eşler birlikte geldiler, soru beyefendiden geldi.) Ben lise mezunuyum, hanımım üniversite mezunu. Ben, eşimle daha çok okuruz, çocuklarımızı daha güzel eğitiriz diye umuyordum*

*fakat eşim gazete bile okumuyor. Evlenirken daha bilinçli bir aile olabilmek için anlaşmıştık. Şimdi hiç öyle bir derdi yok. Hayal kırıklığına uğradım. Eşimin kitap okumasını nasıl sağlayabilirim?*

## Görüşmede öğrendiklerim

Beyefendi, evlenirken hayal ettiği eğitim değeri yüksek bir yaşama biçimini hayata geçiremedikleri için hayal kırıklığına uğradığını söylüyor. Eşine telkinleri işe yaramamış. Bu ise beyefendi de mutsuzluk ve ilişkilerinde gerginliğe yol açmış. Fakat hanımefendi ile beyefendinin birlikte dinlenmesi, olayın aktarıldığı gibi olmadığını gösterdi. Asıl hanımefendinin şikâyetçi olduğu ortaya çıktı. Eşinden sevgi, ilgi, paylaşım görmediği için asıl eksikliğin okumaktan önce gönül boşluğu olduğunu ifade etti.

### Görüşmenin devamında konuştuklarımız

– Eşinizin rahatsızlığını duydunuz. Siz bu tespitlere katılıyor musunuz?

– (Hanımefendi) - Evet, doğru söylüyor.

– Siz okumak ve kendinizi geliştirmek konusunda başta söylediğiniz düşüncelere sahip değilsiniz diye mi anlamalıyım bunu? Sizce sorun ne?

H – Ben önceki gibiyim, hiç değişmedim aslında.

– Peki sizce değişen ne?

H – Şartlarım değişti. Ben mutlu değilim.

– Şartlar derken neyi kastediyorsunuz?

H - Eşimle iletişimim iyi sayılır fakat içimdeki boşluğu dolduramıyorum. Ben önceden okuyup kendimi geliştiriyordum. Hiç böyle bir derdi yok bilgisi doğru değil. Bunu nereden biliyor? Biz tanıştığımızda ben de çok istekliydim, bunu o da biliyor.

– Peki bu isteğiniz sonra ne oldu?

H - Daha büyük sıkıntılar oluşunca, bu onların yanında küçük kaldı.

B (Beyefendi) – Neymiş o dertler?

H – Sana söyledim aslında, ama sen bir noktaya takılınca başka şeyleri görmüyorsun. Benim duygularım var, seninle birlikte zaman geçirmek istiyorum. Ailede huzurlu olmak için bir takım şeyleri teknik olarak yapmak yeterli değil. Benim sevgiye ve ilgiye ihtiyacım var. Mutlu olmadığımda ben kendimi çok çaresiz ve zayıf hissediyorum. Sen önce benimle sevgi dolu paylaşımı önemsedin mi? Beni mutlu etmek için en son ne yaptığını bana söyleyebilir misin?

B – Bu tek taraflı bir şey mi, sen beni mutlu etmek için ne yapıyorsun? Sana beni mutlu eden şeyleri söyledim, kaçını yaptın?

H – Sen mutlu olmak için bu söylediğin şeyleri yapmamı istiyorsun. Sen daha öncelikli şartları yerine getirirsin, ondan sonra diğer şeyler gelir. Sen tutturmuşsun okuyalım, git seminerlere katıl, kendini geliştir. Tamam bunlar çok güzel, pek çok hanımın isteyip de bulamadığı şeyler. Ama ben diyorum ki benim karnım aç, sen diyorsun ki haydi ders çalışalım. Bunun gibi bir şey.

B – Gördüğünüz gibi biz anlaşamıyoruz. Ne yapsam mutlu olmuyor.

– Bu cümlenizle neyi kastediyorsunuz, neler yaptığınızı paylaşabilir misiniz?

B – Eve gelirim, ne isterse alırım. Bir dediğini iki etmem. Tek istediğim şey, evinde kitap okunan, birbirlerine saygı ile davranan eşler olabilmek. Bu evde çocuk yetişecek Allah izin verirse. Onlar bizi kitap okurken görmeli.

– Bu söyledikleriniz önemli tabii ki. Fakat bundan önce, birbirinizin duygusal yönden ihtiyacını nasıl gideriyorsunuz beyefendi? Meselâ en son ne zaman eşinize iltifat ettiniz, ne zaman onu sevdiğinizi söylediniz? Birlikte neleri paylaştınız, neşe içinde sohbet eder misiniz? En son ne zaman sebepsiz bir hediye aldınız?

B – Ben her zaman eve geliyorsam bu eşimi sevdiğim içindir. Ayrıca söylemeye gerek var mı? Hediyeye gelince, ona kendimi getiriyorum, yetmez mi?

– Efendim, biz inanan insanlar, örnek olarak Peygamber Efendimizi alırız. O "Birisini seviyorsanız söyleyiniz" buyuruyor. İnsanların duygusal ihtiyaçları vardır ve bu ihtiyaçların karşılanması gerekir. Nasıl ki her çiçeğin cinsine göre torağa ve sulama biçimine ihtiyacı vardır, insanların da ihtiyaç oranları farklı farklıdır. Her insanın sevgiye ve değer görmeye ihtiyacı vardır?

B – Buna erkeklerin ihtiyacı yok mudur?

– Vardır tabi. Size eşiniz ne yaparsa siz kendinizi seviliyor ve değer görüyor olarak hissedersiniz?

B – Eve geldiğimde güler yüzlü olsun. Ev temiz ve yemek hazır olsun. Televizyon izlerken bana dokunmasın.

–Eşiniz bunları yapıyor mu?

B – Hepsini değil.

– Meselâ hangilerini yapmıyor?

B – Meselâ, TV izlerken "Gel konuşalım." diyor. Ben maç izliyorum, beni rahat bırakmıyor. Zaten evin dışında yorulmuşum, rahatlamak için eve gelmişim. Evde de eşim beni rahat bırakmazsa ben evde de rahat edemem ve dinlenemem o zaman.

– Sizin eşinizin memnuniyeti için yaptığınız neler var? Oturup konuşur musunuz? Birlikte güzel zaman geçirir misiniz? Gün içinde yapıp ettiklerinizi paylaşır mısınız? Ailece bir yere gidip gelir misiniz?

B – Pek değil. İşten eve evden işe. Tam bir ev erkeğiyim ben.

– Ailenizde anne baba iletişiminiz nasıldı? İyi geçiniyorlar mıydı?

B – Pek değil. Babam hep dışarıda olurdu, annen hep yalnızdı. Ben o yüzden dışarı çıkmayı sevmem. Annem bizi hep yanında tutardı. Babam yokken yalnızlığını giderirdik.

– Demek ki ev erkeği olmanız, annenizin sizi dışarı salmaması ile başlamış.

B – Evet.

– Siz okumaya bu kadar düşkün birisi olarak, vaktinizi nasıl değerlendiriyorsunuz, neleri okursunuz?

B – Aslında okumayı çok severim fakat son zamanlarda çok vaktim olmuyor.

– En son ne zaman ne okudunuz meselâ?

B – Eee, en son bir ders kitabı okumuştum. Ben dışarıdan bitirmek istiyorum da.

– Peki dışarıdan bitirmek için bir adım attınız mı?

B – Henüz değil.

– Ne zaman adım atmayı düşünüyorsunuz?

B – Bu dönem kayıt tarihini kaçırmışım, inşallah bir dahaki dönem kayıt yaptıracağım.

– İnşallah. Bu dönem unutmuş olmanız gelecek dönemde kayıt tarihini unutmamanız için sizi bir tedbire sevk etti mi?

B – Henüz hayır.

– O zaman yeni olacak kayıt tarihinde unutulma riski var.

B – Yok, ben unutmam.

– Peki, inşallah. Hanımefendi, siz eşinizi mutlu etmek için ne yapıyorsunuz?

H – Ev her zaman derli topludur. Sofra hazırdır. Güzelce giyinir süslenirim. Gelince azıcık sohbet edelim isterim fakat eşim hemen televizyonu açar. "Azıcık zaman geçirelim ondan sonra başına otur" derim fayda etmez. Aslında beni buraya eşim getirdi. Görünürde o benden şikâyetçi ama aslında benim ondan şikâyetçi olmam lâzım. Neye ihtiyacım olduğunu söylediğim halde benim için kılını kıpırdatmıyor. Benden istediği şeyler onun mutlu olması için yetiyor. Benim mutluluğum için ise kendisi hiç bir şey yapmıyor. Şu anda yaşadığımız sıradan vasat bir hayat. Okumaya önem veren birisinin vasata talip olmaması gerekir. **İnsanın hangi seviyede olduğu, ne ile mutlu olduğundan anlaşılır.** Konuşmaya gelince harika, eylem yok. (eşine dönerek) Ben senden önce burada olmalıydım. Ben bugün niye buradayım lütfen söyler misin?

B – Gördüğünüz gibi hiç bir şeyi kabul etmiyor?

– Burada neyi kabul etmesi gerekiyordu?

B – Benim taleplerimi?

H – Sen benim istediğim hiç bir şeyi yapma, duygusal hiç bir paylaşımda bulunma, sonra başka şeyler bekle. Ben robot değil bir kadınım, duygularım ve ihtiyaçlarım var. Bunu ne zaman anlayacaksın?

B – Sana sevgi ile bakıyorum işte.

H – Bunu ben niye göremiyorum? Bana sevgi ile baktığın bir zamanı hatırlatır mısın? İlâveten, bana sevgi ile bakmanın yanında sevgi ile davranmana ihtiyacım var, bunu sana defalarca söyledim, sende ne değişti?

H – Okumak istiyorum falan diyor ya bence aslı yok. Okumak isteyen insan, okur, gerçekten okur. Eline kitap almayan birisinin okumak istemesi size inandırıcı geliyor mu? Başka sıkıntılarım var diyorum, okumaktan önce bunu ciddiye alması gerekmiyor mu? Başka sıkıntımız yok ta, tek konu benim kitap okumamam ve kendimi geliştirememem mi? Ha unutmuşum, geçenlerde sana elime kitabı aldım "Gel okuyalım" demiştim hani hatırlıyor musun, maç bitince demiştin. Maç bitince de uyuyakalmıştın. Sen ne zaman kitabı alıp yanıma geldin? Senin ne zaman kendini geliştirmekle ilgili bir derdin oldu? Bu konu niye açıldı, hâlâ şaşkınım. Ben gidiyorum, size bütün şikâyetlerini anlatsın. Ne olacaksa olsun. Bir de boşanmaktan söz ediyor, onu benim söylemem lâzım bu durumda.

– Hanımefendi siz salonda biraz istirahat edin. Biz bu arada beyefendi ile biraz konuşalım. Sizi birazdan çağıracağım.

H – Peki, tamam.

– Teşekkür ederim. Evet, beyefendi, şimdi gelelim gerçek soruna. Hanımefendiyi dinledikten sonra en başta belirttiğiniz gibi bir sorununuzun olmadığı kanaatine vardım. Şimdi gerçek sorunun ne olduğu hakkında konuşalım mı?

B – Gerçek sorunumu söylemiştim.

– Peki, oradan başlayalım o zaman. Eşinizin anlattıklarından ve sizin konuşmanızdan anladıklarımı şöyle sıralayayım, yanlış anlamışsam siz düzeltin lütfen.

B – Olur.

– Öyle entelektüel bir soru ile geldiniz ki, pek çok insanın özlediği bir durumdur bu. Fakat şu kadar zamandır konuşuyoruz, bu söylediğinizi doğrulayacak bir bilgi çıkmadı. Şimdi ben okumaya, öğrenmeye ve eşinizin okumasına öğrenmesine yönelik ne yaptığınıza dair bilgi rica ediyorum.

B – Eşim başlasın istiyorum. O yapsın ben onu desteklerim.

– "Ben bunu çok istiyorum önemsiyorum" diyorsunuz fakat sizde buna yönelik bir adım yok, doğru mu?

B – Evet doğru.

– O zaman burada sorun, eşinizin eğitime ilgisizliği değil. Peki ne?

B – Aslında ben, eşim ne gerekiyorsa o yapsın ve bana da vesile olsun istiyorum.

– O zaman bu düşüncenize eşinize iletmelisiniz ki, ne düşündüğünüzü ve neye ihtiyacınız olduğunu daha kolay anlasın. Şimdiye kadar, "Hayatım ben çok istiyorum ama bir türlü adım atamıyorum. Sen bana yardım et, öncülük et, bu sayede ben de daha kolay okuyabileyim" diye açıkça söyleseydiniz, belki de eşiniz gerçekten öncülük edecek ve birlikte yol alacaktınız. Fakat siz hem bunu yapmıyor, hem eşinizi suçluyor, hem de onun size bildirdiği ihtiyaçları giderme konusunda duyarlı davranmıyorsunuz.

B – Doğru.

– İlâveten hâlâ dışarıdan eğitim için ciddi bir adım atılmamış. Bunun eşinizle ilgisi yok? Acaba eşinizin tahsili sizi rahatsız ediyor, kendinizi onun seviyesine çıkaramadığınız için, bu konuda onu suçlayarak asıl sıkıntınızı gizliyor olabilir misiniz?

B – ...

– Şimdi gerçek dünyaya geçelim ve durumu yeniden tanımlayalım. Burada eşinizle ilgili değil sizinle ilgili bir durum var gibi duruyor. Okumak istiyorsunuz ama alışkanlıklarınızdan kurtulamıyor ve bir türlü hareket edemiyorsunuz. Eşinizin tahsili sizi hayran bırakıyor ama ona ulaşmak zor geliyor. Zannediyorum farkında olmadan kendinizden konuyu uzaklaştırmak gibi bir seçenek tercih etmişsiniz. Fakat burada farkında olmanız gereken bir durum var, bu tarzınız eşinizi iyice bunaltmış. Burada gerçeği yansıtmayan şikâyetlerinizin gölgelediği bir sorun var ki bence asıl mühim husus odur. O da, eşinizle yeteri kadar zaman geçirmiyorsunuz. Yani, yeni bir yürek bağı oluşturulamamış. Bunun oluşturduğu boşluk hanımefendiyi çok bunaltmış. Bir de gerçekliği olmayan suçlama ile eşinizin üzerine gittiğinizde, inandırıcılığınızı kaybedersiniz. O zaman ne istiyorsunuz bu belli değil fakat nereye vurgu yaptığınız belli. Bunu eşiniz görüyor ve size sesini duyuramıyor. Bu sizce ne kadar böyle gidebilir? Siz hiç haklı bir gerekçe yokken boşanmaktan söz ederek, bu sözü eşinize teklif ediyor gibisiniz. Ne dersiniz?

B – Galiba haklısınız.

– O zaman yeni bir yol haritası oluşturma zarureti oluşuyor değil mi? Gerçek durumdan yola çıkarak yeni bir söylem gerekiyor.

B - Nasıl?

– Şimdi onu konuşalım. Önce eşinizin ciddi bir şekilde gönlünü almanız gerekiyor.

B –Haklısınız galiba.

– Sizin eşinizin karşısında saygınlığınızı artırmanız ve aranızdaki sevgiyi yeni baştan inşa etmeniz gerekiyor.

B – Bunu nasıl yapacağım?

– Bunu gerçekten öğrenmek istiyor musunuz?

B - Evet, lütfen.

– Peki, o zaman bunu gelecek seansta konuşalım inşallah. Şimdi o zamana kadar ne yapacağınızı tespit edelim.

B – Peki.

– Şimdi sadece, aranızın düzelmesi için elinizden geleni yapmalısınız. Seni seviyorum demeli, sebepsiz hediyeler almalısınız. Her şeyden önemlisi eşinizin duygularını önemsemeli ve gerekeni yapma konusunda ciddi çaba sergilemelisiniz. Eve gelince önce hoş sohbet edin. Sofrayı beraber kurun, tatlı lâtifeler ve günlük konularla ağız tadı içinde yemeğinizi yiyin. Eşinize yatak dışında da dokunun, sarılıp öpün, iltifatlar edin. Eğer isterseniz bunları çok kolaylıkla yapabilirsiniz. Hanımefendileri mutlu etmek aslında çok kolaydır. Ayrıca, eşini mutlu etmek, akıllı erkeklerin en çok tercih ettiği şeydir. Çünkü eşini mutlu ederse, eşi de onu mutlu eder ve mutlu çocuklar yetiştirir. Yani şu anda, sadece sevginizi ve saygınızı tazeleyin, hepsi bu kadar. Kalanını diğer seanslarda plânlarız inşallah. Şimdi eşinizi çağıralım mı?

B – Olur.

– Evet, tekrar hoş geldiniz. Biz beyefendi ile biraz görüştük.

B – Evet görüştük ve benim saçmaladığım ortaya çıktı.

H – Estağfurullah.

B – Evet evet, aynen öyle. Ben farkında olmadan sana çok eziyet etmişim hayatım, özür dilerim.

H – Bu ne, rüya mı?

B – Hayır hayatım rüya değil. Ben gerçekten özür diliyorum. Sen benim en kıymetlimsin ama kıymetini bilememişim.

H – Ne diyeceğimi bilemiyorum, çok şaşkınım.

– Biz görüşmemizde öncelikle, aranızdaki tartışmanın gerçek bir zeminden kaynaklanmadığına karar verdik. Asıl sorun, aranızdaki sevgi ve saygının paylaşma zemininde yeniden güçlendirilmesi. Bu konuda hemfikir olduk. Bundan sonraki seansta kaldığımız yerden devam edeceğiz inşallah. Şu ana kadar ki yaşadıklarınız bir yanılgıdan kaynaklandı diye değerlendirip arkaya atılmalı. Bundan sonra ki tutumunuzu ise dikkatlice oluşturmalısınız. Siz de bu konuştuklarımız konusunda bizimle aynı fikirde misiniz?

H – Evet, mutlaka. Çok sevinçliyim.

– Siz beyefendi?

B – Ben de çok sevinçliyim.

– Güzel, o zaman haftaya görüşmek üzere.

## Bu durumda olanların sorulabileceği sorular

• Eşim bana kendimi geliştireceğim dedi. Acaba şimdi neden onu yapamıyor?

• Bu durumun benimle ne kadar ilgisi var?

• Ben ondan istediğim şeyleri ne kadar yapıyorum?

• Acaba bu talebim eşimi nasıl etkiliyor?

• Şu anda bana sorun gibi gelen durum, acaba gerçekten sorun mu, yoksa benim kendi bakış açıma göre oluşturduğum sanal bir sorun mu?

- Eşimle nasıl konuşur ve nasıl yaklaşırsam daha ortak bir tutum içine girebiliriz?
- Ben kendime yeteri kadar bakıyor muyum ve kendimle ilgili hususları ne kadar ciddiye alıyorum?
- Kendimi geliştirmeden eşimden bu kadar beklenti içinde olmam doğru mu?
- Kendimle ilgili meseleden kaçmam bana neye mal olacak, bunu hiç dikkate aldım mı?
- Ben daha çok kazandıran bir tutumu nasıl edinebilirim?
- Aile içinde saygınlığımı oluşturmam, korumam ve geliştirmem neye bağlı, ben ne yaparsam buna ulaşırım?

## Bu durumda olanların yapabileceği dualar

Allah'ım, halimin nasıl davranırsam hayra dönüşeceğini bana fark ettir ve gerekeni yaptır. Eşimle aramı en iyi şekilde tutabilmem için, bana örnek olacak güzel insanları dost ve yardımcı kıl. Ben kendimi öncelikle düzeltmek ve onarmak istiyorum, sen bana yardım et. Eşimi memnun etme konusunda bana yeni bakış açıları kazandır. Gereksiz noktalara takılarak bütünü gözden kaçırmamam konusunda bana yardım et. Kendi saygın imajımı yeniden oluşturmak istiyorum, bana bunu nasip et. Sorun oluşturmama becerisi, oluşan sorunlara da hızlıca çözüm üretme becerisi nasip et. Allah'ım, kendimi onarayım ki benden kaynaklı sıkıntılar en aza insin.

## Bu durumdaki çiftlerin ailelerine mesajlar

Çiftlerin yaşadığı sorunların tarafı olduğunuzda otomatik olarak yanlı algılanacaksınız. Öncelikle tarafsız olmalısınız. Oğlunuz ya da kızınız, eşlik hukukuna uymayan, duyguları önemsemeyen ve var olan sıkıntıyı artıran bir tutum içindeyse, yapacağınız en önemli husus, kendilerini objektif olarak görmelerini sağlayın. Kendilerini düzeltmek için çabaladıklarını gördüğünüzde, canla başla destekleyin ve takdir edin. Yapamıyorlarsa gerektiğinde yardım almalarını için yönlendirin. Bazen çiftler akıl körlüğü yaşayarak görmeleri gerekeni göremez ve ilişki kilitlenir. Bu durumda, incitmeden ve tenkit edici bir dil kullanmadan süreci yönetmek ve çözüme yönlendirmek büyüklere düşer. El ele vermenin inanılmaz zenginliğini gençlere yaşatmak, yeniden toparlanmanın en etkili aracı olabilir. Mutlaka affedici ve kuşatıcı olan rolü birisinin üstlenmesi gerekiyor. Bunu ailenin yöneticisi olarak erkeğin yapması beklenir. Birbirlerini daha iyi tanımaya ve anlamaya yönelik yardımcı olunması önemlidir.

### Bu seansın devamında ne oldu?

Efendim, çiftimiz bir hafta sonra tekrar geldiğinde, beyefendi şaşılacak derecede davranışlarını ve yaklaşım biçimini değiştirmeye başlamıştı. Bu sürecin gelişerek devam etmesi için iki tarafa da iş düştüğünü, mümkün mertebe geçmişe dair konuşulmadan yeni ve güzel duygular oluşturulması gerektiğini konuştuk. Zorlandıkları noktaları tespit ettik ve onların üzerinde çalıştık. Bu çift, eğer insan samimiyetle bir şeyi isterse, şartları ne olursa olsun yeniden başlayabileceğinin güzel bir örneği oldu.

# Doğruyu Aramayanlar, Yanlıştan Korkmayanlar

*Bakışın arızalıysa, dünyada sana doğru gelecek insan yoktur.*

**Saliha Erdim**

*3,5 yıllık evliyiz. Evlendiğimizden beri çok mutlu olamadık. Şimdi karşıma beni mutlu edeceğine inandığım birisi çıktı fakat o da evli ve üç çocuğu var. O da mutsuz imiş. Eşinden ayrılıp benimle evlenmek istiyor. Ben de boşanmak istiyorum. Fakat bir çocuğum var, nasıl olur, ne yapmalıyım bilmiyorum.*

*Henüz eşimin haberi yok. Ne zaman söylemeliyim? Sizce böyle bir evlilik doğru olur mu?*

## Görüşmede öğrendiklerim

Hanımefendi görüşmeye yalnız geldi. Mutsuz olduğunu ve boşanmak istediğini söyledi. Kendisini mutlu edeceğine inandığını söylediği bir beyefendi ile tanışmış. Beyefendiyi hiç araştırmamış, tanımıyor. Sadece söylediklerine güvenerek onunla evlenmek istiyor. Bu durumun ileride kendisine ne kazandırıp ne kaybettireceğine dair de bir muhasebesi olmamış.

Görüşmemizde söyledikleri arasındaki çelişkiler açığa çıktı. Hiç mutlu olamadım demişti, oysa mutlu iken bu beyefendi ile tanışmış. Evli iken kendisine ilgi gösteren bir erkek, kendisi ile evlenirse ona da bunu yapabilir, bunu aklına bile getirmiyor. Eşimin haberi var ayrılacağız demiş. Oysa bunlar tamamen gerçek dışı olabilir.

## Görüşmenin devamında konuştuklarımız

– Eşinizle isteyerek mi evlendiniz?

– Evet.

– Eşinizi tercih etmenizde etkili olan hususlar nelerdi?

– Çok dürüst ve güvenilirdi, bana çok değer veriyordu.

– Bu vasıflar hâlâ eşinizde var mı?

– Var.

– Eşinizi seviyor musunuz?

– Artık sevmiyorum.

– Sevginizin bitmesini nasıl açıklıyorsunuz?

– Kendi davranışları ile bitirdi.

– Örnek verebilir misiniz?

– Tabii ki. Çocuğumuz oldu ama bana yardımcı olmuyor, bir tatile gidelim dedim götürmüyor. Annesinden nefret ediyorum, beni gitmeye zorluyor.

– Peki, ev işleri konusunda nasılsınız? Bazı hanımlar çok beceriklidir, bazıları ise yeni yeni öğrenir.

– Ben yeni öğreniyorum.

– Cinsel hayatınız nasıl, birbirinizden memnun musunuz?

– Ben memnunum ama eşim memnun değil.

– Neden?

– Eşim daha sık birlikte olalım istiyor, ben "Ne gerek var" diyorum.

– Daha sıktan kastınız ne?

– Haftada bir iki kere olsun diyor.

– Sizin istememe gerekçeniz birlikteliğin kalitesi ile mi ilgili?

– Hayır, artık istemiyorum, ayda bir olsa yeter.

– İstememe gerekçenizi anlayamadım.

– Eşimden uzak durmak istiyorum.

– Ne kadar zamandır uzak durmak istiyorsunuz?

– Bir yıldır.

– Ondan önce nasıldınız?

– İyiydik, ben de istiyordum sorun yoktu.

– Evde eşinizden ne gibi yardımlar bekliyorsunuz?

– Ben çok yoruluyorum, çocuk küçük, o çocuğa baksın, ben biraz gezip dolaşayım istiyorum.

– Bu talep, bir kaç saatlik bir dilimi mi içeriyor?

– Tüm gün olmasa da günün çoğu diyebilirim.

– Eşiniz hiç bunu sağladı mı size?

– Evet, fakat bir süre sonra eşim hep yan çiziyor.

– Hangi gerekçe ile?

– "Çocuk durmuyor seni arıyor" diyor.

– Çocuğunuz kaç yaşında, bu sizce doğru bir bilgi mi?

– Çocuk küçük tabii ki, arar. Bir buçuk yaşında.

– Peki o kadar uzun süre babasında kaldığında, süt emme çağındaki bir çocuk ağlar, durmaz, annesini arar. Bir baba bu kadar süre içinde kolay oyalayamaz. Burada haklı değil mi sizce?

– Ben nasıl gün içinde oyalıyorsam o da haftada bir gün oyalasın ben biraz kafa dağıtayım.

– Çocuğunuz için içiniz rahat olabiliyor mu, o ağlarken siz rahat eğlenebiliyor musunuz?

– Evet, ne yapalım hayat bu. Hep ben mi sıkıntı çekeceğim, biraz da onlar çeksin.

– Peki bu gezme isteği evlenmek istediğiniz beyefendi ile ilişkili mi?

– Olabilir.

– Eşimin haberi yok dediniz?

– Evet yok.

– O zaman bir buçuk yıldır eşinize cinsel yönden uzak duruyorsunuz. Hayatınıza giren bu beyefendi ile tanıştığınız zamana denk geliyor mu bu tarih?

– Olabilir.

– O zaman, bu tanışma, eşinizle ve çocuğunuzla ilgili düşüncelerinizi ve yaklaşımlarınızı etkilemiş.

– Tabii ki, haliyle.

– Peki bu beyefendi ile tanışmanız nasıl oldu?

– Bir toplantıda karşılaştık.

– İkiniz de evlisiniz, nasıl oldu bu yakınlaşma?

– Onu ben de anlayamadım. Bakışları beni çok etkiledi. Ben ona yaklaştım ve yakın davrandım, o da karşılık verdi.

– İlişkinizin dozu ne durumda şu anda.

– Sık sık buluşuyoruz ve kesin kararlıyız.

– Hiç cinsel birliktelik yaşadınız mı?

– Evet yaşadık.

– Eşi ile mutsuz, ayrılacak dediniz?

– Evet, kendisi söyledi.

– Fakat siz mutlu idiniz. İsteyerek bir evlilik yapmıştınız. Sorun olarak ileri sürdüğünüz şeyler de sizin başta sorun olarak görmediğiniz ve bu ilişkiden dolayı soruna dönüşmüş şeyler, değil mi?

– Evet, bir bakıma öyle.

– Üç çocuğu var dediniz? "Sorunlu olsaydı niye bu kadar çocuğu olsun, benimle karşılaşıncaya kadar evliliği iyi gidiyordu, ne oldu da boşanacağım dedi?" soruları hiç aklınıza geldi mi?

– Hayır gelmedi. Ona çok güveniyorum.

– Evli iken bir başkası ile cinsel birliktelik yaşayabilen birisi, sizinle evlendiğinde de böyle bir şey daha yapabilir diye düşündünüz mü?

– Hayır.

– Niçin?

– Ona güvendim.

– Şu anda sorsak, eminim eşi de ona güveniyordur. Demek ki sadece "Güven bana" demek yetmiyor. Bu arada beyefendi de aynı şeyi sizin için düşünebilir, bu ihtimal de var mı sizce?

– Düşünmez çünkü onu sevdim.

– Onu, güvenebilmek için hangi testten geçirdiniz?

– Sözlerine inandım.

– Yalan söyleme ihtimali yok mu?

– Bana göre yok.

– Şu anda eşine de yalan söylüyor olabilir. Belki o da sizin gibi, aslında sorun olmayan şeyleri sorun gibi gösterip boşanmaya çalışıyor olabilir.

– Belki.

– Sizi hiç eşiyle tanıştırdı mı? Bunu talep etmediniz mi?

– Hayır etmedim.

– O zaman hâlâ eşinin haberi olmayabilir.

– Bana, söyledim dedi.

– Peki sizin yanınızda beyefendiyi arasak ve ne derece ciddi olduğuna dair konuşsak ister misiniz?

– Yoo, istemem. Onu mahcup etmek istemem.

– Mahcup olmazdı. Belki de "Ben istiyorum, ciddiyim, eşimle boşanıyoruz, şu aşamadayız ve eşim de bundan haberdar." diyebilirdi. Böylece bir ciddiyet testi yapmış olurdunuz.

– Onun sözleri bana kâfi.

– Peki onun size güvendiğinden nasıl bu kadar emin olabiliyorsunuz? Siz yeni evli, üstelik eşiyle mutlu iken bir bakışı ile başka bir erkeğe gönül verdiniz ve onunla cinsel birliktelik yaşadınız. O da benimle evliyken de bunu yapabilir dese, aksini nasıl ispat edersiniz?

– Bilmiyorum tabi. Siz bana ne söylemeye çalışıyorsunuz?

– Şunu: Farkında iseniz hiç sorgulamıyor yani düşünmüyorsunuz. Hiç bir aksilik olmaz her şey tam istediğim gibi olur zannediyorsunuz. Seçenekli düşünmüyorsunuz. Sizi düşündürmeye ve olumsuz ihtimalleri de aklınıza getirerek bir yol haritası oluşturmanıza yardımcı olmak istiyorum. Bu haliyle bu yol çıkmaz sokak görünüyor. Bu yüzden yuvanızı yıkarsanız, o da eşinden ayrılmazsa ortada kalabilirsiniz. Bunun örnekleri çok.

Bu arada insani duygularımızı devrede tutarak şunları düşünmek gerekiyor:

1 - Hiç tanımadığınız, üstelik evli bir insan için eşinizi aldatıyorsunuz, yuvanızı yıkıyorsunuz.

2 - Başkasının yuvasının yıkılmasına sebep oluyorsunuz.

3 - Ortada çocuğunuz var fakat siz onu ve hayatınızdaki her şeyi yok sayıyor ve muhatabınıza gitmeye çalışıyorsunuz.

4 - Attığınız adımların hiç birisi düşünülerek ve hesap edilerek atılmış adımlar değil. Sadece duygularınızla hareket ediyorsunuz. Üstelik kararlısınız ve "Bu evlilik doğru olur mu?" sorusunu sorulmamış kabul ediyorum. Çünkü siz bu konuyu düşünmeye, irdelemeye ve sorgulayıp doğru mu yanlış mı kritik etmeye açık değilsiniz. Yani kararlısınız.

5 - Siz evlenirken eşinizde görüp değerli bulduğunuz şeyleri şimdi yok sayarak hareket ediyorsunuz. Yapmanız gerekenlerin tam tersini yapıyorsunuz, farkında mısınız? Bu yaptığınız seçim, sizi, çocuğunuzu ve eşinizi mutsuzluğa sevk edeceği gibi, muhatabınızın da aile hayatını allak bullak edebilir. Üç çocuğun anne babasından ayrılması, yuvanın parçalanması sizi hiç düşündürdü mü?

6 - Şu ana kadarki tecrübelerim gösteriyor ki, boşanacağım diyen erkekler, bu konuyu ya hiç eşlerine açmıyorlar, açsalar bile sonradan boşanmıyor ya da boşanamıyor. Aile ve çevre baskısı ağır geliyor. Ya da şahıslar gerçeği görüyor ve vazgeçiyor. Sizin de bu duruma düşme ihtimaliniz var mı?

– Bu da bir ihtimaldir tabii ki ama ben böyle olacağını düşünmüyorum.

– Sizi daha iyi düşünmeye sevk eden şey?

– Ona çok güveniyorum.

– Sadece konuştuğunuz bir insan bu beyefendi. İnsanların her konuştuğu doğru olmayabilir. Üstelik böyle kritik bir konuda.

– Onu siz tanımıyorsunuz, ben tanıyorum.

– Onu görmek, konuşmak, birlikte olmak, tanımak demek değildir. Hiç bir sözü test edilmemiş, araştırılmamış.

– Benim teste ihtiyacım yok.

– Tamam, diyelim ki beyefendi doğru söylüyor, ikiniz de boşandınız ve evlendiniz. Ya doğru söylemiyorsa, B plânınız nedir?

– Onu hiç düşünmedim.

– İnsanlar bir işe girerken risk hesabı yaparlar ve A, B hatta C planları olur. O olmazsa öteki diye.

– Benim planım evlenip mutlu olmak. Çok kara tablo çizip içimi karartmak istemiyorum.

– Aslında olması muhtemel tabloyu görmeye çalışsanız iyi olur diye düşünüyorum, fakat yine de siz bilirsiniz. İsterseniz bir de eşinizle görüşme yapalım.

– Yok canım, onun haberi yok, ne konuşacağım onunla?

– Peki ne zaman haber vermeyi düşünüyorsunuz?

– Buradan çıkınca haber vereceğim.

– Peki ben size bir süredir bir şeyler anlatmaya çalıştım. Benim mesajımdan ne anladınız, aklınızda neler kaldı?

– Valla siz beni döndürmeye çalışıyorsunuz ama ben kararlıyım.

– Ben sizi kararınızdan döndürmek değil, ne yaptığınızın farkında olmanız için yardımcı olmaya çalıştım. Buraya niçin gelmiştiniz?

– Ben ne yapayım nasıl davranayım diye.

– Peki, ben şöyle davranın desem dikkate alır mısınız?

– Benim istediğime ters ise dinlemem.

– Çok üzgünüm ama siz doğruyu değil de kendi istediğinizi onaylatmaya ve ben onaylamasam da yapmaya odaklanmışsınız. Size bu yanlışı devam ettirecek yönlendirme yapamam. Sizin istediğiniz şeyleri söyleyemem. Sadece sizi düşündürüp, bundan sonra daha doğru bir işleyiş için yardımcı olabilirim. Başınıza beklemediğiniz şeyler geldiğinde bana gelip "Size gelip danışmıştım, benim gözüm kararmıştı, göremiyordum, siz niye bana gerçeği söylemediniz?" deseniz benim size verilecek cevabım olmaz. Üstelik biz sadece insanlara karşı değil, Allah'a karşı da sorumluyuz. Ona göre hareket etmemiz gerekir. Ben her yönüyle düşünmenize yardımcı olurum, gerisi sizin bileceğiniz bir şeydir.

– Şu anda benim vazgeçmeye de onu sorgulamaya da niyetim yok.

– Hayırlısı olsun efendim, tabii ki siz bilirsiniz.

## Bu seansın devamında ne oldu?

Daha sonra hanımefendinin beni aramasıyla öğrendim ki, eşi bütün olan bitenden haberdar olmuş. Diğer görüştüğü muhatabı eşine haber vermemiş. İlerleyen zamanlarda anlaşıldı ki eşinden boşanmaya da niyeti yok. Bunu anlamak hanımefendiyi şok etmiş. Bu arada eşi ile de ciddi anlamda araları açılmış ve eşi boşanmak üzere mahkemeye başvurmuş. Hanımefendi acilen beni arayıp yardım istedi. Ben eşi ile görüştüğümde, "Zaten bana yersiz yere o kadar sıkıntı çıkarıyordu ki, ben çocuğumuz var yuvam dağılmasın, belki zamanla düzelir diye ciddi sabır gösteriyordum. Hangi yanlışı yaparsa yapsın katlanırdım ama iş aldatmaya gelince onu kaldıramam. Çocuğum var ama ne yapalım. Ben çocuğumun babasıyım, Rabbi değilim. Ben elimden geleni yaparım, Rabbim de kolaylaştırır inşallah. Biz şu anda bir sorunu konuşmuyoruz. Evlilik hukukunun dışına çıkılmış ve bitirilmiş bir birliktelikten söz ediyoruz. Bu gerekçe ile geri dönüş mümkün değildir." diyerek kesin tavrını ortaya koydu.

Hanımefendi çok üzüldü, kahroldu, günlerce gözyaşı döktü. Bana "Siz haklıymışsınız" dedi, defalarca eşinden özür diledi, yanlış yaptığını kabul ettiğini ve düzeltmek için elinden geleni yapacağına dair sözler verdi fakat ne yazık ki süreç değişmedi. Bu arada, hanımefendinin ailesi de aktif bir rol oynamadı, sürece olumlu bir katkıda bulunmadı ve kızlarının gerçeği görmeleri için yardımcı olmadılar. Görüşmeye çağırdım ama gelmediler. Dolayısı ile bir hiç yüzünden güzel bir yuva dağıldı ve daha çok da olan minicik yavruya oldu.

Burada dikkat edilmesi gereken en önemli husus; soru cevap aşamalarında, hiç düşünmeyen, çocuk gibi davranan, doğrunun ne olduğunun ve ne yaparsa yanlış olacağının bilincinde olmayan bir hanımefendi vardı. Yani kendisini geliştirememiş, aklı yaşının olgunluğuna ulaşamamış bir yetişkin profili vardı. Şimdi bile yeterince durumunu anladığını düşünmüyorum. Bu panik, ortada kalma ve boşanmanın telâşı gibi geliyor bana. Bunu nereden tahmin ediyorum diye sorarsanız, sorusu yoktu, arayışı yoktu, endişesi yoktu. Sadece istediği bir şey vardı, o kadar. Kendine bakıp görecek bir yaklaşımı olmadığı gibi, yaptığı her şeyin haklı bir gerekçesini üretmeye çalışıyordu. "Herkes yaptıklarının sonuçlarıyla karşılaşır" diyor Allah-u Teâlâ. İnşallah ilerleyen süreç, taşıdığı bu zihinsel yapıdan kurtulup daha iyi olmasını sağlayacak bir tarza dönüşür. Çünkü artık, bundan sonrası çok önem kazanıyor.

Şimdi boşanma aşamasındalar. İnşallah birbirlerini daha fazla yıpratmadan, insanca ve medenice ayrılabilmeleri mümkün olur. Çünkü mahkemede haklı çıkabilmek için en mahrem konuları bile meydana çıkarıp, hiç olmayacak iftiralar ile yıpratmaya çalışanlar oluyor. Bütün bunlar insanın kalitesini ortaya koyar. Hani Allah, Mâide suresi 8. ayette, "Siz ey imana ermiş olanlar! İnsaf ile hakikate şahitlik yaparak Allaha bağlılığınızda sıkı durun; ve herhangi bir kimseye karşı nefretiniz, sizi adaletten sapma günahına itmesin. Adil olun. Bu, Allah'a karşı sorumluluk bilinci duymaya en yakın olan (davranış)tır. Ve Allaha karşı sorumluluğunuzun bilincinde olun: Şüphe yok ki Allah bütün yaptıklarınızdan haberdardır." buyuruyor ya, işte biz de bu hakikate uygun davranalım. Ayrılıyoruz, o halde ne kadar canını yaksam kârdır sözü, insanlığı erozyona uğratan tehlikeli bir davranıştır.

Rabbim iki tarafa da bundan sonra, daha doğru yol arkadaşları ile daha doğru bir hayat yürüyüşü nasip etsin diye duadayım.

## Bu durumda olanların sorabileceği sorular

- Bu yaptığım tamamen kişisel çıkarımlar ne derece doğru?
- Doğru olmaması halinde ben neler kaybederim?

- İnsanın mutlu olacağı en harika yuva evi iken, üstelik mutlu iken, evimin dışına yönelmekle yeni mutluluklar, heyecanlar aramakla kendime, çocuğuma ve topluma ne mesaj vermiş oluyorum?
- Eşimin aslında normal olan davranışlarını sorun olarak algılamam bendeki hangi boşluğun belirtisi?
- Bu şekliyle yaşamam beni nerelere sürükleyecek, farkında mıyım?
- Bu durumumun doğru olmadığını bana söyleyenlerin sözlerini kulak arkasına atmam, neyin göstergesi?
- Bu sadece duygularımı merkeze almamın adı nedir ve ben nasıl kurtulabilirim?
- Belki bundan daha önemlisi, neyin normal neyin normal dışı olduğunu nasıl anlamalıyım?
- Ben bu durumda iğreti yaşıyorum ve nasıl kurtulacağımı bilmiyorum. Bunu nereden ve nasıl öğrenebilirim?
- Yaptıklarım herkese aykırı gibi gelse de ben normal görme eğilimindeyim. İçimden savunmak geliyor. Ben bunu nasıl edindim bilmiyorum ama kurtulmak istiyorum. Kimden yardım istemeliyim?

## Bu durumda olanların yapabileceği dualar

Allah'ım, yaptıklarımın önce bana, sonra birlikte yaşadığım insanlara haksızlık olmasından sana sığınırım. Bilmediğim yığınla şey var ve ben bunları bilmediğim için çok zarar görüyorum ve başkalarına da zarar veriyorum. Beni bu durumdan kurtar. Benim daha iyi olabilmem için doğru arayış içinde olmamı ve doğru insanlarla irtibat içinde olmamı nasip et. Aklımı kullanamamaktan dolayı, duygu, enerji, zaman, insan ve ekonomik kayıplardan beni koru. Benim nasıl daha iyi olacaksam onun arayışı içinde olmamı nasip et Allah'ım. Kendimi tanıyarak, benim için gerekli olan şeyleri aramamı, bulmak için çaba sarf etmemi, senin bana buldurarak istifade ettirmeni Senden niyaz ediyorum. Herkesin bana kendi doğrularına yönelik gösterdiği şeylerin bana uygun olanlarını ayıklayarak hayatıma geçirmemi nasip et inşallah. Allah'ım, benim doğru bildiğim fakat aslında yanlış olan bilgi ve davranışlardan beni kurtar ve koru. Beni ihlâslı kullarına yakın ve dost kıl. Davranışlarında kılı kırk yaran insanların güzelliğinden bana da lütfet. Bendeki beni geriye düşüren her ne varsa onu fark ederek daha iyisini oluşturacak donanım istiyorum senden. Bana istet, gereğini yaptır, adım attır ve sonucu da sen lütfet Allah'ım. Duaları makbul olan nice güzel insanın hatırına...

## Bu durumda olan çiftlerin ailelerine mesajlar

Herkes doğru bildiğinde ısrar eder. Öncelikle gençlere vaktiyle doğruyu aramalarının ne kadar önemli olduğu anlatılmalı ve öğretilmeli. Evlenen çiftlerin, artık tek kişilik değil, iki kişilik kimi zaman da daha çoğul düşünmeleri gerektiği, yeri geldikçe hem örneklenmeli, hem de vurgulanmalı. Kimi zaman insanın gözü döner ve hiç beklenmedik şeyler yapabilir. Hepimiz insanız ve bir saniye sonra ne olacağımızı kimse bilmiyor. Onun için asla kınamayalım fakat gerçekleri söylemekten de geri durmayalım. İnsan yaptıklarının ne kadar zarar verdiğini gördüğünde, çevresindekiler ben farkında değildim niye beni uyarmadınız dese söyleyecek sözümüz olmaz. Sadece biz kimsenin Rabbi değiliz. Hırs ve intikam duygusu ile değil, insanca, sevgi ve şefkatle, düşündürmek için konuşmalıyız. Yani ötekileştirmeden, kırıp incitmeden ve aşağılamadan. Çünkü maksadımız onu incitmek değil, farkında olmadığı gerçeklerin farkında olmasını sağlamaktır. Bu arada kesinlikle başkalarının bilmesi gerekmeyen bilgileri başkalarıyla paylaşmak, iyi niyetin olmadığını ifade eder ve güveni kaybettirir. Bu gerekçe ile doğru, yerinde ve zamanında rehberlik çok önemlidir. Büyük demek, sükûnete, sabıra ve sağduyuya çağrı demektir. Yapıcı, onarıcı ve yüceltici olmak demektir. İki tarafı da yavrum diye bağrına basabilecek bir gönül yüksekliği demektir. Bu duruş iki tarafta da saygınlık uyandırır. Güçlü büyükler güçlü imaj oluştururlar. Bu da güçlü bir iletişim, bağlılık ve güçlü bir güven demektir.

# Herkes Aklı Kadar Çalışır

*Aklı zayıf olanın, öfkesi de yanlışı da aklından büyük olur.*

**Saliha Erdim**

**Eşim çalışma hayatında çok istikrarsız. Çok sık iş değiştiriyor. İlişkilerini ve parayı yönetemiyor. Hep ailesi destek oluyor. Psikolojik destek almaya yanaşmıyor. Ailesi her zamanki gibi kayırıyor ve koruyor. Ben ise bir yol ayırımındayım. Bu evliliği daha fazla sürdüremeyeceğim. Siz ne dersiniz, ne yaparsam doğru olur?**

### Görüşmede öğrendiklerim

Hanımefendi yalnız geldi. Eşi, ailesi tarafından sürekli korunmuş ve hayatı normal bir şekilde devam ettirmeye yarayacak sorumluluk alamıyor ve beceri kazanamamış. Bu durum hanımefendiyi çok bunaltmış. Ailesinin devam eden koruyucu ve her durumunu meşrulaştırıcı tavırları da ilâve edilince, ayrılmayı düşünecek hâle gelmiş. Başka hiç bir sıkıntıları olmadığı halde, her şey ile hanımefendinin ilgilenmesi ve bu durumun düzelmesi için hiç bir şey yapılamaması, bu evliliği taşınamaz duruma getirmiş.

### Görüşmenin devamında konuştuklarımız

– Öncelikle çok doğru bir soru ile geldiniz, teşekkür ederim. Eşinizin tahsili ne?

– Ortaokul terk.

– Niçin okumamış acaba bir bilginiz var mı?

– Bence okuyamamış. Çok açıklamıyorlar, işe girdi ondan diyorlar ama şimdi bile baktığımda kolay anlayamıyor, kolay intibak edemiyor. Fakat kayınvalidem toz kondurmuyor. Ne desek bir şekilde açıklamasını yapıyor fakat durum ortada.

– Şimdiye kadar en çok ne kadar süre çalıştı?

– Bir yıl kadar. Orada da zoraki durdu.

– Çocuklarla arası nasıl?

– Çok iyi, onlarla oynar, ilgilenir. Çocuk gibi yani. Baba olamıyor ama arkadaş oluyor. Sorumluluk alamıyor. Sadece onlarla iyi vakit geçiriyor.

– Çocuklar babalarını seviyorlar mı?

– Evet seviyorlar. Ben tartıştığımda, babamla kavga etme diyorlar.

– Cinsel hayatınız nasıl?

– İyi, bir sorun yok.

– Size insan olarak davranışı nasıl? Değer verme, ilgilenme ve sevgi dolu davranma gibi?

– Onu annesi gibi sevip okşasam, hiç bir şey beklemesem çok iyi. Bana da iyi davranır. Seni çok seviyorum der. Fakat bazen o kadar bunalıyorum ki, sevgi falan istemiyorum, biraz sorumluluk al, ben hem kadın hem erkek olmaktan bunaldım, bıktım artık diyorum fakat değişen bir şey yok.

– Peki eşinizin ailesi size ve çocuklarınıza karşı nasıllar? Sevgi, ilgi ve şefkat gösteriyorlar mı, gerektiğinde ekonomik destek oluyorlar dediniz, bunu başınıza kakıyor mu ya da mevzu ediyorlar mı?

– Ben sıkıntı çıkarmadıkça onlar da iyi. Destek olurlar ama hiç başımıza kakmadılar. Biz de onlarla iyiyiz.

– Peki o zaman sorun, eşinizin eş ve baba olarak yetersizliği, rollerini hakkıyla yapamaması ve sizin çok bunalmanız diyebilir miyiz?

– Evet, aynen böyle.

– Peki bunlardan bağımsız olarak sorsam, eşinizi seviyor musunuz?

– Evet seviyorum. Çok mazlum ve iyi birisi. O kadar iyi ki, hiç bir zarar vermediği gibi fayda da sağlamıyor.

– Anladım. Aslında çocuklarıyla arasının iyi olması, size kötü söz söylememesi, şiddet kullanmaması ve sürekli kaba davranarak sizi rencide edip kırmaması da bir iyilik olarak sayılabilir mi?

– Olabilir tabii.

– Şiddet ve kaba davranmamak diyorum çünkü bazı rahatsızlıklarda birlikte görülen bazı problemler var. Bunlar ne yazık ki birlikte bulunabiliyorlar. Çok şükür eşinizde yok.

– Evet, çok şükür.

– Efendim, eşinizle görüşmediğim için sizden dinlediğim kadarıyla eşinizde bir IQ düşüklüğü tahmin ediyorum. Çok iyi ama yaşına uygun akıl olgunluğu ve bu yaşta görülmesi gereken sosyal beceriler yok. Bu durum eğer doğru tahmin ediyorsam, hem ailesi, hem kendisi, hem de sizin için birer imtihan. Şimdi, benden talebiniz nedir?

– Ben ne yapmalıyım? Ben çok bunaldım. Boşanmak çözüm olur mu, eşimin bu durumu çocuklarımızı ileride nasıl etkiler? Düzelir mi düzelmez mi? Ben şimdi gencim dayanabiliyorum ama giderek tahammülüm biterse ben ne yaparım? Şimdi bile patlama noktasına geldim.

– Peki efendim. Şimdi artıları ve eksileri tabiri caizse terazinin iki kefesine koyalım. Sonra birlikte değerlendirelim.

– Peki.

– Şimdi artılarını sayalım. Buyurun.

– Eşim çok dürüst ve temiz ahlaklıdır. Asla kötü niyetli değildir. Yalan söylemez. Elinden geleni yapar. Çocuklarıyla çok güzel zaman geçirir. Beni çok sever. Aslında onu çok seviyorum. (Ağlamaya başladı)

– Anlıyorum. Şimdi olumsuzluklarını sayalım.

– Çocuk gibi olması dışında hiç bir kusuru yok. Ama o da onun elinde değil galiba.

– Evet, elinde değil. Şimdi size bir kaç fotoğraf göstermeye çalışacağım. Evet eşiniz yaşının gerisinde. Bundan sonra daha iyi olma ihtimali çok zayıf. Sadece, onun durumunu bilen bir işyeri ve onunla yakından ilgilenen birileri olursa, eşiniz daha uzun süreli işte durabilir ve daha yeterli hale gelebilir. Siz şimdi ayrıldınız varsayalım, çocuklarınız ayrılmak istemeyecek ve ayrıldığınız için sizi suçlayacaklar. Beyefendi hayatını yalnız geçiremeyeceği için muhtemelen tekrar evlendirirler. Bu da sizin bir daha yan yana gelememeniz yani eşinizle tekrar evlenememeniz anlamına gelir. Siz de gençsiniz ve belki de siz de bir yuva kuracaksınız. Her eşte istemediğimiz şeyler mutlaka bulunur. Bazı tahsilli ve rollerini yapabilen erkekler var ki eşlerini mutlu edemiyor ve maalesef çok sorun yaşayabiliyorlar. Yeni evleneceğiniz eşinizde de tahammül etmenizi gerektirecek şeyler çıkacaksa, hiç yuvanızı dağıtmadan, eşinizin daha iyi konumda olması için çaba sarf ederek yuvanızın başında olmanız size daha makul gelebilir mi? Eşinizin karşısında olup sürekli beklentilerinizi karşılayamadığı için tartıştığınız birisi değil de yan yana durup, çoluk çocuk el ele vererek daha iyi noktaya getirmek için yarıştığınız, hem daha mutlu hem de daha iyi başarılar kazanmış bir eş ve bir aile haline gelebilirsiniz.

### Bazı eksiklikler, kötü bir ahlâktan daha ehvendir.

Bu arada eşinizin abileri ve anne babası ile görüşerek, şikâyet üslubu ile değil, istişare ve yardım amaçlı görüşerek kalıcı bir çözüm için bir şeyler yapabilirsiniz. Meselâ, tanıdık birinin yanında, yapabileceği bir iş ve değer göreceği bir iletişim içinde olacak birileri ayarlanıp, eşinizin daha iyi konumda olması sağlanır. Belki bahçeniz varsa, boş zamanlarında çoluk çocuk bahçe işleri ile ilgilenebilirsiniz. Evde bazı işleri birlikte yapabilirsiniz. Zaman zaman psikoterapi alabilir. Bu arada, durumunun ne olduğunu anlamak için bir uzman test yapabilir. Bazı ilaçlar, sürecin daha iyi yönetilmesini sağlayabilir. Hatta halk tababetindeki bazı uygulamaların faydalı olduğuna dair bilgiler var. Bilen birisine danışılabilir. Yani özet olarak, Allah'ın size takdir ettiği eşinizi, daha iyi olmaya sevk edici, yükünüzü ailesi, çocuklarınız ve eşinizle paylaşarak hafifletici yaklaşımlarla hayatınızı daha keyifli ve verimli hale getirebilirsiniz diye düşünüyorum. Bu durum bana daha insanca ve daha doğru geliyor. Siz ne düşünüyorsunuz?

– Haklısınız. Aslında ayrılayım falan diyorum ama ben onu da yapamam. Fakat söyledikleriniz çok mantıklı ve aklıma yattı. Hemen eşimin ailesi ile görüşeyim.

– Bence ondan önce eşinize bir test yaptırıp durumunu öğrenin, psikoloğun tavsiyesini alın, ailesine öyle gidin. Hem elinizde ne yaparsanız daha iyi olacağına dair bilgiler olacaktır, hem de ailesi söylediklerinizi daha ciddiye alacaktır. Ondan sonra iş ve paylaşımlar hakkında konuşmaya sıra gelir.

– Çok doğru. İçim çok rahatladı, Allah razı olsun.

– Gerektiğinde yine görüşür ve ihtiyaç olan şeyler üzerinde konuşmuş oluruz.

– İhtiyaç olunca mutlaka geleceğim.

– İnşallah hiç ihtiyaç olmaz ama olursa memnuniyetle görüşürüz.

## Bu seansın devamında ne oldu?

Hanımefendi bir kaç kere beni telefonla arayarak bilgi aldı. İçindeki yoğun merhamet, sevgi ve gelişmiş aklı ile ailesini dağılmaktan ve olası mutsuzluklardan korudu çok şükür. Şimdi çok daha iyi durumdalar. İkisi de sigortalandı. Primleri paylaşılarak ödeniyor. Çocukların tahsil masrafları iki tarafın aileleri tarafından karşılanıyor. Şimdi el ele daha mutlu bir aile oldular. Dua ediyorum ki, insan yanımız hep uyanık olsun ve aklımız da doğrulara açık olsun inşallah. Şunu da görüyorum ki merhamet taşımak ve durumu objektif değerlendirebilmek çok büyük bir nimet.

## Bu durumda olanların sorabileceği sorular

• Acaba Rabbim beni böyle bir insana nasip ettiyse, benden ne yapmamı, nasıl davranmamı bekliyor?

• Böyle durumda olan eşim değil de çocuğum olsaydı, ona böyle mi davranırdım?

• Ben nasıl davranırsam Rabbim razı olur ve eşime faydası dokunur?

• "Niye ben?" diye soracak olursam, bu benim değerli yönlerimi açığa çıkaracak bir fırsat olabilir mi?

• Çocuklarıma bu durumda nasıl davranıldığını örneklemek için Allah beni seçmiş olabilir. O zaman Allah'ım, beni seçtiğinin hakkını verebilmem için ne yapmam gerekir?

• Bana yapmam gerekenleri gösterecek bir arayışın başarısı için hangi bilgi kaynaklarına yönelmeli ve hangi insanlara yakın olmalıyım?

- Belki de daha büyük sıkıntılardan korumak için bizi eşimle buluşturdun. Bunun hakkını nasıl verebilirim ve bu durum benim ne yapmamı gerektirir?

- Başkalarına ne dersem bana yönelttikleri eleştirilere ve benim kafamı karıştırıcı sorulara cevap olur?

- Yüreğimdeki merhameti, aklı ve sabrı nasıl birleştirmeli ve uyum içinde çalışmalarını sağlamalıyım?

- Çocuklarımın zihnine en doğru mesajları kodlamak için ne yapmalıyım?

- Halimizin hayra dönüşmesi için benim neye ve nasıl yaklaşmaya ihtiyacım var?

- Kendimi olumsuz düşüncelerden nasıl koruyabilirim?

- Kendimi daha olumlu düşünmeye asıl programlayabilirim?

- Kendimi eşimin ve çocuklarımın hakkına girmeden memnun eden bir eş ve anne haline getirmek için ne yapmalıyım?

### Bu durumda olanların yapabileceği dualar

Allah'ım, ne gelirse Sendendir. Buna aklımı, gönlümü ve mantığımı ikna etmemi nasip et. Durumun hikmetinin açığa çıkmasını sağlayacak şekilde davranmamı nasip et. Halimi hakikatin aynasında göster ki sıradan davranmayayım. Allah'ım, şu geçici dünyada, beni kârlı duruma geçirecek ve manevi terakki sağlayacak şekilde düşündür, davrandır ve tavır aldır. Ben duygularım değişince herkes gibi değişiyorum. Bu değişimin seni rahatsız edecek bir değişim olmasından sana sığınırım. Ben insanım ve yığınla zaafım var. Eksik, yanlış ve hatalı yönlerimin galip gelerek beni yanlışa düşürmelerini sen engelle. Senden talep ettiğim her şey için gerekli adımları atarak sebepleri oluşturmam konusunda beni başarılı kıl. Senden gelene tam bir razı oluşla teslim olmamı nasip eyle. Bana düşeni en güzeliyle değerlendirebilmem ve daha yüksek bir kalite için basamak yapmamın önünde engeller varsa, sen onlardan beni kurtar. Allah'ım, halimin hayra tebdilini senden diliyorum, göremediğim yanlışlarımı göstermeni, daha iyilerini edinmemi, yürek yüklerimden kurtularak hafiflememi murad et Allah'ım. Beni, tam da olması gerekeni, olması gerektiği gibi isteyenlerden ve talebini geri çevirmediklerinden eyle… Senin gücün her şeye yeter Rabbim.

## Bu durumdaki çiftlerin ailelerine mesajlar

Çocuğunuz ya da damadınız, elinde olmayan bir sorun yaşıyor. Hayatın beklentilerine cevap veremiyor. Allah çok güzel bir eş ve nur topu gibi üç evlât vermiş. Şimdi size düşen çocuğunuzu sürekli aklayarak hiç bir şey yokmuş gibi davranmak yerine, durumu kabul edip, bunun Allah'tan geldiğini ve hepinizin bu durumda sınandığınızı söyleyerek bir işbirliği çağrısı yapmak çok daha doğru olur. Kızınıza damadınızın gelişimi için katkı tavsiyesinin yanında, hepinizin uzman bir psikologla görüşerek bu durumda size ne düştüğünüzü öğrenmeniz gerekir. Bazen iş yerinde ziyaret etmek, bazen iş vermek, bazen birlikte pikniğe gidip birlikte eğlenmek ama hepsinde, değer katan ve merhametin ötesinde birlikte hareket edilecek bir zemin oluşturmak çok önemlidir. Herkesin başına gelebilecek bu durum, ortak bir sahip çıkma ile, sıkıntının en aza inmesi gerçekleşmiş olacaktır. Her şeyden önce sevin, ciddiye alın, değer verin ve daha iyi olabileceğine inanarak bunun için iki aile birden gayret edin. Asla suçlamadan ve rencide etmeden. Bence hepimiz test edildiğimiz insanlık sınavından ancak böyle dar geçitlerde kendi gerçek rengimizi veririz. Evlâdınıza sahip çıktığınız gibi gelininize ve torunlarınıza da şimdiye kadar olduğu gibi, maddi ve manevi destek olun, sahip çıkın. Mümkünse oğlunuz ve gelininizi sigortalatın. Beklenmedik durumlarda ele güne muhtaç olmasınlar. Çocukların tahsilleri için ellerinizden geleni yapın ve onları babalarına karşı motive edin. Bu hayat birlikte ve uyum içinde daha rahat ve güzel yaşanır. İnsan durup dururken de daha ağır biçimde rahatsızlanabilir. Bunu bilerek, insan yanımızın güçlenmesi için bu durumları bir fırsat bilmeliyiz.

# Ümit Çok Şeydir

*Düştüğün yer kuyuysa, oradan gökyüzü hariç hiç
bir şey göremezsin. Gökyüzünü görmek ise gecenin
ardından gündüz gelecek demektir.*

**Saliha Erdim**

**Ben depresyon hastasıyım. Eşim artık benimle uğraşmaktan bıktığını söylüyor. Çocuklarıma annelik, ona eşlik yapamıyorum. Tedavi oldum işe yaramadı. Bu derdin çaresi yok mu?
Ben hep böyle mi kalacağım?**

## Görüşmede öğrendiklerim

15 yıllık evli ve dört çocuk sahibi bir aile. Hanımefendi yalnız geldi. Ailesinden onay ve sevgi görmeden ve çok eleştirilip aşağılanarak büyümüş. Aile desteği ve rehberliği yok. Beş yıl önce doktor depresyon teşhisi koymuş. İlaçlarını düzgün kullanmamış. Eşi sen bilerek yapıyorsun diyor ve inanmıyormuş. Kendi rollerini yapamayacak kadar bezgin ve bıkkın. Eşi ile aralarında ciddi tartışmalar çıkmaya başlamış. Sosyal değil, kimse ile görüşüp konuşmuyor, arkadaş ve komşularıyla gidiş geliş yapmıyor. Hobisi yok. Çevresi ile iletişimi bitmiş sayılır. Hiç bir şeye isteği olmadığı için işlerini yapma konusunda yetersiz. Bu kendisini zaten üzüyor ve eşi de sürekli yetersizliğine vurgu yapıyor. Şu anda da tıkanmış durumdalar.

## Görüşmenin devamında konuştuklarımız

– Beş yıl öncesine kadar depresyonda değildiniz herhalde?

– Hayır. Depresyonda değildim ama sınırdaydım. Yani ben hiç bir zaman tam iyi olamadım. Eşimle hep sıkıntılarımız vardı. Çocuklar bana hep sıkıntı veriyordu, hayat bana ağır geliyor anlatabildim mi?

– Evet efendim, bana çocukluğunuzdan söz eder misiniz? Nasıl bir çocukluk geçirdiniz, kaç kardeşsiniz?

– Dokuz kardeşiz. Kardeşler olarak biz çok iyiyizdir. Gayet güzel anlaşırız, iyi geçiniriz. Sorun babamız. Hepimizi mahvetti. Annem de hiç gün görmedi. Babam hepimize çok kötü davrandı. Biz kendimizi insan olarak bile göremiyorduk. Babam en ufak bir şeyde avaz avaz bağırırdı. Sokak ev demez, yanımızda kim olursa olsun bizi mahcup ederdi. Hiç birimiz bir kere bile aferinini ve güzel bir sözünü duymadık. Eğer kardeşler arasında dayanışmamız olmasaydı, yardımlaşıp birbirimizi teselli etmeseydik, biz çok daha kötü durumlara düşebilirdik. Şimdi beş tane erkek kardeşim var. Onlar iş güç sahibi olup babamdan annemi kurtarmak istediler ve kurtardılar çok şükür. Anneme ev açıp babama dediler ki, bu zamana kadar hepimize kötü davrandın. Eğer iyi davranmaya başlayacaksan birlikte yaşamaya devam edelim. Yok eğer davranmayacaksan biz annemi de alıp ayrılacağız dedi. Babam sinirden deliye döndü, ağzına geleni saydı. Fakat kardeşim dediğini yaptı. "Sen bilirsin baba. Buraya kadar, artık senin hiç birimize zarar vermene müsaade etmeyeceğiz. Ne zaman sakin bir baba, bir eş gibi davranmaya başlarsan kapımız sana açık. O zamana kadar annem de biz de yokuz. Kendi başının çaresine bak" dedi. Babam gurur yaptı, evinden ayrılmadı. Kardeşim de annemi ve diğer kardeşlerimi alıp ayrı eve çıktı. Fakat o zamana kadar biz alacağımız kadar yükü yüklenmiştik. Şimdi de belimiz doğrulmuyor. Hiç birimiz hakkımızı helâl etmiyoruz. Bizi değil evlât, insan yerine bile koymadı.

– Anladım. Peki eşiniz ile başlangıçta iletişiminiz ve diyaloğunuz nasıldı?

– Fena değildi. Yine benden şikâyet ediyordu ama ben daha iyi durumdaydım. Çocuklar oldukça ben kendimi yetersiz hissetmeye başladım. Eşimin davranışları tıpkı babamınki gibi. Eşim konuştukça babam konuşuyor zannediyorum. Sanki babamdan kurtulmuş eşime yakalanmıştım.

– Kaç çocuğunuz var ve yaşları?

– Dört tane. İki kız iki erkek. 12 ve 10 yaşındakiler kız, 7 ve 3 yaşındakiler erkek.

– Çocuklarınız ile iletişiminiz nasıl?

– Benim iletişimim iyi ama yapacaklarımı yapamayınca pek çok aksaklık oluyor. Çocuklarım henüz küçük, evin işini onlar toparlayamıyor.

– Eşinizin çocuklar ile iletişimi nasıl, ilgileniyor mu?

– Önceden daha çok ilgilenirdi, ben bırakınca o da bıraktı.

– Anneniz şu anda ne durumda, onun psikolojisi ayrı eve çıkınca düzeldi mi?

– Öncekine nazaran çok çok iyi fakat o da benim gibi kolay toparlanamıyor. Destek olmak açısından soruyorsanız evlendiğimden beri bana destek olup arkamda duran olmadı. Sanki anne babası olan yetim gibiydim. Arkasında kimse olmayınca eşi bile zayıf görüyor insanı ve daha acımasız davranıyor. Yani diyeceğim o ki, annem bana destek olamıyor. Kardeşlerim evlendiler çok şükür. Bana "Üzülme dert etme, doktora git" diyorlar ama evden destek olmayınca arkası gelmiyor.

– Peki sizin bu durumunuzun daha iyiye gitmesi için kiminle yardımlaşabilir ve paslaşabiliriz?

– Bilmem. Eşim gelmez. Annem gelse bile bir şey yapamaz. Belki kardeşlerimden bir ikisi olabilir.

– Tamam o zaman, kardeşlerinizle bir görüşme yapalım. Bu arada ben eşinizi de davet ediyorum. "Bana yardımcı olmak için seni rica ediyor" diyebilirsiniz. Ayrıca mutlaka çocuklar ile de görüşmem lâzım. Sizin ailedeki herkesin desteğine ihtiyacınız var. onların terapist yardımcısı görevini üstlenmeleri lâzım ki birlikte şartları daha iyi hale getirebilelim.

– Çocuklarım gelir, kardeşlerim severek gelir zaten. Eşime de söylerim, hiç ümidim yok ama denerim.

– Tamam, inşallah ikinci görüşmede birlikte olabilirsek çok iyi olur. Şimdi size bazı sorularım olacak.

– Buyurun.

– Kendinizi seviyor musunuz?

– Sevilecek bir yönüm olduğunu hiç bir zaman hissedemedim. Sadece Allah yarattı beni de, sevmem lâzım diye düşünüyorum.

– Peki, vakitlerinizi nasıl geçiriyorsunuz, neler yapıyorsunuz?

– Şimdi hiç bir şey yapamıyorum.

– Önceden, yeni evlendiğinizde ev işleri dışında ne gibi uğraşlarınız vardı?

– Hiç bir şey. Sadece ev işi yaptık.

– Herhangi bir hobiniz var mı?

– Aslında takı tasarımı yapmayı çok severdim. Fakat bu saçma şeyle niye uğraşıyorsun diye babam elimden aldı ve attı.

– Şimdi imkân bulsanız yeniden başlamak ister misiniz?

– Bu saatten sonra yapabilir miyim sizce?

– İnsan her yaşta bir şeyler yapabilir. İsterseniz benim takı tasarımı ile uğraşan ve çok kişiye karşılıksız öğreten bir arkadaşım var, size öğretebilir. Hatta ilk başta kızlarınız da öğrenir. Sonra onlar sizin yapmanıza yardımcı olurlar.

– Olur, kızlarım da yeni şeyler öğrenmeye çok meraklılar. Olur inşallah, çok teşekkür ederim..

– Estağfurullah, ben de bunu ilk fırsatta organize edeyim. Peki, hayatta en çok severek yaptığınız şey nedir?

– Ev işlerini severek yaparım. Zaten başka bir şey de bilmiyorum.

– Hiç görüştüğünüz arkadaş çevreniz var mı?

– Var, fakat ben gidip gelemeyince onların da ayakları kesildi.

– Siz başlatsanız gene diyaloğunuz başlar mı?

– Başlar tabi.

– Güzel, o zaman onlarla hemen diyaloğa geçip görüşmeleri başlatsak size nasıl gelir? Onlarla görüşebilir misiniz? Kendinizi halsiz hissetseniz de, canınız istemese de evden çıkıp kısa süreli de olsa görüşmeleri başlatmak çok önemli. Sizin yeni bir şeyler yapmaya ihtiyacınız var.

– Olabilir. Onlar da çok sevinirler.

– Güzel. O zaman bunu da hemen planlayalım olur mu?

– Olur, fakat şu anda buraya bile çok zor geldim.

– Haklısınız, yavaş yavaş bir ucundan hayata temas etmeye başlamanız gerekiyor. Tabi terapi ve ilâç desteği bunu kolaylaştıracaktır inşallah. Eşiniz ile cinsel yaşantınız nasıl?

– İyi, çünkü o ne isterse o olur.

– Bu size de uyuyor mu? Eşiniz istiyordur ama size de zor gelmiyordur.

– Pek çok zaman zor geliyor. Fakat huzurumuz bozulmasın diye ses çıkarmıyorum.

– Biz takı ve arkadaş görüşmesi plânlıyoruz, bunu eşiniz duyduğunda nasıl tepki verir.

– Karışmaz, gidip gelmeme bir şey demez. Yeter ki evin işleri yolunda olsun.

– Bu da güzel. O zaman eşinizle ilgili bir engel yok demektir. Peki, ekonomik durumunuz nasıl? Siz kendinizi biraz toparlayıncaya kadar eve, haftada bir iki kere yarım gün yardımcı alsanız eşiniz buna nasıl bakar?

– İzin vermez ve karşı çıkar.

– Anladım. Peki siz yeniden doktora gidip biraz ilâç desteği alsanız ve bu durum daha kolay toparlansa nasıl olur?

– İlâçların yan tesirleri çok rahatsız ediyor.

– Tekrar öyle bir şey yaşarsanız doktor ile irtibata geçer, doz ayarlamasını rica ederiz.

– Tamam o zaman, olabilir.

– Şu anda yapmak isteyip de yapamadığınız ne var, neyi yapmayı çok istersiniz?

– Evden dışarı çıkıp biraz hava almaya çok ihtiyacım var. fakat çıkacak takatim yok ve bir yanımda yataktan çıkmak istemiyor.

– Haklısınız. Yatağa girmek istemek ve sürekli uyku ihtiyacı, başa çıkılamayan durumdan kaçış anlamına gelir. Kişinin elinde değildir. Sizinle işbirliği içinde depresyonun döngüsünü kıralım ve sizi ayakta tutacak şeyler yapalım. Eşinizi seviyor musunuz?

– Evet seviyorum.

– Ne yaparsanız eşiniz memnun olur ve size iyi davranır.

– Eve girince güler yüzlü ol, yemek hazır olsun, ev düzenli olsun der. Hep hasta olmandan artık bıktım der. Ben isteyerek hasta olmuyorum ki. Ayrıca birlikte sohbet etmekten hoşlanır. Ben hiç onunla hoş sohbet olamadım. Bana kötü davranınca çöküyorum.

– Eşinizle size davranış biçimi hakkında hiç konuştunuz mu?

– Evet, bana böyle deyince kötü oluyorum söyleme dedim. Sen de hak etme dedi. Ne desem hemen cevabı var. Ben de yıllardır susuyorum, hiç bir şey söylemiyorum.

– Anladım. Şimdi, haftaya eşinizle birlikte görüşelim, onun dışında hangi gün müsaitseniz arkadaşımla haberleşip takı yapmayı öğretmesi için ayarlamaya çalışayım. Siz de bir iki arkadaş organizesine katılmaya çalışın. Bu arada ilâç desteği de iyi olur.

– Kendimi zorlayacağım ama deneyeceğim.

– Bu çok güzel, teşekkür ederim. Zihniniz sizi bu duruma sabitleyen rutinlerinizden kurtulursa sistem daha iyi çalışmaya başlar. İlâçlar, yapacaklarınızı kolayca yapmanıza yardımcı olacak. Bunun için tabi iki haftalık bir zaman ihtiyacımız var. İki haftadan sonra ilâçlar etkilerini göstermeye başlarlar.

– Anladım. Yani ben şimdi sizce iyileşebilir miyim? Hiç iyileşen depresyon hastanız oldu mu?

– Tabii ki iyileşebilirsiniz Allah'ın izni ile. Onun için iyileşmenin bileşenlerini bir araya getirmek gerekiyor. Hiç kimse tek başına depresyona girmez, tek başına da depresyondan (kolay kolay) çıkmaz. Bunun çoğunlukla bir ya da birden çok bileşeni vardır. İnsan çevresiyle birlikte var olur. Onun için mutlaka çevre faktörlerini de devreye sokarak şahsa yardımcı olunması halinde, mutlaka şimdikinden daha iyi sonuç alınır. Şimdi sizden ricam, söylediklerime hemen inanmanızı beklemiyorum fakat inanmasanız da yapmaya çalışın, olur mu? İlâveten iyileşen danışanlarım elbette oldu ve şimdi gayet iyi durumdalar çok şükür.

– Çok iyi, çok sevindim, inşallah deneyeceğim.

– Peki, ev işleri konusunda, kızınız yardımcı olabilir mi?

– Evet, sağ olsun, zaten hep o yapıyor.

– Peki, size bir süre başka bir yardımcı bulmak konusunda kardeşlerinizden destek istesek nasıl bakarlar?

– Onlar hemen olur derler. Bana çok değer verirler.

– Bakın ne güzel, aileniz size destek oluyor çok şükür. Anneniz de eminim çok seviyor ve değer veriyordur.

– Evet doğru, annem ve kardeşlerim beni çok severler bende onları çok severim.

– Bu çok güzel bir durum. Aklıma bir şey geliyor. Acaba babanıza gidip bir görüşme yapsanız.

Babacığım seni özledim deseniz, boynuna sarılsanız, ne yapar?

– Bilmiyorum, fakat ben bunu yapamam. Bu çok zor gelir.

– Fakat o sizin babanız. Size ne yapmışsa yapmış, kıyamete kadar baki bir hukuk var aranızda. Hiç bir şey onun babanız olduğu gerçeğini değiştiremez.

– Evet doğru.

– Belki de babanız şu anda yalnızlıktan çok bunalmıştır ve sizden davet bekliyor olabilir.

– Bu mümkün mü?

– Neden olmasın. Gidip denemeden bu ne kadar gerçek, bilme şansımız olmaz.

– Gidip deneseniz, bu size mümkün geliyor mu? Deneyebilir misiniz?

– Hiç düşünmedim, o kadar kırgınım ki.

– Haklısınız tabi. Fakat babanızla aranızın düzelmesi, sizin kırılgan yönlerinizin de onarılması anlamına gelebilir.

– Kendimi babama sarılmış olarak hayal bile edemiyorum.

– Bunu yaptığınızı bir an hayal edelim, bu senaryonun en kötü tarafı nedir sizce?

– Beni yanından kovar, yine kızar bağırır.

– Bu sizi nasıl düşündürür?

– Babam hiç değişmemiş derim.

– Bu kadar değil mi?

– Evet bu kadar.

– Şimdikinden daha çok üzer mi?

– Sanmıyorum.

– Bu bir ihtimal. Başka bir ihtimal daha var ki, o da sizi özlediğini söyleyip sıkı sıkı sarılır ve belki de gözlerinden yaşlar boşanır.

– Acaba?

– Bilmiyoruz. Denemek bana akıllıca geliyor. Bu ihtimallerden hangisi olursa olsun, sizin babanıza gidip "Babacığım ben seni çok özledim. Senin üzerimizde babalık hakkın var, hakkını helâl et. Biz seni çok özlüyoruz" deyip elini öpmeye ve boynunu kucaklamaya gitmeniz, bana öyle geliyor ki babalık şefkatini uyandırır. Belki de şimdiye kadar olmayan bir diyalog başlar aranızda.

– Ne kadar güzel olur. Ona sarılmayı o kadar çok özlüyorum ki. (Ağlamaya başladı ve bir süre kendisini kontrol edemeden ağlama krizine girdi.)

– O zaman denemeye değer diyorum ne dersiniz?

– Olur, bugün siz ne derseniz yapacağım inşallah. Artık bıktım bu şekilde yaşamaktan. Ne yapacaksam yapayım kurtulayım.

– Bu çok güzel bir karar, sizi tebrik ediyorum.

– Peki ya yapamazsam?

– Bunu da deneyerek görmüş oluruz. Yapamazsanız başka bir zamana erteleriz.

– Tamam o zaman.

– Geleceğe dair hayalleriniz var mı?

– Kendimin yok. Hiç olmadı. Sadece çocuklarım için iyi günler görsünler diye hayallerim var.

– Çocuklarınızı mutlu etmek istersiniz değil mi?

– Hem de çok.

– O zaman sizin iyi olduğunuzu göstererek onlara sürpriz yapalım. Siz yataktan çıkınca, arkadaşlarınıza gidip gelmeye ve takı yapmaya başlayınca çocuklar çok mutlu olurlar değil mi?

– Evet, yavrularım bu tabloya o kadar hasret ki. (Ağlamaya başlıyor)

– O zaman onların mutluluğu aynı zamanda sizin mutluluğunuz olacak değil mi?

– Evet, inşallah.

– Güzel. İnşallah terapi aralarında gerektiğinde haberleşelim, fakat başlattığımız bu iyileşme sürecini sonuna kadar sürdürelim inşallah.

– Ben de çok istiyorum.

– Bu konuştuklarımızı yapabileceğinizi düşünüyor musunuz?

– Hiç içimden gelmiyor aslında. Buraya bile çok zor geldim. İyi bir şeyler olacağına dair inancımı yitirdim.

– Haklısınız. Bu durumdaki hastalar hep böyle hissederler. Fakat bir şeyler yaptıkça duygular ve düşünceler değişir. Bu da iyileşme sürecine ciddi katkı anlamına gelir.

– Tamam, ben bu durumdan kurtulmak istediğim için ne isterseniz onu zorlansam da yapacağım.

– Peki babanıza ne zaman gitmeyi düşünüyorsunuz?

– Bugün gitsem mi acaba diyorum. Hazır burada konuşmuşken, aklıma yatmışken gidip bir deneyeyim. Ölmem herhalde. Ölsem bu zamana kadar ölürdüm. Yanındayken ölmediysem ayrı iken hiç ölmem. (Gülmeye başladı.)

– Peki o zaman, ben sizi bu kararlı ve azimli tavrınızdan dolayı tebrik ediyorum. Rabbim kolaylaştırsın inşallah.

– İnşallah, haftaya görüşmek üzere, hoşça kalın.

## Bu seansın devamında ne oldu?

Tahmin edilenden daha fazla güzellikler yaşanmaya başladı. Babası sürpriz bir şekilde kızı ile konuşmuş, sarılıp ağlaşmışlar. Bu müthiş bir moral olmuş. Kızı hakkını helâl et babacığım, üzerimizde çok hakkın var deyince babası, sizin hakkınız benden fazla, Allah beni affetsin, sizde hakkınızı helâl edin demiş. Öyle zannediyorum ki ilaçtan daha etkili bir iyileşme için adeta doping olmuş. Arada görebilir miyim seni dediğinde tabi demiş. Bizim eve gelir misin deyince hayır demiş. Fakat böylece bundan sonra da görüşmenin yolu açılmış oldu. Bir başka sefere diğer kardeşleri de gider ve böylece ailece yavaş yavaş görüşme başlamış olur.

Eşi beyefendi, uzak durmaya devam etti. Fakat hanımefendinin daha iyi olmaya başladığı ona da moral olmuş olacak ki artık eskisi gibi sataşmıyormuş. Çocukları ve kardeşleri ile görüştük. Yardımcı formülü olmadı ama zaman zaman yengeleri eve gelerek yardımcı olmaya karar verdiler. Çocuklar daha düzenli ve daha çok yardımcı olmaya başladılar. Çocukların annelerini biraz daha canlı ve ayakta görmeleri onları çok mutlu edince, bu anneye de çok iyi gelmeye başladı. Ailece bir toparlanma başladı. Takıyı çocuklar o kadar çok hızlı ve güzel öğrendiler ki, hemen güzel takılar yapmaya başladılar. Ben de onların yaptıklarından bir hayli satın alıp çevremdeki gençlere hediye ettim. Anne de kendini iyi hissettikçe takı yapmaya başladı. Yengeleri de yapılan takıları aldıkça para kazanmaya başladılar. Böylece yeni bir süreç başlamış oldu.

Daha sonraki seanslarda hanımefendi ciddi ilerlemeler kaydetti. Babasıyla arasının düzelmesi en etkin rolü oynadı kanaatindeyim. Artık annesi ile de daha iyiler. Görüşmelerimiz devam ediyor. Fakat hanımefendi şimdi iyileşme konusunda ciddi anlamda mesafe kaydetti. Öyle zannediyorum ki, çok fazla zamana gerek kalmadan inşallah tamamen iyileşecek inancındayım.

## Bu durumda sorulacak sorular

- Depresyonda olmamın gerçek sebebini nasıl öğrenebilirim?
- Ne yaparsam bana iyi gelir?
- Kiminle görüşmek, hangi arkadaşımla birlikte olmak bana iyi gelir?
- Bu olumsuz bakış açısından nasıl kurtulabilirim?
- Ne yaparsam daha iyi hissedebilirim?
- Bu durumu nasıl hayra ve kazanca dönüştürebilirim?
- Ne yaparsam kendimin terapisti olabilirim?
- Nasıl düşünürsem benim durumuma iyi gelir?
- Kendimi ödüllendirebilmek için neler yapabilirim?
- Kiminle ne yaparsam kendimi iyi hissederim?
- Kendimi iyi hissettirecek mekânlara gitmem için kimden yardım alabilirim?
- Hobinin herkese ve her duruma iyi geldiğini biliyorum. Acaba ben hangi hobiyi severek yapabilirim? Bunu nasıl seçebilirim?

## Bu durumda yapılacak dualar

Allah'ım, benim halim Sana malum. Benim durumumu hayra dönüştür. Beni depresyonda sabit bırakacak alışkanlıklarımdan beni kurtar. Bana iyi gelecek şeyleri bana nasip et. Bana iyi gelecek dostları yanımda daima bulundur Allah'ım. Benim sağlığımı bana geri kazandır ve beni de aranılan dostlardan eyle. Allah'ım, negatif düşünme illetinden beni kurtar. Sağlıklı bir zeminde yaşayabilmem için çevre desteğini nasip et Allah'ım. Hastalığı, sana yaklaştıran fırsata dönüştürmemi nasip eyle. Hastalığı öyle iyi tanıyayım ki, iyileştikten sonra ona yakalananlara yardımcı olayım. Hatta kendim ve yakınlarımın hastalığa yakalanmamaları için gayret edeyim. Çocuklarıma ve eşime karşı görevlerimi yerine getirebilmemi nasip eyle. Allah'ım, sağlığımı korumam konusunda beni tedbir alanlardan eyle. Kendimi sevmeyi ve sevdirmeyi bana nasip et.

## Bu durumdaki çiftlerin ailelerine tavsiyeler

Siz çiftlerin yolunda gitmeyen bir durumlarını görünce, onlara ne yapacağınızı ve nasıl yardımcı olabileceğinizi sorun. Onların yapamadığı veya zorlandıkları şey ne ise onların yerine getirilmesi konusunda yardımcı olabilirsiniz. Birlikten kuvvet doğar. Siz akrabaları organize edip sevgi ve yardımlaşma çemberi oluştururursanız, bu birliktelik bile moral desteği olur. Gerektiğinde iş yapmak, gerektiğinde bir tas çorba getirmek, gerektiğinde birlikte gezmeye ya da pikniğe gittiğinizde onu da çağırmak, sevginin pratiğe dönüştüğü anlamına gelir ki, bu başlı başına insanın kendisini değerli hissettirir. Yani, çocuklarınızın hayat yolculuğunda ayakları tökezlerse, en büyük ve güçlü destek sizlerden gelmeli. Bu durumlar nasıl olsa geçiyor fakat bu durumda yapılanlar asla unutulmuyor. İnsanın sevgisini, bağlılığını, vefasını ve akrabalık hukukunun gerektirdiği yardımı yapmak için, bu gibi durumlar birer fırsat sayılmalı.

# Dar Çerçevede Yaşayanlar

*Arkadaşsızlık çocuğun cehennemi, yetişkinin derdidir.*

**Saliha Erdim**

*Eşimin hiç arkadaşı yok. Evden işe işten eve, başka sosyal bir hayatı yok. Biz de kendisi gibi olalım istiyor ve dışarı çıkalım dediğimizde sorun yapıyor. Hepimiz ev kuşlarına döndük. Bu işin içinden nasıl çıkacağız, yol gösterir misiniz?*

## Görüşmede öğrendiklerim

Sekiz yıllık evli ve üç çocuk sahibi bir aile. Beyefendi bir şirkette memur olarak çalışıyor. İş çevresi dışında iletişim içinde olduğu arkadaş çevresi yok. Ailesi ile de iletişimi sınırlı. Eşinin ailesine gidip gelmesi de sorun oluyor. Hanımefendi ise, sıkıntı çıkmasın, eşim gerilmesin ve huzurumuz bozulmasın diye, çocuklarla birlikte, eşinin taleplerine uygun yaşamaya başlamışlar. Bu seferde ailedeki diğer bireylerin yaşam alanını daraltmış. Bu durum hepsinin tepkisel, gergin ve tahammülsüz olmalarına yol açmış.

Hanımefendi, kendi ihtiyaçlarını eşine düzgünce anlatmayı denememiş. Sadece talep ya da tepki düzeyinde iletişim içindeler. Ailesine gidip gelmede sıkıntı çıkarmasının kısmen de olsa haklı gerekçesi var ama bu ilişkiyi kesmeyi gerektirmeyecek bir gerekçe. Hanımefendi ailesine yakın oturuyor ama buna rağmen gidiş gelişleri çok yetersiz.

## Görüşmenin devamında konuştuklarımız

– Ailenizle görüşmenize engel olan şey ne?

– Eşim çok memnun kalmıyor. Evde oturalım diyor.

– Siz bir yerlere gitme ihtiyacınızı eşinize nasıl ifade ediyorsunuz?

– "Biz gidelim" diyorum, o da "Gitmeyin" diyor, biz de ona uyuyoruz. Rahatsız olduğumuzu görüyor, sıkıldığımızı biliyor ama tavrını değiştirmiyor.

– Sizin ailenize gittiğinizde eşinizi neler rahatsız ediyor, onu ifade ediyor mu?

– Evet ediyor. Meselâ, babamın yemekten hemen sonra televizyonun başına geçmesi, hiç sohbet edilmemesi, evde soğuk bir havanın esmesi.

– Eşinize böyle bir ortam sıkıcı gelebilir.

– Haklısınız, ben bile ailem olduğu halde sıkılıyorum.

– Peki, çözüm olarak bir şeyler yaptınız mı? Meselâ annenizle paylaşıp o akşam için farklı bir şeyler yaparak havayı değiştirmek, eğlenceli bir şeyler yapmak, bir konuda sohbet başlatmak gibi.

– Hayır, yapmadım.

– Peki böyle adımlar atsanız, sizce sonucu etkiler mi?

– Bilmiyorum ama olabilir.

– Eşiniz "Ben sıkılıyorum gitmeyelim" dediğinde siz nasıl tepki verdiniz?

– "O benim ailem, gitmek zorundayız" dedim.

– Öyle söylemek yerine önce, "Haklısın." diyerek onu anladığınızı ve hak verdiğinizi ifade etseniz, devamında ise, "Ben de sıkılıyorum fakat ailem olduğu için fazla uzak da kalamayız. Onlar bizi özlerler biz de onları. Onları ihmal edersek bu Rabbimizi de üzer. Gitsek ama fazla kalmayıp dönsek nasıl olur canım?" gibi eşinizin fazla sıkılmasını engellemeye yönelik bir çaba gösterseniz. Eşiniz nasıl karşılardı?

– Böyle yaklaşsaydım zannediyorum çok daha iyi olurdu. Çünkü ben şimdiye kadar eşime bir kere bile "Seni anlıyorum, sen haklısın." demedim. Onun tarafında dursaydım, daha anlayışlı davranabilirdi.

– Bu iyi bir haber. Dinleyip anlayabilmek ve makul durumlarda yaklaşım gösterebilmek, işbirliğine yatkın olmak anlamına gelir. Şimdi durumu özetleyelim. Eşiniz işten gelince ve hafta sonları dışarı çıkmıyor, sizin ve çocukların da çıkmasını istemiyor. Siz ve çocuklar da haklı olarak normal olanı yapamadığınız için bunalıyorsunuz, doğru mu?

– Evet doğru.

– Öyle görünüyor ki eşiniz ailesinde gördüğünü uyguluyor. O uygulamanın tersine eyleme sevk eden bir bilgilenme ve alışkanlık oluşmamış. O kendisine kolay geleni istemiş. Siz ise doğru olanı, kolay gelene feda etmişsiniz gibi duruyor. Hiç oturup ciddi ciddi konuştunuz mu? Yani gündem konusu oluşturarak müzakere ettiniz mi? Bu durumun ne getirdiği, neler götürdüğü konusunda?

– Hayır, oturup ciddi ciddi konuşmadık. Ben hep söylendim ama "Bırak şu alışkanlığı, biz çok bunaldık, yeter artık." diye.

– Anladım. Bu durumun değişmesi için, daha güçlü argümanlarla ortaya çıkmak ve karşılıklı konuşmak lâzım gibi görünüyor. Siz kendi doğrularınızı anlaşılır bir şekilde ortaya koyup bir gündem oluşturmayınca, doğal olarak bu böylece devam etmiş. Eşiniz bunu zarar vermek niyetiyle yapmıyor, öncelikle bunu anlayalım. Bu durumda olanlar çoğu kere ailesinde gördüğü usulü devam ettirirler. Aksini yaparlarsa sudan çıkmış balığa dönerler. Hatta bu durumda olanların çoğunda sosyal fobi oluşur. Peki, eşinize "Biz evde bunaldık, çocuklarla biraz parka gideceğiz" deseniz, muhtemel tepkisi ne olur eşinizin? Ayrıca, çocukları alıp çıksanız ona müdahale eder mi?

– Gitme der, surat asar, ama engel olmaz. Ben de huzursuzluk çıksın istemiyorum. Bir kere denedim, gelince huzursuzluk çıkardı. Biraz konuşmadı, ben de çok üzüldüm. Bir daha da çıkmadım. Benim arkadaş çevremde ben gitmeyince artık gelmez oldular. Eşimin ailesinde de gidip gelmeler ve misafirlik anlayışı pek yoktur.

– Peki, siz eşinizi de çağırarak bazı programlar yapsanız, tepkilerini güzel sözlerle geçiştirseniz, o gelmese bile siz çocuklarla gitseniz ve gelince de izin verdiği için çok teşekkür edip sarılıp öpseniz...

– Ve bundan sonra da yavaş yavaş ne yapmam gerekiyorsa yapmaya başlasam. Belki de o da arada bize iştirak eder. Kendisi gelmezse bile biz artık hapis hayatından kurulmuş oluruz. Ne kadar iyi olur.

– Evet, belki de eşinizi de rencide etmeden doğru olanı yapsanız, eşinizin de zamanla size katılmasına vesile olabilir. Hayatta her zaman, kişinin kendisi için önemli olan hususlarda mücadele etmesi gerekir. Helâl dairesi içinde ve kimsenin sınırlarını ihlâl etmeden. Onun için gerekirse aile büyükleri devreye sokulmalı, birlikte aile danışmanına gidilmeli, beyefendi daha da ikna olmazsa ve gerekirse fetva dairesine sorulmalı ve eşiniz için de iyi olacak bir usul belirlenmeli.

– Evet, bunlar yapılmalı. Ben o kadar sosyal ve hareketli idim ki, buraya gelin geldim, sudan çıkmış balığa döndüm. Her şey tepetaklak oldu. Ama anlıyorum ki, ben yeterince bilinçli bir tavır koysaymışım bu çileyi çekmezmişiz.

– Belki de. Ama gereken yapıldığında bile durum birden bire değişmeyebilir. Gerekeni yapmaya devam ederek sabretmeli, ihtiyacı anlatabilmek için başka yollar da denenmeli. Ayrıca, daha geç kalmadığınız için şükretmelisiniz. Bundan sonrası için de bu düşündüklerinizi yapmanız çok önemli ve çok anlamlı.

– İnşallah. Çocuklarda buna çok sevinecekler. Yeniden aileme ve arkadaşlarıma kavuşacağım için çok heyecanlıyım.

– Başka yapmayı plânladığınız şeyler var mıydı?

– Evet, yazı yazma plânlarım vardı.

– Peki, düşündüğünüz bu yazıları ne zaman yazmayı plânlıyorsunuz?

– Buradan gidince bu aşkla şevkle hemen başlayacağım inşallah. Sanki şimdiden çok rahatladım gibi hissediyorum.

– Güzel. Bu arada bir hususa daha vurgu yapmam gerekiyor. Bu süreç siz doğru davrandığınız halde istediğiniz gibi hemen düzelmeyebilir. Biraz sabırlı olmalı ve doğru davranmaya devam etmelisiniz. Eşinizin belki sosyal fobi veya özgüvenini ve kendilik algısını düzeltme konularında psikolojik destek alması gerekebilir. Bu da herkesten çok kendisi için önemlidir. Eğer gelebilirse kendisiyle bizzat konuşmak ve duygularını öğrenmek isterim. Bu, sürecin daha doğru anlaşılmasına ve iki tarafın istifadesi için işbirliği yapılmasına vesile olur.

– İnşallah, çok çok teşekkürler, bunlar için de çaba sarf edeceğim inşallah.

## Aile, önce kendi yaşadığı tarzını çocuğa öğretir, ilk ve en güçlü öğrenme ailede görerek olur

İnsan alıştığı kişiyi ve yaptığı şeyi güvenli görür. Çünkü kendi yaşam alanını daralttığı için başka uygulamalar güvenli gelmez. Bir yerlere gidince sıkılır, bunalır ve bir an önce eve ulaşmak için ciddi çaba sarf ederler. Ellerinde değildir, başka türlü davranamazlar. Ancak bunu değiştirecek çok güçlü bir etki olacak ve şahıs bunun önemini kavrayacak ki durumu değiştirmeye niyetlensin. Bir de, bu tip insanlar eleştirildikçe daha içe dönük olurlar. Muhatap içe dönük sessiz sakin birisi ise, çoğunlukla pasif agresif bir tutum sergilerler. Kime güçleri yeterse ondan öcünü alırlar. Bunu da dışarıda başkalarına karşı değil, çoğunlukla evde eşlerine ve çocuklarına karşı yaparlar.

## İnsanın çok önemli ihtiyaçlarından birisi de sosyal ilişkilerdir

İnsanın kendisini dengede tutacak ihtiyaçları karşılanmazsa, önce sıkıntı sonra sorun oluşmaya başlar. İnsan sosyal bir varlık ve çevresi ile birlikte var olur. Onun için, hem atasözlerimizde hem de dinimizin hükümlerinde, komşuların ve arkadaşların insanın yolunu ve yolculuk biçimini değiştirecek kadar güçlü bir etkisi olduğuna vurgu yapılır. Yani, arkadaş, dost ve akrabalar, mutlaka ihtiyaçlarımızı giderecek kadar bir iletişimle hayatımızın içinde olmalılar. Bu olmadığında, görüş ufkumuz daralır, görgümüz azalır, mutlu olmamızı sağlayacak paylaşımlar ve nice güzellikler yok olur, yaşanacak onca tecrübeye de engel olunmuş olur. Çevreden kopukluk devam ederse, giderek insanın psikolojisi bozulur ve hasta olur. Psikoterapi hocamızın söylediği bir söz, tam da bunu ifade ediyor. **"Bir insanı akıl hastası yapmak isterseniz eve kapatın."**

Şimdi; ailesinden sosyal hayatı öğrenememiş, erkek olduğu halde sınırlı ve dar bir çevrede yetişmiş olan bir erkek, eğer kendi iradesi ve gücü ile bunun yanlışlığını anlayıp aşamazsa, zincirleme trafik kazası gibi pek çok sıkıntı yakasına yapışır. Bu tip insanlar iş ilişkilerinde bile çok sınırlı iletişim kurarlar. Dar kalıplar, onların güvenlik alanıdır

## Ne kadar haklı olduğunuz değil, ne kadar doğru yaklaştığınız önemlidir

Hangi durumla karşılaşırsak karşılaşalım, savaşır gibi yaklaşmamalıyız. Aynı safta olduğumuzu hissettirmeli ve yardımlaşma talep etmeliyiz. Karşımızdakinin haklı olduğu durumlarda, mutlaka "Sen haklısın, seni anlıyorum." demeliyiz.

## Bu sansın devamında ne oldu?

Efendim, hanımefendi o akşam eşi ile konuşmuş, eşi direnmiş ve şimdiki gibi devam etmeleri konusunda ikna etmeye çalışmış. Hanımefendi diretince, "Ne istiyorsan yap" diye konuşmayı bitirmiş. Ertesi gün hanımefendi, ailesinden başlayan bir gezi plânı yaptığını ve gitmediği herkese sırayla gittiğini söyledi. "Sanki dünya şimdiye kadar karanlıktı, artık pek çok pencere açıldı ve güneş içeriye girebiliyor. Her yer aydınlandı gibi hissediyorum" dedi. "Yeni bir şevk ve heyecan kapladı beni" diye ifade etti. Çocuklarda çok mutlularmış. Bu arada, beyefendiye bunun faturasını çıkarmaya çalışmamaları, sitem edip onun damarına basacak şeyler söylememeleri, bilâkis izin verdiği için ne kadar mutlu olduğunuzu anlatarak dolu dolu teşekkür etmeleri tavsiyesinde bulundum.

Beyefendinin kolaylıkla gidebileceği yerlerden özel davet ettirerek evden dışarı çıkması için zemin hazırlamalarını tavsiye ettim. Bunun için de iki tarafın da aileleri olabilir dedim. Bir iki görüşme daha yaptık. Artık hanımefendi nasıl davranacağını öğrendiği için durumu daha iyi yönetiyor ve sıkıntı çıkmadan ihtiyaçlarını giderebiliyordu. Beyefendi ise onlara her zaman iştirak etmemekle birlikte arada dışarıya çıkmaya başladı. Bu da bir şeydir deyip teşekkür ederek şimdi yollarına devam ediyorlar.

### Bu durumda olanların sorabileceği sorular

- Bu evden çıkmamak bize ne kazandırdı?
- Biz ailece evden çıkmayarak kime hizmet etmiş oluyoruz, bunun kime ne faydası oldu?
- Eşim bizim dışarı çıkmamamızdan hangi kazanımı elde etti?
- Eşimin sözünü dinlemem kime iyiliğe dönüştü?
- Huzursuzluk-kavga çıkmasın diye yaptığım bu seçim, beni içimde savaşa sevk etti, hangisi daha tehlikeliydi?
- Eşim kendisi için uygun ve kolay olanı yapıyor. Bu durum bir erkek için normal değil. Aslında bu anormal durumu normale çevirmek için bir şeyler yapmam gerekmez miydi?
- Ben yardım alabileceğim kimlerden yardım almayı düşünmediğim için altı yıldır çoluk çocuk sıkıntı çekiyoruz?
- Ben niye bu kadar korkak ve çekingen oldum?
- Yanlışı bile bile bu kadar yıl uygulamak benim aklımı ve cesaretimi nasıl etkiledi?
- Çocuklar bu yanlış duruma evet diyen bir anne için zihinlerinde nasıl bir imaj oluşturdular acaba?
- İmajı düzeltmek için şimdi ne yaparsam iyi olur?
- Bundan sonra karşıma çıkan sıkıntılarda nasıl yaklaşırsam akıl ve mantık körlüğü yaşamam?

• Zorlandığım hususlarda kabul etmek yerine açıklayarak yardım isteseydim durumumuz çok daha iyi olabilirdi. Ben bunu niye yapamadım ve bundan sonra bana bu tip şeyleri kolaylaştırmak için hangi tedbiri almalıyım?

## Bu durumda olanların yapabileceği dualar

Allah'ım, hangi durumda olursam olayım, aklımı doğrularda aktif çalıştır. Kimseye eziyet etmeyeyim ama kendime eziyet anlamına gelecek şeyler de yapmayayım. Sen benim doğru sorularla önümü aydınlat ve doğru dualarla istikametimi ve adımlarını doğrult. Yâ Mevlâm, bu eşi belki de Sen bana onun ihtiyacı olan şeyleri yapayım ve ona katkıda bulunayım diye nasip ettin. Oysa ben, onun daha iyi olması için çaba sarf etmek, içinde bulunduğu durumdan kurtarmak için bir şeyler yapmak yerine, onun söylediklerini uygulayarak hem ona hem kendime ve çocuklara zarar vermiş oldum. Beni affet Allah'ım. Zanlarımın ve korkularımın doğrularımın önüne geçmesine Sen engel ol. Benim, Senin hikmetinle bana yönlendirdiğin şeyleri basiretle anlamamı ve gerekeni yapmamı nasip eyle. Normali korumak ve geliştirmek, normal olmayanı da normale çevirmek konusunda, önce farkındalığımı artır, sonra adım attırarak sonuç aldır Allah'ım.

Ey Rabbim, bütün sebepler ve sonuçlar, zincirleme hikmetlerle örülmüş. Görülenin arkasındaki görünmeyenden de haber ver ve ufkumuzu genişlet. Sen, kullarına verdiğin değer paralelinde bir kalite ile yaklaşmamızı nasip eyle. Niyetimizi, safımızı ve adımlarımızı doğrult ki doğrulanlardan olalım. Eşimin ve çocuklarımın hakkı ve hukuku neyi nasıl yapmamı gerektiriyorsa, bana onu aklettir, fehmettir ve yaptır Allah'ım. Yaparken de coşku ve heyecan ile Senin rızanı merkeze alarak yapanlardan eyle. Durumum ve pozisyonum neyi yaptığımda doğru olacaksa ben ona talibim. En iyiye götürecek yollarda eyle beni. Karşılaştığım zorluklardan yılmadan yol alanlardan eyle beni. Beni bana bırakmadan, kalbimi senin isteklerine yatkın kıl. Anında karşıma çıkan fırsatları görerek, hayra dönüştürecek kazanımlarla onları değerlendirmemi nasip et Allah'ım. Çocuklarımı ve eşimi yüceltsin her adımım. Beni ve ailemi rahmetinle kuşat Allah'ım.

## Bu durumdaki çiftlerin ailelerine tavsiyeler

Sizler çocuklarınıza, onları bunaltmamak şartıyla gidip gelmelisiniz. Hem çocuklar büyüklerine yakınlaşsın sevsin, hem onlara vereceğiniz hayat derslerinden istifade etsinler, hem de hallerine gidişlerine bir bakarsınız. Huzurları yerindeyse dualarınızı, sıkıntıları varsa rehberliğinizi ve hayırlı çözüm için dualarınızı esirgememiş olursunuz. Eğer oğlunuzda ve kızınızda, eşini ve çocuklarını bunaltacak bir hareket ya da yanlış bir gidiş görürseniz, yavaşça yanına yaklaşıp, kendisine bunun düzelmesi gerektiğini, yanlışı sürdürmenin, yanlışın etkilediği herkesin vebalini kul hakkını alması anlamına geldiğini söylemelisiniz. Daha doğru davranması için dua eder, eşine ve çocuklarına haklısınız mesajı vererek onları rahatlatmalısınız. Büyüklerinden aldıkları şefkat ve dua dolu yönlendirmeler, gençleri mutlaka çok etkiler. Hiç bir zaman suçlamadan, rencide etmeden, sadece daha iyisinin bu olduğunu söylediğinizde, göreceksiniz ki savunma ve direnç oluşmayacaktır. Yani çiftler, siz anne babalarından gelecek rehberliği önemserler, dolayısı ile bu bir fırsattır. Gerektiğinde, eğer tedavi olmazsan hakkımı helâl etmem, ya da eşine sadık olmayıp yanlış yollara gidersen sütümü haram ederim gibi kilit noktalarda ciddi yaptırım gücü vardır annelerin ve ilâveten babaların. Bu gerekçelerle, gidip gelmeyen çiftleri davet edin, siz gidin, başkalarıyla bir araya getirmek için organizeler yapın. Çocuklarınızı anne babalı yetimler gibi sahipsiz bırakmayın lütfen iki tarafında anne ve babaları. Doğrusuyla yanlışıyla onlarda gençler ve zamanla her iki tarafta yanlış yapabilir. Ayrıştırıcı değil birleştirici olmaya gayret edin. Tereddüt ettiğiniz hususlarda mutlaka bir bilene birlikte danışın ve gençleri de danışmaya teşvik edin.

# Yanlışa Hayır Diyemeyenler

*Hak edene hak ettiğini vermek; adaleti kaim,*
*zulmü bertaraf eder.*
**Saliha Erdim**

**Ablamla anlaşamıyoruz. Ben ondan küçüğüm ve o henüz evlenmedi. Şimdilik bir kısmeti de yok. Hep iç işlerimize karışıyor. Eşime karşı beni dolduruyor. Sık sık seni bize getirsin diyor. Gelmediğimizde kıyameti koparıyor. Neredeyse yuvam yıkılacak. Bu durumumda zarar görmeden nasıl kurtulabilirim?**

## Görüşmede öğrendiklerim

İki yıllık evli ve evliliğinde mutlu bir hanımefendi. Görüşmeye eşi olmadan geldi. 32 yaşında ve henüz evli olmayan ablası, iç işlerine karışıyor, gelip gitmelerini ve ne yapmaları gerektiğini yönetmek istiyor. Anne baba kızlarını kontrol edemiyorlar, evlenen hanımefendi ise ablasına hayır diyemediği gibi, ne demesi gerektiğini de bilmiyor.

Ablanın dediği olmazsa kıyameti koparıyor ve herkesi etkiliyor. Hanımefendi de huzursuzluk çıkmasın diye eşine baskı yapıyor, bu sefer de kendi evinde tartışmalar ve huzursuzluklar başlamış. Aile içinde abla, anne babadan daha etkin. Etkileyici ve yanlış bir dil kullanıyor

## Görüşmenin devamında konuştuklarımız

– Evlenmeden önce ablanız ile aranız nasıldı, iletişiminizde bir sıkıntı var mıydı?

– Yoktu, gayet iyiydik.

– Bu durumda hiç ablanızla oturup konuştunuz mu, Anne babanız bu duruma ne diyorlar?

– Ablamla oturup konuşmadık ve ablamla annem babam da başa çıkamıyorlar.

– Peki, ablanızın talepleri karşısında siz ne yapıyorsunuz?

– Ben de eşimden talep ediyorum, eşim yapamadığı zaman şimdi ablam yine kıyameti koparacak diye gerilip eşime patlıyorum.

– Burada ablanızın evlilik hukukunu henüz bilmemesi bazı hataları yapmasına sebep olabilir. Ayrıca, burada bir gurur yapmaktan ve kıskançlıktan da söz etmemiz gerekecek. Aslında burada aktif olması gereken iki taraf var, onlarda pasif görünüyor. Birincisi anne ve babanızın ablanızın bu kadar eşinizle aranızdaki iletişimi bozacak kadar size müdahale etmesine müsaade etmemesi beklenir. Onu engellemeli, gerekirse tavır koymalılar. İkincisi ise, siz ablanızın karşısında biraz zayıf duruyor ve ablanızın taleplerini sıkıntı çıkmasın diye eşinizden bekliyorsunuz. O zaman ablanız sıkıntı çıkarmıyor ama sizin evinizin huzuru bozuluyor.

– Aynen öyle.

– Peki efendim, ablanıza, "Ablacığım, senin isteklerini anlıyorum ama ben artık evliyim ve eşimin şartlarını hesaba katmam gerekiyor. O yüzden, müsait olmadığımızda bize sitem etmemeni rica ediyorum. Ben eşimin şartlarına göre gidip gelebilirim ancak. Kusura bakma olur mu canım ablam." tarzında konuşsanız tavrı ne olur?

– Çok iyi olur ama bunları söyleyecek cesaretim yok. Bana ağzına geleni söylemesi beni çok incitiyor ve korkutuyor.

– Diyelim ki, onun dediği zaman gitmediniz ve o da kıyameti kopardı. En kötü senaryo ne olur?

– Yüzüme bakmaz.

– Bakmazsa ne olur? Orası onun olduğu kadar sizin de eviniz. Ayrıca anne babanıza "Ablama dur deyin ve bu kadar üstüme gelmesin." deseniz, anne babanızın tavrı ne olabilir?

– Bilmiyorum.

– O zaman denemeye değer diye düşünüyorum, siz ne dersiniz?

– Haklısınız.

– Önce anne babanızla, sonra da ablanızla, ciddi bir konuşma yapmalısınız. Önce anne babanızla ayrı, ablanızla ayrı görüşün. İsterseniz üçünü buraya davet edelim ve meseleyi birlikte masaya yatıralım. Daha sonra durum değişmezse ikisi ile bir arada görüşebilirsiniz. Anne babanıza durumu açıkça anlatıp yuvanızda huzurunuzun bozulduğunu söyleyip, kendisi ile de görüşeceğinizi ve artık söylediklerine göre hareket etmeyeceğinizi ifade edin.

Kararlı ve kendinden emin olarak bu konuşmayı yapmalısınız. Bu arada ablanızla konuşurken, önceki yaşanmışlıklara ve güzel kişisel özelliklerine ve becerilerine vurgu yaparak onore edecek sözler söyleyin. Onun ne kadar iyi bir insan olduğu, evlenmeden önce ne kadar güzel zaman dilimleri geçirdiğinizi anlatıp örnekler verin. Onu sevdiğinizi söyleyin. İyi niyetle hareket ettiğinden emin olduğunuzu ama istediklerinin bazen mümkün olmadığını bu yüzden sıkıntı çektiğinizi anlatın. Bundan dolayı eşinizle ve ablanızla sıkıntı yaşamak istemediğinizi söyleyin. Sarılıp öpün, güzel sözler söyleyin. Toplumumuzda kardeşi evlenince ablasına evde kalmış gözüyle bakarlar. Ablanızda böyle düşünerek kendisine dert edinmişse, damadı sıkıştırarak erkeklerden intikam alıyor olabilir. Sevgiyle ve kuşatıcı yaklaşmakta fayda var. Buna rağmen ablanızın tavrında bir değişiklik olmazsa, "Ablacığım kusura bakma, senin taleplerin bize uymuyor" der ve bildiğinizi yaparsınız. Siz size uygun olanı yapmazsanız, ablanıza göre olanda size uymaz ve hiç yoktan yere aile huzurunuz kaybolur. Beklenmedik bir durumla karşılaşırsanız haberleşelim ve istişare edelim.

– Çok iyi olur.

– Aslında gerçek çözüm zannediyorum ablanızın evlenmesi olur. Aslında onun evlenmesi için arayış ve çaba içinde olmak çok daha kestirmeden sorunu halleder diye düşünüyorum. Tabii bu da nasip meselesi ama nasip için de arayış ve çaba gerekir. Allah hayırlı kısmetini karşısına çıkarıp mutlu bir yuva kurmasını nasip etsin inşallah.

– Âmin inşallah. Çok teşekkür ederim. Hemen deneyeceğim.

## Bu seanstan sonra ne oldu?

Hanımefendi, eve gidince eşinden özür dileyerek bundan sonra daha dikkatli olacağını söyleyip gönlünü almış. Fakat ablası ile konuşması, ne yazık ki tepkisinin dozunu artırmasına sebep olmuş ve bu yaklaşımı aile krizine dönüştürmüş. Anne baba ise duruma el koyma yeterliliğini gösterememiş. Hanımefendi bir daha bana gelmedi. Sıkıntılar büyüyerek devam etmiş ve hanımefendi beni aradığında boşandıklarını söyledi. Ablasının müdahaleleri artık tahammül edilemez boyuta ulaşmış ve eşi "Evi ben mi yöneteceğim ablan mı, tercihini yap" demiş. Hanımefendi de sessiz kalıp net bir tercihte bulunmayınca, beyefendi, "Buraya kadar, artık ben bu saçmalığı daha fazla kaldıramam" demiş ve ayrılmışlar.

> *"Biraz kıskançlık duyarsanız, yaşarken ölmenin*
> *ne demek olduğunu anlarsınız."*
> **Will Oursler**

> *"Kıskançlık, insanı alçaltan ve küçülten bir*
> *duygudur."*
> **Leo Tolstoy**

Anne babanın yerinde ve zamanında müdahale etmemesi ve onarıcı tavır eksikliği, ablanın yoğun kıskançlık krizine zemin hazırlamış. Bunun yanında hanımefendinin evine, eşine ve huzurlarının sürmesine yönelik güçlü bir tavır sergileyememesi, güzel bir yuvanın yıkılmasına sebep oldu ne yazık ki.

## Bu durumda olanların kendilerine sorabileceği sorular

- Benim eşimle sıkıntı yaşamamın gerçek sebebi ben miyim yoksa ablam mı?
- Ben ona karşı daha güçlü bir duruş sergileseydim acaba böyle davranabilir miydi?
- Acaba ben ablama eşimi ve aile hayatımı över gibi anlatarak ablamın imrenmesini mi sağladım?

- Ablam ailede yeterince sevgi ve şefkat görmediği için böyle katı ve hırçın olmuş olabilir mi?

- Ben ne yaparsam bana ve eşime karşı ablamın tutumu yumuşar ve tavrı düzelir?

- Acaba ben ablamın her yap dediğini yapmak zorundayım gibi algıladığım için bunlar başıma gelmiş olabilir mi?

- Bu belki de ben kendimi ve aile hukukumu koruyacak güce sahip olmadığım için ablam cesaretlenmiş olabilir mi?

- Ya da gerçekten eşimin beni kendi isteklerine göre hareket ettirdiği ve benim ailemle görüşmelerimi ciddiye almayarak aksattığı düşüncesi var da onun için mi ona karşı benim haklarımı korumaya çalışıyor?

- Ben bu durumda ne yaparsam ablamı da kırmadan bu sıkıntıdan kurtulabilirim?

- Anne babamın bu konu hakkında bilgilenmemeleri de zannediyorum bu kadar sessiz kalmalarına sebep olmuş olabilir. O zaman benim ilk fırsatta ailemi bilgilendirmem lâzım. Nasıl konuşursam ailemi doğru bilgilendirmiş olurum?

### Bu durumda olanların yapabileceği dualar

Allah'ım, kendimi ve ablamı koruyabilmek için benim doğru konuşmamı, doğru yaklaşmamı ve kendime güvenmemi nasip et.

Ben eşimin ve aile içindeki atmosferi ve ilişkimizin dinamiklerini ne kadar iyi bilirsem o kadar güçlü korurum. Beni hakkını, hukukunu ve haddini bilenlerden eyle canım Allah'ım.

Eşim müsait olmadığı halde sırf ben istiyorum diye bize geliyor, istediğim kadar geliyor. Sen ondan razı ol ve fakat benim de bundan sonra eşimi bunaltacak teklifler yapmamamı ve onu üzmememi nasip et Allah'ım.

Sen ablacığıma güzel bir eş ve güzel bir yuva nasip et. O da evlenirse beni daha iyi anlayacaktır.

Anne babama da evlâtlarına karşı doğru bir yaklaşımda bulunmalarını, yeri geldiğinde uyarı, yeri geldiğinde destek olmalarını sağla ve bunu kolaylaştır Allah'ım.

Yuvamın huzuru için bana düşenleri yapmam konusunda bana yardım et.

## Bu durumdaki çiftlerin ailelerine tavsiyeler

Özellikle kız anne ve babalarının, çocuklarının huzuru için evlenen kızlarının iç işlerine müdahale etmemeleri, abi ya da ablaların da müdahale etmeleri halinde onları engellemeleri gerekir. Önemli olan kızınızın aile saadeti her şey yolundayken, gereksiz müdahalelerle huzurun bozulması yazık ve yanlış olur. Buna mutlaka anne baba engel olmalı. Evlenen kızı bir şey söylemese bile, kızının ve damadının durumundan yola çıkarak onları rahatlatıcı şekilde davranmaları gerekir.

Evlâtlarına zaman zaman "Her şey yolunda mı, bizden bir talebiniz var mı?" gibi sorularla onların konuşmalarına, bir sıkıntı varsa paylaşmalarına zemin hazırlamalılar. Aile içindeki huzur, hiç bir şeyle kıyaslanmayacak kadar önemlidir. Birbirimizin hem ihtiyaçları hem de talepleri, makul ölçüler içinde giderilmeli ve gereksiz yere sıkıntı biriktirilmemelidir.

# Görmek İstemeyenler

*Tecrübeme göre eğitimsiz kimselerin erdemleri*
*de azdır.*

**Abraham Lincoln**

*24 yaşında bir kızım var. Eşimin iş arkadaşının bir oğlu var-*
*mış, kızımızı onunla evlendirmek istiyor. Oysa kızım kendisini*
*seven ve değer veren iyi bir gençle tanıştı. Birbirlerini seviyorlar*
*ve evlenmek istiyorlar Fakat eşim kesinlikle izin vermiyor. Bu*
*durumdan nasıl kurtulacağız, bize bir tavsiyede bulunur mu-*
*sunuz?*

## Görüşmede öğrendiklerim

Beyefendi, meseleleri konuşarak halleden bir alışkanlığa sahip değil. Sadece söylüyor ve söylediğinin yapılmasını istiyor. Kızının evlenmek istediği bir genç var. Baba bu gençle evlenmesini istemiyor. Genci tanımıyor ve tanımaya da yanaşmıyor. Bu arada kızını iş arkadaşının oğluyla evlendirmek istiyor. Babanın bu kadar gözü kapalı ısrar etmesinin ardında neler olabilir diye düşündüğümde, aklıma şunlar geliyor: Acaba iş arkadaşına "Kızımı oğluna vereceğim." diye bir söz verdi de o sözün arkasında durmak için mi ısrar ediyor? Ya da kimseye söylemediği bir minnet borcu var, kızını vererek onu ödemek mi istiyor? Ya da delikanlıyı görmüş beğenmiş ve "Kızım bununla evlenirse iyi olur" mu dedi acaba? Efendim gördüğünüz gibi iletişim olmayınca, iş tahminlere kalıyor. Şimdi ise, mesele kilitlenmiş ve ciddi bir soruna dönüşmüş durumda. Babaya lâf anlatılmıyor. Kızı babasının istediği gençle evlenmeye yanaşmıyor ve iki genç, kızın babası istemiyor diye uygun olduğu ve birbirlerini sevdikleri halde bekliyorlar.

## Görüşmenin devamında konuştuklarımız

– Efendim, tam bir akıl tutulması ile karşı karşıya kalmışsınız. Kızınızın istediği delikanlı kaç yaşında, işi var mı?

– 28 yaşında, üniversite mezunu ve özel bir sektörde çalışıyor.

– Beyefendinin diğer damat adayında öne çıkardığı özellik nedir?

– İş arkadaşının oğlu olması dışında hiç bir vasfı yok. Kızım üniversite mezunu, eşimin evlen dediği delikanlı ise lise terk. İş konusunda da istikrarsızmış. En önemlisi de kızım istemiyor. Biz şimdi ne yapalım da evde bir kriz çıkmasın?

– Hanımefendi, kızınızın istediği gençle siz tanıştınız mı?

– Evet, tanıştım ve beğendim. Kızımla birbirlerini çok istiyorlar.

– Peki. Bu durumda kızınız "Babacığım ben istediğim gençle evlenmezsem başka kimse ile evlenmeyeceğim" dese ne der?

– Kızım dedi zaten. "Evde kal o zaman, evlenme" dedi.

– Peki bu durumda başka stratejiler kullanmak gerekecek. Eşinizi samimiyetle dinleyin ve o delikanlının hangi iyi özellikleri olduğunu eşinizin anlatmasına fırsat verin. Onu böyle davranmaya sevk eden duygusunu bulmaya çalışın. İş arkadaşı belki kendisine çok iyi davrandığı veya iyilikte bulunduğu için ona duyduğu minnettarlıktan dolayı "Sana kızımı vereyim" demiş olabilir. Erkek adam sözünden dönmez mantığı varsa, kızının haberi olmadan söz vermiş olduğunu değil, verdiği sözü düşünüp ve mahcup olmamak için ısrar edebilir. Ya da delikanlıyı sakin sessiz ve kendisine hürmetkâr bulmuşsa, bu devirde bundan iyisini mi bulacak mantığı ile ısrar ediyor olabilir. Duygularını ve düşüncelerini rahatça ifade ederse belki rahatlar ve daha sakin davranabilir. Onu samimiyetle dinleyin ve kızınız niçin o adayın olmayacağını açıklasın. İçten ve babasının duygularına hitap ederek, sarılıp öpsün duygularını açık ve net bir şekilde açıklasın. Eşiniz hâlâ ısrar ederse, siz onun teklif ettiği adayın olmayacağını netleştirin. Diğer adaya da durumu açıklayıp biraz sabırlı olmasını rica edin. **Yanlış olduğu çok açık olan bir durumda, herkesin doğrudan yana ortak bir tavır alması insani ve İslami bir borçtur.**

Kısa bir süre sonra tabiri caizse sular durulunca, eşinizle sakin, ciddi ve kararlı bir şekilde konuşun ve "Senin istediğin olursa sen mutlu olacaksın, kızın mutsuz olacak. Evlilik kararı verirken kendi isteklerinin olması mı önemli evlenecek kızın mı istekleri önemli? Sen kendi mutluluğun için kızını istemediği birisiyle evlendirirsen ve kızın mutsuz olursa, sen mutlu olmaya devam edebilecek misin? Onlar evlenince kızın bir ömür o insanla baş başa hayat geçirecek. Yarın öbür gün mutsuz olup ayrılır ve bir kaç çocukla evimize geri dönerse, bundan sen sorumlu olmaz mısın? Lütfen ne istediğini iyi düşün." diyerek, düşündürecek şekilde konuşun. Bir kere bile olsa görmesi, tanıması ve konuşması için ısrar edin. Diyelim ki bu sonuç vermedi, eşinizin kendisini kırmayacağı bir dostunu devreye sokarak, bu evlilik konusunda kızını daha fazla bekletmeden yuvasını kurmasına destek vermesini rica etsin. Bu da sonuç vermezse, siz eşinizin teklif ettiği gencin babası ile görüşüp, "Oğlunuza bir diyeceğimiz yok ama kızımız istemiyor. İnşallah Rabbim size de iyi kısmetler nasip eder. Lütfen kızımı istemekten vazgeçtiğinizi eşime söyler misiniz? Yoksa bizim aile huzurumuz kötüye gidiyor" diye ricada bulunun. Eğer bu da fayda vermezse, gençler görüşmeye devam ederler. Bir akşam istemeye geleceklerini ve randevu istedikleri haberini verirsiniz. Hakkımı helâl etmem diyebilir. Bırakın kıyamet kopacaksa kopsun, sakin olun, bazen sular dalgalanmadan durulmaz. Misafirlerinizi ağırlarken belki de Allah'ın yardımıyla istemeden de olsa sakin ve iyi davranır. Burada önemli olan, stratejik davranmak ve pes etmemek.

### Bu durumda olanların kendilerine sorabileceği sorular

* Eşim acaba kızının daha mutlu olacağı özellikler o delikanlıda var diye mi istiyor?
* Biz yeteri kadar düşündürecek şekilde konuşmadığımız için mi eşim isteğinde ısrar ediyor?
* Arkadaşına bizden habersiz söz vermiş olabilir mi?
* Eşimi nasıl konuşursak kırmadan ikna edebiliriz?
* İkna olmazsa ne yapmak doğru olur?
* Eşime, kızımın duygularını nasıl anlatabiliriz?
* Eşim neden bu kadar ısrar ediyor olabilir?
* Kızımın istediği delikanlıyı eşimden habersiz eve davet etsek ve eşim mecburen görse acaba işe yarar mı?
* Aklıma kızımı elimle kaçırmak dâhil farklı tedbirler geliyor. Eşim istemese bile bu evliliğin yapılmasını nasıl sağlayabilirim?

### Bu durumda olanların yapabilecekleri dualar

Rabbim, eşimin aklını kullanmasını, babalık görevini hakkıyla yapmasını nasip et. Yok yere hepimizi krize sokmasını sen engelle.

Kızımın istediği delikanlı ile tanışmasını ona kolay kıl, diğerinin uygun olmadığını görmesini sen sağla Allah'ım. Allah'ım, kızıma hayırlı olan kısmetini nasip et. Eşimin kızımızın istemediği aday ile ilgili ısrarından vazgeçir. Mümkünse eşimi kırmadan, değilse kırılsa bile bu meseleyi halletmemizi nasip eyle. Kızımızın istediği adayı hakkında hayırlı eyle ve hayırlısı ile evlenmelerini Sen nasip eyle. Bizi eşime karşı kararlı ve tutarlı eyle.

Allah'ım, bizi doğru yolda başarılı eyle.

## Bu durumdaki bir genç kızın ve delikanlının ailesine mesajlar

Öncelikle delikanlının anne ve babası olarak, kızın duygularını öğrenip ona göre hareket etmelisiniz. Bunun için tanışmalı ve ailenin diğer bireylerinin görüşünü almalısınız. Kızın istemediği anlaşılınca sitem etmeden hemen geri çekilmelisiniz.

Hiç bir anne ve baba, ben bununla evlenmeni istiyorum diye kızına baskı yapmamalı. Hem insani hem de İslâm hukukuna göre bu yanlıştır. Doğru olanı kolaylaştırarak desteklemelisiniz.

Çok yanlış bir aday olmadıkça, kızlarınızın ve oğullarınızın kararlarına saygı duymalı ve yardımcı olmalısınız.

Anne baba olmak, çocuklarına kendi istediklerini dayatma ve hayatlarını kendi istediklerine göre yönetme hakkına sahip değildir, bunun anlaşılması gerekir.

Anne babanın ne istediğinden ziyade, doğru olanın ne olduğunun ve Allah'ın neden razı olduğunun önemi var.

Her şeyden önce kızın ve erkeğin, çok aykırı bir durum yoksa istediği gençle evlenme hakkı olduğu gerçeğini lütfen hatırınızda tutun.

Anne baba olmak aynı zamanda düşünerek, sağduyulu ve çocukların hayatlarını dengede tutmalarını ve mutlu olmalarını sağlayacak şekilde doğru yönetmek anlamına gelir. Lütfen duygularınızla değil, mantığınızı ve aklınızı devrede tutarak hareket edin.

# Yanlışın Mazereti Olmaz

*Ne kadar az bilirseniz, o kadar şiddetle müdafaa edersiniz.*

**Bertrand Russel**

13 *yıllık evliyim. Eşimle anlaşamıyoruz. Adeta karşımda hanımım değil de beni çileden çıkarmak için kararlı birisi var. Beni rahatsız eden ve inciten ne varsa hepsini yapıyor. Artık tahammülüm kalmadı. Karıncayı bile incitmeyen insandım fakat eşime şiddet kullandım. Ben gördüm ki insanlıktan çıkmışım. Artık kendimi tanıyamıyorum ve daha fazla zarar görmeden bu evliliği bitirmek istiyorum.*

## Görüşmede öğrendiklerim

Beyefendi görüşmeye yalnız geldi. 13 yıllık evli ve üç çocukları var. İlk iki yıl iyi giden iletişimleri ondan sonra bozulmuş. Beyefendinin şiddet kullanmasıyla gerginlik daha da artmış. Şu anda iletişimleri kopmuş durumda. Hanımefendi ne eşinin ne de ailesinin söylediklerini dikkate almamış. Şimdiye kadar psikolojik yardım almamışlar. Cinsel hayatları yolunda değil. Artık çocukların yanında da büyük tartışmalar yapıyorlar. Beyefendi böyle giderse boşanmak istediğini söylediği halde eşi yine ciddiye almamış. 5-6 yıl önce beyefendi eşinin kendisi ile istemeden evlendiğini öğrenmiş. Bu yeni bir kırılma sebebi olmuş.

## Görüşmenin devamında konuştuklarımız

– Eşinize hiç sevgi sözleri söyler misiniz, paylaşımlarınız var mı?

– Uzun zamandır sevgi sözleri söylemiyorum. Eve gelir gelmez insanın morali bozulunca güzel sözler söyleyemiyor. Paylaşımlarımız ise, zaruret oldukça var, o da sınırlı. Aslında ben sevgi dolu bir insanım, eşime sevdiğimi söylerim, yapamadıklarını dert etmem, neşeliyimdir. Geçimi kolay bir insanımdır fakat eşim beni o hale getirdi ki, artık gülümsediğim zamanlar bile azaldı.

– Eşiniz niçin böyle davrandığına dair bir şeyler söyledi mi?

– Evet, benimle istemeden evlendiğini söyledi. Bundan benim haberim yoktu. Bana bir şey fark ettirmediler. Ben istiyor zannettim çünkü eşim istiyor gibi davrandı. Meğer annesi ve babası çok istemişler. Eşim bir nişan bozmuş. Seni artık kimse almaz, bir an önce evlen de yuvanı kur demişler. O esnada da ben talip olmuşum. Hemen kabul ettiler. Her şey iyi gidiyordu, anlayamadım.

Bunu ne zaman öğrendiniz?

– 5-6 yıl kadar oldu.

– Bunu öğrenmek sizi nasıl etkiledi?

– Çok üzüldüm, adeta kahroldum. "Ben kurban seçilmişim haberim yok" diye tepki verdim.

– Bundan sonra davranışlarınızda ve yaklaşımlarınızda farklılıklar oluştu mu?

– Evet maalesef. Bakış açım değişti. "Hem kızları istemediği halde benimle evlendirip beni tuzağa düşürdüler, hem de eşim her zaman damarıma basarak bana eziyet ediyor" diye düşününce, öfkem daha da arttı.

– Anlıyorum. Peki, ilk iki yıl iyi olan iletişiminizi güzel davranışlar ve güzel sözler ile beslemiş olsaydınız, acaba durum daha iyiye gider miydi?

– Bilmiyorum tabii ki. O bana tavrını değiştirip canımı yakacak ne varsa kullanmaya başlayınca, bendeki sabır da anlayış da buharlaştı.

– Anlıyorum. Bir de, "Ben kurban seçilmişim" inancı, sizin mağdur edildiğinizi, ailesinin ve eşinizin size haksızlık yaptıklarını düşündürdüğü için, kendinizi tepki göstermekte haklı bulmanıza sebep olabilir. Bu da eşinizin hareketlerine sabır ve anlayışınızı ortadan kaldırabilir.

– Çok doğru, aynen böyle oldu.

– Fakat onun yerine, "Bu evlilik Allah'ın takdiriyle oldu. Bunda da bir hayır vardır ve Allah'ın bana böyle bir eşi nasip etmesinin ardında mutlaka bir hikmet vardır. Bu durumda bana ne yapmak düşüyor. Ben ne yapmalıyım? Anne babası ve eşim yanlış davrandılar ama nasip olmasaydı bu evlilik gerçekleşmezdi. Ben eşimle severek evlendim. Şimdi şu kadar yıllık evliyiz ve çocuklarımız var. Ben bu yuvayı, eşimin beni sevmesini sağlamaya yönelik ekstra çabalar sarf ederek daha mutlu ve huzurlu bir yuvaya dönüştürmek için çalışabilirim" diye düşünseydiniz ve samimi çabalarla eşinizin gönlüne girmek için bir şey yapıp, hatta ondan yardım isteseydiniz, acaba eşiniz bundan nasıl etkilenirdi? Meselâ, "Canım, anne babanın istemesi işin bahanesi olmuş, Allah bizi birbirimize yazmış. Sen sevmediğin birisiyle evlenerek ciddi bir fedakarlık yapmışsın. Ben bilseydim bu evliliğe engel olurdum. Ama artık nasip böyleymiş demekten başka bir seçeneğimiz yok. Sana bu hayatı daha çok sevdirebilmek ve kendimi sevdirebilmek için artı çaba içinde olacağım. İnşallah beni sever hatta âşık olursun. Ben seni çok seviyorum. Sen benim bitanecik eşimsin." vb. tarzında yapılacak konuşmalar, insanı yüreğini yumuşatır ve duygu oluşturur.

– Tabii ki mutlaka daha iyi olurdu. Ben öyle düşünseydim, önce benim tepkiselliğim azalırdı, o da belki, tavrından vazgeçerdi. Bu çok mantıklı bir yaklaşım imiş. Keşke böyle düşünebilseydim.

– Hiç bir şey için geç kalmış sayılmazsınız. En baştan böyle tavır sergilenseydi çok daha iyi olurdu fakat şimdi de başlayabilir ve zararı en aza indirmek için çaba sarf edebilirsiniz. Şurası bir gerçek ki, **zararda ne kadar ileri giderseniz, geri dönüşünüz de o kadar zor olur, uğraştırır.** Fakat, Allah'tan yardım isteyerek, doğru söz ve doğru adımlarla, belki de tahmin ettiğimizden çok daha kısa sürede iyi bir sonuç alınabilir. Bazen, iyi bir adımla güzel bir başlangıç yapıldığında, Allah'ın rahmeti, bereketi ve ihsanıyla, inanılmaz sonuçlar alınabiliyor. Tabii bu arada, hemen değişim olabileceği gibi, bu zaman da alabilir. Bunu peşinen kabul ederek, pes etmeden doğru tavrı sürdürmek, başarıyı getiren en önemli tutumdur. Şimdi, ayrılık düşüncesini bir tarafa bırakarak, "Bunca şeyler yaşandıktan sonra mı?" demeden, eşinizin gönlünü yeniden kazanmak için bir seferberlik başlatabilirsiniz. Durumu bütün açıklığı ile anlatın, özür dileyin ve kendinizi sevdirmek istediğinizi söyleyip ondan yardım rica edin. Yuvanızı kurtarmak için bunu denemeye değer buluyorum, ya siz?

– Elbette denemeye değer. Bu tarz bir yaklaşım doğrusu hiç aklıma gelmedi. Gerçekten bu kadar çok şey yaşandıktan sonra geri dönüş olabilir mi bilmiyorum.

– Biz bize düşeni yapalım, Allah'a hiç bir şey zor değil. Denemekle bir şey kaybetmeyiz.

– Haklısınız. Şu anda bu fikre intibak etmeye çalışıyorum. Fakat çok mantıklı buldum. Şimdiye kadar zor da olsa bu çerçevede hareket etseydim, belki sıkıntılar bu kadar tırmanmazdı.

– Artık geçmişe değil, geleceğe bakalım. İnşallah bundan sonrası daha iyi gelir. Hanımefendiyi davet etsem gelir mi?

– Sanmıyorum ama denerim.

– İyi olur. Çünkü ikinizi birlikte dinlemek, hepimizin meseleyi daha net anlamamıza vesile olabilir. İnşallah geldikten sonra daha net şeyler söyleyebilirim. O zamana kadar size mutlaka sükûnet tavsiye ediyorum. Eğer tartışma çıkma ihtimali olursa, konuyu kapatıp başka konu açmaya çalışabilirsiniz. Olmazsa odayı değiştirebilirsiniz. Daha olmadı dışarı çıkabilirsiniz. Yani istemediğiniz duruma düşmemek ve tekrar şiddet kullanmamak için tedbir almalısınız. Tartışma zemini oluşturmamaya çalışın. Tetikleyici değil sakinleştirici rol oynamaya çalışın.

– Artık bakış açım değişti. Şu anda öfke değil, sabır ve kazanma isteği duyuyorum. Bu sebeple, inşallah artık o istemediğim pozisyona kolay kolay düşmem zannediyorum. Fakat yine de dikkat edeceğim inşallah. Çok teşekkür ederim.

## Bu durumda olanların sorabilecekleri sorular

• Eşim ilk iki yıl bu kadar değildi, onu böyle davranmaya iten sebepler ne olabilir?

• Ben ne yaptığım ya da ne yapmadığım için acaba eşim bu duruma geldi?

• Demek ki iki yılda ben eşimi kuşatacak ve bir sevgi oluşmasına yardımcı olacak şekilde yaklaşamamışım. Şimdi ne yapabilirim?

- Hiç kimse yuvasının bozulmasına karşı bu kadar duyarsız olamaz. Acaba eşimi bu kadar duyarsız yapan ne?
- Acaba eşimi eski haline döndürmek için hangi yolu izlemeli ve hangi adımları atmalıyım?
- Ben nasıl davranırsam eşimin gönlünü kazanabilirim?
- Ben anlamadığım ve sürekli eleştirdiğim için bu duruma düşmüş olabilir mi?
- Ben durumu öğrendikten sonra samimi bir çaba içerisine girmeyi akledemedim. Acaba, eşimin benimle işbirliği yapmasını nasıl sağlayabilirim?

### Bu durumda olanların yapabilecekleri dualar

Allah'ım, biliyorum ki evlilikler senin takdirinledir. Sen istemezsen daldaki yaprak kımıldamaz. Eşim ile aramızda sevgi bağları oluştur, benim bu bağları oluşturabilmem için bana düşenleri yapmamı nasip et.

Üç çocukla şenlendirdiğin yuvamızı, yeniden sağlamlaştır Allah'ım.

Ben yanlış yapmışım, eksik bırakmışım. Bana yeniden eşimin gönlünü kazanma ve yuvamızı kurtarma şansı ver Allah'ım.

Eşime de, benim sabrımı zorlamadan bana destek olması konusunda yardım et.

Allah'ım, şimdiye kadar ki hatalarımı yanlışlarımı affet, bundan sonra daha iyi davranmamı nasip et.

Duygularıma göre değil de imanıma, mantığıma ve aklıma göre davranmam konusunda beni destekle, yardım et.

### Bu durumdaki gençlerin ailelerine mesajlar

**"İstenmedik aş, ya karın ağrıtır ya da baş"** diye bir atasözümüz var. Allah kullarını annesinden babasından daha çok düşünür. Hele de evlilikte, uygun adayı buluncaya kadar sabretmeli, acele etmeye gerek yok. Ağırdan alın da gençlerin zamanı geçsin mesajı değildir bu. Sadece, çocuklarınız için uygun bir aday çıkana kadar beklemenin gerektiğine vurgudur. Gençler istemezse, asla evlendirmeyin. "Sana hakkımı helâl etmem" gibi duygusal ve manevi baskı altına almaya gerek yok. Böyle bir gerekçe ile hakkınızı helâl etmeme lüksünüz de yok. Gençler doğru bir aday ile evlenirlerse Allahüâlem anne babanın bedduaları bile tutmaz çünkü haksızdırlar. Gençlerin hayatlarını karartmaya anne babaların hakkı yoktur. Gençler tanışıp görüştükten sonra "içim ısınmadı" demişse, altında yatan sebebi birlikte konuşarak bulun. Düşündürecek sorular sorun, duyguları değişmezse, bitirin ve ısrar etmeyin. Yani, tanıtın, düşüncenizi söyleyin, inandığınız şeyi teklif edin fakat ısrar etmeyin.

İstemedikleri adayda ısrar etmemenin yanında, diğer adaylarda da tarafsız ve doğru bir rehberlik yapılmasına ihtiyaç vardır. Gençler anne babalarının sevgi, içtenlik ve bilgelik dolu yaklaşım ve rehberliklerine her zaman ihtiyaç hissederler. Özellikle de evlilik gibi hayati bir kurumun oluşumunda, mutlaka maddi manevi destek olunmalıdır. Kızınız ya da oğlunuz, bilgilendirmenize ve ilgilenmenize rağmen çok aykırı ve yanlış bir tercih yapsalar bile, gönlünüzden ve hayatınızdan silmeyin. İstemediğiniz birisiyle evlendi diye, darılıp küsmek, ilgilenmemek kesinlikle çok yanlıştır. Onları en önemli ve mutlu günlerinde boyunları bükük bırakmamalısınız. Kaldı ki, sizin küsmeniz, darılmanız hiç bir surette doğru olmaz. Diyelim ki, aykırı bir tercih yaptılar. Anne baba yine sevgi ile ilgilenmeli ki gençler bu ilgi, sevgi ve şefkat ile, doğru davranmaya ve size yaklaşmaya çalışabilirler. Sizlerin vesilesi ile daha doğru davranmaya ve daha iyi insan olmaya başlayabilirler. Bu peygamber tavrıdır. Her durumda desteğinizi sürdürmeli, ilgilenmeye devam etmeli, bol bol dua etmeli ve adayı sevmeye çalışmalı, hatta kendinizi sevdirmek için bilinçli bir çaba sarf etmelisiniz. Böyle olursa, iki tarafın da birbirini sevme şansı artar. Allah da bu çabadan razı olur.

# Sormak, Yol Açar

*Bir hata yaptığın zaman toz içinde sürüklenebilirsin.*
*Fakat o toz içinde yatıp kalmamalısın.*

**Saliha Erdim**

9 yıllık evliyim, iki çocuğum var. Eşimle anlaşamıyoruz. Ben istemeden evlendim, tam bir kaçış evliliği idi. Annem babam o kadar huzursuz ve kavgalı idi ki, daha iyi olur sandım ve ilk gelen talibime evet dedim. Huzuru evimde bulurum sandım fakat öyle olmuyormuş, bunu evlenince anladım fakat iş işten

*geçmişti. Şimdi ise bunalımdayım. Ayrılmak istesem de ayrıla-*
*mam. Bu durumdan nasıl kurtulurum, yardım eder misiniz?*

## Görüşmede öğrendiklerim

Hanımefendi çaresizlik içinde kıvranırken, beyefendi eşinin bu durumdan haberi olmadığı için normal bir eşten beklenenleri bekliyor. Hanımefendi de bu taleplere yeteri kadar karşılık veremediği için sıkıntılar çıkıyor. Hem anne babasından nasıl iyi bir aile ve eş olunacağını öğrenememiş hem de daha tanıyıp gönlü ısınmadan alelacele evlenmiş. Üstelik madem evlendim, o zaman alışmaya ve sevmeye de çalışayım da dememiş. Böyle olunca huzursuzluk ve mutsuzluk had safhaya çıkmış. Bu duygu karışıklığı içinde eşine ve çocuklarına da sağlıklı davranamadığı için sıkıntılar oluşuyor. Onların üstesinden gelecek motivasyon da yok. Hanımefendi bu sıkıntılar arasında sıkışmış kalmış.

### Görüşmenin devamında konuştuklarımız

– Eşinizde ne olsaydı onu severdiniz?

– Bilmiyorum hiç düşünmedim.

– Eşinizdeki hangi alışkanlıklar ve özellikler size ters geliyor?

– Benim üzerime çok geliyor, çok şey istiyor. Onun için ne yapsam bana ağır geliyor.

– Meselâ?

– Çocukları iyi giyindir, onlarla oyna, iş kalırsa kalsın çocuklara zaman ayır diyor. Ben ise zaten çok bunalıyorum, bunların hiç birini yapamıyorum.

– Bunlar çok makul ve her annenin duymak istediği şeyler aslında.

– Evet öyle de eşim ne dese bana ters geliyor.

– Peki, eşiniz sizi seviyor mu?

– Evet, sevdiğini söylüyor.

– Siz, madem ki Allah bizi birbirimize takdir etti, sevmeden bu hayatı yaşamaktansa, sevmeye çalışayım ve sevgi dolu yaşayayım deseydiniz, eşinizin sevmeye değerli yönlerini görmeye çalışıp, kendinize sevmek için bir şans verseydiniz, nasıl olurdu acaba?

– Eşimle bu hayatı yaşamak istemiyorum ki, bunu niye yapayım?

– Fakat boşanmak da istemiyorsunuz.

– Evet.

– O zaman sevmediğiniz birisiyle evlenmemeniz gerekirdi. Evlendiyseniz de karşınıza iki seçenek çıkar; ya mutsuz devam etmek ya da daha mutlu olabilmek için bir şeyler yapmak. Böyle mutsuz yaşayacağınıza, daha mutlu yaşamak için yollar aramanız daha iyi bir seçenek değil midir?

– Ben sevmediğim bir insanı nasıl sevmeye çalışayım?

– Her insanın sevmeye değer özellikleri vardır. Eğer bir insan karşısındakinin iyi özelliklerini görse, takdir etse, onlara vurgu yapsa, mutlaka kendi gönlünde de yansımaları olur. Karşılıklı olarak sevmeye kapılar açılır, daha güzel bir yakınlaşma olur.

– Yani istesem ben eşimi sevebilir miyim?

– Elbette.

– Sevmiyorken?

– Daha doğrusu, sevmeyi hiç denememişken desek daha doğru olur.

– Evet, öyle. Peki ben bunu nasıl yapacağım?

– İşte tam zamanında doğru bir soru. Şimdi bunu konuşabiliriz.

Seansın devamında, hanımefendi hâlâ şaşkınlığını üzerinden atamadan, anlattıklarımı bütün dikkatiyle dinledi. Ben ona, yatak odasından başlayarak eski ezberlerini bozmaya başlaması gerektiğini söyledim. Güler yüz tatlı dil, eleştiri yok, sürekli olumlu yönlere takdir, çocukları çok sık kucağa almak ve sevgi sözleri söylemek, içinden gelmese bile eşine sık sık onu sevdiğini söylemek dâhil olmak üzere, bazı stratejiler plânladık. Çünkü sevmeyi akıl-mantık olarak isteyen kişi, bunu dillendirdikçe, kalp o fiili yapmaya yatkınlaşır. O sebeple, **içinizden gelmese bile, olması gerektiği gibi davranmak, o kişiyi giderek, o fiili isteyerek yapmaya hazırlar.** Bunun böyle olduğuna dair pek çok örnek vardır. Allah samimi bir çaba ile gayret edene yardım edeceğini vaat ediyor. Arada sırf bu amaçla niyet tutarak sadaka vermesini, eşine, kendisine ve çocuklarına samimiyetle dua etmesini tavsiye ettim. **İnsan kendini sevgiye açarsa, sevgi ona koşarak gelecektir.** Yeter ki kişi, kendi zihinsel engellerini kaldırsın.

– Anladım. Şu anda çok şaşkınım, çok farklı bir bakış açısı sundunuz. Sadece kendime güvenemiyorum. Bana yardımcı olur musunuz?

– Memnuniyetle. Yeter ki siz yeniden başlamak için karar verin ve adım atmayı isteyin. İnşallah birlikte plânlarız ve ona göre hareket edersiniz.

– Çok teşekkür ederim, Allah razı olsun. Böylece, hayatıma yeni bir pencere açılmış olacak. Çok değişik hisler içindeyim. Fakat sonucun güzel olacağına inanıyorum.

## Bu durumda olanların sorabilecekleri sorular

• Ben ilk gelen talibimle evlendim diye masum bir insanı cezalandırmaya hakkım var mı?

• Benim ailemin sorunlarından dolayı eşim niye benim kahrımı çekmek zorunda kalsın?

• Ben hem eşimi sevebilmek hem de kendimi daha sevgili hale getirebilmek için çaba sarf etmediğimden dolayı acaba neler kaybettim?

• Ben bundan sonra ne yaparsam eşim ile aramız daha iyi olur ve ben boştan yere ona hayatı dar etmemiş olurum?

- Ben şimdiye kadar sudan sebeplerle kırdığım eşimin gönlünü nasıl alabilirim?
- Başta kendime olmak üzere eşime ve çocuklarıma karşı çok haksızlık etmişim. Sevgi dolu yaşamak dururken, kendimi sevgisizliğe hapsetmişim. Ben bunu nasıl anlayamadım, niye şimdiye kadar bilen birilerine sormadım?
- Bundan sonra nasıl düşünmeliyim?
- Bundan sonraki yapacaklarımı nasıl plânlamalıyım ki, işe yarasın?
- Bundan sonra aklımla ve mantığımla davranmaya çalışacağım. Rabbim yardım eder inşallah. Bu süreci sağlıklı bir şekilde devam ettirebilmek için neler yapmalıyım?

## Bu durumda olanların yapabilecekleri dualar

Allah'ım, Sen beni affet. Ben bunca yıl eşime neler çektirmişim. Hep şikâyet ettim, hiç memnun olmadım, hep bahane uydurdum. Yapamıyorum dedim, bana çok yükleniyorsun dedim, dedim de dedim. Ben bu yükle bu zamana kadar yaşadım ve yaşattım. Sen beni affet ve bana telâfi etme fırsatı ver Rabbim. Ben eşimi sevebilirmişim, bunu Sen bilirsin ve bana ancak Sen yardımcı olabilirsin. Allah'ım, Sen benim elimden tut ve şimdiye kadar kırıp döktüğüm şeyleri onarabileyim. Allah'ım, daha geç kalmadığım için şükürler olsun. Bana bu yeni duruma intibak gücü ver, yapmam gerekenleri yapma kolaylığı lütfet. Her zaman yardım et lütfen Allah'ım. Benim durumumda olanlara da yardımını esirgeme ve benden daha erken uyanmalarını sen nasip et.

## Bu durumda olan çiftlerin ailelerine mesajlar

**Aile huzursuzluğu, yuvanın solunan havasını bozduğu için, insanın yaşama enerjisini aşağıya çeker.** Öncelikle, her iki eşte, aile huzurunu artırmak için canla başla çalışmalı ve çocuklarına güzel bir aile ortamı sunmalılar. Çocuklar, yetişkinlerin başedemedikleri sıkıntıların faturasını ödemek zorunda kalmamalılar. İnsan sıkıntıdan kurtulup huzura kavuşmak ister. Fakat gençler bunu yanlış akıl yürütmelerle yapınca, ortaya insan hayatını allak bullak eden tercihler çıkabiliyor. Anne baba olmadan önce, ailede bu rollerin nasıl yaşandığına göre zihinlerde bir algı oluşur. Ve bu algıya göre şahıs ne yapacağını ve ne yapmayacağını belirler.

Tanımadan, iyice araştırmadan yapılan evlilikler, nadiren iyi, çoğunlukla kötü gitme riski taşır. Bu durumda tercih yapmadan önce genç kız ya da delikanlıya doğru bir rehberlik yapılmalı ve "İstiyorsan evlen" ya da "Bununla mutlaka evlen" demek yerine, iyice tanımasına yardımcı olunmalı ve gerçekten istemesi halinde evlenmesine destek vermelisiniz.

Diyelim ki, kızınız ya da oğlunuz kaçış evliliği yaptı. O zaman da, "Bundan sonraki sürecin daha iyi gitmesi için, mutlaka eşinin olumlu ve iyi yönlerini görmeli, takdir etmeli ve sevmeye çalışmalısın" demelisiniz. Her iki tarafın da, adeta cehennem azabı yaşıyor gibi bir hayat sürmemesi için çaba sarf etmelisiniz. Anne baba çocuklarının üzerinde çok etkilidir. Evlâtlarınıza, karşısındaki insana değer verip saygıda kusur etmeden ve takdir edilecek yanlarını görüp mutlaka takdir edip memnuniyetini fark ettirmesi gerektiğini anlatmalısınız.

# Kendini Göremeyenler

*Kendine güvenin kaybolmuşsa, onu bulmadan
adım atamayacağını zannedersin. Oysa güven,
adım attıkça oluşur.*

**Saliha Erdim**

*Hayata karşı çok zayıfım. Kimseye hayır diyemiyorum. Öz-
güvenim yok. Yalnız başıma bir yere gidemiyorum, bir şey ala-
mıyorum. Hep eşime bağımlı gibiyim. O da bana yardımcı ol-
maya çalışıyor ama zamanı sınırlı. Böyle olunca eve kapanmış
gibi oluyorum. Bu durumdan nasıl kurtulabilirim?*

## Görüşmede öğrendiklerim

25 yaşında ve beş yıllık evli bir hanımefendi. İlkokuldan beri çekingen, cesaretsiz ve utangaç olduğunu söyledi. Sınıfta öğretmenin sorduğu soruyu bildiği halde parmak kaldıramazmış. Küçüklüğünden beri annesi çok eleştirmiş ve hiç beğenmediğini ifade etmiş. Söyledikleri ciddiye alınmamış ve diğer çocuklarına davrandığı gibi davranılmamış. Onların istedikleri alınırken hanımefendinin isteklerine hep bir bahane bulunmuş. Hanımefendi de kendisini, beceriksiz ve hiç bir konuda bir şey yapamayacak kadar yetersiz hissetmeye başlamış. Bu, insanlardan uzak kalmasına sebep olmuş. Mecburen bulunduğu ortamlarda ise çok zorlanmış.

## Görüşmenin devamında konuştuklarımız

– Ne kadar okuyabildiniz?

– Ortaokulu bitirince devam etmedim.

– Niçin?

– Ben istemedim. Çünkü herkesi kendimden iyi görünce, insan onların içinde eziyet çekiyor.

– Anlıyorum. Peki eşinizle isteyerek mi evlendiniz?

– Evet. Daha doğrusu, annemgil istedi, bana sordular, ben de evet dedim. Dolayısı ile ben istemiş oldum.

– Peki, eşinizi seviyor musunuz?

– Evet, eşim çok iyi birisi ve bana çok iyi davrandı. Onu seviyorum.

– Eşinizi davet etsem gelir mi?

– Gelir tabi. Bugün de gelecekti, önce sen git, rahatça konuş. Beni isterse bir dahaki görüşmeye birlikte gideriz dedi.

– Çok iyi, buna sevindim. O zaman bir dahaki görüşmeye sizi birlikte bekliyorum.

– Tamam inşallah.

Seansın devamında, hanımefendinin kendisine davranılma biçiminden dolayı kendilik algısının yanlış oluştuğunu, oysa Allah'ın bütün kullarının çok değerli olduğunu anlattım. Anne babası da muhtemelen çok iyi insanlar fakat nasıl davranacaklarını bilmedikleri için, iyi olacağını düşündükleri şekilde davranmışlar. Fakat artık kendisi gerçeği öğrendikten sonra, okuyarak, dinleyerek ve gerekli adımları atarak, özgüvenini yeniden yapılandırabileceğini söyledim. Bunların başında tahsilini tamamlamak, el becerilerini geliştirmek, seveceği şeylerle meşgul olmak, sevdiği arkadaşları ile yeni bir irtibat oluşturarak görüşme zemini oluşturmak gibi pek çok alternatif üzerinde durduk. Adım adım kendisine zor gelmeyecek şekilde plânladık. Daha mutlu ve ümitvar olarak ayrıldı. Diğer seanslarda bu sürecin hızlanması için eşi beyefendiden yardım talep edeceğim. Hanımefendinin kendisini seven, destekleyen bir eşinin olması, çok ciddi bir avantaj. İnşallah eşinin de desteği ile çok hızlı yol alınacağını düşünüyorum. Allah can kederi vermesin yeter ki, her şeyin bir çözümü ve kolaylığı bulunur, yeter ki şahıs istesin ve gerekli adımları cesurca atmaya devam etsin. Hanımefendinin giderken bakışları ve duruşu bile değişmişti. Çünkü hayatını değiştirecek bir karar almıştı.

## Bu durumda olanların sorabilecekleri sorular

- Ben bu durumdan nasıl kurtulabilirim?
- Ne yaparsam kendime olan güvenim artar.
- Arkadaşlarımdan yardım alsam işe yarar mı acaba?
- Hangi kitapları okumalı ve hangi adımları atmalıyım?
- Allah kimseyi tek seçeneğe mahkûm etmiyorsa, ben hangi şekilde davranırsam daha iyi bir seçeneğe yönelmiş olurum?
- Ben kendime hangi şekilde düşünürsem yardımcı olabilirim?
- Ben eşimden nasıl yardım alabilirim?
- Çevremde kimleri örnek alabilirim?

## Bu durumda olanların yapabilecekleri dualar

Allah'ım, annem babam iyi insanlar ama bana kötü davrandılar. Ben bu durumdan kurtulmak ve hayatımı şimdiye kadar yaşamadığım şekliyle iyi bir şekilde yaşamak istiyorum Sen yardım et. Allah'ım, kendime inanmamı ve içimdeki yapmak istediklerimi yapabileceğime dair inancımı artır.

Adım atma gücü ver. Tahsilimi tamamlayayım ve benim durumumda olanlara örnek olayım ne olur Allah'ım, içimdeki beni sürekli toplumdan uzak tutan inancımı kır. Ben de arkadaş edineyim ve onlarla bir arada paylaşımlarda bulunayım. Uyuyan heyecanımı ve coşkumu bana yeniden bağışla canım Allah'ım. Sen beni hangi potansiyel ve değerlerde yaratmışsan ben onların tümünü açığa çıkarmak istiyorum. Elimden tut ve bana yardım et. Bana destek olacak dost ve arkadaş nasip et. Annem babam bana iyi davransınlar ve benim yapmak istediklerimi engellemesinler. Onların yanına gidince çocukluğumdaki pasif ve mutsuz kız gibi oluyorum yeniden. Bana bakışları değişse ve beni yüreklendirip destekleseler ne kadar sevinirim. Diyelim ki desteklemediler, Allah'ım, onlardan etkilenmeden yoluma devam ettir beni. Eşim çok iyi, onu üzmeden onun istediğinden ve beklediğinden daha iyi olarak onu da sevindirmemi nasip eyle. Ben ne yaparsam daha iyi olacaksam ve giderek daha iyi olacaksam bana onları yaptır, fehmettir, aklettir. Senin gücün her şeye yeter, ne olur Allah'ım.

## Bu durumda olan gençlerin ailesine mesajlar

Anne babalar olarak, çocuklarınızın içlerindeki potansiyeli açığa çıkarmak için sürekli destek olmalı ve teşvik etmelisiniz. Eğer sürekli eleştirip aşağılar ve cesaretlerini kırarsanız, topluma sadece sürekli kendisiyle savaşan ve sorun üreten bir insan hediye etmiş olursunuz. Oysa o insan desteklenip sevgiyle kuşatılsaydı dünya çapında bir birey olabilirdi. Diyelim ki böyle bir kızınız, oğlunuz, gelininiz ya da damadınız var. Yapılabilecek en doğru şey, yaptığı şeylerin iyi yanını görmek ve tebrik ederek yüreklendirmek. Yapamadıkları elbette olacaktır. O zaman da, "Şöyle şöyle yaparsan daha iyi olabilir, denemek ister misin?" Tarzında yaklaşarak, deneme isteği oluşturmalısınız. İçlerindeki coşkuyu açığa çıkaracak derecede destek olmak çok önemlidir. Yapabilirsin diyerek, ellerine aldıkları işe başlamalarını ve ilgilenmeyi sürdürmeleri için yüreklendirmelisiniz. Önce insan kendisini sevmeli ve inanmalı. Bunu sağlayacak olan 1. muhatap anne baba, 2. muhatap ise çevresinde bulunan arkadaş ve akrabalardır. Bu konuda herkese bir iş düşer. Bir insanın kendisine inanması ve hem Allah hem kullar katında değerli olduğuna inandırmak, Allah'ın kullar üzerindeki hakkıdır. Gençleri hayata hazırlamak ve Rablerine güvenmelerini sağlamak, anne babanın en baş görevlerinden birisidir. Çocuklar önce neye inanacaklarını anne babanın söz ve davranışlarına göre hissederler. Anne babası kendisine güvenmezse çocuk ta kendisine güvenemez. Ve çocuklukta inşa edilmeyen güven ve değerlilik duygusu, daha sonra çocukları ve gençleri çok zorlar. Ancak Rablerine ve kendilerine güvenen insanlar ayakta durabilir ve bir şeyler yapabilir. Aslolan var olan özgüveni geliştirmektir. Eğer özgüven kaybedilmişse, bunun kazanılması için anne baba olarak elinizden geleni yapmalı, gerekirse bir uzmana yönlendirmelisiniz.

# İnsanları Affedemeyenler

*Sana zarar vereni affetmek, önce kendi aklını ve yüreğini özgürleştirmek ve ağırlıklardan kurtarmak demektir. Bu önce sana lâzım.*

**Saliha Erdim**

38 yaşında, 14 yıllık evli ve iki çocuk sahibi bir hanımım. Eşimin ve annesinin eskiden bana yaptıklarını unutamıyorum. Şimdi ne kadar iyi davransalar da onları affedemiyorum. Aklıma gelince de suratım düşüyor ve normal davranamıyorum. Eşim çok bunaldı ve "Böyle devam edeceksen boşanalım" de-

*meye başladı. Boşanmak istemiyorum ama ne yapacağımı da bilemiyorum. İlişkimiz gün geçtikçe kötüye gidiyor. Ben yaşadıklarımı nasıl unuturum?*

## Görüşmede öğrendiklerim

Eşler birlikte geldiler. Hanımefendi çok bunalmış fakat tavır koyan beyefendi olmuş. Ailesi ile olan bağlarını güçlü tutmayı, ailesi ne derse onu yapmak olarak algılıyor. Eşinin ve çocuğunun ne durumda oldukları değil, özellikle annesinin ne istediği ve neden memnun olduğu önemli. Ailem memnun değilse ben de memnun değilim mesajı vererek boşanmaktan söz etmeye başlamış. Beyefendinin annesi ve çocuklar mutlu, eşi mutsuz. Bu durumun devamı için beyefendi elinden geleni yapıyor. Aslında kendisi değil eşi çok zor durumda.

## Görüşmenin devamında konuştuklarımız

– Eşiniz ve ailesi size unutması zor şeyler yaşatmış anlaşılan.

– Evet, hem de çok.

– Bana bunlardan örnekler verebilir misiniz?

– Tabii ki, o kadar çok örnek var ki. Meselâ, sürekli arkamdan konuşurlar. Yüzüme iyi arkamdan beni atarlar. Eşimin yanında iyi o gidince kötü davranıyorlar. Ben ne yaparsam yapayım mutlaka bir kulp takarlar ve eleştirirler. Bunca yıldır bir kere bile "Bu da güzel olmuş ellerine sağlık" dememişlerdir.

– Birlikte mi oturuyorsunuz?

– Hayır, fakat uzak sayılmaz, 10 dakikada gidilebilecek mesafedeler. Zaten haftada 3-4 kere gideriz. Buna rağmen daha sık gelmemizi ima ederler.

– Peki, onların size böyle davranmalarının altındaki sebep ne olabilir bir fikriniz var mı?

– Eşim tek erkek çocuk ve annesi ile çok iyi anlaşırlarmış. Ben evlenince sanki annesi oğluyla arası bozulacak diye korkuyor. Annesinin her yaptığını eşim çok beğenirmiş. Sanki benim yaptıklarımı kötüleyerek oğluna adeta, "Ben sana daha iyisini yapıyorum, eşin bir şey beceremiyor" demeye getiriyor. Hep beraber iken, bana iltifatlar eder, güzel davranır, ilgilenir. Oğlu azıcık ayrılsın hemen yüzü düşer, ifadeleri değişir. Ben bunu anlamakta zorlanıyorum. Çok iyi oyuncular diye düşünüyorum. Eşim onları iyi davranırken görüyor. O gidince yaptıklarını anlatıyorum, inanmıyor. Keşke kameraya çekebilsem ve gösterebilsem diye içimden geçirmiyor değilim. Beni başkalarının yanında küçük düşürüyorlar. Onların yanından hep ağlayarak ve morali bozuk çıkıyorum. Eşim sadece "Boş ver, takma kafana" deyip geçiştiriyor. Ayrıca, aileme kötülüyorlar. Çocuklarıma hep "Anneniz yetersiz, size güzel annelik yapamıyor, biz olmazsak siz yanmıştınız" mesajı veriyorlar. Zaman zaman bu çocuklarımla aramı açıyor. Onlar çocuklarıma o kadar sevecen, ilgili ve cömert davranıyorlar ki, mümkün olsa çocuklarım kayınvalidemlerde yatıp kalkacak, bana değil ona "Anne" diyecekler. Eşim ise şimdiye kadar hiç benim yanımda olmadı, hep onları haklı buldu. Ben bir şeylere hayır dedikçe ısrar edip yaptırıyor.

– Peki beyefendi, eşinizin anlattıklarını duydunuz. Siz bu durumu nasıl açıklıyorsunuz?

B (Beyefendi) – Eşim haklı. Ben de annem ve diğer fertler de gerçekten de eşimin anlattığı gibi davranıyoruz.

– Peki siz yokken soğuk davranmaları hakkında ne düşünüyorsunuz?

B – Olabilir, annemden beklerim.

H (Hanımefendi) – Peki niye bana o zaman haklı olduğumu söylemedin. Şimdiye kadar sanki yalan söylüyormuşum ve annene iftira atıyormuşum muamelesi yaptın. "Haklısın" desen çok rahatlamış olurdum. (Ağlamaya başladı). Sen inanmayınca ben çok ezildim.

B – Sana "Haklısın" desem anneme daha çok kinlenirsin ve aranız daha kötü olur diye korktum.

B – Korkularını bile benimle paylaşabilirdin. Annenin tavırları yetmiyormuş gibi sen de beni ezdin ve susturdun. (Ağlamaya devam etti.)

– Hanımefendi, beyefendi ile biraz yalnız görüşebilir miyim?

H – Tabii ki. (Çıktı.)

– Eşiniz sürekli uğraşmaktan ve anlaşılamamaktan dolayı çok yıpranmış. Bunu engellemek için bir şey yaptınız mı?

– Annemle biraz konuşmaya çalıştım ama pek beni dinlemez.

– Siz de onun yanında olmamışsınız. Hem günlük işleyişle ilgili hem de çocuklara yönelik tutumları açısından, ailenize engel olmanız beklenirdi. Burada ciddi bir yanlışlık var ve çok zarar vermiş. Sizce de böyle mi?

– Aslında evet öyle.

– Peki siz yalnızken anneniz eşinizi size kötüler mi?

– Aslında kötülemek istiyor gibi yapmaz ama "Ben onun iyiliğini istiyorum ama o şöyle şöyle." diye sürekli hakkında konuşur.

– Eşiniz sizinle duygularını paylaşır mı?

– Aslında eşim paylaşmak ister ama ben azıcık dinler sonra sustururum çünkü ona hak verirsem annemle bağını koparır ve aile bütünlüğümüz zarar görür diye korkuyorum.

– Peki aslolan her ne pahasına olursa olsun ailenizle bağlarınız ve iletişiminiz mi, sizin sorumlu olduğunuz ailenizin de korunması mı?

– Elbette ailemin korunması.

– O zaman siz şimdiye kadar annenizle bir arada olunsun diye eşinizin hep alttan almasını istemişsiniz. Bunun eşinizi ne kadar bunalttığını galiba fark etmediniz?

– Yeni yeni farkına vardım.

Görüşmenin bundan sonraki diliminde, eşinin de mutlu olmaya hakkı olduğunu ve bu aile ziyaretlerinin buna fırsat vermediğini anlattım. Aslolan, iki taraf da mutlu ve huzurluysa ya da arada olan ufak tefek şeyler insanın dengesini bozmayacak kadar küçükse iletişimin sürdürülmesidir. Bu ilişkide hanımefendi, aile birlikteliğine feda edilmiş görünüyor. Eşim ne hissederse hissetsin, birlikte olunmaya devam edilsin çünkü ailem bundan mutlu oluyor mantığı ile hareket edildiğini ve eşi olarak onu koruması gerektiğini anlattım. Bu birliktelik devam ederse, daha doğrusu bu yıkıcı ve yıpratıcı tutum değiştirilmezse ve görüşmeler sürerse, hanımefendinin bunu daha fazla kaldıramayacağı ve hastaneye yatacak kadar hasta olabileceğinden söz ettim. Çok yalnız ve desteksiz bırakılmış, çok içine atmış. Şimdiye kadar bu durumun düzelmesi için değil, sabredip devam etmesi için çaba harcanmış olduğunu anlattım. Şimdi ise, annesine eşine daha iyi davranması ve arkasından konuşulmaması ve kendisine de kötülememesi halinde gelip gitmeye devam edeceğinizi yoksa sadece size ben gelip gideceğim demesini tavsiye ettim. Ayrıca çocuklarına annelerini kötülememelerini, annesinin istemediği şeyleri vermemelerini, aile içindeki terbiye kurallarına uymaları gerektiğini söyleyin ve bunda kesin kararlı olun dedim.

Hanımefendiyi içeriye aldım ve ne konuştuysak aynısını hanımefendiye de anlattım. Çok rahatladığını ve kendisini anlaşılmış hissettiğini söyleyerek çok dua etti. **Bunun yanında, geçmişi unutmanın mümkün olmadığını ama zihnimizdeki algısını anlamsızlaştırmanın ve arkaya atabilmenin mümkün olduğunu söyleyerek o konuya ayrı bir başlık açıp üzerinde çalışmak üzere anlaştık.**

İlişkinin düzgün bir hale gelebileceği bir sistematik oturuncaya kadar görüşmeye devam etme kararı aldık. Önce ilişkiyi koparmadan ve kendisini de yıpratmadan süreci nasıl yöneteceği konusunda beyefendi ve hanımefendi ile iletişim stratejilerini konuşmaya başladık.

## Bu durumda bulunanların sorabileceği sorular

- Beni bu kadar derinden etkileyen şeyler neler?
- Ne düşünürsem bana yapılan davranışların beni bu kadar üzmesine engel olabilirim?
- Eşime duygularımı nasıl anlatırsam beni daha iyi anlar?
- Kayınvalidemle konuşmayı ve ne kadar üzüldüğümü anlatmayı deneseydim acaba tavırları değişir miydi?
- Ben söylemiş olsam asla kendilerine toz kondurmayacaklarını ve benim yanlış anladığımı söyleyeceklerini düşünmem doğru muydu?
- Onların ikiyüzlülüğü beni onlarla konuşma ve paylaşma zemininden uzakta tuttu. Acaba bunu ne yaparak kırabilirim?
- Ben mi fazla alınganım yoksa onlar mı fazla kurnazlar acaba? Onlar kurnaz olsalar bile, ben ne yaparak daha doğru bir çizgide bulunabilirim?
- Şimdiye kadar yardım alsaydım belki bu kadar yıpranmazdım. Bundan sonraki sürecin daha doğru gitmesi için neler yapabilirim?
- Eşim illâki ailemle beraber olmalıyız diyor, her şeye rağmen mi? Bunun ne kadar zarar verdiğini nasıl ifade edebilirim?
- Acaba eşime duygularımı ve ihtiyaçlarımı en doğru nasıl ifade edebilirim?
- Kayınvalideme alınmam artık had safhada. Benim sağlığımı bozmaya başladı. Bunu nasıl normale çekebilirim?

## Bu durumda olanların yapabilecekleri dualar

Allah'ım, Sen benim nelerden bunaldığımı biliyorsun. Onların bana sataşmalarına fırsat vermeyecek beceriklilik, ne söylerlerse söylesinler alınmayacak güçlü bir moral nasip et.

Eşimin bana destek olması benim için çok önemli, ailesine karşı beni feda etmeden orta yolu buldur Allah'ım. Eğer ben de eksiklik varsa, farkında değilim, bana fark ettir Allah'ım.

Ne yaparsam daha iyi, güçlü ve paylaşımcı olacaksam, ben onlara talibim. Sen bana bunları bildir, uygulamam konusunda beni güçlendir ve sonuç alacak kadar peşinden koştur Allah'ım.

Kayınvalidemin beni kızı gibi sevmesine çok ihtiyacım var. Ben de annem gibi görmek istiyorum. Sen bunu bize nasip et Allah'ım.

Bana yaptıklarını anlamalarını ve vazgeçmelerini sen nasip et. Eğer vazgeçmezlerse, insanca ve evlât gibi davranmaya ve kendimi de yıpratmayacak stratejiler üretmeme Sen yardım et.

Çocuklarıma ve eşime karşı onların doldurduğu kötü psikoloji ile değil, sağlıklı, olumlu ve mutlu bir anne ve eş olarak yaklaşmam konusunda bana yardım et, Mevlâm.

## Bu durumda olan çiftlerin ailelerine mesajlar

Öncelikle samimi, dürüst, güvenilir ve sevgi dolu olmak, en başta kişinin kendisi için bir nimettir. Sürekli tavır ve tutum değiştirmek, insanı çok yorar ve her duruma karşı yeni bir strateji üretmek zorunda bırakır. Hep rol değiştiren oyuncu gibi hisseder kendini. Bu da hem kişinin kendi gözündeki imajını hem de başkalarının gözündeki değerini olumsuz yönde etkiler. Bu sebeple, iki tarafın ailesi olarak öncelikle, gelin ya da damatlarını evlât gibi görmeli, içten ve sevecen davranmalı, hesaplar içinde olmamalısınız. Birilerini bilerek üzen, kendisini de üzecek birilerini karşısında bulur çoğu kere. **Çorbaya ne doğrarsan kaşığına o gelir. Kötülük ekip iyilik biçeni tarih yazmamıştır.** Bunu bilip buna göre sürekli iyi niyetli davranmak, çok kârlı ve akıllıcadır. Anne baba, çocukları üzerinde en çok etkili olan iki insandır. Olumlu davranmaları ne kadar iyi etki yaparsa, olumsuz davranmaları da o kadar kötü etkiler ve etkisi en derinlere kodlanır. O sebeple, yanlış davranmışsanız Allah'a tevbe ve şahsın kendisinden özür dileyerek telâfi etmeye çalışmalı ve daha doğrusunu hayatınıza yerleştirmeye çalışmalısınız. Bilelim ki, oğlumuz ya da gelinimiz ne kadar mutlu olursa, eşini de o kadar mutlu eder. Biz anne baba gibi davranmaktan mesulüz. Bir yazar diyor ki, "Ben doğru yolda kaybolmuş insan görmedim." yeter ki doğru yolu seçip istikrarlı olalım.

Değerli Okurumuz,

İş dünyası, kişisel gelişim, yönetim, başarı-motivasyon, üretim, pazarlama, insan kaynakları, eğitim, edebiyat, tarih, maneviyat, sağlık ve çocuk konularıyla ilgili yayınlarımızı,

- Size en yakın kitapçınızdan,
- www.hayatyayinlari.com adresimizdeki online satış platformumuzdan,
- Diğer online satış mecralarından temin edebilirsiniz.

Yayınlarımızla ilgili görüşlerinizi aşağıdaki sosyal medya hesaplarımız üzerinden bizlere aktarabilirsiniz.

hayatyayinlari

hayatyayinlari

hayatyayinlari

hayatyayinlari

hayatyayinlari

Yayınlatmak istediğiniz kitap çalışmalarınız varsa www.hayatyayinlari.com adresimizden bizlerle paylaşabilirsiniz.

İlginize teşekkür ederiz.

Saygılarımızla,
Hayat Yayınları